本书为中国博士后科学基金第 3 批特别资助项目《中国、印度基础教育发展与均衡政策比较研究》（201003486）、中国博士后科学基金第 46 批面上资助项目《中国、印度基础教育公平政策比较研究》（20090460966）最终研究成果，国家社科基金资助项目《教育机会分配的公平性问题研究》（10XJY005）阶段性研究成果。

青年学术丛书·教育
YOUTH ACADEMIC SERIES-EDUCATION

中国、印度基础教育比较研究

沈有禄 著

人民出版社

责任编辑:陈鹏鸣
装帧设计:肖　辉

图书在版编目(CIP)数据

中国、印度基础教育比较研究/沈有禄 著. -北京:人民出版社,2011.9
(青年学术丛书)
ISBN 978 - 7 - 01 - 010071 - 5

Ⅰ.①中…　Ⅱ.①沈…　Ⅲ.①基础教育-对比研究-中国、印度
Ⅳ.①G639.2②G639.351

中国版本图书馆 CIP 数据核字(2011)第 142044 号

中国、印度基础教育比较研究
ZHONGGUO YINDU JICHU JIAOYU BIJIAO YANJIU

沈有禄　著

人民出版社 出版发行
(100706　北京朝阳门内大街166号)

环球印刷(北京)有限公司印刷　新华书店经销

2011 年 9 月第 1 版　2011 年 9 月北京第 1 次印刷
开本:700 毫米×1000 毫米 1/16　印张:23.5
字数:340 千字

ISBN 978 - 7 - 01 - 010071 - 5　定价:48.00 元

邮购地址 100706　北京朝阳门内大街 166 号
人民东方图书销售中心　电话 (010)65250042　65289539

目　录

图表目录

序　言

　　中国、印度在进入 21 世纪后都在普及、提高基础教育上付出了很大努力，都在致力于缩小基础教育在区域间、城乡间、群体间的差距，都在致力于提高基础教育质量。而在国内把中国和印度基础教育发展状况及均衡政策作比较的研究并不多见，我指导的博士后沈有禄教授在此方面开创了先河，填补了过去关于印度基础教育发展及均衡政策资料陈旧和不够全面的空白，并尝试着比较两个最大发展中国家的基础教育发展状况及其均衡政策，这是一件很有研究意义和现实价值的事情。

　　中国、印度同为发展中大国，都有超过 12 亿的人口，双方接受基础教育的人口基数都在 1.5 亿以上，双方的建国历史及经济发展水平不是太过悬殊，因此，相对于与巴西、墨西哥，甚至与欧美等发达国家相比较，中国与印度是有更相同的比较基础。而作为比较研究，应该有相同的比较基础，否则就没有比较的意义，因此，沈有禄博士的著作《中国、印度基础教育比较研究》是比较科学的，并具有以下看点：

　　第一，首次系统比较了中印最近几年（2003 年以后）的基础教育发展状况，包括入学机会、教育资源占有量、教育质量等方面在区域间、城乡间、群体间的差异。

　　第二，首次系统全面地介绍印度普及、提高基础教育均衡发展的 SSA 计划，从其中的政策文本及执行效果方面找出改进我国在此类政策及其执行过程中的薄弱方面。另外，印度致力于解决薄弱地区及弱势群体的基础教育均衡发展的政策与经费保障政策也是该研究的一个重要亮点。

第三，通过对中国义务教育经费保障机制改革的介绍与评价，再结合印度的 SSA 计划，比较中印双方在普及、提高基础教育均衡方面的得失与利弊，彼此相互借鉴的成功之处。

通过比较发现在基础教育发展状况方面，中国在入学机会，尤其是辍学率低以及教育基础设施方面远高于印度基础教育的发展水平；印度虽然在教师缺编上比较严重，但是其高学历教师比例明显高于中国；印度在生均教育经费方面明显低于中国，但是生均经费地区间的差异程度要小于中国；印度公共教育经费占 GDP 的比例要高于中国 1 个百分点左右，不过中国基础教育预算内教育经费占总预算内教育经费的比例比印度要高 2 个百分点，该比例两国均超过 50%；印度中央政府承担了基础教育公共经费的近 30%，而中国中央政府仅承担了 10% 左右，各项经费指标反映印度中央政府对基础教育的投入努力程度要远高于中国中央政府。

通过比较发现在推进基础教育均衡发展的政策方面，中国中央政府通过"西部大开发"及各种倾向于支持中西部社会经济发展的国家战略层面的各种西部次区域发展等战略来加快中西部地区发展，从而为区域基础教育均衡发展奠定良好的经济基础。另外于 2006 年开始的"农村义务教育经费保障机制改革"为农村提供了大量教育经费，在一定程度上缩小了城乡差距；以及坚持以输入地政府管理为主、以全日制公办中小学为主，确保进城务工人员随迁子女平等接受义务教育。通过增加经费投入及加大对落后地区和群体的转移支付力度等措施不仅解决"有学上"的问题，还要解决"上好学"的问题，最终"形成惠及全民的公平教育"即"努力办好每一所学校，教好每一个学生"。

印度中央政府则通过征收"教育税"及争取国际援助和通过分权化改革来调动地方及民间的办学积极性，并通过"全国普及基础教育计划（SSA）"及"全国免费午餐计划（MDM）"等特大项目在普及基础教育的过程中来推进基础教育的均衡发展。印度政府还特别重视教师队伍建设，通过利用高起薪等优惠政策来吸引优秀人才进入教师队伍，增加教师供给，加快普及基础教育和提高教育质量。印度中央政府还从修改宪法做起，把接受基础教育作为儿童的基本权利加以保障，并持续加大中央和地方政府财政的投入力度以保障免费义务教育的顺利实施，而且中央的贡献度占到了近30%。另外，印度政府非常重视对普及与均衡基础教育发展的领导，中央联邦政府总理经常是各个全国教育委员会的主席，保证了委员会从国家最高层的领导和参与，从而保障了项目的有效进行。如印度中央联邦政府总理是 SSA 计划全国委员会的主席，这也保证了该项目得到最高水平的关照，从国家最高领导的倾力关注保证了该项目得以较高质量的执行。

总体而言，印度基础教育的发展与中国相比，虽然在普及水平上（尤其是还存在较高的辍学率）以及基本办学条件上还存在明显的差距，但是印度政府在普及的过程中不断地采取各种有效措施推动基础教育在区域间、群体间、性别间的均衡发展，而且印度基础教育在生均预算内经费的离差程度要低于中国，并且其中央政府对基础教育投入的贡献率要远大于中国的。

总之，中国、印度在普及基础教育和推动基础教育均衡发展过程中都有两国互相借鉴的宝贵经验。

我乐意把本书推荐给从事中印基础教育及外事交流的研究与工作人员，以及从事中印战略与经济、政策比较研究的人士，并恳请各位提出宝贵的批评意见，以便作者再作修改，使之更臻完善。

范 先 佐

2011 年 7 月于华大桂子山

摘　　要

　　中国、印度同为世界上最大的两个发展中大国，两国建国时间都超过60年且前后相差2年，有着相近的人口规模与基础教育在校生规模。虽然经济发展水平有一定差距，但是两个人口大国都在最近20年里面临普及和提高基础教育的重大使命，两国都取得了举世瞩目的成绩，在提高基础教育质量和推进基础教育均衡发展的过程中两国的经验都值得彼此相互借鉴。

　　本书系统比较了中国、印度在2003—2008年间基础教育在入学机会、教育经费、教育基础设施、教师资源方面的发展情况，发现中国在入学机会，尤其是辍学率低以及教育基础设施方面远高于印度基础教育的发展水平；印度虽然在教师缺编上比较严重，但是其高学历教师比例明显高于中国；印度在生均教育经费方面明显低于中国，但是生均经费地区间的差异程度要小于中国；印度公共教育经费占GDP的比例要高于中国1个百分点左右，不过中国基础教育预算内教育经费占总预算内教育经费的比例比印度要高2个百分点，该比例两国均超过50%；印度中央政府承担了基础教育公共经费的近30%，而中国中央政府仅承担了10%左右，各项经费指标反映印度中央政府对基础教育的投入努力程度要远高于中国中央政府。

　　中国和印度都用了超过其公共教育经费的一半来普及和提高基础教育，中国是在实现基本普及基础教育后来提高教育质量，在推动基础教育均衡发展的进程中中国主要是对农村地区和西部地区加大投入来实现区域间的均衡和城乡间的均衡，新近出台的《国家中长期教育改革和发展规划纲要（2010—2020年）》强调基础教育要首先实现县域内均衡；印度主要是在普及基础教育的过程中来提高教育质量和推进均衡发展，印度特别通过"全国普及基础教育计划（SSA）"和"小学免费午餐计划（MDM）"来推动均衡发展，印度推动基础教育均衡发展时特别强调缩小性别差距和种姓间的差距以及地区间的差距，而且国家总理特别重视并参与和领导各种委员会。

总之，中国、印度在普及基础教育和推动基础教育均衡发展过程中都有两国互相借鉴的宝贵经验。

Abstract

China and India are the two biggest developing countries in the world with similar history of their republic governments' liberation in 1949 and 1947. Despite a certain extent economic gap, both countries nearly have the same scale of population and students in the stage of elementary education, both countries committed to the great mission of universalizing the elementary education, to promote the quality of education and reduce the development gap in the past 20 years. Both countries have achieved great performance in the process of universalizing and equalizing the elementary education, apparently they have their specific experience to enlighten each other.

This researchsystematicly compares the performance and achievement of universalizing and equalizing the elementary education in the scopes of educational opportunity, educational expenditure, educational infrastructure and teacher resources from the year of 2003 to 2008. The findings are, firstly the educational opportunity of the rate of transfer from primary to upper primary India is much lower than China with high drop out rate, China also exceeds India in the development of educational infrastructure in the stage of elementary education. Secondly India has higher rate of higher degrees the teachers obtained than that in China, however India is quite short of teachers with higher vacancies than China. Thirdly China has a higher level of per captia educational expenditure than India, but the regional difference in India is lower than China. Fourthly the percentage of public educational expenditure to total GDP in India exceeds China 1 percent, but the percentage of the budgeted educational expenditure in elementary education to the total budgeted educational expenditure in China exceeds India 2 percents with both countries over 50 percents. Fifthly the central government of India contributes 30 percent of the budgeted expenditure for elementary education, while the central government of China shares only near 10 percents of the total budgeted expenditure for elementary education. Many index indicates that the central government of India gives much more efforts to invest in the elementary education than China except for the per capita educational expenditure.

BothChina and India spend more than a half of the total budgeted expenditure on the elementary education to universalize it and improve its quality. China puts more efforts on its equalizing policy for elementary education to reduce the gap between urban and rural areas and among different regions either. The recently published *The State Mid-long Term Reform and Development Guidelines for Education of China in* 2010-20 gives priority to equalize the elementary education within a county. While India puts more efforts to reduce the gap between genders, castes and regions through the national programmes of Sarva Shiksha Abhiyan (SSA) and Mid-day Meal (MDM) to universalize elementary education and equalize elementary education between different groups and sections. And the premier of the union government of India participates and holds the post of chairman of many national councils of elementary education to give the highest priority to develop the elementary education in India.

In a nutshell, both countries have their specific experience to enlighten each other in the process of universalizing and equalizing the elementary education.

Key Words: China, India, development of elementary education, equalizing policy, contrast

1 导　论

1.1　研究内容介绍

中国、印度在进入21世纪后都在普及、提高基础教育上付出了很大努力，都在致力于缩小基础教育在区域间、城乡间、群体间的差距，都在致力于提高基础教育质量。为此，双方在教育政策上都有相应的应对措施，尤其是在保障基础教育发展与缩小差距的教育资源保障方面，既有强大的公共教育财政资源的投入，也积极接受外部援助和调动民间资金投入。

1.1.1　项目主要内容

第一，比较中国、印度基础教育的发展现状与差异。由于印度的基础教育指的是初级小学（1—5年级）及高级小学（6—8/9年级），我国的基础教育一般还涵盖普通高中，因此为了比较基础一致，本书将"基础教育"界定为1—8/9年级的小学及初中教育。

第二，比较中国、印度普及、提高基础教育发展的因应策略，尤其是教育资源配置的保障政策方面，各有什么内容，比较其差异。尤其是比较双方在致力于基础教育均衡发展方面的重大政策及其执行的得失方面。另外，双方对薄弱地区及弱势群体的额外的政策倾斜与资源补助政策方面也是比较的重点内容之一。

第三，在比较的基础上，找出印度在普及、提高基础教育的均衡发展方面可资借鉴的经验启示；同时也找出中国在普及、提高基础教育均衡发展方面可资印度借鉴的经验启示。

1.1.2　项目的预期目标

第一，对中国、印度的基础教育发展现状及水平有个比较系统的梳理，形成一个中印基础教育发展水平的比较数据库。

第二，对中国、印度致力于普及、提高基础教育均衡发展的政策进行梳理和比较，形成一个政策比较文本。

第三，从以上的中印基础教育发展比较数据库与政策比较文本，找出彼此的优劣，寻找彼此借鉴的经验启示。

1.1.3　项目的科学意义

首先，中国、印度的基础教育公平政策比较研究有相同的比较基础。中国、印度同为发展中大国，都有超过10亿的人口，双方接受基础教育的人口基数都在1亿以上，双方的建国历史及经济发展水平不是太过悬殊，因此，相对于中国与巴西、中国与墨西哥，甚至是中国与英美等发达国家相比较，中国与印度是有更相同的比较基础的。而作为比较研究，应该有相同的比较基础，否则就没有比较的基础和意义。

其次，印度在解决基础教育均衡发展方面有许多政策是值得我们借鉴的。如其将接受有质量的基础教育作为每个公民的基本权利用宪法的形式加以保障，其动员内部资源与接受外部援助方面也做得比较成功，其在区域间基础教育发展差异的控制方面也是比较成功的。

再次，中国在解决基础教育均衡发展方面也有值得印度借鉴的地方。如中国在保障农村孩子受教育的经费投入方面的力度，在加快普九方面都值得印度借鉴。

最后，中国、印度在普及、提高基础教育均衡发展方面都有比较大的项目投入，如印度普及基础教育均衡发展的旗舰行动——SSA计划，中国义务教育经费保障机制改革，比较双方在致力于提高基础教育均衡发展方面的重大政策，更有利于从彼此的政策得失中相互借鉴，从而更好地促进彼此的基础教育的均衡发展。

1.1.4 项目的应用前景

该项目的研究成果能对中国及印度的基础教育管理部门、基础教育财政部门，以及致力于中印基础教育交流的研究人员与外事交流部门及其人员都有着重要的比较参考价值。也有利于为从事中印战略与经济、政策比较研究的部门与人士提供相关咨询。

1.1.5 项目的创新与发展

第一，首次系统比较了中印最近几年（2003 年以后）的基础教育发展状况，包括入学机会、教育资源占有量、教育质量等方面在区域间、城乡间、群体间的差异。

第二，首次系统全面地介绍印度普及、提高基础教育均衡发展的 SSA 计划，从其中的政策文本及执行效果方面找出改进我国在此类政策及其执行过程中的薄弱方面。另外，印度致力于解决薄弱地区及弱势群体的基础教育均衡发展的政策与经费保障政策也是该研究的一个重要亮点。

第三，通过对中国义务教育经费保障机制改革的介绍与评价，再结合印度的 SSA 计划，比较中印双方在普及、提高基础教育均衡方面的得失与利弊，彼此相互借鉴成功之处。

1.2 研究综述

1.2.1 概念界定

基础教育。由于印度的基础教育（elementary education）指的是初级小学（primary）（1—5 年级）及高级小学（upper primary）（6—8/9 年级）的教育，我国的基础教育一般还涵盖普通高中，因此为了比较基础一致，本书将"基础教育"界定为 1—8/9 年级的小学及初中教育，即中国的 1—9 年级含小学和初中的义务教育或初等教育，印度为 1—8/9 年级的基础教育。

教育公平与教育均衡发展。教育公平一般指受教育机会均等、受教育过程（资源保障、教师/学校对学生的对待与心理期望等）公平、教育结果（成绩、证书）公平与受教育的前景（社会流动、职业及其地位、收入）公平四个方面。公平就是指各利益主体在被衡量的指标方面具有均等的或大致相同的占有量等，承认允许差距存在，但至少这种差距不能超过公认的一定的标准。

基础教育均衡发展，理论上来说是指参与基础教育发展及其活动的既相互依存又相互对立的各方利益都达到最大化的状态，或者说在基础教育有关利益的各方的社会运作的不同力量处于平衡的状态。在本书的具体操作判断上来讲指的是基础教育发展过程中的如毛入学率、辍学率之类的入学机会（access）、如生均教育经费及学校办学条件之类的过程保障设施（expenditure and facilities）、教师资源（teachers）以及如标准考试成绩与升学率之类的教育质量（quality）在各群体间、地区间、城乡间、校际间的差异，鉴于目前所能获得的数据资料有限，校际间的比较在本书中没有涉猎。

本书在具体处理教育公平与教育均衡的概念时没有做严格区分，可以视为做等同处理；在使用基础教育、初等教育、义务教育时也没有做严格区分，均指从事 1—9 年级或 1—8 年级的基础教育（elementary education），含初级小学（primary）和高级小学（upper primary）的教育，这个阶段的教育均是免费的强制教育（free and compulsory education），也就是义务教育。

1.2.2　研究综述

1.2.2.1　关于中国基础教育均衡（公平）发展的研究综述

关于中国基础（义务）教育均衡发展的研究主要是围绕城乡间及区域间的差异的表现、成因、测度、对策等方面的研究，而关于群体（民族）间的差异的研究很少。

胡锦涛主席在"十七大报告"中指出："教育是民族振兴的基石，教育公平是社会公平的重要基础。""十七大报告"也明确指出"促进义务教育均衡发展，加快普及高中阶段教育。"而"鉴于义务教育在整个教育体系中具有基础性地位，它的公益性特征决定了其必须选择均衡发展战略。在这个意义上，义务教育均衡发展是实现教育公平的基石"（中央教育科学研究所教育政策分析中心，2007）。

而城乡义务教育发展的差距会引起城乡人力资本储备的差距，形成了城市对农村的另一种看不见又说不出的无形剥削。这种城乡人力资本储备差距的不断增大已经成为中国经济增长的障碍，拉大了城乡居民收入差距，阻碍了城乡经济同步增长，影响了城乡教育水平的提升（王小和，张艳，2007）。如果对穷人的人力资本进行投资的义务教育的资源及政策没有得到公正而有效地执行，就等于是在剥夺他们美好生活的前景。而这种不平等又在现存的教育资源分配及教育制度下强化及复制了其不利地位，正如诺齐克所说的，比方说，"那些现在处境最差者可能是那些最多地遭受了不正义侵害的人或其后裔"（罗伯特，诺齐克，1991）。而对穷人及普通公民进行教育投资，增加他们的人力资本是减少贫困和不平等的有效措施。舒尔茨认为通过基本教育、培训、医疗保健等人力资本投资的变化是减少个人收入不平等的基本因素（西奥多，W. 舒尔茨，1990）。

1. 城乡间、区域间义务教育不均衡发展的具体表现

在城乡义务教育的不均衡发展的具体表现方面的研究可谓汗牛充栋。尽管经过了多年的努力，包括最近几年的"两免一补"政策等，但是由于历史的原因及地区间经济的极不平衡发展等因素的影响仍然存在，城乡间的义务教育发展仍然存在明显的差距。如 2006 年普通小学生均预算内教育经费为全国城镇 1578 元，农村 1230 元，城乡差 348 元，天津的城乡差为最大，达 771 元；全国城镇最大地区与最小地区的差距达 7077 元，相差 8.94 倍，农村达 6580 元，相差 10.23 倍，反应相对差距变化情况的变异系数，城镇高达 0.891，农村更是高达 1.103。2006 年普通初中生均预算内教育经费为全国城镇 1718 元，农村 1355 元，城乡差 363 元，天津的城乡差为最大，达

1274 元；城镇最大地区与最小地区的差距达 7986 元，相差 9.40 倍，农村达 7917 元，相差 10.63 倍，变异系数城镇高达 0.984，农村更是高达 1.196（沈有禄，2008）。袁连生和王善迈分别用"省际间义务教育生均经费的基尼系数和变异系数"，发现中国省区之间义务教育的公用经费水平相对差异明显，其中生均预算内公用经费基尼系数已超过 0.5，属于严重的不平等，研究强调了加大中央财政对经济不发达地区进行财政性教育经费转移支付力度的重要性（袁连生，王善迈，2002）。王蓉的研究发现义务教育经费的差异更多是由省内差异引起的，省内差异对整个义务教育经费差距的贡献为 60%—63%，仅有 1/3 的原因是由省际之间总体经济发展实力的差距引起的（王蓉，2002）。沈有禄对我国 2003—2006 年这四年间的普通小学、普通初中、普通高中的财力、人力、物力资源在省际及城乡间的配置情况进行了详细的差异描述分析，发现我国义务教育无论是在人力、物力、还是财力资源的配置上，省际间及城乡间的差距仍在扩大，呈现典型的"马太效应"（沈有禄，2008）。此外，井明在其博士论文《基础教育资源配置问题研究》中就我国义务教育资源配置状况、农村税费改革与义务教育财政投入体制、义务教育均衡发展进行了阐述（井明，2006）。

2. **城乡间、区域间义务教育不均衡发展的测度**

在测度城乡义务教育均衡发展方面，袁振国提出要建立通过一套比较敏感而又重要的教育指标进行动态分析，通过建立适当的数学模型，得出教育发展水平的一个基准值，不同地区、不同学校的发展程度可以通过与基准值的比较，获得发展的偏离程度的教育发展均衡系数（袁振国，2003）。王善迈教授认为教育公平具有阶段性、相对性特征，从我国所处社会主义初级阶段的基本国情出发，并考虑数据的可得性，应当从受教育权和入学机会公平、公共教育资源配置公平、教育质量公平、群体间教育公平四个方面设计正规三级教育公平的具体评价指标（王善迈，2008）。杨东平教授及其学生周金燕构建了教育公平测度指标体系包括一级指标（义务教育均衡指数 A、高中教育公平指数 B、高等教育公平指数 C、教育存量公平指数 D）、二级指标、三级指标，并通过专家评估法构建了教育公平综合指标 G，它是 A、

B、C、D 的权重（分别为 0.32、0.26、0.21、0.21）和（杨东平，2006）。翟博认为教育均衡发展从宏观层面分析是教育供给与需求的均衡，从中观层面分析是教育资源配置的均衡，从微观层面分析是学校教育过程包括内部课程教学资源配置的均衡、教育结果的均衡以及教育评价的均衡，并就教育均衡发展指数的构建进行了初步尝试，从区域、城乡、学校、群体方面对目前中国基础教育均衡发展非均衡的现状进行考察，揭示基础教育发展不均衡的表现、特征、特点和成因（翟博，2008）。王蓉的研究发现，1999 年小学生均事业性教育经费支出的泰尔指数为 0.261，省内泰尔指数为 0.174，省际泰尔指数为 0.087，省内不平等的贡献率为 66.75%（王蓉，2002）。成刚的研究发现，西部某省 2003—2006 年生均教育事业费的泰尔指数为 0.13，县内不平等所占比例为 50%（成刚，2008）。

3. 城乡间、区域间义务教育不平衡发展的原因

对城乡义务教育不平衡发展的原因进行分析研究的较多，如：从各地间经济发展水平极不平衡角度，朱家存在其《教育均衡发展政策研究》一书中认为低水平的社会经济实力不能保证高速发展的教育事业的质量是教育发展失衡的重要原因（朱家存，2003）。从教育经济区域的角度，沈百福发现各地教育与社会经济发展水平的不协调导致了教育投资的不平衡（沈百福，俞诗秋，1994）。从政治经济学的角度，刘颂认为在我国当前的政治体制下，规模巨大的农村利益集团既缺乏向核心决策者表达其利益取向的强烈动机，其在决策层中的代理人比例很低，甚至近似为零，总体上缺乏聚集起来表达利益取向的能力和参政议政的渠道。与之相反的城市利益集团在义务教育财政体制变迁的过程中始终扮演着"第一行动集团"的角色。这种长期以来政治影响力的不同，造成了城乡义务教育发展差距的长期固化作用（刘颂，2006）。从义务教育管理制度的角度，包金玲通过对全国地县教育局长的专题调查，认为农村义务教育实行"以县为主"管理体制，虽然旨在强化各级政府特别是县级人民政府的责任，切实减轻农民负担，但是，由于新体制遭遇了税费改革，忽略了地区间的差异，加剧了经济欠发达地区教育投入不足的矛盾（包金玲，2007）。从财政分权的角度，崔瑛等认为在我国现有的

二元经济体制下，义务教育财政体制的分权化改革必然会加剧城乡之间义务教育投入的严重失衡，这种失衡又势必引致城乡之间义务教育发展的不平衡（崔瑛，刘颂，2007）。从各种教育上游制度的角度，鲍传友认为是我国的户籍制度、土地制度、税收制度、社会保障制度以及义务教育的投入体制、教师政策等造成的城乡义务教育的不均衡发展（鲍传友，2005）。另外，余秀兰从家庭文化资本的城乡差异的角度，分析教育政策、教育内容、评价标准中的文化倾向，从不同侧面考察我国教育中文化再生产现象，认为我国教育的城乡差异实际上是一种文化再生产的结果（余秀兰，2004）。

4. 解决城乡间、区域间义务教育不平衡发展的对策

对促进城乡间、区域间义务教育均衡发展策略的研究，黄平从资源配置的角度说，"政府应作为资源配置的主体对全国范围内的教育资源进行统筹规划、合理配置，确保各阶层受教育群体和个体的受教育权利与机会的相对平等"（黄平，2006）。朱家存认为，政府应遵循"差别原则"，平等地在城乡间分配教育资源，保障教育权利平等（朱家存，2003）。叶平、张传萍认为公共教育资源的合理配置，是城乡义务教育均衡发展和实现教育公平的必要条件（叶平，张传萍，2007）。王善迈、袁连生认为应解决我国现行体制下各级政府间财力资源与义务教育责任的不对称的问题，提出要建立规范的中央和省级政府承担更大财政责任的义务教育财政转移支付制度（王善迈，袁连生，2002）。在统筹城乡义务教育的财政转移支付制度方面，刘立峰对未来义务教育转移支付的四种基本模式进行了设想，并认为中央财政负担教师工资，省级政府负担公用经费，县市承担校舍建设、维修、危房改造的费用是目前合适的义务教育财政转移支付制度（刘立峰，2008）。中央教育科学研究所教育政策分析中心认为，要明确政府是义务教育均衡发展的全部责任方，把地方促发展和中央给补偿有机结合起来；建立以"有质量的公平增长"为导向的义务教育资源配置机制；建立国家义务教育质量标准，发挥义务教育质量监测对教育公平发展的作用，并实行相应的问责制度；建立全国通用的义务教育卡，取消义务教育学校借读费，完善异地接受义务教育的保障机制；资助承担义务教育责任的民办学校（中央教育科学研究所教育政策分析中心，2007）。

在促进城乡义务教育均衡发展的模式方面，山东省广饶县通过建立乡镇教育园区、中心城区教育园区，以及各类教育园区，教育组团模式有效地节省了教师人力资本，实现了公共资源的优化配置，实现了公共资源的共享，实现了教育资源的统一管理。这一模式更好地发挥区域有限教育资源的功能和效益，推进城区和乡镇教育均衡、协调和可持续发展，因此"组团+园区模式"是区域教育均衡发展有效的新途径（张茂聪，褚金光，2008）。

1.2.2.2　关于印度基础教育发展与均衡政策的研究综述

1. 印度基础教育发展的研究

印度早在1950年的宪法中就对普及初等教育作了如下规定，"国家应努力在自本宪法生效起10年内为所有儿童提供免费义务教育，直到他们年满14岁为止。"在其后的几个五年计划中，也规定了要实现免费的义务教育，1986年，印度的《国家教育政策》，再次规定要通过正规教育和非正规教育途径，在1990年和1995年前分别使所有年满11岁和14岁的儿童受到免费义务教育。而印度的一份国家报告指出，1992年修改过的《国家教育政策》决定在进入21世纪前使所有年满14岁的儿童受到高质量的免费义务教育。但是，印度实现初等教育普及化和期限一而再、再而三地予以修改，原因是多方面的，如严重的辍学等，一个主要原因就是印度政府未能在确定目标时从印度的实际情况出发，忽视了它"缺乏充足的资源、人口的迅猛增加、人民的贫穷和文盲、抵制女子教育的传统势力，社会落后阶层的大量儿童、落后地区的惰性、家长态度的冷漠"等不利因素（赵中建，1995）。

也有专家认为，印度普及义务教育的目标期限为何一再推延，主要是受其社会政治文化传统及人口等因素的制约。首先是印度人口众多，世界第二大人口大国，超过10亿人口。其次是其种姓制度，种姓制度至今仍未消除，在某些地区，下等种姓仍被视为不可接触者，社会、经济、文化地位极为低下。再次是性别歧视严重，据统计，女童占了未入学儿童总数的2/3以上。此外，流动人口众多，印度实施人口地区自由流动的政策，印度城市地区至今没有普及小学教育，其直接导因便是大量农村人口的盲目流入。最后，其法规形同虚设，1950年印度宪法第45条规定"国家尽力在宪法生效之日起以后的十年中，对全部 14 岁以下儿童实施免费义务教育"，强调所有公民在受教育方面一律平等，然而，这些只是原则的规定，实际上，印度至今也未制定一个全国性的义务教育法及其实施细则（曲恒昌，1994）。

自从印度独立以来，其基础教育发展可分为三个阶段。第一阶段：教育精英群体以创建国家能力。此阶段从 1947—1986 年，教育政策重点强调的是通过教育精英群体为国家自我管理及国家自足而创建国家能力。第二阶段：小学教育摆到国家优先发展的战略地位。1986 年，印度政府（也就是联合政府）开启了具有里程碑意义的国家教育政策，在全国大范围内开始实施一系列的实验计划。第三阶段：普及基础教育。2001 年，印度发动了普及基础教育计划，北印度语叫 Sarva Shiksha Abhiyan（SSA）计划，把接受有质量的基础教育作为每个儿童的基本权利写入了修改后的宪法。该项目计划到 2007 年，所有的儿童，包括那些残障儿童都要实现完全的小学教育，到 2010 年，实现完全的高级小学教育（沈有禄，2007）。

正是由于印度极其落后的基础教育，使得印度政府近年来把普及基础教育提到了迫切需要实现的政治议程上。SSA 计划，旨在减少辍学学生的数量，缩小性别与社会差距，提高教育质量。SSA 计划雄心勃勃地要超前实现教育的千年发展目标，用 5—6 年的时间而不是 8 年，即到 2010 年而不是 2015 年前实现教育的千年发展目标（沈有禄，谯欣怡，2009）。沈有禄等对 SSA 计划经费来源与保障，SSA 计划主要内容，SSA 计划主要成绩，印度普及基础教育 SSA 计划的启示等进行了简要论述（沈有禄，陈浩，2010）。

印度政府致力于实现全民教育（Education for All，EFA），采取了全国普及基础教育计划（Sarva Shiksha Abhiyan，SSA）、免费午餐计划（Mid Day Meal Scheme，MDM）以及全民识字使命计划（National Literacy Mission，NLM）。于 2009 年 8 月 27 日通过的《儿童免费义务教育权利法案 2009》（Right of Children to Free and Compulsory Education（RTE）Act，2009）在 2010 年 4 月 1 日获批准开始实施。在全国普及基础教育计划（SSA）实施后至 2007 年，初小（1—5 年级）阶段的入学率达到 99%，使 6—14 岁的失学儿童减少了 3%—4%。SSA 计划特别强调促进提升学习环境，提供补习教育，对教师提供培训，现在 SSA 计划 50% 的支出用于提升教育质量。免费午餐计划已扩展至高级小学阶段（6—8 年级），目前已覆盖 1 亿 1190 万学生，并于 2009 年 12 月 1 日修订了免费午餐成本标准。随着在过去几年对成人识字教育的需求在不断地增加，为了满足这一需求，2009 年 9 月 8 日，印度政府总理颁布了《全民识字使命》（National Literacy Mission），为成年文盲及新文盲提供一揽子的基本识字教育，而且重点放在解决农村地区的妇女识字问题。全民识字使命计划覆盖全国 7000 万文盲中的 6000 万女文盲，占目标覆盖总数的 85%，以及目标总数的近 50% 为解决表列种姓（Scheduled Castes，SCs）、表列部落（Scheduled Tribes，STs）以及其他少数民族文盲的识字问题（印度人力资源发展部，2011）。

　　虽然印度基础教育发展取得了一定成绩，但是仍然处于发展水平比较低下，发展不均衡的态势。具体表现在：（1）入学率普遍较低，高级小学阶段入学率更低，女童处于弱势地位。据尤扣·苏吉塔（Yuko Tsujita）的研究表明，印度基础教育 2005—2006 年的入学机会情况如下：男性，初级小学全国城市达 87.6%，全国农村达 83.6%；高级小学全国城市达 82.8%，全国农村达 78.6%。女性，初级小学全国城市达 88.3%，全国农村达 78.5%；高级小学全国城市达 80.8%，全国农村达 66.4%。（2）高复读率与高辍学率并存，种姓子女更容易辍学。2005—2006 年印度全国初小的复读率为 6.3%，初小辍学率为 29%，高小辍学率为 50.8%，表列种姓初小辍学率为 34.2%、高小辍学率为 57.3%，表列部落初小辍学率为 42.3%、高小辍学率为 65.9%（尤扣·苏吉塔，2008）。（3）地区间差距较大（沈有禄，2008）。（4）还有大量的学生在未被政府认可的私立学校学习。据亚什·安嘎沃（Yash Aggarwal）的研究表明，据全国样本调查研究室（National Sample Survey Office，NSSO）最近的调查显示，在印度至今还有很大比例的学生在未被政府认可/认证的私立学校就读。这一比例在哈亚纳最高为 18.7%，其次是庞贾布为 15.5%，再次是尤塔—普雷德仕为 10% 和比哈尔为 9.2%。全国初小学生在未被认可的私立学校就读的比例为 4.8%，高小为 2.6%（亚什·安嘎沃，2000）。（5）生均经费较低，且地区间差距较大。以 2006—2007 年度比哈尔邦内生均经费为例，最高地区帕特纳地区（Patna district）为 3037.06 卢比，不含帕特纳地区在内的全邦其他 37 个地区的平均值为 181.97 卢比，全邦 38 个地区平均值为 344.26 卢比，最大值与最小值地区间相差十余倍（尤扣·苏吉塔，2008）。(6) 私人教育成本较高。据安娜·安嘎沃（Anna Agarwal）的研究表明，印度基础教育经费支出中家庭的支出比例占了 43%（安娜·安嘎沃，2006）。总之，正如布拉卡什·伯特（Prakash Burte）认为的那样：不同性别间、地区间不平等的入学机会及出勤率的差异以及高居不下的辍学率都是印度基础教育公平的主要障碍（布拉卡什·伯特，2006）。

2. 印度基础教育均衡政策的研究

为了致力于更加均衡的基础教育发展，印度在农村地区实施了灵活的义务教育方案和补救措施：非正规教育保障计划；提高社会处境不利群体的入学率；"黑板行动"计划；教师培训计划；县初等教育计划；全国初等教育营养资助计划；印度普通基础教育计划（宋秀瑶，2008）。众多的研究都认为印度初等教育中女童的低入学率是印度普及初等义务教育的主要障碍（胥珍珍，1998）。印度政府为了致力于减少种族间的基础教育差距，采取了保留政策，即政府为保证落后民族和弱势群体制定和实施的一项特殊优惠政策，其中一项规定是，为落后民族和弱势群体在高等教育机构中保留一定比例的名额，然而，该项政策的制定和实施以及名额分配问题引起了印度社会的广泛争论，甚至引发出深刻的社会矛盾（施晓光，2008）。

20 世纪 90 年代至今，印度从广度及深度上对基础教育进行了改革以达到教育公平。主要采取了：(1) 地区初等教育计划（District Primary Education Programme，DPEP）。该计划始于 1994 年的县级初等教育计划，它通过县级具体计划和在妇女识字率低的地区实施权力分散来落实基础教育普及的各项策略。(2) 初级教育普及项目（SSA）。(3) 午餐计划（Mid-Day Meal scheme，MDM）。于 1995 年正式启动，着眼于初小学生营养状况的改善，从而增加儿童入学率及巩固率。(4) 教师培训计划（希克沙—卡米计划，Shiksha Karmi Project，SKP）。该计划认为教师旷工是目标实现的主要障碍，SKP 重点对当地实力欠缺的教师提供特殊培训，使其成为合格的正式教师，如通过教师教学导入计划使新手教师接受强化培训，并辅之以定期进修课程（张媛，任翠英，2008）。（5）改革基础教育管理体制，根据宪法修正案，教育实行三级管理体制，就是地方选区、乡和地方政府也要负责办学。（6）改革资金投入体制，启动"国家普及初等教育"（即SSA）项目，具体资金中央政府出资75%，各邦出资25%。（7）政府与"外国政府、非政府组织、私人部门等"进行广泛的合作，接受外部经济援助，为普及初等教育提供资金保障。（8）大力发展非正规教育，其实施机构为非正规教育中心，主要是由民间福利机构和村五老会（印度农村的一种自治组织）创办，中央政府将为非正规教育中心提供50%—100%不等的资助（张瑞英，2008）。

总之，印度政治局势的变化直接影响着基础教育改革的政策取向；多民族、多语言和多宗教的国情直接影响了印度教育媒介和语言学习政策；种性制度是影响印度基础教育改革政策的最独特因素；农村的贫困直接影响着义务教育普及政策的实施（许建美，2005）。另外，印度基础教育发展不均衡及发展低下的一个主要原因是，印度以地区办学为主的基础教育政策，而基础教育地区办学政策存在着种种问题：中央政府对基础教育的投资总体上还是不足，无法完全保障基础教育经费的需求；从总体上看，印度的中央对基础教育投资没有城乡之分，这实际上是一种不公平的投资策略；印度实施中央和邦两级立法制，"区域化"的立法体制使全国对义务教育的立法不同步也不平衡，且迄今仍有一半以上的邦政府未能对义务教育的实施进行立法；个人、家庭的基础教育负担沉重，失学、辍学现象严重；印度农村基础教育以地区投资为主的"区域性发展政策"最大的负面效应是农村基础教育的学校设施设备不足，办学条件简陋（刘贤伟，2007）。以印度喀拉拉邦的教育分权为例，尽管教育分权管理策略的倡导有着长远的历史，但事实上，在许多教育体系中的教育分权计划并没有取得成功。印度喀拉拉邦的"人民分权计划运动"试图采用一个多方位的"大爆炸"方式实施分权计划，它虽有力量，但也存在局限性，其主要障碍是地方当局的技术能力有限，以及未转变参与者态度，未向参与者充分证明分权是符合他们需要的（莫昆丹·M. V.，马克·贝磊，2005）。

印度在促进基础教育均衡发展方面有的邦也是有比较成功的经验的，如印度克拉拉邦基础教育就比较发达。首先，公共行动是实施基础教育"支持导向"战略的政治基石；其次，多元主体参与投资是基础教育普及化的财力基石；最后，特有的社会结构是男女平等享受基础教育的文化基石（陈前恒，2005）。

玛瑞·洛（Marie Lall）认为印度教育政策目前面临最大的三个问题是：提高每个教育阶段的入学机会和教育质量；增加教育投入，尤其是增加对高等教育的投入；提高成人识字率（玛瑞·洛，2005）。而印度基础教育发展之所以如此落后的政策根源在于印度政府对基础教育投资长期以来的忽视。尼纳玛拉·鲍（Nirmala Bao）等的研究表明，印度政府对基础教育的重视始于 20 世纪 80 年代的《国家教育政策 1986》（National policy on education 1986），才开始强调发展基础教育的优先地位，而在之前的近 40 年的时间里印度一直强调优先发展高等教育，基础教育发展一直不受重视。而相反中国则在新中国成立后的前 30 年就一直强调基础教育的发展，也取得了一系列成绩（尼纳玛拉·鲍，等，2003）。

虽然，现在政府开始重视投资基础教育，并用超过 50% 的经费来发展基础教育，可是有经济学家就认为这样违背了经济发展规律。提拉克（Tilak）认为印度公共政策的最大失败在于没有实现普及基础教育（Tilak，2006）。然而德瑞泽（Dreze）和森（Sen）以及派（Pai）的研究则认为，虽然最近把普及基础教育作为国家的最高优先战略，然而对教育投入仍然是政府的短腿，把公共教育经费的一半多用于普及基础教育是偏离了教育政策的目标（阿奴古拉·N. 雷蒂，2007）。迪帕·拉瓦特（Deepa Rawat）等的研究认为，现在印度用于基础教育的费用已经占了整个教育经费的 57.05%，而只剩下 43% 给其他阶段的教育。基于未来经济发展的要求显示将更高比例（超过一半）的经费用于发展基础教育对整个国家的经济来说是不适合的。如果我们要在新的全球一体化时代发展经济，那么就必须要增加用于中等和高等教育的经费，除非中等和高等教育经费增加否则我们就很难培养出工业及服务业的不同部门的经济发展所需要的高素质劳动力（迪帕·拉瓦特，等，2007）。

要促进基础教育的进一步均衡发展，提高教育质量，阿布黑吉特·赛恩（Abhijeet Singh）认为，政府应该采取以下四项措施来改进教育政策：第一，最重要的就是要提高社区对教育的参与度。经验数据表明社会的参与是成功教育政策最关键的因素，在喀拉拉邦、西玛恰尔—普雷德仕邦通过社区对教育的参与取得了很好的教育成效。第二，需要对教育机构的决策程序进行改革，传统的自上而下的决策体系已经不再起关键作用，相反应该通过自下而上的决策体系，通过有效的教育分权，包括财政权力的下放，同时考虑底层的心声和反馈。第三，需要改变激励机制。对教育管理机构而言，这意味着依据其成绩来进行职位升迁和发放奖金，对无效率进行谴责，对腐败进行罚款和起诉。对教师而言，必须将其报酬与业绩相挂钩，对缺勤要进行严厉处罚。第四，要解决教育系统的信息不对称问题。人们通常并不知道他们具体的权利，也不知道政府机构之间权力制衡的机制，因此对上述权力及制衡机制的信息应该完全公开，否则人们将仍然处于教育信息弱势地位，这不利于教育的改革。也许整个教育制度的最大的障碍在于缺乏政治意愿。管理机构及教师对权力有着根深蒂固的喜好，教育在政府优先名单上似乎处于很靠后的位置，除非也只有当教育作为一个政治议题成为公众议论的焦点，才可能导致一些变化（阿布黑吉特·赛恩，2007）。

1.3　本课题拟突破的重点和难点

重点：

第一，中国基础教育（不）均衡发展的具体表现及测度；

第二，中国致力于基础教育均衡发展的重要政策及其执行效果评价；

第三，印度基础教育（不）均衡发展的具体表现及测度；

第四，印度致力于基础教育均衡发展的重要政策及其执行效果评价。

难点：

第一，中国致力于基础教育均衡发展的重要政策及其执行效果评价；

第二，印度致力于基础教育均衡发展的重要政策及其执行效果评价。

1.4　技术路线与研究方法

1.4.1　技术路线

本书将以基础教育公平（均衡）、政策的价值公平及其执行公平为理论基础，通过对中国、印度基础教育的发展成就的数据及其致力于促进基础教育公平（均衡）发展的政策及其执行效果评价方面的文献的横向比较，中国、印度基础教育公平政策历史脉络的纵向比较，借此找出彼此的成功实践对对方的经验启示，达到本课题的问题解决。具体思路如图 1-1 所示。

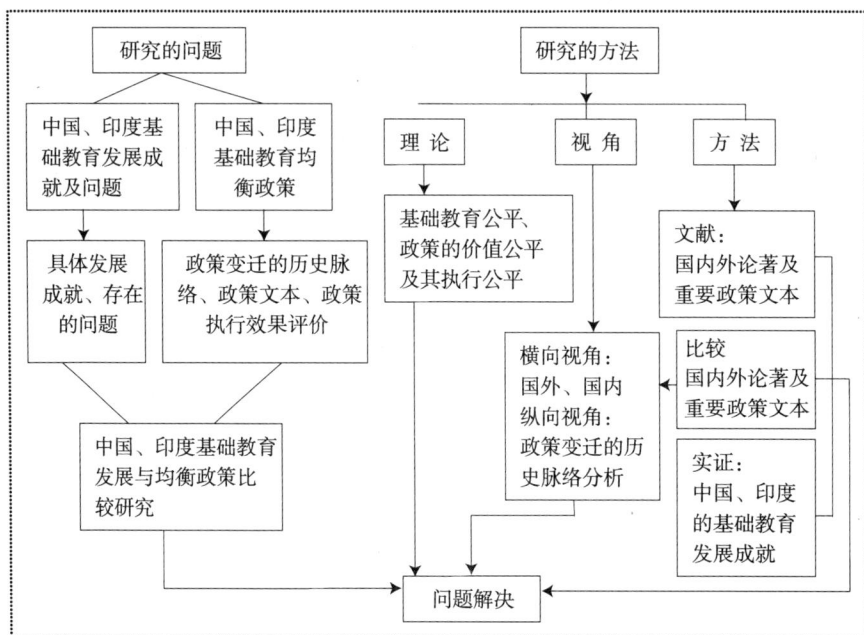

图 1-1　本书具体思路

1.4.2 主要研究方法

文献法。本书以"基础教育公平（均衡）政策"为主题，在进行相应的研究设计后，文献的收集主要是以"中国基础教育公平（均衡）发展"、"中国基础教育公平（均衡）发展政策"、"印度基础教育公平（均衡）发展"、"印度基础教育公平（均衡）发展政策"为篇名、主题、关键词等，通过图书馆相关论著、年鉴、教育及社会科学类报纸杂志、Proquest 等外文数据库等获得相关的理论文献，整理、分类、分析收集到的文献，进行文献综述及论文撰写。

文本分析法。通过对文本的系统查阅、分析、整理，了解国内外关于中国、印度基础教育公平（均衡）发展方面的具体政策、法律与文件等，以及相应政策的历史变迁及其执行效果评价等的文献，找出选题中的本质性问题和明确选题的意义，并在此基础上确立研究的取向与思路。

调查实证法。本书需要对中国、印度基础教育公平发展的成就的某些指标性数据进行分析处理，借助 SPSS 等统计软件进行定量的频数统计、比例分析、相关分析等，测度中国、印度基础教育公平发展的具体成就及其表现。

比较推理法。研究还将比较中国、印度基础教育公平发展状况（水平）的差异，尤其是比较两国在致力于普及提高基础教育质量，以及两国促进基础教育均衡发展方面的政策及其执行效果评价的比较，找出两国的成功实践对对方的重要经验启示意义。

2　中国基础（义务）教育发展成就及其问题

2.1　中国基础教育发展的成就

2.1.1　中国国情及基础教育制度简介

2.1.1.1　中国基本国情介绍

中国位于亚洲东部，太平洋西岸。陆地面积960万平方千米，东部和南部大陆海岸线1.8万多千米，内海和边海的水域面积约470多万平方千米。海域分布有大小岛屿7600个，其中台湾岛最大，面积35798平方千米。中国同14国接壤，与8国海上相邻。省级行政区划为4个直辖市，22个省，5个自治区，2个特别行政区，首都北京①。中国行政区域图如图2-1所示，从该图可见中国西南部与印度、尼泊尔、不丹、缅甸、老挝、越南接壤。

22个省分别为东北的：黑龙江、吉林、辽宁，华北的河北、山西，华

---

① 《中国概况》，中华人民共和国中央人民政府门户网站，[2011-01-22]。http://www. gov. cn/test/2005-08/11/content_ 27116. htm。

东的山东、江苏、浙江、安徽、福建、江西，华中的河南、湖北、湖南，华南的广东、海南，西南的四川、云南、贵州，西北的陕西、甘肃、青海。5个民族自治区为：内蒙古蒙古族自治区（华北）、宁夏回族自治区（西北）、新疆维吾尔自治区（西北）、西藏藏族自治区（西南）、广西壮族自治区（华南）。4个直辖市为：北京（华北）、天津（华北）、上海（华东）、重庆（西南）。两个特别行政区为：香港（1997年设立）、澳门（1999年设立）。

1. 多民族国家

中国是一个多民族的国家，由56个民族组成，其中有55个少数民族。据2000年全国人口普查公报的统计，中国大陆31个省、自治区、直辖市的人口总数为12亿6583万人，其中汉族11亿5940万人，占全国人口的91.59%，少数民族1亿零643万人，占全国人口的8.41%。在55个少数民族中，人口在百万以上的有18个民族，他们是：蒙古、回、藏、维吾尔、苗、彝、壮、布依、朝鲜、满、侗、瑶、白、土家、哈尼、哈萨克、傣、黎等族。其中壮族人口最多，为1600多万人。人口在百万人以下10万人以上的有15个民族，他们是：傈僳、佤、畲、拉祜、水、东乡、纳西、景颇、柯尔克孜、土、达斡尔、仫佬、羌、仡佬、锡伯等族。人口在10万人以下1万人以上的有15个民族，他们是：布朗、撒拉、毛南、阿昌、普米、塔吉克、怒、乌孜别克、俄罗斯、鄂温克、德昂、保安、裕固、京、基诺等族。人口在1万人以下的有7个民族，他们是门巴、鄂伦春、独龙、塔塔尔、赫哲、高山、珞巴（按实地普查区域的人数计算）等民族。另外，还有未被确定民族成分的人口，共73.4万多人①。

2. 中国各地最近几年人口变化趋势

表2-1反映了中国2003—2008年的人口变化情况。

由表2-1可知，中国总人口规模从2003年的12亿9227万人，增加到2008年的13亿2802万人，2008年的城镇与农村人口所占比例分别为

---

① 《中国民族》，中华人民共和国中央人民政府门户网站，[2011-01-22]。http://www. gov. cn/test/2005-07/26/content_ 17366. htm。

中国、印度基础教育比较研究

45.68%和54.32%，即中国至2008年农村人口仍然过半接近55%。至2008年各地总人口规模中排名前5位的地区为：广东9544万人、河南9429万人、山东9417万人、四川8138万人、江苏7677万人，这与人们通常认为的河南人口最多的观点有点出入，可能是在人口统计中有的地区统计的是常住人口，有的地区统计的是户籍人口，如果河南的户籍人口在广东常住时间长了就入了广东的人口统计范畴，另外广东每年接收许多外来务工人员，所以广东人口最多也是情理之中的事情。2008年人口最少的5个地区是：天津1176万人、海南845万人、宁夏618万人、青海554万人、西藏287万人。可见全国2008年人口规模上9千万的地区有3个，上8千万的有4个，人口不足1000万的有4个。

表2-1　中国2003—2008年人口统计　　（单位：万人、%）

地区	2003	2004	2005	2006	2007			2008			2008排名	2008城镇化率排名
					合计	城镇	农村	合计	城镇	农村		
全国	129227	129988	130756	131448	132129	44.94	55.06	132802	45.68	54.32		
北京	1456	1493	1538	1581	1633	84.50	15.50	1695	84.90	15.10	26	2
天津	1011	1024	1043	1075	1115	76.31	23.69	1176	77.23	22.77	27	3
河北	6769	6809	6851	6898	6943	40.25	59.75	6989	41.90	58.10	6	20
山西	3314	3335	3355	3375	3393	44.03	55.97	3411	45.11	54.89	19	16
内蒙古	2380	2384	2386	2397	2405	50.15	49.85	2414	51.71	48.29	23	10
辽宁	4210	4217	4221	4271	4298	59.20	40.80	4315	60.05	39.95	14	5
吉林	2704	2709	2716	2723	2730	53.16	46.84	2734	53.21	46.79	21	9
黑龙江	3815	3817	3820	3823	3824	53.90	46.10	3825	55.40	44.60	15	7
上海	1711	1742	1778	1815	1858	88.70	11.30	1888	88.60	11.40	25	1
江苏	7406	7433	7475	7550	7625	53.20	46.80	7677	54.30	45.70	5	8
浙江	4680	4720	4898	4980	5060	57.20	42.80	5120	57.60	42.40	10	6
安徽	6410	6461	6120	6110	6118	38.70	61.30	6135	40.50	59.50	8	23
福建	3488	3511	3535	3558	3581	48.70	51.30	3604	49.90	50.10	18	12
江西	4254	4284	4311	4339	4368	39.80	60.20	4400	41.36	58.64	13	21
山东	9125	9180	9248	9309	9367	46.75	53.25	9417	47.60	52.40	3	14
河南	9667	9717	9380	9392	9360	34.34	65.66	9429	36.03	63.97	2	27

20

续表

地区	2003	2004	2005	2006	2007			2008			2008排名	2008城镇化率排名
					合计	城镇	农村	合计	城镇	农村		
湖北	6002	6016	5710	5693	5699	44.30	55.70	5711	45.20	54.80	9	15
湖南	6663	6698	6326	6342	6355	40.45	59.55	6380	42.15	57.85	7	18
广东	7954	8304	9194	9304	9449	63.14	36.86	9544	63.37	36.63	1	4
广西	4857	4889	4660	4719	4768	36.24	63.76	4816	38.16	61.84	11	25
海南	811	818	828	836	845	47.20	52.80	854	48.00	52.00	28	13
重庆	3130	3122	2798	2808	2816	48.34	51.66	2839	49.99	50.01	20	11
四川	8700	8725	8212	8169	8127	35.60	64.40	8138	37.40	62.60	4	26
贵州	3870	3904	3730	3757	3762	28.24	71.76	3793	29.11	70.89	16	30
云南	4376	4415	4450	4483	4514	31.60	68.40	4543	33.00	67.00	12	28
西藏	270	274	277	281	284	28.30	71.70	287	22.61	77.39	31	31
陕西	3690	3705	3720	3735	3748	40.62	59.38	3762	42.10	57.90	17	19
甘肃	2603	2619	2594	2606	2617	31.59	68.41	2628	32.15	67.85	22	29
青海	534	539	543	548	552	40.07	59.93	554	40.86	59.14	30	22
宁夏	580	588	596	604	610	44.02	55.98	618	44.98	55.02	29	17
新疆	1934	1963	2010	2050	2095	39.15	60.85	2131	39.64	60.36	24	24

注：1. 全国总人口包括现役军人数，分地区数字中未包括。
　　2. 全国数据未包括香港、澳门特别行政区和台湾省的人口数据。
　　3. 全国数据根据抽样误差和调查误差进行了修正。
资料来源：在中国人民共和国国家统计局网站中"统计数据"中的"人口"检索栏中输入相关
　　　　年份查出《中国统计年鉴》2004—2009年中统计的2003—2008年各地的人口数，ht-
　　　　tp：//www. stats. gov. cn/tjsj/ndsj/，2010-12-10。

　　2008年各地城市化率（城镇人口占总人口的比例）最高的5个地区是：
上海88.60%、北京84.90%、天津77.23%、广东63.37%、辽宁60.05%，
城市化率最低的5个地区是：河南36.03%、云南33%、甘肃32.15%、贵
州29.11%、西藏22.61%。这与人们的通常感觉及实际情况是相吻合的，
最早成立的3个直辖市城市化率是最高的，这些大城市人口密度很高，郊县
人口较少；广东是改革开放后最先发展起来的省，辽宁是老工业基地，所以
这两个省份的城市化率也较高。中部的河南因长期以来就是农业大省，西部
各省也基本上是农业省份，所以城市化率都很低。城市化率高于50%的地

区有10个，而直辖市中的重庆市只有49.99%，排第十一位；高于全国平均水平的地区有14个。

3. 中国各地最近几年经济发展情况

（1）总量情况

中国自1978年改革开放以来在经济上取得了举世瞩目的成绩，在过去30多年中经济增长率始终保持在10%上下，各地经济在规模总量及人均产值上均有显著提升。表2-2反映了中国自2003—2009年的GDP总量情况。

表2-2 中国各地2003—2009年GDP统计表（单位：亿元、%）

地区	2003	2004	2005	2006	2007	2008	2009	2009比2003增幅	2009排名	2009比2003增幅排名
全国	134949	167587	197789	231054	265810	314045	340903	152.62		
北京	3612	6060	6886	7870	9353	11115	12153	236.46	13	4
天津	2387	3111	3698	4359	5050	6719	7522	215.12	20	5
河北	7095	8478	10096	11660	13710	16012	17235	142.92	6	24
山西	2446	3571	4180	4753	5733	7315	7358	200.82	21	6
内蒙古	2093	3041	3896	4792	6091	8496	9740	365.36	15	1
辽宁	6003	6672	8009	9251	11023	13669	15212	153.41	7	20
吉林	2522	3122	3620	4275	5285	6426	7278	188.58	22	10
黑龙江	4433	4751	5512	6189	7065	8314	8587	93.71	16	31
上海	6251	8073	9154	10366	12189	14070	15046	140.70	8	25
江苏	12452	15004	18306	21645	25741	30982	34457	176.72	2	15
浙江	9200	11649	13438	15743	18780	21463	22990	149.89	4	23
安徽	3973	4759	5375	6149	7364	8852	10063	153.28	14	21
福建	5242	5763	6569	7615	9249	10823	12237	133.44	12	29
江西	2830	3457	4057	4671	5500	6971	7655	170.49	19	17
山东	12430	15022	18517	22077	25966	30933	33897	172.70	3	16
河南	7026	8554	10587	12496	15012	18019	19480	177.26	5	13
湖北	5396	5633	6520	7581	9231	11329	12961	140.20	11	26
湖南	4634	5642	6511	7569	9200	11555	13060	181.83	10	12

地区	2003	2004	2005	2006	2007	2008	2009	2009比2003增幅	2009排名	2009比2003增幅排名
广东	13450	18865	22367	26205	31084	36797	39483	193.55	1	7
广西	2733	3434	4076	4829	5956	7021	7759	183.90	18	11
海南	698	799	895	1053	1223	1503	1654	136.96	28	28
重庆	2250	2693	3071	3492	4123	5794	6530	190.22	23	9
四川	5456	6380	7385	8638	10505	12601	14151	159.37	9	19
贵州	1344	1678	1979	2282	2742	3562	3913	191.15	26	8
云南	2459	3082	3473	4007	4741	5692	6170	150.92	24	22
西藏	185	220	251	291	342	395	441	138.38	31	27
陕西	2399	3176	3676	4524	5466	7315	8170	240.56	17	3
甘肃	1301	1689	1934	2277	2702	3167	3388	160.42	27	18
青海	390	466	543	642	784	1019	1081	177.18	30	14
宁夏	385	537	606	711	889	1204	1353	251.43	29	2
新疆	1875	2209	2604	3045	3523	4183	4277	128.11	25	30

注：全国及各地 GDP 均以当年价格计算。

资料来源：2003 年数据来自中国地方统计公报数据中心中的全国与地方的《国民经济和社会发展统计公报》中公布的数据，部分省区的该数据高于最终被复核的数据，按公报统计的全国总计为 134949 亿元，而最终统计局公布的数据为 116694 亿元，相差 18255 亿元，由于暂时查不到最终经统计局审核的 2003 年各省的 GDP 数据，就以各地 2003 年统计公报中的数据来计算，因此 2003 年各地的人均 GDP 就高于其实际水平，http：//data-base. ce. cn/district/tjgb/nf/03/index. shtml，2007－11－27，2004—2009 年的 GDP 数据来自国家统计数据库中的"地区生产总值"数据库中输入不同年份查询获得，ht-tp：//219. 235. 129. 58/clicksortall. do，2010－12－10。该数据为经统计局最终审核后的数据，排除了地方虚报的水分。以上所有数据均作小数点保留到个位处理。

　　由表 2－2 可知，中国 GDP 从 2003 年的 13 万 4949 亿元增加到 2009 年的 34 万零 903 亿元，增加了 152.62%。2009 年中国各地 GDP 排名最前 5 位为：广东 39483 亿元、江苏 34457 亿元、山东 33897 亿元、浙江 22990 亿元、河南 19480 亿元，过万亿元的地区有 14 个；排名最后 5 位为：甘肃 3388 亿元、海南 1654 亿元、宁夏 1353 亿元、青海 1081 亿元、西藏 441 亿元，低于5000 亿元的地区有 7 个。

　　2003—2009 年这 7 年间增长幅度排名最前 5 位为：内蒙古 365. 36%、宁夏 251. 43%、陕西 240. 56%、北京 236. 46%、天津 215. 125%，GDP 总量增长超过 2 倍的还有山西 200. 82%；增长幅度最后 5 位为：西藏 138. 38%、海南 136. 96%、福建 133. 44%、新疆 128. 11%、黑龙江 93. 71%；增长幅度超过全国平均水平的地区有 21 个，经济增长超过 1.5 倍的地区有 22 个。

　　（2）人均 GDP 情况

　　表 2－3 反映了中国 2003—2008 年各地的人均 GDP 情况。

表 2－3　中国各地 2003—2008 年人均 GDP 统计表（单位：元、%）

地区	2003	2004	2005	2006	2007	2008	2008 比 2003 增幅	2008 排名	2008 比 2003 增幅排名
全国	10443	12892	15127	17578	20117	23648	126. 45		
北京	24808	40589	44772	49779	57275	65575	164. 33	2	7
天津	23610	30381	35455	40549	45291	57134	141. 99	3	14
河北	10482	12451	14737	16903	19747	22910	118. 57	12	24
山西	7381	10708	12459	14083	16897	21445	190. 54	14	4
内蒙古	8794	12756	16329	19992	25326	35195	300. 22	7	1
辽宁	14259	15822	18974	21660	25647	31678	122. 16	9	22
吉林	9327	11525	13328	15700	19359	23504	152. 00	11	11
黑龙江	11620	12447	14429	16189	18475	21736	87. 06	13	31
上海	36534	46343	51485	57113	65603	74523	103. 98	1	27
江苏	16813	20186	24490	28669	33759	40357	140. 03	5	17
浙江	19658	24680	27436	31612	37115	41920	113. 25	4	25
安徽	6198	7366	8783	10064	12037	14429	132. 80	27	19
福建	15029	16414	18583	21402	25828	30031	99. 82	10	30
江西	6653	8070	9411	10765	12592	15843	138. 13	24	18
山东	13622	16364	20023	23716	27721	32848	141. 14	8	15
河南	7268	8803	11287	13305	16038	19110	162. 93	20	8
湖北	8990	9363	11419	13316	16198	19837	120. 66	16	23
湖南	6955	8423	10292	11935	14477	18111	160. 40	22	9
广东	16910	22718	24328	28165	32897	38555	128. 00	6	20

续表

地区	2003	2004	2005	2006	2007	2008	2008 比 2003 增幅	2008 排名	2008 比 2003 增幅排名
广西	5627	7024	8747	10233	12492	14578	159.07	26	10
海南	8607	9768	10809	12596	14473	17600	104.48	23	26
重庆	7188	8626	10976	12436	14641	20409	183.93	15	5
四川	6271	7312	8993	10574	12926	15484	146.91	25	13
贵州	3473	4298	5306	6074	7289	9391	170.40	31	6
云南	5619	6981	7804	8938	10503	12529	122.98	29	21
西藏	6852	8029	9061	10356	12042	13763	100.86	28	29
陕西	6501	8572	9882	12112	14584	19444	199.09	19	2
甘肃	4998	6449	7456	8738	10325	12051	141.12	30	16
青海	7303	8646	10000	11715	14203	18394	151.87	21	12
宁夏	6638	9133	10168	11772	14574	19482	193.49	18	3
新疆	9695	11253	12955	14854	16816	19629	102.47	17	28
极差	33061	42045	46179	51039	58314	65132			
极差率	10.52	10.78	9.70	9.40	9.00	7.94			
标准差	7168	9852	10859	12098	13753	15759			
变异系数	0.686	0.764	0.718	0.688	0.684	0.666			

注：全国及各地 GDP 总量除以各地年末人口数得出各地人均 GDP。

资料来源：原始的 GDP 和人口数据均来自中华人民共和国国家统计局网站。

由表 2-3 可知，中国全国的人均 GDP 从 2003 年的 10443 元增加到 2008 年的 23648 元，6 年间增加了 126.45%。2008 年中国各地人均 GDP 排名最前 5 位为：上海 74523 元、北京 65575 元、天津 57134 元、浙江 41920 元、江苏 40357 元；排名最后 5 位：安徽 14429 元、西藏 13763 元、云南 12529 元、甘肃 12051 元、贵州 9391 元；高于 3 万元及全国平均水平的有 10 个，高于 2 万元的有 15 个，低于 1.5 万元的有 6 个，广西倒数第 6 位为 14578 元。

2003—2008 年这 6 年间增长幅度排名最前 5 位为：内蒙古 300.22%、陕西 199.09%、宁夏 193.49%、山西 190.54%、重庆 183.93%；增长幅度最后 5 位为：上海 103.98%、新疆 102.47%、西藏 100.86%、福建

99.82%、黑龙江 87.06%；高于全国平均水平的地区有 20 个。

2003—2008 这 6 年间最大与最小地区的绝对差距（极差）从 33061 元增加到 65132 元，相对差距（极差率）从 10.52 下降到 7.94；6 年间各地人均 GDP 的离差程度（变异系数）从 0.686 略微下降到 0.666，中间几年还有上升的趋势。

2.1.1.2　中国基础教育制度简介

在中国基础教育现在一般指普通初等教育以及普通高中教育，其中初等教育包括 1—6 年级的小学教育和 7—9 年级的初中教育，入学年龄分别为 6—11 周岁及 12—14 周岁，现在有部分省区及省区内部分地市已经实行连贯制的 1—9 年级的初等教育；10—12 年级是高中阶段的教育，入学年龄为 15—17 周岁。

基础教育在财政投入责任上由地方政府负责，具体又由县级政府负责，省级政府只负责省直机关附属的学校的办学经费。因此县级政府基本上承担了我国基础教育投资的百分之八九十的财政投入负担。自 2006 年的《义务教育法》修订后，提出"由县投入为主、省统筹"，省里也只是对部分特别落后县市给予少许的省内转移支付，没有从根本上改变基础教育投入以县为主的局面。近年来中央政府通过部分专项项目，如农村危旧房改造、农村义务教育投入机制保障改革等逐步增加中央政府的投入，中央经费占义务教育总经费的比例大致提升至 10% 以上，2008 年中央投入农村义务教育保障经费 578.3 亿元，同年全国基础教育（含高中）预算内经费总计为 5473.16981 亿元，如果将这 578.3 亿元一起计算的话，则中央投入义务教育的预算内经费为 595.8068 亿元，义务教育总计预算内经费为 5288.72646 亿元，则义务教育阶段中央总预算内投入占总预算内投入的 11.27%。但中央经费中有 17.5068 亿元（即教育经费统计年鉴中的中央属经费部分）是直接投入中央各部委所属的初等学校的，这部分经费占中央总预算内义务教育经费的 2.94%①。

---

① 根据《中国教育经费统计年鉴 2009》中显示的原始数据计算整理而得。

2.1.2　入学机会方面：入学率、辍学率、成人识字率

表2－4反映了中国2000—2008年间初等教育的毛入学率和升学率情况。

表2－4　中国初等教育毛入学率　　　　（单位:%）

年份	毛入学率		升学率	
	小学	初中	小学升初中	初中升高中
2000	104.6	88.6	94.9	51.2
2001	104.5	88.7	95.5	52.9
2002	107.5	90.0	97.0	58.3
2003	107.2	92.7	97.9	59.6
2004	106.6	94.1	98.1	63.8
2005	106.4	95.0	98.4	69.7
2006	106.3	97.0	100.0	75.7
2007	106.2	98.0	99.9	80.5
2008	105.7	98.5	99.7	83.4

资料来源：中华人民共和国教育部发展规划司：《中国教育统计年鉴2008》，人民教育出版社2009年版，第15—16页。

由表2－4可见，中国小学的毛入学率在2000—2008年这9年均超过100%，即所有适龄儿童都得以上学，并且部分适龄儿童之外的儿童也得到了小学教育机会。初中的毛入学率在2000年为88.6%，到2002年就达到了90%，至2008年进一步提升到98.5%，9年间提高了近10个百分点。

小学升初中的升学率在2000—2008年这9年均超过94%，2008年达到99.7%，即几乎所有适龄儿童都得以升入初中。初中升高中的升学率在2000年为51.2%，到2007年就超过了80%，至2008年进一步提升到83.4%，9年间提高了近30个百分点。

据统计，2004 年全国小学生辍学率平均为 0.59%，初中的辍学率平均为 2.49%，中部地区特别是西部贫困地区一些小学辍学率可能在 2%，甚至还要高，初中的辍学率估计要在 7%，甚至还高。小学和初中合在一起，估计全国辍学的学生在 230 万左右[1]。从表 2-4 的升学率中可以看出辍学情况（辍学率=1-升学率），即小学在 2008 年的辍学率仅为 0.3%，初中在 2008 年的辍学率仅为 16.6%。可见，中国初等教育的辍学率是较低的，即义务教育完成率或巩固率很高。

中国成人识字率不断上升。1996 年成人识字率为 82.18%，2005 年升至 88.96%，超过全世界和发展中国家成人识字率平均水平（2004 年两者分别为 78% 和 77%）[2]。

2.1.3　资源配置方面：教育资源在区域间、城乡间的配置状况

2.1.3.1　初等教育的教育经费配置状况

1. 中央及地方的经费投入及其比例结构分析

表 2-5 反映了中国 2003—2008 年间中央和地方总计及预算内教育经费的总量投入情况。

表 2-5　中国地方及中央总计及预算内教育经费支出情况表

（单位：千元）

学校类型	2003					
	地方		中央		合计	
	总计	预算内	总计	预算内	总计	预算内
总计	505353004	288736264	68004825	33073046	573357829	321809310
高校	115353628	45962596	64911622	31594198	180265250	77556794

---

[1] 《全国 230 万中小学生辍学》，华夏网，[2006-12-08]。http://www.chinatimes.cc/Article/ZGXW/2006-12-08/43222.html。

[2] 《百姓·民生——共享基本公共服务 100 题》之 10，《改革开放以来中国居民的受教育程度发生了怎样变化?》，中国共产党新闻网，[2010-12-22]。http://theory.people.com.cn/GB/68294/117763/6976266.html。

续表

| 学校类型 | 2003 | | | | | |
| | 地方 | | 中央 | | 合计 | |
	总计	预算内	总计	预算内	总计	预算内
中学	169245435	96414361	307433	142634	169552868	96556995
普中	169037681	96341441	307433	142634	169345114	96484075
高中	39160978	15739240	125394	65994	39286372	15805234
初中	87417813	60099473	1692	1130	87419505	60100603
农初	46551428	34207267	0	0	46551428	34207267
小学	146921099	108030012	47604	24770	146968703	108054782
普小	146881226	107995599	47604	24770	146928830	108020369
农小	89197010	69387162	0	0	89197010	69387162
2006						
总计	776939644	472269953	91924459	40836644	868864103	513106597
高校	181518954	72772922	88086117	38838744	269605071	111611666
中学	261396535	164414946	346069	159063	261742604	164574009
普中	261061040	164280704	346069	159063	261407109	164439767
高中	71366040	32649775	129294	61633	71495334	32711408
初中	133121928	101454169	1944	0	133123872	101454169
农初	77706108	62572231	0	0	77706108	62572231
小学	218261912	171984370	92558	39251	218354470	172023621
普小	218223849	171952113	92558	39251	218316407	171991364
农小	138171211	114567383	0	0	138171211	114567383
2007						
总计	1050119298	613952536	116719833	47059481	1166839131	661012017
高校	254386233	87165920	107439971	41872627	361826204	129038547
中学	340498864	211966627	1772570	1339043	342271434	213305670
普中	340097691	211791369	1772570	1339043	341870261	213130412
高中	135849344	63233874	889639	626644	136738983	63860518
初中	204248347	148557495	882931	712399	205131278	149269894
农初	110135073	90979377	440284	493708	110575357	91473085
小学	291766348	227644945	1247121	448981	293013469	228093926
普小	291723984	227609289	1247121	448981	292971105	228058270
农小	187312744	158072407	611267	262180	187924011	158334587

学校类型	2008					
	地方		中央		合计	
	总计	预算内	总计	预算内	总计	预算内
总计	1257800783	775331791	140765423	55013780	1398566206	830345571
高校	294932931	114236773	128961767	48209288	423894698	162446061
中学	405006922	267049525	2039830	1163901	407046752	268213426
普中	404483392	266842466	2039830	1163901	406523222	268006367
高中	151761204	75601435	1029933	465841	152791137	76067276
初中	252722188	191241031	1009897	698060	253732085	191939091
农初	141602929	117862137	629515	486436	142232444	118348573
小学	351856916	278050931	1452294	1052624	353309210	279103555
普小	351804031	278012296	1452294	1052624	353256325	279064920
农小	227956774	191306629	881939	677306	228838713	191983935

资料来源：《中国教育经费统计年鉴》2004 年、2007 年第 6、8、16、18 页，2008 年、2009 年第 24、26、44、46 页。

由表 2-5 可知，中国 2003 年地方总计教育经费为 5053.53004 亿元，至 2008 年增加至 12578.00783 亿元，6 年间增加了 148.90%；地方预算内教育经费从 2887.36264 亿元增加到 7753.31791 亿元，增加了 168.53%。中央总计教育经费从 2003 年的 680.04825 亿元增加至 2008 年的 1407.65423 亿元，6 年间增加了 106.99%；中央预算内教育经费从 330.73046 亿元增加到 550.13780 亿元，增长了 66.34%。全国总计的教育经费从 2003 年的 5733.57829 亿元增加到 2008 年的 13985.66206 亿元，增长了 143.93%，全国预算内教育经费从 3218.09310 亿元增加到 8303.45571 亿元，增长了 158.02%。

表 2-6 反映了中国 2003—2008 年间的初等教育（小学+初中）经费投入情况。

由表 2-6 可知，中国初等教育经费从 2003 年的全国总计 2343.88208 亿元增加到 2008 年的 6070.41295 亿元，增长了 158.99%；全国预算内初等教育经费从 1681.55385 亿元增加到 4710.42646 亿元，增长了 180.12%。

表2-6　初等教育总经费及其比上一年的增长比例情况表

（单位：千元、%）

	初等教育总经费（千元）					
	2003	2004	2005	2006	2007	2008
地方总计	234338912	270794149	310040637	351383840	496014695	604579104
地方预算内	168129485	196904061	227287710	273438539	376202440	469291962
中央总计	49296	64665	92712	94502	2130052	2462191
中央预算内	25900	28531	29241	39251	1161380	1750684
全国总计	234388208	270858814	310133349	351478342	498144747	607041295
全国预算内	168155385	196932592	227316951	273477790	377363820	471042646
总计占全国总计	40.88	40.62	40.42	40.45	42.69	43.40
预算占全国预算	52.25	52.70	53.14	53.30	57.09	56.73
	比上一年增长比例（%）					
地方总计	0	15.56	14.49	13.33	41.16	21.89
地方预算内	0	17.11	15.43	20.31	37.58	24.74
中央总计	0	31.18	43.37	1.93	2153.98	15.59
中央预算内	0	10.16	2.49	34.23	2858.85	50.74
全国总计	0	15.56	14.50	13.33	41.73	21.86
全国预算内	0	17.11	15.43	20.31	37.99	24.82
总计占全国总计						
预算占全国预算						

资料来源：根据《中国教育经费统计年鉴》2004—2009年中的2003—2008年的原始数据计算整理而得。

表2-7反映了中国2003—2008年间中央及地方的总计及预算内教育经费投入的比例结构情况。

表2-7　全国教育经费在各级各类学校中的支出比例表　（单位:%）

学校类型	2003					
	地方		中央		合计	
	总计	预算内	总计	预算内	总计	预算内
总计	100	100	100	100	100	100
高校	22.83	15.92	95.45	95.53	31.44	24.1

续表

学校类型	2003					
	地方		中央		合计	
	总计	预算内	总计	预算内	总计	预算内
中学	33.49	33.39	0.45	0.43	29.57	30
普通中学	33.45	33.37	0.45	0.43	29.54	29.98
高级中学	7.75	5.45	0.18	0.2	6.85	4.91
初级中学	17.3	20.81	0	0	15.25	18.68
农村	9.21	11.85	0	0	8.12	10.63
小学	29.07	37.41	0.07	0.07	25.63	33.58
普通小学	29.07	37.4	0.07	0.07	25.63	33.57
农村	17.65	24.03	0	0	15.56	21.56
占总比例 A	88.14	50.36	11.86	5.77	100	56.13
增长比例 B						
2006						
总计	100	100	100	100	100	100
高校	23.36	15.41	95.82	95.11	31.03	21.75
中学	33.64	34.81	0.38	0.39	30.12	32.07
普通中学	33.60	34.79	0.38	0.39	30.09	32.05
高级中学	9.19	6.91	0.14	0.15	8.23	6.38
初级中学	17.13	21.48	0.00	0.00	15.32	19.77
农村	10.00	13.25	0.00	0.00	8.94	12.19
小学	28.09	36.42	0.10	0.10	25.13	33.53
普通小学	28.09	36.41	0.10	0.10	25.13	33.52
农村	17.78	24.26	0.00	0.00	15.90	22.33
占总比例 A	89.42	54.35	10.58	4.70	100.00	59.05
增长比例 B	14.02	20.16	7.09	17.55	13.24	19.95
2007						
总计	100	100	100	100	100	100
高校	24.22	14.20	92.05	88.98	31.01	19.52
中学	32.42	34.52	1.52	2.85	29.33	32.27
普通中学	32.39	34.50	1.52	2.85	29.30	32.24
高级中学	12.94	10.30	0.76	1.33	11.72	9.66
初级中学	19.45	24.20	0.76	1.51	17.58	22.58

续表

学校类型	2007					
	地方		中央		合计	
	总计	预算内	总计	预算内	总计	预算内
农村	10.49	14.82	0.38	1.05	9.48	13.84
小学	27.78	37.08	1.07	0.95	25.11	34.51
普通小学	27.78	37.07	1.07	0.95	25.11	34.50
农村	17.84	25.75	0.52	0.56	16.11	23.95
占总比例A	90.00	52.62	10.00	4.03	100.00	56.65
增长比例B	35.16	30.00	26.97	15.24	34.29	28.83
	2008					
总计	100	100	100	100	100	100
高校	23.45	14.73	91.61	87.63	30.31	19.56
中学	32.20	34.44	1.45	2.12	29.10	32.30
普通中学	32.16	34.42	1.45	2.12	29.07	32.28
高级中学	12.07	9.75	0.73	0.85	10.92	9.16
初级中学	20.09	24.67	0.72	1.27	18.14	23.12
农村	11.26	15.20	0.45	0.88	10.17	14.25
小学	27.97	35.86	1.03	1.91	25.26	33.61
普通小学	27.97	35.86	1.03	1.91	25.26	33.61
农村	18.12	24.67	0.63	1.23	16.36	23.12
占总比例A	89.94	55.44	10.06	3.93	100.00	59.37
增长比例B	19.78	26.29	20.60	16.90	19.86	25.62

注：表格中"占总比例A"指的是地方、中央的总计与预算内经费占合计（全国）的总经费的比例，"增长比例B"指的是地方、中央及全国的总计与预算内经费比上一年的增长比例。

资料来源：根据《中国教育经费统计年鉴》2004—2009年中的2003—2008年的原始数据计算整理而得。

由表2-7可知，中国总计的教育经费中2003年来自中央的比例仅为11.19%（地方为88.81%），到2008年下降到10.06%（地方为89.94%），即中国的教育总经费中近90%是来自地方的省级政府和县市级政府，只有10%的经费来自中央，而且中央的经费（应该不含中央通过各种专项项目的拨款）中又有95%的经费是分配给高校的。教育总经费中预算内经费的比例从2003年的56.13%增加到2008年的59.37%，增长了3.24个百分点。

中国总计的教育经费中初等教育经费所占的比例从 2003 年的 40.88% 增加到 2008 年的 43.40%，预算内初等教育经费占总计的预算内教育经费的比例从 2003 年的 52.26% 上升至 2008 年的 56.73%；来自地方的总计的教育经费中初等教育经费的比例从 2003 年的 46.37% 增加到 2008 年的 48.06%，地方预算内初等教育经费占地方总计的预算内教育经费的比例从 2003 年的 58.22% 上升至 2008 年的 60.53%。可见无论是全国、中央还是地方的总计及预算内初等教育经费的投入力度都呈增大趋势，尤其是预算内初等教育经费占总计的预算内的教育经费的比例占到六成左右。

2. 初等教育生均预算内教育经费分析

（1）总量分析

表 2-8 反映了中国 2003—2008 年间全国及各地初等教育预算内生均教育经费情况。

表 2-8　中国各地初等教育（1—9 年级）预算内生均教育经费表

（单位：元）

地区	2003			2006			2007			2008		
	合计	城镇	农村	合计	城镇	农村	合计	城镇	农村	合计	城镇	农村
全国	1004	1240	843	1775	2030	1596	2407	2636	2196	3088	3345	2835
北京	3581	3583	3572	6499	6190	7653	9059	8771	10593	11590	11195	13846
天津	2362	2641	1600	4321	4606	3379	5287	5543	4390	7194	7497	6119
河北	865	952	810	1735	1499	1738	2316	2249	2373	3204	3099	3298
山西	857	885	839	1594	1523	1646	2171	2026	2296	2939	2697	3174
内蒙古	1278	1225	1353	2353	2128	2853	3064	2815	3715	4163	3831	5174
辽宁	1197	1399	1024	2442	2682	2242	3103	3308	2923	4102	4214	3998
吉林	1177	1196	1155	2134	2080	2205	2995	2839	3205	4086	3821	4517
黑龙江	1465	1583	1379	2684	2695	2672	3446	3374	3521	4337	4319	4358
上海	5468	5496	4633	9925	9935	9122	12393	12397	11916	14287	14326	12462
江苏	1257	1671	1060	2435	2816	2227	3726	3808	3615	4464	4554	4335
浙江	1977	1996	1785	3317	3386	3110	4191	4243	3998	5014	5053	4868
安徽	690	812	642	1259	1357	1223	1716	1831	1645	2283	2361	2233
福建	1159	1257	1056	1993	2034	1951	2621	2651	2593	3390	3406	3373
江西	752	756	748	1264	1248	1272	1808	1797	1815	2079	2065	2089

续表

地区	2003			2006			2007			2008		
	合计	城镇	农村	合计	城镇	农村	合计	城镇	农村	合计	城镇	农村
山东	1026	1118	933	1892	2276	1738	2744	2954	2529	3422	3690	3137
河南	567	721	507	1045	1203	978	1577	1711	1510	1917	2090	1825
湖北	720	869	634	1329	1422	1200	2060	2239	1927	2689	2834	2571
湖南	840	909	795	1622	1806	1578	2170	2269	2077	2783	2881	2683
广东	1390	1784	1025	1942	2531	1326	2340	2748	1760	2804	3239	2069
广西	812	949	723	1479	1622	1362	1906	2043	1787	2567	2795	2359
海南	858	945	779	1784	1797	1769	2364	2374	2352	3013	3117	2876
重庆	683	735	607	1378	1443	1298	1935	1951	1821	2477	2605	2271
四川	695	758	660	1237	1315	1207	1803	1858	1737	2439	2471	2398
贵州	627	776	561	1128	1297	1033	1561	1730	1462	2015	2234	1881
云南	1102	1278	1042	1594	1650	1565	1934	2063	1863	2375	2534	2285
西藏	2864	3654	2282	3301	3742	2877	5352	6413	4259	6112	6338	5867
陕西	730	825	687	1533	1882	1551	2158	2074	2199	3254	2935	3426
甘肃	782	927	725	1468	1563	1421	1879	2056	1784	2721	2848	2646
青海	1388	1497	1300	2323	2295	2340	2857	2755	2923	3920	3984	3868
宁夏	920	958	894	1564	1622	1517	2186	2200	2173	3523	3648	3396
新疆	1354	1483	1298	2300	2288	2307	2862	2984	2792	4124	4324	3996
极差	4901	4775	4126	8880	8732	8144	10832	10686	10454	12370	12261	12021
极差率	9.64	7.62	9.14	9.50	8.26	9.33	7.94	7.25	8.15	7.45	6.94	7.59
标准差	1021	1056	879	1779	1757	1761	2278	2284	2340	2673	2634	2708
变异系数	1.017	0.852	1.043	1.002	0.866	1.103	0.946	0.866	1.066	0.866	0.787	0.955

注：所有经费数据均以当年价格统计。

资料来源：根据《中国教育经费统计年鉴》2004—2009 年中反映的全国各地小学、初中的预算
内生均教育经费原始数据（保留到个位）、《中国教育统计年鉴》2003—2008 年中反
映的全国各地的小学、初中在校生数加权计算出各地的初等教育的预算内生均教育经
费值。为了与后面的印度初等教育的预算内生均教育经费相比较，有必要进行这样的
加权处理来比较中国、印度在 1—9 年级和 1—8 年级之间的生均经费情况。

由表 2-8 可知，中国初等教育预算内生均教育经费从 2003 年的 1004
元增加到 2008 年的 3088 元，城镇部分从 1240 元增加到 3345 元，农村部分
从 843 元增加到 2835 元，分别增长了 207.57%、169.76% 和 236.30%。

2008 年初等教育预算内生均教育经费合计部分最大 5 地区为：上海
14287 元、北京 11590 元、天津 7194 元、西藏 6112 元、浙江 5014 元；最小

5 地区为：云南 2375 元、安徽 2283 元、江西 2079 元、贵州 2015 元、河南 1917 元；最大与最小地区的绝对差距是 12370 元，相对差距是 7.45 倍，比 2003 年的 9.64 倍有所下降。

2008 年初等教育预算内生均教育经费城镇部分最大 5 地区为：上海 14326 元、北京 11195 元、天津 7497 元、西藏 6338 元、浙江 5053 元；最小 5 地区为：四川 2471 元、安徽 2361 元、贵州 2234 元、河南 2090 元、江西 2065 元；最大与最小地区的绝对差距是 12261 元，相对差距是 6.94 倍，比 2003 年的 7.62 倍有所下降。

2008 年初等教育预算内生均教育经费农村部分最大 5 地区为：北京 13845 元、上海 12462 元、天津 6119 元、西藏 5867 元、浙江 5174 元；最小 5 地区为：安徽 2233 元、江西 2089 元、广东 2069 元、贵州 1881 元、河南 1825 元；最大与最小地区的绝对差距是 12021 元，相对差距是 7.59 倍，比 2003 年的 9.14 倍有所下降。

中国初等教育预算内生均教育经费各地区间的离差程度（变异系数）合计部分从 2003 年的 1.017 下降到 2008 年的 0.866，城镇部分从 2003 年的 0.852 下降到 2008 年的 0.787，农村部分从 2003 年的 1.043 下降到 2008 年的 0.955。城镇与农村之间的离差程度是（2003、2008 年）农村大于合计的，合计又大于城镇的。

（2）城乡差分析

表 2-9 反映了中国初等教育预算内生均教育经费城乡差及 2008 年比 2003 年的增长幅度与排名情况。

由表 2-9 可知，中国初等教育预算内生均教育经费 2008 年城乡差（城镇—农村）最大 5 地区为：上海 1864 元、天津 1378 元、广东 1170 元、山东 553 元、西藏 471 元；最小 5 地区为：山西 -477 元（"-"表示城镇比农村低）、陕西 -491 元、吉林 -696 元、内蒙古 -1343 元、北京 -2651 元。2008 年城乡差高于全国平均水平 510 元的地区有 4，城镇比农村低的地区有 7 个。

表 2-9 中国各地初等教育预算内生均经费增幅、城乡差和排名表

（单位：元、%）

地区	2008 比 2003 增长幅度			2008 比 2003 增幅排名			2008 排名			城乡差			
										2008		2008 比 2003	
	合计	城镇	农村	合计	城镇	农村	合计	城镇	农村	差值	排名	增幅	排名
高全国数	20	25	18	20	25	19	17	15	19	4		12	
全国	207.57	169.76	236.30							510		28.46	
北京	223.65	212.45	287.63	18	12	7	2	2	1	-2651	31	-24200	31
天津	204.57	183.87	282.44	22	21	8	3	3	3	1378	2	32.37	12
河北	270.40	225.53	307.16	4	8	3	17	18	16	-199	26	-240.14	26
山西	242.94	204.75	278.31	11	14	11	19	24	17	-477	27	-1136.96	29
内蒙古	225.74	212.73	282.41	17	11	9	8	11	5	-1343	30	949.22	1
辽宁	242.69	201.22	290.43	12	15	6	10	9	10	216	16	-42.40	21
吉林	247.15	219.48	291.08	10	9	5	11	12	7	-696	29	-1797.56	30
黑龙江	196.04	172.84	216.03	23	23	23	7	8	8	-39	25	-119.12	25
上海	161.28	160.66	168.98	27	27	28	1	1	2	1864	1	115.99	5
江苏	255.13	172.53	308.96	6	24	2	6	6	9	219	15	-64.16	22
浙江	153.62	153.16	172.72	28	28	27	5	5	6	185	19	-12.32	17
安徽	230.87	190.76	247.82	16	18	17	28	28	27	128	20	-24.71	18
福建	192.49	170.96	219.41	24	25	22	15	15	15	33	23	-83.58	24
江西	176.46	173.15	179.28	26	26	26	29	31	28	-24	24	-400.00	27
山东	233.53	230.05	236.23	14	4	19	14	13	18	553	4	198.92	3
河南	238.10	189.88	259.96	13	19	16	31	30	31	265	10	23.83	13
湖北	273.47	226.12	305.52	3	6	4	23	22	22	263	11	11.91	14
湖南	231.31	216.94	237.48	15	10	18	21	20	20	198	18	73.68	8
广东	101.73	81.56	101.85	31	30	31	20	16	29	1170	3	54.15	10
广西	216.13	194.52	226.28	20	16	21	24	23	24	436	6	92.92	6
海南	251.17	229.84	269.19	7	5	13	18	17	19	241	14	45.18	11
重庆	262.66	254.42	274.14	5	3	12	25	25	26	334	8	160.94	4
四川	250.94	225.99	263.33	8	7	15	26	27	23	73	22	-25.51	19
贵州	221.37	187.89	235.29	19	20	20	30	29	30	353	7	64.19	9
云南	115.52	98.28	119.29	29	29	30	27	26	25	249	13	5.51	15
西藏	113.41	73.45	157.10	30	31	29	4	4	4	471	5	-65.67	23
陕西	345.75	255.76	398.69	1	2	1	16	19	13	-491	28	-455.80	28
甘肃	247.95	207.23	264.97	9	13	14	22	21	21	202	17	0.00	16
青海	182.42	166.13	197.54	25	26	25	12	10	12	116	21	-41.12	20

续表

地区	2008 比 2003 增长幅度			2008 比 2003 增幅排名			2008 排名			城乡差			
										2008		2008 比 2003	
	合计	城镇	农村	合计	城镇	农村	合计	城镇	农村	差值	排名	增幅	排名
宁夏	282.93	280.79	279.87	2	1	10	13	14	14	252	12	293.75	2
新疆	204.58	191.57	207.86	21	17	24	9	7	11	328	9	77.30	7

资料来源：根据《中国教育经费统计年鉴》2004—2009 年中反映的全国各地小学、初中的预算内生均教育经费原始数据（保留到个位）、《中国教育统计年鉴》2003—2008 年中反映的全国各地的小学、初中在校生数加权计算出各地的初等教育的预算内生均教育经费值再计算整理及排名而得。

中国初等教育预算内生均教育经费城乡差 2008 年比 2003 年增幅排名最前 5 位地区为：内蒙古 949.22%（向着城镇比农村低的方向增长）、宁夏 293.75%、山东 198.92%、重庆 160.94%、上海 115.99%；增幅最小的 5 个地区为：江西 -400%（"-"表示城乡差呈下降趋势）、陕西 -455.8%、山西 -1136.96%、吉林 -1797.56%、北京 -24200%。

2.1.3.2 初等教育在校生（入学人数）规模

1. 在校生规模总量及增量分析

表 2-10 反映了中国 2003—2008 年间各地初等教育的在校生规模情况。

（1）中国初等教育在校生规模总量分析

由表 2-10 可知，中国初等教育（1—9 年级）在校生规模从 2003 年的 183081581 人下降到 2008 年的 159056664 人，城镇部分从 74586079 人增加到 79165418 人，农村部分从 108495502 人下降到 79891246 人，分别下降了 13.12%、增长了 6.14% 和下降了 26.36%。

表 2-10 中国各地初等教育（1—9 年级）在校生数及其增长比例

（单位：人、%）

地区	2003			2008			2008 排名			2008 比 2003 增幅		
	合计	城镇	农村	合计	城镇	农村	合计	城镇	农村	合计	城镇	农村
全国	183081581	74586079	108495502	159056664	79165418	79891246				-13.12	6.14	-26.36
北京	999976	822278	177698	984617	837827	146790	28	26	30	-1.54	1.89	-17.39

续表

地区	2003			2008			2008 排名			2008 比 2003 增幅		
	合计	城镇	农村	合计	城镇	农村	合计	城镇	农村	合计	城镇	农村
天津	1017951	745296	272655	824489	643241	181248	27	27	28	-19.01	-13.69	-33.52
河北	10360706	4030707	6329999	7498412	3547571	3950841	5	5	6	-27.63	-11.99	-37.59
山西	5568094	2082657	3485437	4986224	2466343	2519881	15	16	14	-10.45	18.42	-27.70
内蒙古	2857288	1668977	1188311	2414984	1816643	598341	24	20	23	-15.48	8.85	-49.65
辽宁	4700228	2157623	2542605	3804923	1829474	1975449	18	15	17	-19.05	-15.21	-22.31
吉林	3029367	1633319	1396048	2406441	1492302	914139	23	21	22	-20.56	-8.63	-34.52
黑龙江	4389745	1861089	2528656	3376166	1820701	1555465	20	19	18	-23.09	-2.17	-38.49
上海	1118105	1081693	36412	1015702	994374	21328	26	24	31	-9.16	-8.07	-41.43
江苏	9497440	3053255	6444185	6863512	4033143	2830369	7	9	5	-27.73	32.09	-56.08
浙江	5322328	4834429	487899	5172636	4092270	1080366	16	3	26	-2.81	-15.35	121.43
安徽	9995328	2789310	7206018	8302122	3258876	5043246	6	12	4	-16.94	16.83	-30.01
福建	5016536	2568582	2447954	3984400	2043520	1940880	17	13	19	-20.57	-20.44	-20.71
江西	6191959	2808437	3383522	5984151	2440232	3543919	14	11	15	-3.36	-13.11	4.74
山东	11280563	5686176	5594387	9667563	4978408	4689155	3	2	7	-14.30	-12.45	-16.18
河南	16627002	4621064	12005938	15207977	5316073	9891904	1	4	1	-8.53	15.04	-17.61
湖北	8622978	3153719	5469259	6220199	2790531	3429668	8	8	8	-27.86	-11.52	-37.29
湖南	8508918	3319714	5189204	6728154	3380476	3347678	9	7	9	-20.93	1.83	-35.49
广东	14575549	7000463	7575086	14543565	9137452	5406113	2	1	2	-0.22	30.53	-28.63
广西	7368394	2899394	4469000	6567441	3136746	3430695	10	10	12	-10.87	8.19	-23.23
海南	1427800	674044	753756	1370149	783531	586618	25	28	24	-4.04	16.24	-22.17
重庆	4035264	2376737	1658527	3594367	2212940	1381427	21	14	21	-10.93	-6.89	-16.71
四川	11234207	3936123	7298084	10103304	5694617	4408687	4	6	3	-10.07	44.68	-39.59
贵州	6738695	2067346	4671349	6753584	2578501	4175083	11	17	11	0.22	24.73	-10.62
云南	6340072	1605363	4734709	6510442	2366165	4144277	12	22	10	2.69	47.39	-12.47
西藏	414120	175716	238404	451752	234573	217179	31	31	29	9.09	33.50	-8.90
陕西	6227486	1917605	4309881	4806619	1681732	3124887	13	18	13	-22.82	-12.30	-27.49
甘肃	4533616	1276060	3257556	4109825	1528357	2581468	19	23	16	-9.35	19.77	-20.75
青海	720996	322596	398400	745424	333895	411529	30	30	27	3.39	3.50	3.30
宁夏	938451	371586	566865	980667	493072	487595	29	29	25	4.50	32.69	-13.98
新疆	3422419	1044721	2377698	3076853	1201832	1875021	22	25	20	-10.10	15.04	-21.14

资料来源：根据《中国教育统计年鉴》2003—2008 年中反映的全国各地的小学、初中在校生数相加计算出各地的初等教育的在校生数。

2008 年中国初等教育在校生规模总量排名最前 5 地区为：河南16627002 人、广东 14575549 人、山东 11280563 人、四川 11234207 人、河北 10360706 人；最小 5 地区为：天津 1017951 人、北京 999976 人、宁夏 938451 人、青海 720996 人、西藏 414120 人。城镇部分排名最前 5 地区为：广东 7000463 人、山东 5686176 人、浙江 4834429 人、河南 4621064 人、河北 4030707 人；最小 5 地区为：天津 745296 人、海南 674044 人、宁夏 371586 人、青海 322596 人、西藏 175716 人。农村部分排名最前 5 地区为：河南 12005938 人、广东 7575086 人、四川 7298084 人、安徽 7206018 人、江苏 6444185 人；最小 5 地区为：青海 398400 人、天津 272655 人、西藏 238404 人、北京 177698 人、上海 36412 人。

（2）中国初等教育在校生规模 2008 年比 2003 年的增量分析

由表 2–10 可知，中国初等教育在校生规模 2008 年比 2003 年除城镇部分以外，合计及农村部分都是呈下降趋势的。其中合计部分有 13 个地区的下降幅度是大于全国平均水平的，总共呈下降的地区有 25 个，即有 6 个地区在校生规模均没有下降，而是比 2003 年有所增加，下降幅度超过 10% 的地区有 18 个。增幅排名最前 5 地区为：西藏 9.09%、宁夏 4.50%、青海 3.39%、云南 2.69%、贵州 0.22%；增幅最小（下降幅度最大）5 地区为：陕西 –22.82%（"–"表示在校生规模没有增加而是下降，下同）、黑龙江 –23.09%、河北 –27.63%、江苏 –27.73%、湖北 –27.86%。

中国城镇初等教育在校生规模 2008 年比 2003 年的增长幅度有 15 个地区的增长幅度是大于全国平均水平的，总共有 18 个地区在校生规模均没有下降，而是比 2003 年有所增加，增幅超过 10% 的地区有 13 个，增幅超过 20% 的地区有 7 个，下降幅度超过 10% 的地区有 9 个。其中增幅最大 5 地区为：云南 47.39%、四川 44.68%、西藏 33.50%、宁夏 32.69%、江苏 32.09%；增幅最小 5 地区为：江西 –13.11%、天津 –13.69%、辽宁 –15.21%、浙江 –15.35%、福建 –20.44%。

中国农村初等教育在校生规模 2008 年比 2003 年的下降幅度有 14 个地区是大于全国平均水平的，有 3 个地区在校生规模均没有下降，而是比 2003 年有所增加，下降幅度超过 10% 的地区有 27 个，下降幅度超过 20% 的地区有 20 个，下降幅度超过 30% 的地区有 11 个。其中增加幅度最大 5 地区为：浙江 121.43%、江西 4.74%、青海 3.30%、西藏 -8.90%、贵州 -10.62%；增幅最小（下降幅度最大）5 地区为：黑龙江 -38.49%、四川 -39.59%、上海 -41.43%、内蒙古 -49.65%、江苏 -56.08%。

2. 在校生的性别平等指数（Gender Parity Index，GPI）　**分析**

表 2-11 反映了中国 2008 年各地初等教育在校生的性别平等指数情况。

（1）中国小学入学人数的 GPI 分析

由表 2-11 可知，中国各地初等教育在校生（入学人数）的性别平等指数在小学阶段 2008 年有 18 个地区是大于全国平均水平 0.865 的，大于 0.9 的地区有 8 个；其中 GPI（女生数与男生数的比）最大 5 地区为：新疆 0.927、宁夏 0.925、黑龙江 0.921、山西 0.915、青海 0.914，最小 5 地区为：江西 0.825、福建 0.822、广东 0.819、湖北 0.813、海南 0.758，即这 5 个地区的总入学人数中女生入学比例是最低的。

中国各地城镇初等教育的 GPI 在小学阶段 2008 年有 20 个地区是大于全国平均水平 0.842 的，大于 0.9 的地区有 6 个；其中 GPI 最大 5 地区为：新疆 0.914、青海 0.912、西藏 0.910、黑龙江 0.909、四川 0.907，最小 5 地区为：安徽 0.803、福建 0.785、江西 0.778、广东 0.776、海南 0.700，即这 5 个地区的总入学人数中女生入学比例是最低的。

中国各地农村初等教育的 GPI 在小学阶段 2008 年有 15 个地区的性别平等指数是大于全国平均水平的，大于 0.9 的地区有 12 个；其中 GPI 最大 5 地区为：宁夏 0.946、新疆 0.935、黑龙江 0.934、山西 0.930、贵州 0.921，最小 5 地区为：天津 0.843、陕西 0.840、海南 0.831、湖北 0.817、上海 0.778，即这 5 个地区的总入学人数中女生入学比例是最低的。

表 2-11　中国各地初等教育在校生性别平等指数表

地区	2008 小学 (1—6 年级)			2008 初中 (7—9 年级)			2008 小学排名			2008 初中排名		
	合计	城镇	农村	合计	城镇	农村	合计	城镇	农村	合计	城镇	农村
全国	0.865	0.842	0.883	0.900	0.892	0.913						

续表

地区	2008 小学 (1—6 年级)			2008 初中 (7—9 年级)			2008 小学排名			2008 初中排名		
	合计	城镇	农村	合计	城镇	农村	合计	城镇	农村	合计	城镇	农村
北京	0.873	0.871	0.881	0.908	0.910	0.900	17	15	16	15	14	20
天津	0.869	0.876	0.843	0.939	0.949	0.909	18	13	27	5	3	19
河北	0.895	0.873	0.908	0.957	0.948	0.973	11	14	10	1	4	1
山西	0.915	0.896	0.930	0.954	0.945	0.968	4	8	4	4	5	2
内蒙古	0.894	0.896	0.890	0.927	0.928	0.918	13	9	13	10	9	13
辽宁	0.885	0.891	0.879	0.933	0.929	0.936	16	10	18	7	8	8
吉林	0.901	0.891	0.915	0.933	0.936	0.925	8	11	7	8	7	9
黑龙江	0.921	0.909	0.934	0.957	0.950	0.966	3	4	3	2	2	3
上海	0.859	0.862	0.778	0.924	0.924	0.962	21	19	31	11	12	4
江苏	0.832	0.812	0.858	0.847	0.827	0.881	26	24	24	29	29	27
浙江	0.845	0.832	0.886	0.879	0.877	0.894	24	21	15	24	24	23
安徽	0.849	0.803	0.872	0.877	0.841	0.917	23	27	22	26	27	15
福建	0.822	0.785	0.857	0.851	0.829	0.885	28	28	25	28	28	25
江西	0.825	0.778	0.852	0.822	0.783	0.867	27	29	26	31	31	28
山东	0.886	0.867	0.901	0.898	0.888	0.918	15	18	11	17	21	14
河南	0.861	0.820	0.878	0.913	0.888	0.939	20	23	19	14	22	6
湖北	0.813	0.806	0.817	0.838	0.817	0.860	30	26	30	30	30	29
湖南	0.862	0.850	0.871	0.896	0.887	0.912	19	20	23	19	23	17
广东	0.819	0.776	0.873	0.898	0.891	0.922	29	30	21	18	18	10
广西	0.854	0.809	0.876	0.901	0.897	0.917	22	25	20	16	17	16
海南	0.768	0.700	0.831	0.878	0.873	0.895	31	31	29	25	26	22
重庆	0.895	0.889	0.901	0.932	0.925	0.957	12	12	12	9	11	5
四川	0.897	0.907	0.888	0.922	0.927	0.910	10	5	14	12	10	18
贵州	0.906	0.869	0.921	0.889	0.891	0.885	7	17	5	22	19	26
云南	0.887	0.906	0.880	0.893	0.918	0.858	14	6	17	21	13	30
西藏	0.912	0.910	0.913	0.877	0.877	0.890	6	3	8	27	25	24
陕西	0.837	0.832	0.840	0.896	0.889	0.900	25	22	28	20	20	21
甘肃	0.898	0.870	0.911	0.914	0.906	0.921	9	16	9	13	15	11

续表

地区	2008 小学 （1—6 年级）			2008 初中 （7—9 年级）			2008 小学排名			2008 初中排名		
	合计	城镇	农村	合计	城镇	农村	合计	城镇	农村	合计	城镇	农村
青海	0.914	0.912	0.916	0.880	0.898	0.856	5	2	6	23	16	31
宁夏	0.925	0.899	0.946	0.935	0.942	0.921	2	7	1	6	6	12
新疆	0.927	0.914	0.935	0.956	0.980	0.938	1	1	2	3	1	7

注：在校生性别平等指数（Gender Parity Index，GPI）= 在校女生数/在校男生数。
资料来源：根据《中国教育统计年鉴》2008 年中反映的全国各地的小学、初中在校生数及女生数计算而得。

总的来说，2008 年中国小学性别平等指数是农村大于合计的，合计的又大于城镇的，即在农村地区小学女生的入学人数要比城镇地区的女生入学人数所占总入学人数的比例要大些，但总体水平都不高，GPI 超过 0.9 的地区较少，农村最多为 12 个，合计有 8 个，而城镇只有 6 个。

（2）中国初中入学人数的 GPI 分析

中国各地初等教育入学人数的性别平等指数在初中阶段 2008 年有 16 个地区的性别平等指数是大于全国平均水平 0.900 的，大于 0.9 的地区有 16 个；其中 GPI 最大 5 地区为：河北 0.957、黑龙江 0.957、新疆 0.956、山西 0.954、天津 0.939，最小 5 地区为：西藏 0.877、福建 0.851、江苏 0.847、湖北 0.838、江西 0.822，即这 5 个地区的总入学人数中女生入学比例是最低的。

中国各地城镇初等教育入学人数的性别平等指数在初中阶段 2008 年有 17 个地区的性别平等指数是大于全国平均水平 0.892 的，大于 0.9 的地区有 15 个；其中 GPI 最大 5 地区为：新疆 0.980、黑龙江 0.950、河北 0.949、天津 0.948、山西 0.945，最小 5 地区为：安徽 0.841、福建 0.829、江苏 0.827、湖北 0.817、江西 0.783，即这 5 个地区的总入学人数中女生入学比例是最低的。

中国各地农村初等教育入学人数的性别平等指数在初中阶段 2008 年有 16 个地区的性别平等指数是大于全国平均水平 0.913 的，大于 0.9 的地区有

21 个（含等于 0.9 的地区）；其中 GPI 最大 5 地区为：河北 0.973、山西 0.968、黑龙江 0.966、上海 0.962、重庆 0.957，最小 5 地区为：江苏 0.881、江西 0.867、湖北 0.860、云南 0.858、青海 0.856，即这 5 个地区的总入学人数中女生入学比例是最低的。

总的来说，2008 年中国初中性别平等指数是城镇大于农村的，农村的又大于合计的，即在城镇地区小学女生的入学人数要比农村地区的女生入学人数所占总入学人数的比例要大些，总体水平较高，GPI 超过 0.9 的地区几乎过半，农村最多为 21 个，合计为 16 个，城镇为 15 个。

就初中与小学相比较而言，GPI 是初中要大于小学。

3. 在校生在城镇、农村的分布比例分析

表 2-12 反映了中国 2003、2008 年各地初等教育在校生在城镇、农村分布情况。

表 2-12　中国各地初等教育在校生在城镇、农村的分布比例表

（单位:%）

地区	2003 小学（1—6 年级）			2008 小学（1—6 年级）			2003 初中（7—9 年级）			2008 初中（7—9 年级）		
	城镇排名	城镇	农村	城镇排名	城镇	农村	城镇排名	城镇	农村	城镇排名	城镇	农村
全国		34.22	65.78		42.65	57.35		52.25	47.75		62.97	37.03
北京	3	80.06	19.94	2	85.02	14.98	4	84.84	15.16	5	85.23	14.77
天津	4	72.41	27.59	3	79.66	20.34	6	74.31	25.69	10	75.20	24.80
河北	21	29.79	70.21	21	37.95	62.05	16	51.77	48.23	15	63.56	36.44
山西	19	31.80	68.20	16	43.46	56.54	21	47.94	52.06	18	60.35	39.65
内蒙古	6	50.72	49.28	5	69.50	30.50	8	70.28	29.72	4	85.53	14.47
辽宁	9	43.31	56.69	13	46.30	53.70	20	50.05	49.95	27	51.02	48.98
吉林	7	46.45	53.55	7	56.04	43.96	11	65.36	34.64	11	71.92	28.08
黑龙江	13	40.64	59.36	10	50.85	49.15	23	44.52	55.48	22	58.31	41.69
上海	1	96.35	3.65	1	96.86	3.14	2	97.30	2.70	1	99.35	0.65
江苏	20	30.63	69.37	6	56.67	43.33	31	34.52	65.48	16	61.84	38.16
浙江	2	90.27	9.73	4	74.25	25.75	3	91.84	8.16	3	87.85	12.15

地区	2003 小学 (1—6 年级)			2008 小学 (1—6 年级)			2003 初中 (7—9 年级)			2008 初中 (7—9 年级)		
	城镇排名	城镇	农村	城镇排名	城镇	农村	城镇排名	城镇	农村	城镇排名	城镇	农村
安徽	28	22.83	77.17	25	32.10	67.90	28	37.83	62.17	25	51.27	48.73
福建	8	44.88	55.12	12	46.95	53.05	12	61.59	38.41	21	58.37	41.63
江西	11	41.16	58.84	23	36.02	63.98	15	52.53	47.47	24	52.34	47.66
山东	14	37.09	62.91	18	42.35	57.65	10	68.04	31.96	13	68.83	31.17
河南	30	20.97	79.03	30	28.12	71.88	27	39.75	60.25	28	49.59	50.41
湖北	18	32.18	67.82	19	40.30	59.70	24	43.52	56.48	26	51.17	48.83
湖南	17	33.65	66.35	15	45.00	55.00	22	45.60	54.40	17	61.47	38.53
广东	10	43.09	56.91	8	54.61	45.39	13	59.75	40.25	8	78.61	21.39
广西	26	24.76	75.24	26	31.82	68.18	9	68.63	31.37	6	81.23	18.77
海南	15	36.30	63.70	14	45.95	54.05	7	73.48	26.52	7	79.14	20.86
重庆	5	51.75	48.25	9	52.19	47.81	5	74.72	25.28	9	77.14	22.86
四川	23	27.57	72.43	11	48.24	51.76	19	50.37	49.63	12	70.94	29.06
贵州	29	22.41	77.59	29	28.78	71.22	17	50.69	49.31	19	59.66	40.34
云南	31	17.53	82.47	31	26.16	73.84	25	43.23	56.77	20	59.31	40.69
西藏	24	26.18	73.82	28	30.80	69.20	1	99.27	0.73	2	99.00	1.00
陕西	25	25.34	74.66	24	33.69	66.31	26	40.68	59.32	31	36.90	63.10
甘肃	27	24.56	75.44	27	30.99	69.01	29	37.02	62.98	29	48.93	51.07
青海	12	40.67	59.33	20	39.64	60.36	14	54.39	45.61	23	58.17	41.83
宁夏	16	35.21	64.79	17	43.31	56.69	18	50.52	49.48	14	66.72	33.28
新疆	22	28.11	71.89	22	37.20	62.80	30	35.40	64.60	30	42.58	57.42

资料来源：根据《中国教育统计年鉴》2003 年、2008 年中反映的全国各地的小学、初中在校生数中城镇、农村学生数计算而得。

　　由表 2 - 12 可知，2003 年中国小学在校生中城镇学生占总在校生的比例高于全国平均水平 34.22% 的地区有 16 个，超过 50% 的地区有 6 个，超过 40% 的地区有 13 个。2008 年小学在校生中城镇学生所占比例高于全国平均水平 42.65% 的地区有 17 个，超过 50% 的地区有 10 个，超过 40% 的地区有 19 个；其中最大 5 地区为：上海 96.86%、北京 85.02%、天津 79.66%、浙江 74.25% 、内蒙古 69.50% ，最小 5 地区为：甘肃 30.99% 、西藏 30.80% 、贵州 28.78% 、河南 28.12% 、云南 26.16% ；最大与最小地区相差 70.70 个百分点。

2003 年中国初中在校生中城镇学生占总在校生的比例高于全国平均水平 52.25% 的地区有 15 个，超过 60% 的地区有 12 个，超过 50% 的地区有 20 个，超过 40% 的地区有 26 个。2008 年初中在校生中城镇比例高于全国平均水平 62.97% 的地区有 15 个，超过 70% 的地区有 12 个，超过 60% 的地区有 18 个，超过 50% 的地区有 27 个，超过 40% 的地区有 30 个；其中最大 5 地区为：上海 99.35% 、西藏 99.00% 、浙江 87.85% 、内蒙古 85.53% 、北京 85.23% ，最小 5 地区为：甘肃 51.02% 、西藏 49.59% 、贵州 48.93% 、河南 42.58% 、云南 36.90% ；最大与最小地区相差 62.45 个百分点。

总的来说，初中入学人数中城镇学生所占比例要高于小学。

2.1.3.3　小学教师资源配置状况

1. 小学教职工生师比分析

表 2 - 13 反映了中国 2003 、2007—2008 年间各地小学以教职工总数来计算的生师比情况。

由表 2 - 13 可知，2008 年中国小学教职工生师比合计部分大于全国平均水平 16.8 的地区有 14 个，小于 15 的地区有 12 个，其中最大 5 地区为：贵州 22.5 、江西 20.6 、宁夏 20.6 、河南 20.2 、广东 20.1 ，最小 5 地区为：天津 11.4 、内蒙古 11.2 、黑龙江 11.0 、北京 10.8 、吉林 9.8 ；最大与最小地区相差 12.7 。城镇部分大于全国平均水平 17.2 的地区有 15 个，小于 15 的地区有 6 个，其中最大 5 地区为：江西 21.7 、贵州 21.6 、宁夏 20.9 、青海 20.3 、河南 20.0 ，最小 5 地区为：黑龙江 13.4 、吉林 12.3 、北京 11.6 、上海 11.5 、天津 11.3 ；最大与最小地区相差 10.4 。农村部分大于全国平均水平 16.6 的地区有 14 个，小于 15 的地区有 15 个，小于 10 的地区有 4 个，其中最大 5 地区为：贵州 22.9 、广东 21.5 、河南 20.3 、宁夏 20.3 、安徽 20.1 ，最小 5 地区为：天津 11.5 、黑龙江 9.3 、北京 7.9 、吉林 7.8 、内蒙古 7.4 ；最大与最小地区相差 15.5 。

表 2-13 中国各地小学教职工生师比

地区	2003			2007			2008			2008 排名		
	合计	城镇	农村	合计	城镇	农村	合计	城镇	农村	合计	城镇	农村
全国	18.7	17.1	19.6	17.2	17.3	17.2	16.8	17.2	16.6			
北京	8.7	9.0	7.4	10.9	11.7	8.1	10.8	11.6	7.9	30	29	29
天津	11.1	10.4	13.7	11.1	11.0	11.4	11.4	11.3	11.5	27	31	27
河北	17.2	16.2	17.6	13.7	15.2	12.9	14.0	15.6	13.2	23	22	23
山西	17.9	17.2	18.3	15.8	17.0	15.1	15.3	17.0	14.2	18	16	20
内蒙古	11.9	14.0	10.4	11.4	14.6	8.0	11.2	14.4	7.4	28	26	31
辽宁	14.5	15.2	13.9	13.9	14.9	13.1	13.7	15.0	12.7	24	24	25
吉林	11.0	12.4	10.0	9.8	12.3	8.1	9.8	12.3	7.8	31	28	30
黑龙江	11.7	13.0	11.0	11.2	13.3	9.8	11.0	13.4	9.3	29	27	28
上海	12.1	12.1	11.7	11.0	11.0	9.5	11.6	11.5	14.6	26	30	17
江苏	19.5	17.1	20.8	15.0	15.7	14.2	14.4	15.4	13.4	22	23	21
浙江	19.4	19.8	16.3	18.5	18.8	17.8	18.2	18.5	17.3	12	10	13
安徽	23.6	20.3	24.9	20.6	19.6	21.2	19.9	19.4	20.1	6	6	5
福建	16.5	17.3	15.9	15.1	17.2	13.8	14.5	16.7	13.1	21	19	24
江西	18.8	18.9	18.8	20.3	21.3	19.7	20.6	21.7	20.1	2	1	6
山东	15.6	14.9	16.1	15.1	15.9	14.6	15.1	15.9	14.5	19	21	18
河南	20.5	17.6	21.4	20.0	19.4	20.2	20.2	20.0	20.3	4	5	3
湖北	20.9	17.7	22.9	16.8	16.9	16.7	16.7	16.9	16.5	15	17	15
湖南	17.0	16.8	17.1	16.8	17.7	16.2	17.3	18.0	16.7	13	12	14
广东	22.9	21.6	24.1	21.4	19.7	23.6	20.1	19.0	21.5	5	8	2
广西	20.9	16.1	23.2	18.7	16.8	19.7	18.3	16.9	19.0	11	18	9
海南	18.4	17.5	18.9	17.0	18.1	16.3	15.6	17.4	14.4	17	15	19
重庆	21.5	18.8	25.4	18.2	18.6	17.8	17.2	17.9	16.5	14	14	16
四川	21.6	19.1	22.7	20.8	20.1	21.5	19.5	19.1	19.8	7	7	7
贵州	24.9	19.3	27.1	23.0	21.0	23.9	22.5	21.6	22.9	1	2	1
云南	18.7	16.3	19.4	19.3	18.0	19.8	18.8	18.2	19.1	9	11	8
西藏	23.4	16.3	27.7	17.4	15.4	18.4	16.7	15.0	17.5	16	25	12
陕西	19.4	17.9	20.0	15.4	18.3	14.4	14.6	18.0	13.3	20	13	22
甘肃	24.5	20.5	26.2	20.1	19.0	20.6	18.5	18.6	18.4	10	9	10
青海	17.1	17.6	16.7	18.7	20.3	18.0	19.1	20.3	18.4	8	4	11
宁夏	18.7	18.3	18.9	20.8	20.8	20.7	20.6	20.9	20.3	3	3	4
新疆	15.4	15.0	15.6	13.8	16.3	12.7	13.4	16.3	12.2	25	20	26
极差	16.2	12.6	20.3	13.2	10.3	15.9	12.7	10.4	15.5			

续表

地区	2003			2007			2008			2008 排名		
	合计	城镇	农村	合计	城镇	农村	合计	城镇	农村	合计	城镇	农村
极差率	2.86	2.40	3.74	2.35	1.94	2.99	2.30	1.92	3.09			
标准差	4.30	2.94	5.33	3.67	2.94	4.58	3.47	2.88	4.21			
变异系数	0.230	0.172	0.272	0.213	0.170	0.266	0.207	0.167	0.254			

注：小学（普通小学）教职工生师比＝当年小学在校生总数/当年小学教职工总数。
资料来源：根据《中国教育统计年鉴》2003、2007、2008 年中提供的各地小学教职工数及小学在校生数计算而得。

总的来说，中国小学教职工生师比是城镇的大于合计的，合计的又大于农村的。无论是合计、城镇还是农村，贵州、江西、宁夏、河南、青海、广东（经济非常发达，教师数量却不足，以至于生师比很高）、安徽都是生师比最大的地区，即这些地区每个教师要负责教学的学生数是最高的，这可能不太利于这些地区小学生的学习；而一向发达的北京、上海、天津、吉林、内蒙古、黑龙江则是生师比最小的地区，这些地区每个教师负责教学的人数是最小的，在 10 个上下，这有利于这些地区小学生的学习，而且这些发达地区每个农村教师负担的学生数更少，有 4 个省市生师比低于 10。

中国各地区间小学教职工生师比的离差程度不是很大，变异系数在 0.2 左右，离散程度是农村大于合计，合计又大于城镇。

2. 小学专任教师学历分析

表 2-14 反映了中国 2003、2008 年各地小学专任教师的学历情况。

表 2-14 中国各地小学专任教师获得各层次学历教师所占比例

（单位:%）

地区	学历合格率（高中/中专及以上学历教师比例）						专科及以上学历教师比例					
	2003			2008			2003			2008		
	合计	城镇	农村	合计	城镇	农村	合计	城镇	农村	合计	城镇	农村
全国	97.85	98.98	97.22	99.27	99.75	98.93	40.52	56.04	31.77	70.88	82.65	62.82
北京	99.40	99.47	99.20	99.79	99.85	99.55	72.17	73.60	67.70	91.15	92.01	87.58

续表

地区	学历合格率（高中/中专及以上学历教师比例）						专科及以上学历教师比例					
	2003			2008			2003			2008		
	合计	城镇	农村	合计	城镇	农村	合计	城镇	农村	合计	城镇	农村
天津	99.03	99.20	98.51	99.57	99.64	99.32	50.06	52.86	41.32	79.80	81.41	73.84
河北	99.60	99.74	99.54	99.78	99.92	99.71	50.91	64.92	44.83	76.95	85.48	72.77
山西	98.69	99.49	98.33	99.59	99.81	99.46	39.93	58.87	31.38	72.54	84.47	65.35
内蒙古	97.57	98.89	96.63	99.46	99.71	99.15	38.61	54.65	27.22	78.15	85.32	69.33
辽宁	98.77	99.54	98.25	99.58	99.84	99.39	42.75	62.98	28.99	70.15	84.36	60.23
吉林	99.17	99.68	98.84	99.56	99.82	99.37	65.45	74.52	59.68	80.56	87.31	75.49
黑龙江	98.49	99.26	98.08	99.42	99.85	99.13	49.33	65.02	41.04	75.11	85.95	67.67
上海	99.00	99.06	97.62	99.85	99.88	98.69	69.81	70.18	61.10	91.46	91.78	77.21
江苏	98.43	99.30	97.97	99.69	99.85	99.49	48.91	64.44	40.78	78.42	85.18	70.64
浙江	98.10	98.41	95.68	99.59	99.70	99.28	45.93	48.11	29.30	81.74	85.02	73.03
安徽	98.91	99.54	98.69	99.84	99.91	99.81	28.61	48.26	21.74	61.74	76.54	54.80
福建	98.02	99.00	97.33	99.32	99.78	99.02	29.72	40.12	22.25	66.45	79.15	57.99
江西	96.32	97.42	95.56	98.57	99.62	98.04	28.39	38.20	21.61	56.34	74.30	47.25
山东	98.97	99.46	98.68	99.77	99.89	99.69	42.48	60.91	31.57	68.65	83.16	59.36
河南	98.59	99.42	98.33	99.54	99.85	99.42	35.73	56.85	29.34	66.87	84.10	60.44
湖北	97.21	98.56	96.41	99.05	99.65	98.67	44.42	61.35	34.52	66.75	81.41	57.47
湖南	98.35	99.15	97.96	99.52	99.75	99.36	33.99	48.75	26.68	65.64	76.77	57.51
广东	99.20	99.39	99.05	99.62	99.84	99.33	52.95	62.28	45.34	79.00	86.98	68.59
广西	96.56	98.89	95.45	98.88	99.71	98.45	28.77	44.30	21.42	65.61	79.65	58.48
海南	98.34	99.15	97.88	99.44	99.84	99.18	36.01	50.87	27.39	64.80	76.17	57.46
重庆	97.41	98.44	95.99	98.65	99.58	97.75	50.82	58.66	40.01	73.65	82.70	64.84
四川	97.36	98.91	96.70	99.25	99.70	98.82	37.19	53.19	30.32	70.05	77.75	62.81
贵州	92.20	97.33	90.22	97.25	99.20	96.43	21.20	37.20	14.99	62.61	72.34	58.55
云南	94.37	97.75	93.56	97.75	99.45	97.15	25.11	43.37	20.73	69.66	79.72	66.12
西藏	92.00	93.39	91.19	97.55	98.33	97.15	16.59	24.74	11.86	76.24	78.24	75.59
陕西	96.86	98.91	96.12	99.19	99.85	98.95	39.43	60.01	32.05	73.93	86.91	69.27
甘肃	95.05	97.64	94.02	98.17	99.28	97.70	30.64	46.95	24.14	62.28	77.15	55.93
青海	97.00	98.21	96.23	99.28	99.58	99.10	48.76	57.47	43.17	82.37	85.71	80.43
宁夏	97.69	98.57	97.21	99.28	99.89	98.83	40.30	57.08	31.11	70.80	83.66	61.34

续表

地区	学历合格率（高中/中专及以上学历教师比例）						专科及以上学历教师比例					
	2003			2008			2003			2008		
	合计	城镇	农村	合计	城镇	农村	合计	城镇	农村	合计	城镇	农村
新疆	98.25	99.25	97.84	99.44	99.74	99.30	49.41	66.20	42.51	72.48	84.44	67.08

注：小学教师的学历合格率（达标率）只需具有高中/中专学历即可，因此计算出专任教师中高中/中专及以上教师的比例，就是小学教师的学历达标率。
资料来源：根据《中国教育统计年鉴》2003年、2008年中提供的各地小学专任教师总数及其各层次学历教师数计算而得。

（1）中国小学专任教师学历达标率分析

由表2-14可知，中国小学专任教师的学历达标率（合格率）很高，合计部分从2003年的97.85%提高到2008年的99.27%，城镇部分从2003年的98.98%提高到2008年的99.75%，农村部分从2003年的97.22%提高到2008年的98.93%。

2003年中国小学专任教师学历达标率最大地区为河北99.6%，最小为西藏92.0%，两者相差7.6个百分点；城镇部分最大地区为河北99.74%，最小为西藏93.39%，两者相差6.35个百分点；农村部分最大地区为河北99.54%，最小为贵州90.22%，两者相差9.32个百分点。2003年无论是合计、城镇、还是农村小学专任教师学历达标率都高于90%，且是城镇高于合计，合计高于农村。

2008年中国小学专任教师学历达标率最大地区为上海99.85%，最小为西藏97.25%，两者相差2.60个百分点；城镇部分最大地区为河北99.92%，最小为西藏98.33%，两者相差1.59个百分点；农村部分最大地区为安徽99.81%，最小为贵州96.40%，两者相差3.41个百分点。2008年无论是合计、城镇、还是农村小学专任教师学历达标率都高于96%，且是城镇高于合计，合计高于农村。学历达标率最低地区2008年比2003年提高了6个百分点。

（2）中国小学专任教师专科及以上学历比例分析

由表2-14可知，中国小学专任教师中具有专科及以上学历教师的比例还不是很高，合计部分从 2003 年的 40.52%（高于这个水平的地区有 15 个）提高到 2008 年的 70.88%（高于这个水平的地区有 16 个），增加了 30.36 个百分点；城镇部分从 2003 年的 56.04%（高于这个水平的地区有 17 个）提高到 2008 年的 82.65%（高于这个水平的地区有 18 个），增加了 26.61 个百分点；农村部分从 2003 年的 31.77%（高于这个水平的地区有 13 个）提高到 2008 年的 62.82%（高于这个水平的地区有 17 个），增加了 31.05 个百分点。即 2008 年比 2003 年普遍增长了 30 个百分点左右。

2003 年中国小学专任教师中专科及以上学历教师比例最大地区为北京 72.17%，最小为西藏 16.59%，两者相差 55.58 个百分点；城镇部分最大地区为吉林 74.52%，最小为西藏 24.74%，两者相差 49.78 个百分点；农村部分最大地区为北京 67.70%，最小为西藏 11.86%，两者相差 55.84 个百分点。2003 年无论是合计、城镇、还是农村小学专任教师中专科及以上学历教师比例最大地区与最小地区间相差 50—55 个百分点左右，且是城镇高于合计，合计高于农村。

2008 年中国小学专任教师中专科及以上学历教师比例最大地区为上海 91.46%，最小为江西 56.34%，两者相差 35.12 个百分点；城镇部分最大地区为北京 92.01%，最小为贵州 72.34%，两者相差 19.67 个百分点；农村部分最大地区为北京 87.58%，最小为江西 47.25%，两者相差 40.33 个百分点。2008 年无论是合计、城镇、还是农村小学专任教师中专科及以上学历教师比例都高，都有较大幅度的提升，其中城镇部分提高最多达近 50 个百分点，合计部分提高了近 40 个百分点，农村部分提高了近 36 个百分点，小学专任教师中专科及以上学历教师的比例是城镇高于合计，合计高于农村。

3. 小学专任教师职称分析

表 2－15 反映了中国 2003、2008 年各地小学专任教师的职称情况。

（1）中国小学专任教师一级及以上职称教师比例分析

由表 2－15 可知，中国小学专任教师一级及以上职称教师比例比较高的，合计部分从2003年的80.45%提高到2008年的89.08%，城镇部分从2003年的84.03%提高到2008年的90.18%，农村部分从2003年的78.44%提高到2008年的88.33%。2008年比2003年提高了6个百分点以上，农村更是提高了近10个百分点。

表2-15　中国各地小学专任教师获各层次职称教师所占比例

（单位:%）

地区	小学一级及以上职称教师比例						小学高级及以上职称教师比例					
	2003			2008			2003			2008		
	合计	城镇	农村	合计	城镇	农村	合计	城镇	农村	合计	城镇	农村
全国	80.45	84.03	78.44	89.08	90.18	88.33	36.01	41.87	32.70	50.47	54.86	47.47
北京	93.84	93.97	93.47	94.58	94.55	94.73	45.56	47.91	38.24	56.13	57.01	52.47
天津	94.64	94.98	93.60	97.79	97.47	98.98	54.39	56.17	48.86	77.49	77.40	77.83
河北	80.17	83.24	78.83	93.10	91.79	93.74	31.86	40.69	28.03	49.90	56.58	46.63
山西	78.66	80.78	77.70	82.84	81.43	83.69	29.74	35.65	27.07	35.22	38.02	33.53
内蒙古	81.50	81.56	81.45	91.83	91.11	92.72	38.48	42.31	35.76	62.33	61.08	63.86
辽宁	89.72	89.76	89.69	94.52	94.66	94.43	62.86	59.58	65.08	75.13	73.29	76.41
吉林	85.82	87.05	85.04	95.70	95.80	95.62	39.16	44.77	35.60	56.35	57.23	55.69
黑龙江	84.69	86.31	83.84	95.11	95.39	94.92	46.79	52.22	43.91	56.69	62.22	52.90
上海	94.81	94.98	90.68	92.20	93.15	50.71	52.06	52.18	49.28	59.44	60.13	29.44
江苏	81.89	84.59	80.48	92.41	92.73	92.04	43.58	46.47	42.06	57.92	59.60	55.97
浙江	82.26	82.73	78.66	89.49	89.83	88.59	37.48	38.23	31.79	50.12	51.22	47.21
安徽	86.19	88.72	85.30	92.28	92.68	92.09	33.39	45.44	29.17	58.02	61.43	56.41
福建	81.31	83.26	79.90	93.13	91.36	94.31	25.60	32.32	20.78	52.84	56.62	50.32
江西	83.48	85.54	82.05	86.94	88.28	86.26	32.37	38.11	28.40	48.82	51.06	47.68
山东	88.33	86.73	89.27	92.48	90.50	93.74	42.91	41.25	43.89	57.29	53.81	59.51
河南	72.97	76.89	71.79	88.98	86.97	89.73	32.43	36.21	31.29	42.32	44.94	41.34
湖北	87.51	88.15	87.14	96.31	95.60	96.75	52.20	53.17	51.63	68.20	69.51	67.37
湖南	89.74	91.18	89.02	95.28	95.53	95.11	47.90	54.71	44.53	64.33	64.92	63.90
广东	74.86	75.19	74.58	82.43	80.96	84.35	30.69	35.67	26.63	55.80	55.42	56.29
广西	73.50	77.52	71.60	88.95	90.18	88.33	39.28	46.59	35.82	46.97	57.11	41.82
海南	73.64	76.64	71.89	81.51	81.72	81.37	27.00	32.72	23.69	37.58	40.93	35.42
重庆	81.86	86.20	75.88	86.79	93.50	80.26	27.90	32.22	21.93	38.96	44.68	33.41

续表

地区	小学一级及以上职称教师比例						小学高级及以上职称教师比例					
	2003			2008			2003			2008		
	合计	城镇	农村	合计	城镇	农村	合计	城镇	农村	合计	城镇	农村
四川	86.09	90.83	84.05	91.87	94.78	89.13	36.36	43.46	33.31	44.58	49.00	40.43
贵州	68.69	78.69	64.80	77.85	85.49	74.66	17.04	29.98	12.01	33.23	45.65	28.05
云南	75.02	86.86	72.18	86.14	90.88	84.47	28.44	42.89	24.98	42.80	54.60	38.65
西藏	41.82	61.27	30.54	58.80	75.37	50.46	6.92	15.60	1.89	15.62	31.41	7.66
陕西	65.05	75.41	61.33	81.50	86.89	79.56	22.15	30.02	19.32	31.10	38.96	28.28
甘肃	73.80	80.61	71.10	76.61	85.09	72.99	28.50	34.26	26.21	35.97	42.70	33.09
青海	72.33	80.43	67.13	88.45	92.12	86.31	25.89	36.93	18.80	60.40	67.83	56.08
宁夏	78.91	84.41	75.89	94.57	95.45	93.92	38.01	44.41	34.51	52.65	56.64	49.72
新疆	71.92	81.68	67.90	82.20	89.56	78.87	24.92	37.95	19.56	39.51	52.07	33.84

资料来源：根据《中国教育统计年鉴》2003 年、2008 年中提供的各地小学专任教师总数及其各层次职称教师数计算而得。

2008 年中国小学专任教师一级及以上职称教师比例最大地区为天津97.79%，最小为西藏58.80%，两者相差38.81 个百分点；城镇部分最大地区为天津97.47%，最小为西藏75.37%，两者相差22.10 个百分点；农村部分最大地区为天津98.98%，最小为西藏50.46%，两者相差48.52 个百分点。2008 年无论是合计、城镇、还是农村小学专任教师一级及以上职称教师比例都高于50%，且是城镇高于合计，合计高于农村。小学专任教师一级及以上职称教师比例最低地区 2008 年比 2003 年提高了 15—20 个百分点。

（2）中国小学专任教师中具有小学高级及以上职称教师比例分析

由表 2-15 可知，中国小学专任教师中具有小学高级及以上职称教师比例还不是很高，合计部分从 2003 年的 36.01%（高于这个水平的地区有 15个）提高到 2008 年的 50.47%（高于这个水平的地区有 16个），增加了14.46 个百分点；城镇部分从 2003 年的 41.87%（高于这个水平的地区有 15个）提高到 2008 年的 54.86%（高于这个水平的地区有 17 个），增加了

12.99 个百分点；农村部分从 2003 年的 32.70%（高于这个水平的地区有 14 个）提高到 2008 年的 47.47%（高于这个水平的地区有 16 个），增加了 14.77 个百分点。即 2008 年比 2003 年普遍增长了 15 个百分点左右。小学专任教师中具有小学高级及以上职称教师比例是城镇高于合计，合计高于农村。

2008 年中国小学专任教师中具有小学高级及以上职称教师比例最大地区为天津 77.49%，最小为西藏 15.62%，两者相差 51.87 个百分点；城镇部分最大地区为天津 77.40%，最小为西藏 41.41%，两者相差 35.99 个百分点；农村部分最大地区为天津 77.83%，最小为西藏 7.66%，两者相差 70.17 个百分点。2008 年无论是合计、城镇、还是农村小学专任教师中具有小学高级及以上职称教师比例最大与最小地区间的差距是比较大的。

4. 小学代课及兼任教师比例分析

中国各地当下还存在几十万代课与兼任教师，尽管前几年开始清退，但目前教育系统中还有不少代课与兼任教师存在。表 2-15 反映了中国 2003、2008 年各地小学代课及兼任教师占总教师数量的比例情况。

（1）中国小学代课及兼任教师占总计教师的比例分析

由表 2-16 可知，2003 年到 2008 年，中国小学代课及兼任教师占所有教师的比例从 2003 年的 6.63% 下降到 2008 年的 4.19%，城镇部分则从 2.77% 下降到 2.61%，农村部分则从 8.80% 下降到 5.30%；这 6 年间合计部分下降了 2.02 个百分点，农村部分下降了 3.5 个百分点，城镇部分则只下降了 1.09 个百分点；代课及兼任教师的比例农村高于合计，合计又明显高于城镇，由于国家最近几年辞退代课教师的努力，代课教师及兼任教师已经明显下降，合计的代课及兼任教师总数已经由 2003 年的 444353 人下降到 2008 年的 268389 人，下降了 39.6%，城镇部分则从 66660 上升到 68644 人，增加了 2.98%，农村部分则从 377693 人下降到 199745 人，下降了 47.11%。

2008 年中国小学代课及兼任教师占总计教师的比例合计部分最大 5 地区为：青海 10.27%、甘肃 9.13%、山西 8.81%、广东 8.69%、广西 7.75%；最小 5 地区为：重庆 1.05%、北京 0.70%、浙江 0.64%、黑龙江

0.58%、天津 0.43%；高于全国平均水平的地区有 10 个。城镇部分最大 5
地区为：青海 7.73%、山西 6.77%、新疆 5.70%、广东 4.77%、河南
4.04%；最小 5 地区为：北京 0.86%、西藏 0.78%、重庆 0.68%、浙江
0.57%、天津 0.37%；高于全国平均水平的地区有 14 个。农村部分最大 5
地区为：广东 13.55%、青海 11.72%、甘肃 11.61%、广西 10.48%、山西
10.07%；最小 5 地区为：山东 1.18%、浙江 0.83%、天津 0.65%、黑龙江
0.37%、北京 0.08%；高于全国平均水平的地区有 11 个。可见，尽管经过
五六年辞退代课教师的工作，可是截至 2008 年全国好几个地区的代课及兼
任教师比例仍然高达 7.75% 以上，农村部分更是高达 10.07% 以上，一向经
济很发达的广东这一比例无论是合计、城镇还是农村都是很高的，农村更是
全国最高，达 13.55%。

表 2-16　中国各地小学代课及兼任教师占总计教师比例　（单位:%）

地区	代课及兼任教师占总计教师数的比例						代课及兼任教师在城镇、农村的分布比例					
	2003			2008			2003			2008		
	合计	城镇	农村	合计	城镇	农村	农村排名	城镇	农村	农村排名	城镇	农村
全国	6.63	2.77	8.80	4.19	2.61	5.30		15.00	85.00		25.58	74.42
北京	0.45	0.47	0.40	0.70	0.86	0.08	29	79.09	20.91	31	97.67	2.33
天津	0.98	0.80	1.59	0.43	0.37	0.65	28	63.46	36.54	29	69.54	30.46
河北	5.05	2.55	6.16	2.89	2.67	3.01	13	15.51	84.49	19	31.34	68.66
山西	11.66	5.11	14.58	8.81	6.77	10.07	10	13.52	86.48	14	29.50	70.50
内蒙古	3.67	2.40	4.61	2.53	2.89	2.09	23	27.87	72.13	26	62.20	37.80
辽宁	2.38	0.70	3.53	2.05	1.44	2.48	7	11.83	88.17	15	29.57	70.43
吉林	1.13	0.91	1.28	1.28	1.32	1.25	26	33.07	66.93	23	46.18	53.82
黑龙江	0.69	0.58	0.75	0.58	0.87	0.37	25	30.58	69.42	27	63.10	36.90
上海	1.36	1.33	2.11	1.41	1.36	3.34	31	94.09	5.91	30	93.96	6.04
江苏	4.85	1.95	6.33	1.72	1.90	1.51	11	13.59	86.41	25	58.86	41.14
浙江	0.60	0.59	0.71	0.64	0.57	0.83	30	86.29	13.71	28	64.85	35.15
安徽	5.73	3.73	6.43	4.03	3.35	4.35	17	16.99	83.01	11	27.09	72.91
福建	2.41	1.25	3.26	2.60	2.14	2.91	20	21.90	78.10	21	33.61	66.39

续表

地区	代课及兼任教师占总计教师数的比例						代课及兼任教师在城镇、农村的分布比例					
	2003			2008			2003			2008		
	合计	城镇	农村	合计	城镇	农村	农村排名	城镇	农村	农村排名	城镇	农村
江西	3.50	2.58	4.13	4.18	2.66	4.95	24	29.99	70.01	8	21.45	78.55
山东	2.15	1.31	2.68	1.35	1.60	1.18	21	23.49	76.51	24	47.60	52.40
河南	3.50	2.54	3.81	2.99	4.04	2.57	18	17.56	82.44	22	38.86	61.14
湖北	8.11	3.75	10.60	6.62	3.43	8.61	16	16.80	83.20	6	19.92	80.08
湖南	1.75	0.94	2.16	2.09	1.47	2.55	19	18.17	81.83	16	30.27	69.73
广东	9.48	7.23	11.30	8.69	4.77	13.55	27	34.04	65.96	17	30.37	69.63
广西	22.11	6.55	27.80	7.75	2.05	10.48	5	7.94	92.06	4	8.56	91.44
海南	3.63	1.53	4.88	2.45	1.82	2.89	15	15.77	84.23	18	30.47	69.53
重庆	8.19	3.55	14.17	1.05	0.68	1.41	22	24.38	75.62	20	32.59	67.41
四川	7.91	2.20	10.28	5.84	2.67	8.72	6	8.15	91.85	9	21.79	78.21
贵州	12.58	2.93	15.96	3.77	0.87	4.96	2	6.04	93.96	3	6.70	93.30
云南	10.29	1.59	12.25	6.74	1.04	8.69	1	2.85	97.15	1	3.94	96.06
西藏	19.48	3.74	26.69	3.95	0.78	5.52	6	6.04	93.96	2	6.49	93.51
陕西	13.20	3.74	16.32	3.90	3.37	4.10	4	7.02	92.98	10	23.45	76.55
甘肃	15.16	7.51	17.98	9.13	3.02	11.61	9	13.33	86.67	5	9.53	90.47
青海	4.44	1.82	6.07	10.27	7.73	11.72	14	15.72	84.28	12	27.32	72.68
宁夏	4.14	1.61	5.50	6.68	3.39	8.98	12	13.65	86.35	7	20.88	79.12
新疆	6.42	2.89	7.78	5.92	5.70	6.02	8	12.55	87.45	13	29.42	70.58

注：总计教师数量＝小学教职工数+代课及兼任教师数。

资料来源：根据《中国教育统计年鉴》2003年、2008年中提供的各地小学教职工总数及代课教师、兼任教师数计算而得。

2008年与2003年相比，下降比例（指2008年的百分比数 A 与2003年的百分比数 B 相比下降的绝对百分点数 A−B，不是（A−B）/A）最大的5地区为：重庆−7.14（"−"表示下降）、贵州−8.81、陕西−9.30、广西−14.36、西藏−15.53；下降（含没有下降而是增加的，下同）比例（百分点数）最小5地区为：青海5.83、宁夏2.54、江西0.68、湖南0.34、北京0.25；全部没有下降而是增加的地区有9个，下降幅度高于全国平均水平

-2.44 个百分点的地区有 9 个。城镇部分下降比例最大的 5 地区为：广东 -2.46、重庆 -2.87、西藏 -2.96、甘肃 -4.49、广西 -4.50；下降比例最小 5 地区为：青海 5.91、新疆 2.81、宁夏 1.78、山西 1.66、河南 1.50；全部没有下降而是增加的地区有 18 个，下降幅度高于全国平均水平 -0.16 个百分点的地区有 11 个。农村部分下降比例最大的 5 地区为：贵州 -11.00、陕西 -12.22、重庆 -12.76、广西 -17.32、西藏 -21.17；下降比例最小 5 地区为：青海 5.65、宁夏 3.48、广东 2.25、上海 1.23、江西 0.82；全部没有下降而是增加的地区有 7 个，下降幅度高于全国平均水平 -3.50 个百分点的地区有 9 个。

（2）中国小学代课及兼任教师在城镇与农村的分布比例分析

由表 2-16 可知，中国小学代课及兼任教师在城镇和农村的分布比例从 2003 年的 15.00% 和 85.00% 变为 2008 年的 25.58% 和 74.42%，代课教师在城镇的分布比例提高了 15.58 个百分点，而农村则下降了 10.58 个百分点。截至 2008 年代课教师在农村的分布比例最大 5 地区为：云南 96.06%、西藏 93.51%、贵州 93.30%、广西 91.44%、甘肃 90.47%；最小 5 地区为：黑龙江 36.90%、浙江 35.15%、天津 30.46%、上海 6.04%、北京 2.33%；高于全国平均水平 74.42% 的地区有 10 个，高于 50% 的有 24 个，高于 60% 的有 22 个，高于 70% 的有 15 个，高于 80% 的有 6 个。可见，代课教师绝大部分分布在广大农村地区。

5. 小学教师性别平等指数及民办教师占总教职工比例分析

中国各地小学总教职工中因有部分在民办学校工作，表 2-17 反映了中国 2007、2008 年各地小学教职工中民办（学校工作的）教职工比例以及小学教职工的性别平等指数情况。

（1）中国小学教职工的性别平等指数分析

由表 2-17 可知，2008 年中国小学教职工的性别平等指数（GPI）分别为合计 1.205、城镇 1.292、农村 1.804，是农村高于城镇、城镇高于合计。

合计部分 GPI 最大 5 地区为：上海 2.915、北京 2.903、山西 2.366、河北 2.036、天津 2.010；最小 5 地区为：云南 0.856、江西 0.829、贵州

0.735、甘肃 0.728、安徽 0.709；高于全国平均水平的地区有 15 个，高于 1 的有 19 个，高于 2 的有 5 个。城镇部分 GPI 最大 5 地区为：北京 3.779、上海 3.707、山西 2.613、天津 2.361、河北 2.270；最小 5 地区为：云南 0.878、江西 0.842、贵州 0.762、甘肃 0.739、安徽 0.725；高于全国平均水平的地区有 15 个，高于 1 的有 21 个，高于 2 的有 7 个。农村部分 GPI 最大 5 地区为：上海 5.222、河北 5.108、天津 4.970、福建 3.949、山西 3.929；最小 5 地区为：云南 0.917、海南 0.905、湖北 0.854、贵州 0.489、西藏 0.392；高于全国平均水平的地区有 19 个，高于 1 的有 25 个，高于 2 的有 16 个，高于 3 的有 8 个。

（2）中国小学教职工中民办教职工比例分析

由表 2 - 16 可知，2008 年中国小学教职工中民办（在民办学校工作的）教职工所占各类教师的比例分别为民办教职工 4.66%、民办专任教师 3.70%、民办代课及兼任教师 7.53%。其中民办教职工比例最大 5 地区为：广东 16.36%、上海 9.68%、海南 9.52%、浙江 8.59%、山西 7.96%，这几个地区往往是民办小学教育比较发达的地区，所以民办教职工比例自然就较高；最小 5 地区为：宁夏 0.91%、黑龙江 0.89%、青海 0.63%、西藏 0.55%、甘肃 0.43%；高于全国平均水平的地区有 7 个，高于 10% 的有 2 个，高于 5% 的有 8 个。民办专任教师比例最大 5 地区为：广东 13.43%、上海 9.56%、浙江 7.06%、海南 6.61%、山西 6.07%；最小 5 地区为：黑龙江 0.77%、宁夏 0.74%、青海 0.43%、西藏 0.38%、甘肃 0.30%；高于全国平均水平的地区有 7 个，高于 5% 的有 6 个。

表 2 - 17 中国各地小学教职工性别平等指数及民办教职工比例情况

地区	小学教职工性别平等指数（GPI）						民办教职工占总教职工比例（%）					
	2007			2008			2007			2008		
	合计	城镇	农村	合计	城镇	农村	教职工	专任教师	代兼教师	教职工	专任教师	代兼教师
全国	1.173	1.259	1.687	1.205	1.292	1.804	4.38	3.48	6.16	4.66	3.70	7.53

续表

地区	小学教职工性别平等指数（GPI）						民办教职工占总教职工比例（%）					
	2007			2008			2007			2008		
	合计	城镇	农村	合计	城镇	农村	教职工	专任教师	代兼教师	教职工	专任教师	代兼教师
北京	2.878	3.765	3.027	2.903	3.779	3.135	2.25	1.88	28.67	2.88	2.24	9.53
天津	2.033	2.378	4.717	2.010	2.361	4.970	0.75	0.64	1.98	1.04	0.89	0.00
河北	2.003	2.244	5.299	2.036	2.270	5.108	3.87	2.86	8.20	3.95	2.93	7.84
山西	2.327	2.562	5.501	2.366	2.613	3.929	7.48	5.69	9.19	7.96	6.07	12.31
内蒙古	1.266	1.558	2.255	1.296	1.608	2.745	2.02	1.82	5.62	2.30	2.03	3.30
辽宁	1.910	2.198	2.610	1.972	2.254	2.117	0.87	0.90	0.74	0.95	0.96	0.66
吉林	1.606	1.897	2.015	1.630	1.924	2.100	1.20	1.07	10.91	1.30	1.12	9.20
黑龙江	1.510	1.680	1.495	1.523	1.686	2.067	0.98	0.85	9.34	0.89	0.77	2.77
上海	2.920	3.728	3.285	2.915	3.707	5.222	4.38	4.54	24.96	9.68	9.56	48.90
江苏	1.132	1.257	2.663	1.193	1.329	3.472	4.70	4.26	8.14	5.04	4.60	7.78
浙江	1.695	1.858	2.170	1.761	1.929	2.100	8.05	6.50	61.59	8.59	7.06	64.68
安徽	0.686	0.705	1.818	0.709	0.725	1.839	2.91	2.14	7.55	3.25	2.28	7.02
福建	1.202	1.290	3.369	1.248	1.339	3.949	3.23	2.60	19.74	3.25	2.53	16.54
江西	0.790	0.802	1.865	0.829	0.842	1.848	2.48	1.73	1.17	2.61	1.79	1.13
山东	0.884	0.939	2.274	0.912	0.970	1.983	3.62	2.82	15.42	3.60	2.80	44.99
河南	1.174	1.223	2.074	1.206	1.254	1.767	5.59	4.32	16.82	6.77	5.21	38.54
湖北	0.900	0.932	0.815	0.912	0.947	0.854	2.49	1.96	2.02	2.42	1.91	2.58
湖南	1.018	1.061	1.848	1.031	1.078	2.112	2.64	1.87	1.97	2.86	2.00	2.37
广东	1.492	1.771	2.893	1.542	1.833	3.289	15.78	12.89	8.56	16.36	13.43	3.42
广西	1.031	1.178	1.524	1.073	1.225	1.542	2.58	2.11	1.34	2.68	2.19	1.32
海南	0.853	0.858	0.774	0.883	0.883	0.905	10.31	7.35	10.11	9.52	6.61	2.95
重庆	0.973	1.077	1.703	0.994	1.101	1.283	1.96	1.55	20.50	2.28	1.73	8.40
四川	0.908	0.978	1.063	0.941	1.006	1.149	3.44	2.90	6.04	3.48	2.91	6.37
贵州	0.723	0.754	0.529	0.735	0.762	0.489	3.73	3.28	6.33	3.26	2.91	1.33
云南	0.832	0.853	0.877	0.856	0.878	0.917	2.09	1.73	0.47	2.09	1.71	0.59
西藏	0.936	0.964	0.483	0.940	0.972	0.392	0.83	0.57	0.30	0.55	0.38	0.26
陕西	1.278	1.385	2.061	1.326	1.432	2.238	3.99	2.92	7.33	4.34	3.14	6.18
甘肃	0.690	0.700	0.929	0.728	0.739	0.944	0.43	0.30	0.55	0.43	0.30	0.55
青海	1.009	1.013	1.354	1.029	1.033	1.413	0.93	0.69	0.89	0.63	0.43	0.37

地区	小学教职工性别平等指数（GPI）						民办教职工占总教职工比例（%）					
	2007			2008			2007			2008		
	合计	城镇	农村	合计	城镇	农村	教职工	专任教师	代兼教师	教职工	专任教师	代兼教师
宁夏	0.961	0.978	1.414	0.968	0.980	1.715	0.65	0.56	0.62	0.91	0.74	1.13
新疆	1.889	2.071	2.629	1.919	2.114	2.680	1.75	1.53	0.77	1.45	1.30	0.73

注：民办教职工比例＝民办教职工数/总教职工数，民办专任教师比例＝民办专任教师数/总专任
教师数，民办代课及兼任教师比例＝民办代课及兼任教师数/总代课及兼任教师数。

资料来源：根据《中国教育统计年鉴》2007、2008 年中提供的各地小学教职工中女性教师数、
总教职工中民办学校工作的教职工数计算而得。

民办代课及兼任教师比例最大 5 地区为：浙江 64.68%、上海 48.90%、山东 44.99%、河南 38.54%、福建 16.54%；最小 5 地区为：云南 0.59%、甘肃 0.55%、青海 0.37%、西藏 0.26%、天津 0.00%；高于全国平均水平的地区有 11 个，高于 10% 的有 6 个，高于 5% 的有 14 个。

2.1.3.4　初中教师资源配置状况

1. 初中教职工生师比分析

表 2－18 反映了中国 2003、2007—2008 年间各地初中以专任教师总数来计算的生师比情况。

表 2－18　中国各地初中专任教师生师比

地区	2003			2007			2008			2008 排名		
	合计	城镇	农村	合计	城镇	农村	合计	城镇	农村	合计	城镇	农村
全国	19.1	18.3	20.0	16.5	16.8	16.1	16.1	16.5	15.4			
北京	13.2	13.3	12.7	11.2	11.5	9.5	10.8	11.2	9.2	31	31	31
天津	14.7	14.7	14.7	12.2	12.5	11.5	11.5	11.7	11.2	30	30	28
河北	19.1	18.8	19.5	15.2	16.1	14.1	14.2	15.2	12.6	21	20	23
山西	16.8	17.2	16.5	15.3	16.5	14.1	14.8	16.3	13.1	19	16	21
内蒙古	16.7	17.4	15.1	14.2	15.3	10.6	13.4	14.4	9.6	24	24	30
辽宁	16.2	15.5	17.1	14.4	14.1	14.8	14.2	13.9	14.5	22	25	18
吉林	16.7	16.6	16.9	13.9	14.5	12.8	13.6	14.5	11.7	23	22	27

续表

地区	2003			2007			2008			2008 排名		
	合计	城镇	农村	合计	城镇	农村	合计	城镇	农村	合计	城镇	农村
黑龙江	16.6	15.1	18.0	14.0	14.0	14.0	13.4	13.7	13.1	25	26	22
上海	13.5	13.6	12.9	12.8	12.8	12.0	12.8	12.8	12.2	28	29	25
江苏	20.0	17.6	21.5	15.7	15.3	16.5	14.8	14.7	15.1	20	21	16
浙江	17.5	17.6	16.7	15.7	15.9	14.6	15.7	15.9	14.7	15	17	17
安徽	24.4	22.1	26.1	20.8	20.7	20.9	19.8	20.2	19.4	2	1	4
福建	19.0	18.5	19.8	15.8	15.6	16.1	15.3	15.3	15.3	17	19	15
江西	19.6	19.1	20.2	15.7	16.0	14.3	15.4	16.4	14.5	16	15	19
山东	17.1	17.0	17.4	13.1	13.7	11.9	13.1	13.7	11.8	27	27	26
河南	20.7	19.8	21.4	18.1	18.0	18.1	17.5	17.6	17.5	11	12	8
湖北	20.0	18.4	21.4	17.1	16.9	17.2	16.0	15.8	16.1	14	18	12
湖南	18.8	18.9	18.8	12.6	14.1	10.8	12.3	13.7	10.7	29	28	29
广东	21.0	20.3	22.2	20.3	19.9	21.3	20.1	19.9	21.2	1	3	2
广西	21.2	21.2	21.1	18.8	19.2	17.6	18.0	18.4	16.6	8	8	10
海南	20.8	20.9	20.5	20.5	21.3	18.1	19.2	20.1	16.4	4	2	11
重庆	18.5	18.0	19.9	18.3	18.4	18.1	18.2	18.1	18.5	6	11	5
四川	19.5	19.0	20.1	19.0	19.1	18.9	18.6	18.8	18.1	5	6	6
贵州	22.4	20.9	24.2	19.8	19.7	19.8	19.6	19.5	19.6	3	4	3
云南	19.5	18.9	19.9	18.3	18.2	18.4	18.1	18.2	18.1	7	10	7
西藏	18.5	18.5	22.4	17.8	17.8	26.1	17.1	17.1	22.9	12	13	1
陕西	19.8	19.8	19.9	17.5	19.3	16.6	16.6	19.3	15.4	13	5	14
甘肃	19.8	18.9	20.4	18.7	18.8	18.6	17.9	18.3	17.5	9	9	9
青海	16.2	15.5	17.0	15.9	16.7	15.3	15.1	16.8	13.4	18	14	20
宁夏	17.0	16.5	17.5	17.5	18.4	16.1	17.7	18.6	16.1	10	7	13
新疆	16.6	15.8	17.0	13.9	14.4	13.6	13.3	14.5	12.5	26	23	24
极差	11.2	8.8	13.4	9.6	9.8	16.6	9.3	9	13.7			
极差率	1.85	1.66	2.06	1.86	1.85	2.75	1.86	1.80	2.49			
标准差	2.48	2.21	3.03	2.62	2.56	3.62	2.58	2.53	3.36			
变异系数	0.130	0.121	0.152	0.159	0.152	0.225	0.160	0.153	0.218			

注：初中（普通初中）专任教师生师比＝当年初中在校生总数/当年初中专任教师总数。

资料来源：根据《中国教育统计年鉴》2003、2007、2008年中提供的各地初中专任教师数及初中在校生数计算而得。

由表2-18可知，2008年中国初中教职工生师比合计部分大于全国平均水平 16.1 的地区有 13 个，小于 15 的地区有 13 个，其中最大 5 地区为：广东 20.1、安徽 19.8、贵州 19.6、海南 19.2、四川 18.6，最小 5 地区为山东 13.1、上海 12.8、湖南 12.3、天津 11.5、北京 10.8；最大与最小地区相差 9.3。城镇部分大于全国平均水平 16.5 的地区有 14 个，小于 15 的地区有 11 个，其中最大 5 地区为：安徽 20.2、海南 20.1、广东 19.9、贵州 19.5、陕西 19.3，最小 5 地区为：山东 13.7、湖南 13.7、上海 12.8、天津 11.7、北京 11.2；最大与最小地区相差 9。农村部分大于全国平均水平 15.4（含等于）的地区有 14 个，小于 15 的地区有 15 个，小于 10 的地区有 2 个，其中最大 5 地区为：西藏 22.9、广东 21.2、贵州 19.6、安徽 19.4、重庆 18.5，最小 5 地区为：吉林 11.7、天津 11.2、湖南 10.7、内蒙古 9.6、北京 9.2；最大与最小地区相差 13.7。

总的来说，中国初中专任教师生师比是城镇的大于合计的，合计的又大于农村的。中国各地区间初中教职工生师比的离差程度不是很大，变异系数在 0.15 左右，离散程度是农村大于合计，合计又大于城镇。

2. 初中专任教师学历分析

表 2-19 反映了中国 2003、2008 年各地初中专任教师的学历情况。

表 2-19　中国各地初中专任教师获得的各层次学历所占比例

（单位:%）

地区	学历合格率（大专及以上学历教师比例）						本科及以上学历教师比例					
	2003			2008			2003			2008		
	合计	城镇	农村	合计	城镇	农村	合计	城镇	农村	合计	城镇	农村
全国	92.04	94.80	88.74	97.79	98.38	96.87	23.83	31.81	14.28	53.22	60.11	42.33
北京	97.46	97.58	96.86	99.50	99.52	99.38	58.22	61.42	41.21	89.60	89.60	89.60
天津	88.89	91.58	81.17	97.13	97.67	95.58	33.01	40.10	12.63	76.52	79.39	68.18
河北	93.42	94.96	91.71	98.55	98.98	97.93	20.35	26.95	13.01	56.47	61.59	49.07
山西	88.85	94.25	84.07	97.18	98.19	95.96	19.00	29.07	10.10	44.98	52.78	35.44
内蒙古	89.68	93.81	81.20	98.15	98.47	96.90	21.54	26.72	10.91	60.78	63.12	51.56
辽宁	94.05	97.11	90.67	97.92	99.06	96.68	27.70	42.54	11.28	54.36	68.27	39.23
吉林	97.24	98.01	95.76	98.99	99.23	98.47	47.65	54.05	35.39	69.48	72.82	62.54

续表

地区	学历合格率（大专及以上学历教师比例）						本科及以上学历教师比例					
	2003			2008			2003			2008		
	合计	城镇	农村	合计	城镇	农村	合计	城镇	农村	合计	城镇	农村
黑龙江	92.81	96.56	89.21	98.04	98.73	97.12	26.75	38.30	15.67	57.85	64.18	49.37
上海	98.77	98.85	95.98	99.82	99.82	99.12	71.53	72.22	47.99	90.26	90.39	71.68
江苏	93.04	96.84	90.59	98.24	98.33	98.09	31.10	47.43	20.59	61.40	68.53	49.55
浙江	96.83	97.24	92.39	99.21	99.28	98.73	39.78	41.45	21.86	77.33	78.39	70.25
安徽	92.83	95.81	90.69	97.87	98.57	97.17	24.98	33.52	18.84	46.79	53.77	39.74
福建	96.50	97.10	95.48	98.52	98.76	98.18	15.72	19.92	8.55	63.61	67.36	58.34
江西	89.73	92.26	86.76	96.79	97.59	96.02	19.97	24.88	14.22	43.08	49.19	37.17
山东	93.07	94.38	90.22	98.22	98.45	97.80	25.24	29.64	15.65	59.68	64.32	50.88
河南	91.77	95.05	89.43	97.68	98.60	96.77	18.86	26.74	13.26	38.86	47.35	30.57
湖北	89.83	93.22	86.79	95.46	96.78	94.04	26.11	34.37	18.69	46.21	53.90	37.97
湖南	91.70	94.35	89.50	97.36	98.24	96.27	18.07	24.27	12.90	46.61	51.65	40.36
广东	92.03	93.20	90.14	97.85	98.22	96.40	26.40	31.86	17.52	52.45	56.43	36.86
广西	90.51	91.44	88.50	97.53	97.72	96.80	9.93	12.32	4.75	47.34	48.78	41.69
海南	94.32	95.76	90.39	97.92	98.33	96.47	29.44	33.75	17.72	48.73	53.51	33.94
重庆	93.36	94.72	88.94	98.04	98.29	97.18	30.40	34.59	16.80	64.14	67.98	50.92
四川	89.64	93.37	85.63	97.12	97.64	95.90	18.84	26.76	10.32	49.78	54.93	37.68
贵州	89.49	93.71	84.47	98.25	98.53	97.84	13.54	19.79	6.10	40.17	45.82	31.80
云南	92.34	94.93	90.25	98.02	98.48	97.36	16.84	24.28	10.86	53.17	59.77	43.57
西藏	92.50	92.47	96.67	97.66	97.64	100.00	40.02	39.92	56.67	65.87	65.81	73.77
陕西	85.59	93.28	80.29	97.35	98.55	96.79	16.05	27.44	8.19	49.19	63.60	42.47
甘肃	87.58	92.90	84.20	96.05	97.52	94.69	13.30	22.14	7.69	42.44	50.35	35.17
青海	91.60	94.37	87.99	97.97	98.22	97.69	24.49	30.66	16.41	53.72	60.26	46.46
宁夏	94.60	96.90	92.11	97.87	98.17	97.36	30.03	38.01	21.39	71.00	75.14	63.85
新疆	93.61	97.25	91.46	98.81	99.20	98.56	26.74	38.24	19.93	50.42	64.29	41.55

注：初中专任教师的学历合格率（达标率）只需具有专科学历即可，因此计算出专任教师中专科及以上教师的比例，就是初中专任教师的学历达标率。

资料来源：根据《中国教育统计年鉴》2003、2008 年中提供的各地初中专任教师总数及其各层次学历教师数计算而得。

（1）中国初中专任教师学历达标率分析

由表 2-19 可知，中国初中专任教师的学历达标率（合格率）很高，合计部分从 2003 年的 92.04% 提高到 2008 年的 97.79%，城镇部分从 2003 年的 94.80% 提高到 2008 年的 98.38%，农村部分从 2003 年的 88.74% 提高到 2008 年的 96.87%。

2003 年中国初中专任教师学历达标率最大地区为上海 98.77%，最小为陕西 85.59%，两者相差 13.18 个百分点；城镇部分最大地区为上海 98.85%，最小为广西 91.44%，两者相差 7.41 个百分点；农村部分最大地区为北京 96.86%，最小为陕西 80.29%，两者相差 16.57 个百分点。2003 年无论是合计、城镇、还是农村初中专任教师学历达标率都高于 80%，且是城镇高于合计，合计高于农村。

2008 年中国初中专任教师学历达标率最大地区为上海 99.82%，最小为湖北 95.46%，两者相差 4.36 个百分点；城镇部分最大地区为上海 99.82%，最小为湖北 96.78%，两者相差 3.04 个百分点；农村部分最大地区为西藏 100%，最小为湖北 94.04%，两者相差 5.96 个百分点。2008 年无论是合计、城镇、还是农村初中专任教师学历达标率都高于 94%，且是城镇高于合计，合计高于农村。学历达标率最低地区 2008 年比 2003 年提高了 10 个百分点。

（2）中国初中专任教师本科及以上学历比例分析

由表 2-19 可知，中国初中专任教师中具有本科及以上学历教师的比例还不是很高，合计部分从 2003 年的 23.83%（高于这个水平的地区有 18 个）提高到 2008 年的 53.22%（高于这个水平的地区有 16 个），增加了 29.39 个百分点；城镇部分从 2003 年的 31.81%（高于这个水平的地区有 16 个）提高到 2008 年的 60.11%（高于这个水平的地区有 18 个），增加了 28.30 个百分点；农村部分从 2003 年的 14.28%（高于这个水平的地区有 16 个）提高到 2008 年的 42.33%（高于这个水平的地区有 17 个），增加了 28.05 个百分点。即 2008 年比 2003 年普遍增长了 29 个百分点左右。

2003 年中国初中专任教师中本科及以上学历教师比例最大地区为上海

71.53%，最小为广西9.93%，两者相差61.60个百分点；城镇部分最大地区为上海72.22%，最小为广西12.32%，两者相差59.90个百分点；农村部分最大地区为西藏56.67%，最小为广西4.75%，两者相差51.92个百分点。2003年无论是合计、城镇、还是农村初中专任教师中本科及以上学历教师比例最大地区与最小地区间相差50—55个百分点左右，且是城镇高于合计，合计高于农村。

2008年中国初中专任教师中本科及以上学历教师比例最大地区为上海90.26%，最小为河南38.86%，两者相差51.40个百分点；城镇部分最大地区为上海90.39%，最小为贵州45.82%，两者相差44.57个百分点；农村部分最大地区为北京89.60%，最小为河南30.57%，两者相差59.03个百分点。2008年无论是合计、城镇、还是农村初中专任教师中本科及以上学历教师比例都高，都有较大幅度的提升，其中城镇部分提高最多达近36个百分点，合计部分提高了近29个百分点，农村部分提高了近25个百分点，初中专任教师中本科及以上学历教师的比例是城镇高于合计，合计高于农村。

3. 初中专任教师职称分析

表2-20反映了中国2003、2008年各地初中专任教师的职称情况。

表2-20 中国各地初中专任教师获得的各层次职称教师所占比例

（单位:%）

地区	初中中学一级及以上职称教师比例						初中中学高级及以上职称教师比例					
	2003			2008			2003			2008		
	合计	城镇	农村	合计	城镇	农村	合计	城镇	农村	合计	城镇	农村
全国	37.17	42.96	30.24	51.07	54.94	44.96	4.88	7.02	2.33	10.04	12.24	6.54
北京	47.65	50.27	33.68	57.81	59.87	47.95	12.01	13.47	4.21	14.90	16.31	8.16
天津	54.41	58.92	41.44	70.45	70.91	69.11	14.41	18.11	3.78	25.07	27.76	17.25
河北	28.53	35.47	20.80	51.18	55.30	45.21	3.38	5.53	1.00	7.14	9.67	3.49
山西	30.84	39.05	23.58	36.17	41.44	29.74	2.50	4.47	0.75	4.95	7.62	1.68
内蒙古	40.37	45.97	28.89	60.18	61.94	53.20	5.54	7.54	1.44	15.88	17.91	7.88
辽宁	63.64	63.60	63.67	74.58	75.03	74.10	18.04	18.89	17.10	31.78	31.68	31.90
吉林	47.90	53.99	36.21	62.50	64.31	58.74	6.87	9.32	2.16	11.34	14.06	5.68

续表

地区	初中中学一级及以上职称教师比例						初中中学高级及以上职称教师比例					
	2003			2008			2003			2008		
	合计	城镇	农村	合计	城镇	农村	合计	城镇	农村	合计	城镇	农村
黑龙江	50.15	60.09	40.61	63.34	68.44	56.50	8.34	13.62	3.27	16.17	21.45	9.10
上海	62.09	62.13	60.68	66.74	66.77	62.39	5.44	5.48	4.23	9.96	10.01	3.10
江苏	41.73	50.38	36.18	54.98	58.12	49.74	5.26	9.59	2.47	10.28	13.36	5.16
浙江	41.19	42.49	27.32	56.09	57.59	46.09	3.80	4.10	0.55	10.48	11.53	3.53
安徽	39.61	47.24	34.12	51.91	54.88	48.91	4.90	8.72	2.16	11.44	14.18	8.67
福建	26.07	30.45	18.58	51.92	55.09	47.45	4.36	5.79	1.91	11.07	13.30	7.94
江西	34.72	41.25	27.06	53.36	58.00	48.86	5.28	7.77	2.37	15.75	19.36	12.25
山东	35.90	37.51	32.42	56.00	57.88	52.44	5.63	6.51	3.71	12.15	14.09	8.48
河南	32.05	39.63	26.64	44.93	49.19	40.77	5.02	8.26	2.72	9.76	12.72	6.87
湖北	52.24	60.12	45.16	66.71	70.90	62.21	5.36	9.34	1.79	11.87	17.30	6.05
湖南	42.21	48.98	36.58	58.47	60.19	56.33	3.00	5.36	1.03	6.51	8.45	4.11
广东	35.65	39.86	28.79	50.36	53.03	39.89	2.80	3.81	1.15	5.25	6.30	1.17
广西	31.92	35.69	23.75	46.18	47.74	40.08	3.02	4.06	0.78	4.11	4.86	1.16
海南	32.97	34.47	28.89	41.03	41.63	39.17	5.27	6.26	2.57	8.06	9.09	4.86
重庆	27.44	30.56	17.28	43.55	46.08	34.87	2.74	3.35	0.76	7.10	8.30	3.01
四川	33.74	40.12	26.87	44.98	48.86	35.86	2.88	4.76	0.84	7.54	9.52	2.91
贵州	20.81	27.33	13.06	33.07	39.00	24.26	2.88	4.76	0.64	5.66	8.14	1.98
云南	32.42	41.56	25.07	43.73	50.35	34.12	2.82	4.85	1.19	8.90	11.62	4.94
西藏	12.41	12.48	0.00	18.06	18.11	11.48	0.30	0.30	0.00	1.64	1.65	0.00
陕西	24.93	34.11	18.60	33.29	44.53	28.05	3.14	5.75	1.34	5.55	10.88	3.07
甘肃	27.09	37.08	20.75	31.79	38.37	25.74	1.99	4.17	0.60	3.55	5.76	1.52
青海	35.95	45.24	23.83	62.80	68.55	56.41	3.35	5.49	0.56	16.43	22.47	9.73
宁夏	46.72	55.87	36.81	56.99	63.52	45.70	10.56	13.97	6.87	17.58	20.70	12.19
新疆	33.90	48.49	25.28	43.51	56.68	35.09	4.63	9.27	1.89	12.75	20.52	7.79

资料来源：根据《中国教育统计年鉴》2003、2008 年中提供的各地初中专任教师总数及其各层次职称教师数计算而得。

（1）中国初中专任教师一级及以上职称教师比例分析

由表 2 - 20 可知，中国初中专任教师一级及以上职称教师比例是比较高的，合计部分从 2003 年的 37.17% 提高到 2008 年的 51.07%，城镇部分从 2003 年的 42.96% 提高到 2008 年的 54.94%，农村部分从 2003 年的 30.24% 提高到 2008 年的 44.96%。2008 年比 2003 年提高了 12—14 个百分点，该比例是城镇比合计高，合计比农村高，城镇比农村要高出 10 个百分点。

2008 年中国初中专任教师一级及以上职称教师比例最大地区为辽宁 74.58%，最小为西藏 18.06%，两者相差 56.52 个百分点；城镇部分最大地区为辽宁 75.03%，最小为西藏 18.11%，两者相差 56.92 个百分点；农村部分最大地区为辽宁 74.10%，最小为西藏 11.48%，两者相差 62.62 个百分点。2008 年无论是合计、城镇、还是农村初中专任教师一级及以上职称教师比例都不是很高，而且地区间差距较大。

（2）中国初中专任教师中具有中学高级及以上职称教师比例分析

由表 2-20 可知，中国初中专任教师中具有中学高级及以上职称教师比例还不是很高，合计部分从 2003 年的 4.88%（高于这个水平的地区有 15 个）提高到 2008 年的 10.04%（高于这个水平的地区有 16 个），增加了 5.16 个百分点；城镇部分从 2003 年的 7.02%（高于这个水平的地区有 13 个）提高到 2008 年的 12.24%（高于这个水平的地区有 16 个），增加了 5.22 个百分点；农村部分从 2003 年的 2.33%（高于这个水平的地区有 11 个）提高到 2008 年的 6.54%（高于这个水平的地区有 13 个），增加了 4.21 个百分点。即 2008 年比 2003 年普遍增长了 15 个百分点左右。初中专任教师中具有中学高级及以上职称教师比例是很低的，全国到 2008 年该比例也就是仅到 10% 左右，而且农村才只有 6% 多一点，城镇高于合计，合计高于农村，且城镇要高出农村近 1 倍；初中专任教师的高级职称的提升是很难的，6 年才提高了 5 个百分点左右。

2008 年中国初中专任教师中具有中学高级及以上职称教师比例最大地区为辽宁 31.78%，最小为西藏 1.64%，两者相差 30.14 个百分点；城镇部分最大地区为辽宁 31.68%，最小为西藏 1.65%，两者相差 30.03 个百分点；农村部分最大地区为辽宁 31.90%，最小为广西 1.16%（西藏无农村初中），两者相差 30.74 个百分点。2008 年无论是合计、城镇、还是农村初中专任教师中具有中学高级及以上职称教师比例最大与最小地区间的差距是比较大的，相差高于 30 个百分点。

4. 普通中学①代课及兼任教师比例分析

中国各地普通中学还是有不少代课与兼任教师存在。

表 2-21 反映了中国 2003、2008 年各地普通中学代课及兼任教师占总教师数量的比例情况。

（1）中国普通中学代课及兼任教师占总计教师比例的总量分析

由表 2-21 和表 2-15 可知，2003 年到 2008 年，中国普通中学代课及兼任教师占所有教师的比例从 2003 年的 2.75% 下降到 2008 年的 2.11%，城镇部分则从 2.65% 下降到 2.14%，农村部分则从 2.94% 下降到 2.04%；这 6 年间合计部分下降了 0.66 个百分点，农村部分下降了 0.90 个百分点，城镇部分则下降了 0.51 个百分点；代课及兼任教师的比例农村高于合计，合计又明显高于城镇，尽管由于国家最近几年辞退代课教师的努力，但是在普通中学代课教师及兼任教师占所有教师的比例下降不是很明显，合计的代课及兼任教师总数已经从 2003 年的 155573 人下降到 2008 年的 125536 人，下降了 19.31%，城镇部分则从 96723 人下降到 90911 人，下降了 6.01%，农村部分则从 58850 人下降到 34625 人，下降了 41.16%。

表 2-21　中国各地普通中学代课及兼任教师占总计教师比例情况

（单位:%）

地区	代课及兼任教师占总计教师数的比例						代课及兼任教师在城镇、农村的分布比例					
	2003			2008			2003			2008		
	合计	城镇	农村	合计	城镇	农村	城镇排名	城镇	农村	城镇排名	城镇	农村
全国	2.75	2.65	2.94	2.11	2.14	2.04		62.17	37.83		72.42	27.58
北京	2.71	2.76	2.30	1.18	1.36	0.06	5	90.61	9.39	3	99.31	0.69

---

① 因教育统计年鉴中没有专门的初中的代课及兼任教师数，只有普通中学（含普通初中与普通高中）的，故此部分就作普通中学的代课及兼任教师比例的分析。

续表

| 地区 | 代课及兼任教师占总计教师数的比例 | | | | | | 代课及兼任教师在城镇、农村的分布比例 | | | | | |
| | 2003 | | | 2008 | | | 2003 | | | 2008 | | |
	合计	城镇	农村	合计	城镇	农村	城镇排名	城镇	农村	城镇排名	城镇	农村
天津	2.10	2.35	0.94	1.18	1.38	0.20	4	91.87	8.13	4	97.02	2.98
河北	1.96	1.89	2.07	2.48	2.73	1.90	20	61.09	38.91	12	77.32	22.68
山西	5.61	5.22	6.20	7.12	7.62	6.05	23	55.87	44.13	19	73.06	26.94
内蒙古	3.66	3.61	3.82	2.53	2.66	1.76	10	74.50	25.50	5	89.98	10.02
辽宁	1.40	1.05	1.98	1.11	1.14	1.07	25	46.92	53.08	24	65.12	34.88
吉林	1.85	2.07	1.24	1.72	1.85	1.29	7	82.54	17.46	9	82.40	17.60
黑龙江	1.11	1.28	0.86	1.12	0.85	1.67	15	67.53	32.47	29	50.66	49.34
上海	5.10	5.12	4.46	2.31	2.31	1.98	2	98.14	1.86	2	99.57	0.43
江苏	2.82	2.19	3.42	1.01	1.16	0.64	31	38.32	61.68	11	81.26	18.74
浙江	1.27	1.28	0.99	0.50	0.48	0.72	3	95.56	4.44	8	86.89	13.11
安徽	4.73	5.55	3.78	3.92	4.59	2.79	18	62.91	37.09	18	73.61	26.39
福建	2.69	2.34	3.57	1.46	1.21	1.99	19	61.67	38.33	27	56.27	43.73
江西	2.44	2.51	2.31	1.23	1.37	0.98	16	66.61	33.39	21	70.97	29.03
山东	1.19	1.24	1.04	1.12	1.09	1.20	9	79.46	20.54	16	73.85	26.15
河南	2.08	2.59	1.50	2.97	3.58	1.94	17	66.34	33.66	14	75.62	24.38
湖北	3.25	3.15	3.41	3.40	2.98	4.13	21	57.31	42.69	28	55.87	44.13
湖南	1.78	1.76	1.81	1.04	1.16	0.78	24	55.44	44.56	15	74.55	25.45
广东	3.77	3.93	3.42	2.32	2.25	2.69	11	71.55	28.45	10	81.65	18.35
广西	5.90	5.41	7.31	1.58	1.62	1.35	14	68.28	31.72	7	87.07	12.93
海南	2.08	2.33	1.27	3.57	3.98	2.02	6	85.84	14.16	6	88.19	11.81
重庆	2.63	2.21	4.51	0.67	0.62	0.92	13	68.41	31.59	13	75.81	24.19
四川	2.64	2.36	3.09	1.84	1.72	2.26	22	56.20	43.80	17	73.62	26.38
贵州	4.08	2.82	6.21	0.91	0.90	0.92	28	43.38	56.62	22	68.86	31.14
云南	1.86	1.33	2.50	0.81	0.66	1.17	30	38.93	61.07	26	56.94	43.06
西藏	2.64	2.65	0.00	0.90	0.91	0.00	1	100.00	0.00	1	100.00	0.00
陕西	3.03	2.70	3.37	1.83	2.56	1.19	27	46.10	53.90	23	65.21	34.79
甘肃	4.08	3.62	4.60	2.47	2.37	2.63	26	46.63	53.37	25	60.80	39.20
青海	1.30	1.32	1.28	6.62	5.00	9.79	12	70.11	29.89	30	49.97	50.03
宁夏	4.29	5.56	2.09	6.38	6.04	7.41	8	82.10	17.90	20	71.44	28.56

续表

地区	代课及兼任教师占总计教师数的比例						代课及兼任教师在城镇、农村的分布比例					
	2003			2008			2003			2008		
	合计	城镇	农村	合计	城镇	农村	城镇排名	城镇	农村	城镇排名	城镇	农村
新疆	3.46	2.94	3.97	3.46	3.19	3.77	29	42.47	57.53	31	49.00	51.00

注：总计教师数量＝普通中学教职工数＋代课及兼任教师数。
资料来源：根据《中国教育统计年鉴》2003、2008 年中提供的各地普通中学教职工总数及代课
　　　　教师、兼任教师数计算而得。

2008 年中国普通中学代课及兼任教师占总计教师的比例合计部分最大 5 地区为：山西 7.12%、青海 6.62%、宁夏 6.38%、安徽 3.92%、海南 3.57%；最小 5 地区为：贵州 0.91%、西藏 0.90%、云南 0.81%、重庆 0.67%、浙江 0.50%；高于全国平均水平的地区有 13 个。城镇部分最大 5 地区为：山西 7.62%、宁夏 6.04%、青海 5.00%、安徽 4.59%、海南 3.98%；最小 5 地区为：贵州 0.90%、黑龙江 0.85%、云南 0.66%、重庆 0.62%、浙江 0.48%；高于全国平均水平的地区有 14 个。农村部分最大 5 地区为：青海 9.79%、宁夏 7.41%、山西 6.05%、湖北 4.13%、新疆 3.77%；最小 5 地区为：湖南 0.78%、浙江 0.72%、江苏 0.64%、天津 0.20%、北京 0.06%（西藏无农村中学除外）；高于全国平均水平的地区有 9 个。

2008 年与 2003 年相比，下降比例（指 2008 年的百分比数 A 与 2003 年的百分比数 B 相比下降的绝对百分点数 A–B，不是（A–B）/A）最大的 5 地区为：江苏 –1.81（"–"表示下降）、重庆 –1.96、上海 –2.79、贵州 –3.17、广西 –4.32；下降（含没有下降而是增加的，下同）比例（百分点数）最小 5 地区为：青海 5.32、宁夏 2.09、山西 1.51、海南 1.49、河南 0.89；全部没有下降而是增加的地区有 9 个，下降幅度高于全国平均水平 –0.64 个百分点的地区有 19 个。城镇部分下降比例最大的 5 地区为：广东 –1.68、西藏 –1.74、贵州 –1.92、上海 –2.81、广西 –3.79；下降比例最小 5 地区为：青海 3.68、山西 2.40、海南 1.65、河南 0.99、河北 0.84；全部没

有下降而是增加的地区有 8 个，下降幅度高于全国平均水平-0.51 个百分点的地区有 18 个。农村部分下降比例最大的 5 地区为：上海-2.48、江苏-2.78、重庆-3.59、贵州-5.29、广西-5.96；下降比例最小 5 地区为：青海8.51、宁夏5.32、黑龙江0.81、海南0.75、湖北0.72；全部没有下降而是增加的地区有 9 个，下降幅度高于全国平均水平-0.90 个百分点的地区有15 个。

（2）中国普通中学代课及兼任教师在城镇与农村的分布比例分析

由表 2－21 可知，中国普通中学代课及兼任教师在城镇和农村的分布比例从 2003 年的 62.17% 和 37.83% 变为 2008 年的 72.42% 和 27.58%，代课教师在城镇的分布比例提高了 10.25 个百分点，而农村则下降了 9.72 个百分点。截至 2008 年代课教师在城镇的分布比例最大 5 地区为：西藏100.00%、上海 99.57%、北京 99.31%、天津 97.02%、内蒙古 89.98%；最小 5 地区为：福建 56.27%、湖北 55.87%、黑龙江 50.66%、青海49.97%、新疆49.00%，最高与最低相差 51 个百分点；高于全国平均水平72.42% 的地区有 19 个，高于 50% 的有 29 个，高于 60% 的有 25 个，高于70% 的有 21 个，高于 80% 的有 11 个。可见，普通中学代课教师绝大部分分布在城镇地区。

5. 初中专任教师性别平等指数及民办教师占总教职工比例分析

中国各地普通中学总教职工中因有部分在民办学校工作，表 2－22 反映了中国 2007、2008 年各地普通中学教职工中民办（学校工作的）教职工比例以及初中专任教师的性别平等指数情况。

（1）中国初中专任教师的性别平等指数分析

由表 2－22 可知，2008 年中国初中专任教师的性别平等指数（GPI）分别为合计 0.929、城镇 1.114、农村 0.695，是城镇高于合计、合计高于农村。

合计部分 GPI 最大 5 地区为：北京 2.904、上海 2.163、天津 1.742、辽宁 1.736、河北 1.665；最小 5 地区为：甘肃 0.589、湖北 0.560、贵州0.522、江西 0.500、安徽 0.472；高于全国平均水平的地区有 15 个，高于 1

的有 13 个，高于 2 的有 2 个。城镇部分 GPI 最大 5 地区为：北京 3.272、辽宁 2.691、黑龙江 2.261、上海 2.178、天津 2.175；最小 5 地区为：海南 0.704、湖北 0.699、江西 0.679、安徽 0.618、贵州 0.618；高于全国平均水平的地区有 14 个，高于 1 的有 17 个，高于 2 的有 7 个。农村部分 GPI 最大 5 地区为：北京 1.765、河北 1.297、山西 1.202、新疆 1.186、辽宁 1.135；最小 5 地区为：甘肃 0.444、湖北 0.434、贵州 0.400、江西 0.359、安徽 0.348；高于全国平均水平的地区有 14 个，高于 1 的有 8 个。

表 2-22　中国各地初中专任教师性别平等指数及民办教职工比例情况

| 地区 | 初中专任教师性别平等指数（GPI） | | | | | | 普通中学民办教职工占总教职工比例（%） | | | | | |
| | 2007 | | | 2008 | | | 2007 | | | 2008 | | |
	合计	城镇	农村	合计	城镇	农村	教职工	专任教师	代兼教师	教职工	专任教师	代兼教师
全国	0.905	1.093	0.681	0.929	1.114	0.695	7.75	6.72	22.60	7.86	6.83	24.16
北京	2.879	3.238	1.778	2.904	3.272	1.765	4.97	4.58	9.13	5.01	4.63	3.68
天津	1.702	2.119	0.957	1.742	2.175	0.965	4.36	3.37	56.60	4.31	3.37	65.36
河北	1.630	1.995	1.267	1.665	1.997	1.297	8.68	7.59	18.81	7.89	6.95	19.80
山西	1.499	1.872	1.182	1.548	1.924	1.202	16.17	14.12	32.72	16.38	14.18	34.16
内蒙古	1.494	1.697	0.999	1.536	1.704	1.036	4.07	3.80	12.83	3.41	3.20	10.64
辽宁	1.678	2.661	1.087	1.736	2.691	1.135	3.24	3.25	24.63	3.50	3.58	18.91
吉林	1.645	2.148	1.066	1.659	2.096	1.055	5.05	4.26	3.21	4.81	4.11	2.62
黑龙江	1.586	2.266	1.048	1.599	2.261	1.043	5.71	5.47	34.46	5.80	5.53	8.89
上海	2.081	2.097	0.784	2.163	2.178	0.883	8.02	7.38	63.94	9.47	8.98	66.20
江苏	0.811	0.942	0.632	0.850	0.979	0.669	12.75	12.06	27.07	13.09	12.40	28.35
浙江	1.092	1.135	0.834	1.139	1.180	0.902	14.16	12.31	76.97	14.25	12.51	78.74
安徽	0.448	0.585	0.330	0.472	0.618	0.348	10.72	8.91	31.86	11.87	9.75	28.30
福建	0.695	0.895	0.486	0.714	0.908	0.501	9.90	8.41	33.90	9.83	8.57	37.66
江西	0.485	0.662	0.350	0.500	0.679	0.359	10.25	7.97	23.14	10.31	8.07	26.27
山东	0.880	1.026	0.656	0.899	1.055	0.660	6.25	5.81	18.27	5.73	5.35	46.83
河南	0.977	1.258	0.779	1.004	1.276	0.794	8.48	7.40	29.86	9.20	8.22	37.69
湖北	0.551	0.711	0.426	0.560	0.699	0.434	6.17	4.98	5.20	6.96	5.78	5.18
湖南	0.712	0.849	0.580	0.717	0.851	0.576	6.98	6.01	20.86	6.77	5.88	20.87

续表

地区	初中专任教师性别平等指数（GPI）						普通中学民办教职工占总教职工比例（%）					
	2007			2008			2007			2008		
	合计	城镇	农村	合计	城镇	农村	教职工	专任教师	代兼教师	教职工	专任教师	代兼教师
广东	0.945	0.990	0.809	0.993	1.028	0.868	10.27	8.46	17.96	10.73	8.71	13.29
广西	0.807	0.888	0.563	0.829	0.908	0.575	5.52	4.72	31.10	4.93	4.37	33.65
海南	0.627	0.669	0.516	0.657	0.704	0.527	11.18	8.30	6.04	9.80	7.50	15.03
重庆	0.756	0.820	0.581	0.784	0.844	0.603	3.93	3.34	43.93	4.28	3.71	32.26
四川	0.678	0.778	0.486	0.703	0.799	0.512	5.10	4.16	15.72	5.38	4.32	18.35
贵州	0.506	0.613	0.379	0.522	0.618	0.400	5.72	4.27	36.50	5.38	4.10	22.58
云南	0.763	0.890	0.606	0.793	0.919	0.637	3.87	3.21	10.40	3.66	3.06	12.37
西藏	0.724	0.726	0.514	0.794	0.796	0.525	1.28	1.13	0.00	0.54	0.47	0.00
陕西	1.028	1.564	0.851	1.065	1.633	0.876	7.73	6.63	29.28	7.83	6.64	30.75
甘肃	0.558	0.760	0.412	0.589	0.782	0.444	2.15	1.80	15.23	2.15	1.77	12.93
青海	0.944	1.347	0.683	0.959	1.398	0.628	1.03	0.66	0.00	1.14	0.79	1.69
宁夏	0.775	1.037	0.484	0.781	1.039	0.461	2.97	2.61	6.22	3.03	2.66	4.68
新疆	1.411	2.053	1.143	1.474	2.115	1.186	2.63	1.99	4.34	2.59	2.00	3.34

注：民办教职工比例=民办教职工数/总教职工数，民办专任教师比例=民办专任教师数/总专任教师数，民办代课及兼任教师比例=民办代课及兼任教师数/总代课及兼任教师数。
资料来源：根据《中国教育统计年鉴》2007、2008 年中提供的各地初中专任教师中女性教师数、普通中学总教职工中民办学校工作的教职工数计算而得。

（2）中国普通中学教职工中民办教职工比例分析

由表 2-22 可知，2008 年中国普通中学教职工中民办（在民办学校工作的）教职工所占各类教师的比例分别为民办教职工 7.86%、民办专任教师 6.83%、民办代课及兼任教师 24.16%。其中民办教职工比例最大 5 地区为：山西 16.38%、浙江 14.25%、江苏 13.09%、安徽 11.87%、广东 10.73%，这几个地区往往是民办小学教育比较发达的地区，所以民办教职工比例自然就较高，占到 10% 以上；最小 5 地区为：宁夏 3.03%、新疆 2.59%、甘肃 2.15%、青海 1.14%、西藏 0.54%；高于全国平均水平的地区有 11 个，高于 10% 的有 6 个，高于 5% 的有 19 个。民办专任教师比例最大 5 地区为：山西 14.18%、浙江 12.51%、江苏 12.40%、安徽 9.75%、上海 8.98%；最小 5 地区为：宁夏 2.66%、新疆 2.00%、甘肃 1.77%、青海 0.79%、西藏 0.47%；高于全国平均水平的地区有 11 个，高于 5% 的有 16 个。民办代课及兼任教师比例最大 5 地区为：浙江 78.74%、上海 66.20%、天津 65.36%、山东 46.83%、河南 37.69%；最小 5 地区为：宁夏 4.68%、北京 3.68%、新疆 3.34%、吉林 2.62%、青海 1.69%（西藏没有农村中学除外）；高于全国平均水平的地区有 13 个，高于 10% 的有 23 个，高于 20% 的有 15 个，高于 30% 的有 10 个。

2.1.3.5 小学基本办学条件配置状况

1. 小学生均校舍建筑面积分析

表 2 - 23 反映了中国 2003、2006、2008 年间各地小学生均校舍建筑面积情况。

表 2 - 23 中国各地小学生均校舍建筑面积表 （单位：平方米）

地区	2003			2006			2008			2008 排名		
	合计	城镇	农村	合计	城镇	农村	合计	城镇	农村	合计	城镇	农村
全国	4.94	4.92	4.95	5.47	5.03	5.74	5.60	5.05	6.00			
北京	9.24	8.99	10.24	11.03	10.12	14.1	8.25	7.88	10.37	2	1	2
天津	5.89	6.14	5.22	6.69	6.62	6.91	6.66	6.40	7.70	9	6	8
河北	4.62	4.58	4.64	5.78	4.99	6.19	5.67	4.67	6.28	16	17	18
山西	4.52	3.75	4.88	5.29	3.97	6.06	5.60	4.03	6.80	18	27	14
内蒙古	5.41	4.16	6.69	5.51	4.18	7.68	5.54	4.39	8.16	19	20	4
辽宁	4.79	4.51	5.01	4.92	4.82	5	5.00	4.84	5.14	22	14	24
吉林	5.17	4.62	5.64	5.81	4.81	6.87	5.89	4.73	7.36	15	16	11
黑龙江	5.39	4.61	5.93	5.87	4.79	6.81	5.95	4.88	7.05	14	13	13
上海	5.83	5.82	6.04	7.4	7.34	11.25	7.19	7.23	5.87	5	3	20
江苏	4.68	5.2	4.44	5.99	6.04	5.93	6.79	6.56	7.08	8	5	12
浙江	5.82	5.73	6.72	6.51	6.26	7.09	6.90	6.61	7.75	6	4	7
安徽	3.62	3.87	3.55	4.38	4.25	4.43	4.67	4.22	4.88	25	21	27
福建	6.53	5.32	7.51	7.73	5.42	9.51	8.37	5.84	10.60	1	8	1
江西	4.82	4.59	4.98	5.02	3.9	5.48	5.04	4.16	5.53	21	22	22

地区	2003			2006			2008			2008 排名		
	合计	城镇	农村	合计	城镇	农村	合计	城镇	农村	合计	城镇	农村
山东	4.58	4.91	4.38	4.86	4.78	4.91	4.85	4.74	4.93	24	15	25
河南	4.18	4.36	4.13	4.55	4.28	4.64	4.51	4.15	4.65	28	24	29
湖北	5.93	5.27	6.24	7.38	5.4	8.39	7.46	5.59	8.72	4	10	3
湖南	7.35	5.83	8.12	7.45	5.29	8.73	6.82	5.36	8.01	7	12	5
广东	5.68	5.49	5.83	6.22	6.14	6.29	6.21	5.97	6.51	13	7	16
广西	5.92	5.7	5.99	6.16	5.49	6.42	6.23	5.43	6.61	12	11	15
海南	4.9	4.91	4.9	4.87	4.32	5.24	5.64	4.63	6.50	17	18	17
重庆	4.99	5.15	4.82	5.8	5.29	6.22	6.61	5.65	7.66	10	9	9
四川	4.58	4.45	4.63	4.55	4.11	4.87	4.58	3.96	5.16	26	28	23
贵州	2.96	3.33	2.85	3.35	3.31	3.36	3.70	3.45	3.80	31	31	31
云南	5.54	5.31	5.59	5.5	4.86	5.7	5.54	4.60	5.88	20	19	19
西藏	6.14	6.32	6.07	7.05	6.95	7.09	7.75	7.57	7.82	3	2	6
陕西	4.81	4.2	5.02	5.8	3.98	6.54	6.28	4.10	7.38	11	25	10
甘肃	3.52	3.54	3.51	4.13	3.68	4.29	4.56	3.83	4.89	27	30	26
青海	4.39	4.17	4.54	4.78	3.73	5.34	4.96	4.04	5.56	23	26	21
宁夏	3.78	3.67	3.85	4.01	3.68	4.21	4.18	3.91	4.39	30	29	30
新疆	3.67	3.81	3.61	4.15	3.87	4.29	4.50	4.16	4.69	29	23	28
极差	6.28	5.66	7.39	7.68	6.81	10.74	4.67	4.43	6.8			
极差率	3.12	2.7	3.59	3.29	3.06	4.2	2.26	2.28	2.79			
标准差	1.23	1.1	1.49	1.49	1.4	2.2	1.21	1.18	1.66			
变异系数	0.249	0.224	0.301	0.272	0.278	0.383	0.216	0.234	0.277			

注：小学（普通小学）生均校舍建筑面积=当年小学校舍建筑面积总数/当年小学在校生总数。

资料来源：根据《中国教育统计年鉴》2003、2006、2008 年中提供的各地小学建筑面积数及小学在校生数计算而得。

　　由表 2-23 可知，中国小学生均校舍建筑面积从 2003 年的 4.94 平方米增加到 2006 年的 5.47 平方米，再增加到 2008 年的 5.60 平方米；城镇部分从 4.92 平方米增加到 5.03 平方米，再增加到 5.05 平方米；农村部分则是从 4.95 平方米增加到 5.74 平方米，再增加到 6.00 平方米；小学生均校舍建筑面积是农村的高于合计的，合计的又高于城镇的，这主要是因为农村地广且低价便宜。

2008 年，中国小学生均校舍建筑面积合计部分大于全国平均水平的地区有 18 个（含与全国相等的地区），其中最大 5 地区为：福建 8.37 平方米、北京 8.25 平方米、西藏 7.75 平方米、湖北 7.46 平方米、上海 7.19 平方米，最小 5 地区为：甘肃 4.56 平方米、河南 4.51 平方米、新疆 4.50 平方米、宁夏 4.18 平方米、贵州 3.70 平方米；最大与最小地区相差 4.67 平方米。城镇部分大于全国平均水平的地区有 12 个，其中最大 5 地区为：北京 7.88 平方米、西藏 7.57 平方米、上海 7.23 平方米、浙江 6.61 平方米、江苏 6.56 平方米，最小 5 地区为：山西 4.03 平方米、四川 3.96 平方米、宁夏 3.91 平方米、甘肃 3.83 平方米、贵州 3.45 平方米；最大与最小地区相差 4.43 平方米。农村部分大于全国平均水平的地区有 18 个，其中最大 5 地区为：福建 10.60 平方米、北京 10.37 平方米、湖北 8.72 平方米、内蒙古 8.16 平方米、湖南 8.01 平方米，最小 5 地区为：安徽 4.88 平方米、新疆 4.69 平方米、河南 4.65 平方米、宁夏 4.39 平方米、贵州 3.80 平方米；最大与最小地区相差 6.80 平方米。

中国各地区间小学生均校舍建筑面积的离差程度不是很大，变异系数在 0.25 左右，离散程度是农村大于合计，合计又大于城镇，2008 年比 2003 年的差异程度有所下降（城镇部分除外）。

2. 小学生均图书册数分析

表 2－24 反映了中国 2003、2006、2008 年各地小学生均图书册数情况。

由表 2－24 可知，中国小学生均图书册数从 2003 年的 12.07 册增加到 2006 年的 13.84 册，再增加到 2008 年的 14.31 册；城镇部分从 14.30 册增加到 15.00 册，再增加到 15.09 册；农村部分则是从 10.91 册增加到 13.13 册，再增加到 13.74 册；小学生均图书册数是城镇的高于合计的，合计的又高于农村的。

2008 年，中国小学生均图书册数合计部分大于全国平均水平的地区有 13 个，其中最大 5 地区为：北京 33.05 册、上海 26.37 册、河北 22.39 册、浙江 20.84 册、江苏 20.31 册，最小 5 地区为：青海 10.10 册、新疆 9.86 册、云南

9.42 册、贵州 8.64 册、四川 8.61 册；最大与最小地区相差 24.44 册。城镇部分大于全国平均水平的地区有 12 个，其中最大 5 地区为：北京 31.41 册、上海 26.41 册、辽宁 21.21 册、浙江 20.50 册、河北 19.87 册，最小 5 地区为：海南 4.03 册、甘肃 3.96 册、青海 3.91 册、江西 3.83 册、四川 3.45 册；最大与最小地区相差 22.59 册。农村部分大于全国平均水平的地区有 15 个，其中最大 5 地区为：北京 42.38 册、上海 24.94 册、河北 23.92 册、天津 22.77 册、浙江 21.84 册，最小 5 地区为：青海 9.91 册、新疆 9.17 册、云南 8.53 册、四川 8.41 册、贵州 7.59 册；最大与最小地区相差 34.79 册。

表 2 - 24　中国各地小学生均图书册数表　　　（单位：册）

地区	2003			2006			2008			2008 排名		
	合计	城镇	农村	合计	城镇	农村	合计	城镇	农村	合计	城镇	农村
全国	12.07	14.3	10.91	13.84	15	13.13	14.31	15.09	13.74			
北京	42.02	40.7	47.34	43.62	39.76	56.66	33.05	31.41	42.38	1	1	1
天津	15.08	15.09	15.08	16.53	15.91	18.64	17.56	16.24	22.77	9	11	4
河北	17.92	18.35	17.73	22.94	20.46	24.24	22.39	19.87	23.92	3	5	3
山西	11.04	11.42	10.87	13.33	11.98	14.13	13.96	11.95	15.51	15	21	13
内蒙古	12.18	13.42	10.91	13.68	12.83	15.06	14.23	13.42	16.10	14	16	11
辽宁	14.83	16.97	13.18	15.35	19.18	12.42	17.05	21.21	13.47	11	3	16
吉林	16.84	17.52	16.25	19.38	18.15	20.67	18.45	16.50	20.95	8	9	8
黑龙江	12.24	12.25	12.23	13.65	12.54	14.63	13.24	11.54	15.01	17	23	15
上海	24.03	23.94	26.46	27.72	27.67	31.2	26.37	26.41	24.94	2	2	2
江苏	15.45	16.82	14.85	18.78	18.44	19.13	20.31	19.31	21.63	5	7	6
浙江	16.61	17.09	12.15	19.03	19.48	18.02	20.84	20.50	21.84	4	4	5
安徽	9.18	12.2	8.28	10.99	13.01	10.23	11.10	12.36	10.50	24	20	25
福建	15.8	16.82	14.96	17.94	17.94	17.94	19.91	19.45	20.32	6	6	9
江西	8.43	8.97	8.06	9.61	9.1	9.83	10.50	10.08	10.75	26	30	24
山东	11.27	13.12	10.18	12.95	13.67	12.52	13.32	13.52	13.17	16	15	19
河南	13.25	14.55	12.91	14.2	13.34	14.48	13.08	12.52	13.30	19	18	17
湖北	12.06	13.46	11.4	15.07	14.3	15.46	14.50	13.53	15.16	13	14	14
湖南	16.28	18.44	15.19	18.1	16.8	18.88	16.33	15.84	16.72	12	12	10
广东	14.43	15.49	13.64	16.52	19.11	14.38	17.23	18.52	15.69	10	8	12
广西	9.34	13.23	8.05	10.88	14.19	9.57	11.30	13.75	10.16	22	13	26

续表

地区	2003			2006			2008			2008 排名		
	合计	城镇	农村	合计	城镇	农村	合计	城镇	农村	合计	城镇	农村
海南	9.51	10.13	9.16	9.59	9.73	9.49	11.20	10.98	11.38	23	27	22
重庆	7.94	9.23	6.55	10.36	10.51	10.24	11.58	11.10	12.10	21	25	21
四川	7.33	8.95	6.72	7.93	8.45	7.53	8.61	8.82	8.41	31	31	30
贵州	4.6	6.8	3.97	6.5	8.35	5.82	8.64	11.24	7.59	30	24	31
云南	8.79	13.32	7.83	8.91	11.97	7.95	9.42	11.94	8.53	29	22	29
西藏	5.7	7.86	4.93	10.81	11.56	10.49	13.15	12.89	13.27	18	17	18
陕西	12.81	14.66	12.18	16.88	14.53	17.82	19.64	16.32	21.33	7	10	7
甘肃	7.37	9.5	6.68	9.58	10.89	9.1	10.86	10.76	10.91	25	28	23
青海	8.13	8.3	8.01	9.45	9.45	9.45	10.10	10.38	9.91	27	29	27
宁夏	10.45	10.57	10.39	11.22	10.6	11.61	12.71	12.46	12.89	20	19	20
新疆	8.01	10.97	6.86	9.45	10.53	8.9	9.86	11.01	9.17	28	26	28
极差	37.42	33.9	43.37	37.12	31.41	50.84	24.44	22.59	34.79			
极差率	9.13	5.99	11.92	6.71	4.76	9.74	3.84	3.56	5.58			
标准差	6.85	6.24	7.89	7.13	6.32	9.4	5.54	5.08	7.03			
变异系数	0.568	0.436	0.723	0.515	0.421	0.716	0.387	0.337	0.512			

注：小学（普通小学）生均图书册数＝当年小学图书册数总数/当年小学在校生总数。

资料来源：根据《中国教育统计年鉴》2003、2006、2008 年中提供的各地小学图书册数总数及小学在校生数计算而得。

中国各地区间小学生均图书册数的离差程度较大，尤其是在 2003—2006 年间，至 2008 年变异系数下降至合计 0.387、城镇 0.337、农村 0.512，离散程度是农村大于合计，合计又大于城镇，2008 年比 2003 年的差异程度有较大幅度下降。

3. 小学生均电脑台数分析

表 2-25 反映了中国 2003、2006、2008 年各地小学生均电脑台数情况。

表 2-25　中国各地小学生均电脑台数表　　　（单位：台）

地区	2003			2006			2008			2008 排名		
	合计	城镇	农村	合计	城镇	农村	合计	城镇	农村	合计	城镇	农村
全国	0.023	0.041	0.013	0.038	0.057	0.026	0.043	0.061	0.029			

续表

地区	2003			2006			2008			2008 排名		
	合计	城镇	农村	合计	城镇	农村	合计	城镇	农村	合计	城镇	农村
北京	0.104	0.102	0.113	0.201	0.184	0.258	0.184	0.176	0.231	1	1	1
天津	0.048	0.055	0.028	0.087	0.088	0.086	0.093	0.090	0.103	3	6	2
河北	0.032	0.045	0.027	0.058	0.06	0.057	0.060	0.059	0.062	9	13	7
山西	0.02	0.028	0.016	0.034	0.039	0.031	0.040	0.040	0.040	18	21	15
内蒙古	0.028	0.035	0.021	0.036	0.035	0.038	0.041	0.040	0.043	16	22	11
辽宁	0.038	0.048	0.031	0.06	0.076	0.047	0.077	0.095	0.062	6	3	8
吉林	0.044	0.061	0.03	0.063	0.073	0.052	0.064	0.070	0.055	8	10	9
黑龙江	0.042	0.056	0.032	0.054	0.065	0.043	0.058	0.069	0.048	10	11	10
上海	0.076	0.076	0.065	0.147	0.147	0.164	0.171	0.174	0.076	2	2	5
江苏	0.031	0.049	0.023	0.071	0.078	0.062	0.090	0.095	0.082	4	4	3
浙江	0.045	0.046	0.029	0.073	0.079	0.061	0.088	0.091	0.081	5	5	4
安徽	0.01	0.032	0.003	0.022	0.051	0.011	0.025	0.049	0.013	26	18	27
福建	0.036	0.044	0.029	0.062	0.067	0.058	0.077	0.078	0.076	7	8	6
江西	0.015	0.023	0.009	0.02	0.034	0.014	0.022	0.033	0.016	27	29	26
山东	0.028	0.05	0.016	0.05	0.069	0.039	0.056	0.073	0.043	11	9	12
河南	0.011	0.032	0.006	0.016	0.035	0.01	0.017	0.032	0.011	28	30	29
湖北	0.018	0.035	0.01	0.03	0.049	0.02	0.031	0.048	0.020	22	19	24
湖南	0.021	0.036	0.014	0.034	0.044	0.027	0.032	0.039	0.026	21	25	19
广东	0.028	0.045	0.015	0.048	0.075	0.025	0.054	0.079	0.025	12	7	21
广西	0.011	0.034	0.003	0.016	0.042	0.006	0.018	0.040	0.008	28	23	31
海南	0.016	0.03	0.008	0.021	0.033	0.014	0.027	0.036	0.019	25	27	25
重庆	0.034	0.043	0.023	0.045	0.054	0.038	0.049	0.056	0.041	13	14	13
四川	0.021	0.034	0.016	0.028	0.037	0.02	0.029	0.037	0.022	23	26	23
贵州	0.011	0.027	0.006	0.016	0.031	0.011	0.017	0.029	0.012	30	31	28
云南	0.006	0.025	0.002	0.012	0.031	0.006	0.016	0.034	0.009	31	28	30
西藏	0.009	0.018	0.006	0.029	0.043	0.023	0.035	0.052	0.027	19	17	18
陕西	0.018	0.04	0.011	0.036	0.051	0.03	0.046	0.054	0.041	14	16	14
甘肃	0.014	0.028	0.009	0.022	0.037	0.017	0.028	0.040	0.023	24	24	22
青海	0.021	0.036	0.011	0.034	0.05	0.026	0.041	0.056	0.031	17	15	17
宁夏	0.026	0.046	0.015	0.034	0.05	0.025	0.045	0.062	0.032	15	12	16
新疆	0.014	0.031	0.007	0.027	0.04	0.02	0.033	0.046	0.026	20	20	20
极差	0.098	0.084	0.111	0.189	0.153	0.252	0.168	0.147	0.223			
极差率	17.33	5.67	56.5	16.75	5.94	43	11.50	6.07	28.88			

续表

地区	2003			2006			2008			2008 排名		
	合计	城镇	农村	合计	城镇	农村	合计	城镇	农村	合计	城镇	农村
标准差	0.02	0.017	0.021	0.039	0.033	0.05	0.04	0.036	0.043			
变异系数	0.87	0.415	1.615	1.026	0.579	1.923	0.930	0.590	1.483			

注：小学（普通小学）生均电脑台数＝当年小学电脑台数总数/当年小学在校生总数。
资料来源：根据《中国教育统计年鉴》2003、2006、2008年中提供的各地小学电脑台数总数及小学生在校生数计算而得。

由表2-25可知，中国小学生均电脑台数从2003年的0.023台增加到2006年的0.038台，再增加到2008年的0.043台；城镇部分从0.041台增加到0.057台，再增加到0.061台；农村部分则是从0.013台增加到0.026台，再增加到0.029台；小学生均电脑台数是城镇的高于合计的，合计的又高于农村的。

2008年，中国小学生均电脑台数合计部分大于全国平均水平的地区有15个，其中最大5地区为：北京0.184台、上海0.171台、天津0.093台、江苏0.090台、浙江0.088台，最小5地区为：江西0.022台、广西0.018台、河南0.017台、贵州0.017台、云南0.016台；最大与最小地区相差0.168台。城镇部分大于全国平均水平的地区有12个，其中最大5地区为：北京0.176台、上海0.174台、辽宁0.095台、江苏0.095台、浙江0.091台，最小5地区为：海南0.036台、云南0.034台、江西0.033台、河南0.032台、贵州0.029台；最大与最小地区相差0.147台。农村部分大于全国平均水平的地区有17个，其中最大5地区为：北京0.231台、天津0.103台、江苏0.082台、浙江0.081台、上海0.076台，最小5地区为：安徽0.013台、贵州0.012台、河南0.011台、云南0.009台、广西0.008台；最大与最小地区相差0.223台。

中国各地区间小学生均电脑台数的离差程度相当高的，除农村外均呈增加趋势，至2008年变异系数上升至合计0.930、城镇0.590、农村1.483（下降），而2003年合计、城镇、农村则分别为0.870、0.415、1.615，离散程度是农村大于合计，合计又大于城镇。

4. 小学生均固定资产总值分析

表 2－26 反映了中国 2003、2006、2008 年各地小学生均固定资产总值情况。

表 2－26　中国各地小学生均固定资产总值表　　（单位：元）

地区	2003			2006			2008			2008 排名		
	合计	城镇	农村	合计	城镇	农村	合计	城镇	农村	合计	城镇	农村
全国	2736	3685	2242	3308	4160	2793	3661	4564	2989			
北京	9350	7261	17739	11509	11496	11551	11286	11431	10464	2	2	1
天津	3216	2991	3806	4380	4278	4725	5829	5725	6234	7	7	3
河北	2785	3513	2476	3933	3685	4062	3573	3830	3416	14	15	17
山西	2586	3447	2185	3248	2859	3478	3419	3041	3710	19	26	12
内蒙古	2504	2401	2610	3061	2745	3580	3963	3841	4241	11	13	9
辽宁	2581	2850	2376	2974	3589	2502	3306	3836	2849	20	14	19
吉林	2894	3156	2666	4579	5394	3718	4287	4955	3435	9	8	16
黑龙江	2752	3001	2581	3240	3361	3135	3517	3482	3554	16	18	13
上海	6567	6629	4939	13503	11909	128884	11651	11856	5325	1	1	4
江苏	3351	4792	2715	5332	6604	4004	6511	7861	4745	5	4	7
浙江	3878	3919	3500	5529	6121	4204	6576	7043	5229	4	5	5
安徽	1659	2684	1356	2183	3197	1806	2650	3630	2186	27	17	29
福建	3832	3962	3727	4111	3891	4281	4683	4522	4825	8	10	6
江西	2483	2817	2250	2155	2000	2219	2573	2433	2652	28	30	24
山东	2302	3446	1628	3073	4229	2389	3568	4629	2788	15	9	22
河南	1884	3054	1574	2217	2828	2018	2192	2802	1954	30	28	30
湖北	2563	3205	2258	3138	3390	3009	3837	3774	3880	12	16	11
湖南	2990	3766	2597	3701	3718	3691	3014	3454	2654	21	19	23
广东	4429	5106	3916	5467	6617	4523	5895	7009	4554	6	6	8
广西	2109	2770	1891	2454	2966	2251	2704	3026	2553	25	27	25
海南	3319	4155	2843	3746	4576	3195	4000	3858	4121	10	12	10
重庆	4805	5268	4308	2959	3540	2468	3766	4346	3133	13	11	18
四川	2122	3205	1710	2046	2457	1734	2762	3221	2334	24	23	26
贵州	1194	1714	1044	1336	1631	1228	1700	1990	1583	31	31	31
云南	2106	3078	1899	2511	3058	2338	2956	3404	2797	22	20	21
西藏	3870	5410	3324	6902	10852	5233	7665	9121	7017	3	3	2

续表

地区	2003			2006			2008			2008 排名		
	合计	城镇	农村	合计	城镇	农村	合计	城镇	农村	合计	城镇	农村
陕西	1949	2711	1690	2956	2859	2996	3435	3335	3485	17	21	15
甘肃	2481	4914	1689	1999	2321	1879	2335	2498	2262	29	29	27
青海	4686	1959	6556	2740	2886	2663	3423	3317	3492	18	22	14
宁夏	4002	3731	4149	2318	2812	2011	2660	3189	2256	26	24	28
新疆	2333	2812	2146	2595	2704	2539	2942	3150	2818	23	25	20
极差	8156	5547	16695	12167	10278	127656	9951	9866	8881			
极差率	7.83	4.24	16.99	10.11	7.3	104.95	6.85	5.96	6.61			
标准差	1586	1267	2940	2611	2654	22626	2371	2482	1777			
变异系数	0.58	0.344	1.311	0.789	0.638	8.101	0.648	0.544	0.595			

注：小学（普通小学）生均固定资产总值＝当年小学固定资产总值/当年小学在校生总数。
资料来源：根据《中国教育统计年鉴》2003、2006、2008 年中提供的各地小学固定资产总值总数
及小学生在校生数计算而得。

由表 2－26 可知，中国小学生均固定资产总值从 2003 年的 2736 元增加
到 2006 年的 3308 元，再增加到 2008 年的 3661 元；城镇部分从 3685 元增加
到 4160 元，再增加到 4564 元；农村部分则是从 2242 元增加到 2793 元，再
增加到 2989 元；小学生均固定资产总值是城镇的高于合计的，合计的又高
于农村的。

2008 年，中国小学生均固定资产总值合计部分大于全国平均水平的地
区有 13 个，其中最大 5 地区为：上海 11651 元、北京 11286 元、西藏 7665
元、浙江 6576 元、江苏 6511 元，最小 5 地区为：安徽 2650 元、江西 2573
元、甘肃 2335 元、河南 2192 元、贵州 1700 元；最大与最小地区相差 9951
元。城镇部分大于全国平均水平的地区有 9 个，其中最大 5 地区为：上海
11856 元、北京 11431 元、西藏 9121 元、江苏 7861 元、浙江 7043 元，最小
5 地区为：广西 3026 元、河南 2802 元、甘肃 2498 元、江西 2433 元、贵州
1990 元；最大与最小地区相差 9866 元。农村部分大于全国平均水平的地区
有 18 个，其中最大 5 地区为：北京 10464 元、西藏 7017 元、天津 6234 元、
上海 5325 元、浙江 5229 元，最小 5 地区为：甘肃 2262 元、宁夏 2256 元、

安徽 2186 元、河南 1954 元、贵州 1583 元；最大与最小地区相差 8881 元。

中国各地区间小学生均固定资产总值的离差程度比较高的，除农村外均呈增加趋势，至 2008 年变异系数上升至合计 0.648、城镇 0.544、农村 0.595（下降），而 2003 年合计、城镇、农村则分别为 0.580、0.344、1.311，离散程度是农村大于合计，合计又大于城镇。

2.1.3.6　初中基本办学条件配置状况

1. 初中生均校舍建筑面积分析

表 2-27 反映了中国 2003、2007—2008 年间各地初中生均校舍建筑面积情况。

由表 2-27 可知，中国初中生均校舍建筑面积从 2003 年的 5.06 平方米增加到 2006 年的 6.39 平方米，再增加到 2008 年的 7.22 平方米；城镇部分从 5.09 平方米增加到 6.13 平方米，再增加到 6.78 平方米；农村部分则是从 5.02 平方米增加到 6.74 平方米，再增加到 7.96 平方米；初中生均校舍建筑面积是农村的高于合计的，合计的又高于城镇的，这主要是因为农村地广且低价便宜。

2008 年，中国初中生均校舍建筑面积合计部分大于全国平均水平的地区有 12 个，其中最大 5 地区为：上海 12.36 平方米、西藏 11.22 平方米、浙江 10.92 平方米、湖南 10.79 平方米、山东 9.39 平方米，最小 5 地区为：新疆 5.46 平方米、安徽 5.32 平方米、贵州 5.12 平方米、青海 5.12 平方米、甘肃 4.08 平方米；最大与最小地区相差 8.28 平方米。城镇部分大于全国平均水平的地区有 11 个，其中最大 5 地区为：上海 12.38 平方米、西藏 11.22 平方米、浙江 10.56 平方米、江苏 9.00 平方米、湖南 8.86 平方米，最小 5 地区为：陕西 4.58 平方米、安徽 4.57 平方米、海南 4.45 平方米、青海 3.45 平方米、甘肃 3.28 平方米；最大与最小地区相差 9.10 平方米。农村部分大于全国平均水平的地区有 16 个，其中最大 5 地区为：北京 14.83 平方米、湖南 13.88 平方米、浙江 12.81 平方米、内蒙古 12.33 平方米、西藏 11.19 平方米，最小 5 地区为：陕西 6.32 平方米、安徽 6.10 平方米、新疆 5.72 平方米、贵州 5.63 平方米、甘肃 4.85 平方米；最大与最小地区相差

9.98 平方米。

表 2－27　中国各地初中生均校舍建筑面积表　（单位：平方米）

地区	2003			2006			2008			2008 排名		
	合计	城镇	农村	合计	城镇	农村	合计	城镇	农村	合计	城镇	农村
全国	5.06	5.09	5.02	6.39	6.13	6.74	7.22	6.78	7.96			
北京	5.83	5.28	8.93	9.64	8.01	16.92	9.05	8.05	14.83	7	7	1
天津	4.33	4.24	4.59	5.74	5.48	6.54	6.68	6.46	7.35	17	14	20
河北	4.37	4.39	4.34	5.85	5.57	6.19	7.26	6.64	8.34	12	12	15
山西	4.72	4.32	5.10	5.99	5.08	6.97	6.93	5.69	8.82	15	19	13
内蒙古	4.57	4.00	5.90	5.96	5.24	8.81	7.09	6.20	12.33	13	17	4
辽宁	4.90	5.33	4.47	6.78	6.68	6.89	7.72	7.14	8.32	10	11	16
吉林	4.28	4.40	4.05	5.67	5.64	5.74	6.53	6.21	7.35	20	16	21
黑龙江	4.25	4.60	3.97	5.56	5.33	5.82	6.54	5.95	7.36	19	18	19
上海	9.41	9.35	11.37	10.72	10.75	8.16	12.36	12.38	9.51	1	2	11
江苏	5.10	5.50	4.89	7.11	7.00	7.25	9.20	9.00	9.54	6	4	9
浙江	8.14	8.07	8.92	10.65	10.49	11.65	10.92	10.65	12.81	3	3	3
安徽	3.64	3.34	3.82	4.41	3.93	4.73	5.32	4.57	6.10	28	28	28
福建	4.71	3.88	6.03	5.81	4.52	7.79	6.67	5.23	8.69	18	23	14
江西	4.97	4.65	5.32	7.10	5.85	8.17	7.70	6.40	9.13	11	15	12
山东	5.64	5.68	5.56	8.16	7.88	8.60	9.39	8.81	10.67	5	6	6
河南	4.90	5.11	4.76	5.90	5.83	5.95	6.72	6.52	6.92	16	13	23
湖北	6.36	6.24	6.46	7.50	6.95	7.89	8.63	7.76	9.54	8	8	10
湖南	5.65	5.34	5.91	9.19	7.51	11.01	10.79	8.86	13.88	4	5	2
广东	6.00	5.86	6.20	6.85	6.97	6.54	7.04	7.15	6.61	14	10	26
广西	6.18	5.91	6.79	7.18	6.77	8.71	7.84	7.37	9.87	9	9	8
海南	4.54	3.76	6.69	5.21	4.25	8.31	5.64	4.45	10.17	25	29	7
重庆	5.40	5.39	5.45	5.80	5.53	6.57	5.83	5.57	6.71	23	21	25
四川	4.67	4.37	4.98	5.54	4.82	7.01	5.61	4.91	7.31	26	25	22
贵州	3.20	3.48	2.90	4.51	4.36	4.71	5.12	4.78	5.63	29	26	30
云南	5.46	4.67	6.06	6.09	5.73	6.54	6.14	5.66	6.84	21	20	24
西藏	7.70	7.71	6.10	6.97	6.92	11.26	11.22	11.22	11.19	2	2	5
陕西	4.00	3.61	4.28	4.82	3.97	5.23	5.67	4.58	6.32	24	27	27

续表

地区	2003			2006			2008			2008 排名		
	合计	城镇	农村	合计	城镇	农村	合计	城镇	农村	合计	城镇	农村
甘肃	3.17	2.59	3.51	3.57	2.75	4.26	4.08	3.28	4.85	31	31	31
青海	3.58	2.81	4.50	4.44	3.00	5.80	5.12	3.45	7.44	30	30	18
宁夏	4.14	3.93	4.34	5.25	4.61	6.24	6.13	5.39	7.64	22	22	17
新疆	3.66	3.31	3.85	4.40	3.87	4.70	5.46	5.10	5.72	27	24	29
极差	6.24	6.76	8.47	7.15	8	12.66	8.28	9.1	9.98			
极差率	2.97	3.61	3.92	3.00	3.91	3.97	3.03	3.77	3.06			
标准差	1.40	1.50	1.76	1.77	1.85	2.56	2.02	2.17	2.46			
变异系数	0.277	0.295	0.351	0.277	0.302	0.380	0.280	0.320	0.309			

注：初中（普通初中）生均校舍建筑面积=当年初中校舍建筑面积总数/当年初中在校生总数。
资料来源：根据《中国教育统计年鉴》2003、2006、2008 年中提供的各地初中建筑面积数及初中在校生数计算而得。

中国各地区间初中生均校舍建筑面积的离差程度不是很大，变异系数在 0.30 左右，离散程度是农村大于城镇，城镇又大于合计，2008 年比 2003 年的差异程度有所增加（农村则下降除外）。

2. 初中生均图书册数分析

表 2-28 反映了中国 2003、2006、2008 年各地初中生均图书册数情况。

表 2-28 中国各地初中生均图书册数表　　　（单位：册）

地区	2003			2006			2008			2008 排名		
	合计	城镇	农村	合计	城镇	农村	合计	城镇	农村	合计	城镇	农村
全国	12.40	11.95	12.88	15.07	13.82	16.72	16.85	15.24	19.58			
北京	21.84	19.64	34.16	30.18	24.34	56.33	25.97	22.97	43.27	4	3	1
天津	13.05	12.31	15.20	15.27	13.50	20.86	17.83	16.61	21.54	12	10	10
河北	19.55	17.16	22.11	25.21	20.97	30.31	28.22	22.60	38.02	2	4	3
山西	12.22	10.63	13.68	14.26	11.28	17.46	16.00	12.70	21.02	15	18	13
内蒙古	11.50	10.89	12.93	14.66	13.05	20.99	18.51	16.51	30.35	9	12	6
辽宁	11.73	12.18	11.27	17.29	17.90	16.70	21.99	22.06	21.93	6	5	9
吉林	13.27	12.71	14.32	15.85	14.87	17.70	16.47	14.69	21.04	14	15	12

续表

地区	2003			2006			2008			2008 排名		
	合计	城镇	农村	合计	城镇	农村	合计	城镇	农村	合计	城镇	农村
黑龙江	9.74	8.70	10.57	12.19	10.34	14.33	12.96	10.20	16.81	23	23	21
上海	27.79	27.58	35.26	30.75	30.71	34.49	35.16	35.13	39.77	1	1	2
江苏	13.28	12.69	13.59	16.78	15.69	18.16	21.08	19.69	23.32	7	7	8
浙江	19.68	19.62	20.28	24.06	23.25	29.14	25.29	24.36	31.99	5	2	5
安徽	9.89	8.86	10.51	11.40	9.91	12.39	12.27	10.08	14.57	24	24	26
福建	9.45	7.63	12.37	12.31	9.89	16.03	14.53	11.35	18.98	20	22	16
江西	9.12	8.57	9.74	12.50	9.84	14.79	14.41	11.64	17.45	21	21	19
山东	13.39	13.17	13.87	18.57	18.04	19.39	20.34	18.98	23.34	8	8	7
河南	15.40	14.81	15.79	16.56	14.99	17.78	18.26	16.61	19.88	10	11	14
湖北	12.22	12.88	11.71	13.56	13.15	13.84	14.91	14.17	15.68	17	16	25
湖南	13.76	12.55	14.78	22.54	16.93	28.63	26.13	20.11	35.75	3	6	4
广东	14.96	14.09	16.26	16.78	16.97	16.26	16.98	17.19	16.24	13	9	22
广西	9.51	9.32	9.92	12.03	11.29	14.77	13.95	13.06	17.80	22	17	18
海南	8.17	6.78	12.02	9.46	7.74	14.98	10.55	8.39	18.77	26	27	17
重庆	6.91	6.75	7.38	7.22	6.98	7.88	7.72	7.52	8.38	31	28	31
四川	7.33	6.24	8.43	8.29	6.86	11.18	8.78	7.32	12.35	30	29	28
贵州	6.77	7.25	6.27	11.21	10.87	11.67	15.38	14.85	16.17	16	13	23
云南	8.50	7.95	8.93	9.24	9.10	9.41	9.82	9.36	10.50	28	26	30
西藏	6.03	6.05	2.97	8.00	7.92	15.00	14.86	14.84	17.05	19	14	20
陕西	11.29	10.63	11.74	14.26	10.55	16.05	17.96	12.08	21.39	11	20	11
甘肃	7.55	6.07	8.42	8.32	6.06	10.21	9.30	6.93	11.57	29	30	29
青海	6.63	4.23	9.49	7.98	5.62	10.21	10.04	5.85	15.86	27	31	24
宁夏	8.91	8.70	9.13	11.23	9.24	14.29	14.89	12.48	19.71	18	19	15
新疆	7.52	6.14	8.27	9.13	6.51	10.62	12.27	9.41	14.40	25	25	27
极差	21.76	23.35	32.29	23.53	25.09	48.45	27.44	29.28	34.89			
极差率	4.61	6.52	11.87	4.26	5.46	7.15	4.55	6.01	5.16			
标准差	4.96	4.97	6.91	6.24	5.95	9.51	6.33	6.34	8.68			
变异系数	0.400	0.416	0.536	0.414	0.431	0.569	0.376	0.416	0.443			

注：初中（普通初中）生均图书册数 = 当年初中图书册数总数/当年初中在校生总数。

资料来源：根据《中国教育统计年鉴》2003、2006、2008 年中提供的各地初中图书册数总数及初中在校生数计算而得。

由表 2 - 28 可知，中国初中生均图书册数从 2003 年的 12.40 册增加到
2006 年的 15.07 册，再增加到 2008 年的 16.85 册；城镇部分从 11.95 册增
加到 13.82 册，再增加到 15.24 册；农村部分则是从 12.88 册增加到 16.72
册，再增加到 19.58 册；初中生均图书册数是农村的高于合计的，合计的又
高于城镇的。

2008 年，中国初中生均图书册数合计部分大于全国平均水平的地区有
13 个，其中最大 5 地区为：上海 35.16 册、河北 28.22 册、湖南 26.13 册、
北京 25.97 册、浙江 25.29 册，最小 5 地区为：青海 10.04 册、云南 9.82
册、甘肃 9.30 册、四川 8.78 册、重庆 7.72 册；最大与最小地区相差 27.44
册。城镇部分大于全国平均水平的地区有 12 个，其中最大 5 地区为：上海
35.13 册、浙江 24.36 册、北京 22.97 册、河北 22.60 册、辽宁 22.06 册，
最小 5 地区为：海南 8.39 册、重庆 7.52 册、四川 7.32 册、甘肃 6.93 册、
青海 5.85 册；最大与最小地区相差 29.28 册。农村部分大于全国平均水平
的地区有 15 个，其中最大 5 地区为：北京 43.27 册、上海 39.77 册、河北
38.02 册、湖南 35.75 册、浙江 31.99 册，最小 5 地区为：新疆 14.40 册、
四川 12.35 册、甘肃 11.57 册、云南 10.50 册、重庆 8.38 册；最大与最小地
区相差 34.89 册。

中国各地区间初中生均图书册数的离差程度是比较大的，尤其是在
2003—2006 年间，至 2008 年变异系数下降至合计 0.376、城镇 0.416（与
2003 年水平持平）、农村 0.443，离散程度是农村大于城镇，城镇又大于合
计，2008 年比 2003 年的差异程度有较小幅度下降。

3. 初中生均电脑台数分析

表 2 - 29 反映了中国 2003、2008 年各地初中生均电脑台数情况。

由表 2 - 29 可知，中国初中生均电脑台数从 2003 年的 0.032 台增加到
2006 年的 0.054 台，再增加到 2008 年的 0.065 台；城镇部分从 0.037 台增
加到 0.055 台，再增加到 0.064 台；农村部分则是从 0.027 台增加到 0.052
台，再增加到 0.068 台；初中生均电脑台数是城镇的高于合计的，合计的又
高于农村的，但农村的增长幅度较大。

中国、印度基础教育比较研究

2008 年，中国初中生均电脑台数合计部分大于全国平均水平的地区有
14 个，其中最大 5 地区为：上海 0.254 台、北京 0.151 台、浙江 0.117 台、
辽宁 0.106 台、山东 0.094 台，最小 5 地区为：河南 0.045 台、重庆 0.044
台、贵州 0.043 台、云南 0.040 台、西藏 0.037 台；最大与最小地区相差
0.217 台。城镇部分大于全国平均水平的地区有 12 个，其中最大 5 地区为：
上海 0.254 台、北京 0.140 台、浙江 0.116 台、辽宁 0.111 台、山东 0.097
台，最小 5 地区为：海南 0.038 台、四川 0.038 台、甘肃 0.038 台、云南
0.037 台、西藏 0.037 台；最大与最小地区相差 0.217 台。农村部分大于全
国平均水平的地区有 19 个，其中最大 5 地区为：北京 0.215 台、浙江 0.123
台、上海 0.115 台、青海 0.102 台、辽宁 0.101 台，最小 5 地区为：重庆
0.051 台、湖北 0.049 台、贵州 0.048 台、河南 0.045 台、云南 0.044 台；
最大与最小地区相差 0.171 台。

中国各地区间初中生均电脑台数的离差程度比较高的，除农村外均呈增
加趋势，至 2008 年变异系数上升至合计 0.645、城镇 0.680、农村 0.474（下
降），而 2003 年合计、城镇、农村则分别为 0.603、0.514、0.667；离散程度
（2003—2005 年）是农村大于合计，合计又大于城镇，2006 年则是农村大于城
镇，城镇又大于合计，2007—2008 年则又是城镇大于合计，合计又大于农村。

表 2－29　中国各地初中生均电脑台数表　　（单位：台）

地区	2003			2006			2008			2008 排名		
	合计	城镇	农村	合计	城镇	农村	合计	城镇	农村	合计	城镇	农村
全国	0.032	0.037	0.027	0.054	0.055	0.052	0.065	0.064	0.068			
北京	0.052	0.048	0.073	0.138	0.121	0.215	0.151	0.140	0.215	2	2	1
天津	0.043	0.043	0.045	0.067	0.065	0.073	0.079	0.077	0.085	8	8	13
河北	0.037	0.038	0.035	0.058	0.055	0.060	0.072	0.066	0.082	10	12	14
山西	0.027	0.028	0.026	0.043	0.037	0.051	0.060	0.046	0.081	16	19	15
内蒙古	0.030	0.029	0.031	0.044	0.040	0.061	0.056	0.051	0.087	19	16	12
辽宁	0.043	0.051	0.035	0.083	0.093	0.073	0.106	0.111	0.101	4	4	5
吉林	0.044	0.047	0.036	0.073	0.071	0.077	0.084	0.078	0.099	7	7	6

续表

地区	2003			2006			2008			2008 排名		
	合计	城镇	农村	合计	城镇	农村	合计	城镇	农村	合计	城镇	农村
黑龙江	0.038	0.047	0.031	0.059	0.063	0.054	0.072	0.069	0.076	11	10	16
上海	0.120	0.121	0.104	0.189	0.190	0.142	0.254	0.254	0.115	1	1	3
江苏	0.034	0.045	0.028	0.066	0.070	0.060	0.093	0.095	0.090	6	6	9
浙江	0.059	0.059	0.056	0.103	0.103	0.104	0.117	0.116	0.123	3	3	2
安徽	0.014	0.022	0.009	0.036	0.039	0.035	0.051	0.046	0.057	22	20	26
福建	0.030	0.026	0.037	0.049	0.040	0.063	0.058	0.048	0.071	18	17	18
江西	0.022	0.023	0.020	0.038	0.035	0.041	0.052	0.042	0.063	20	23	23
山东	0.041	0.044	0.034	0.078	0.085	0.069	0.094	0.097	0.089	5	5	11
河南	0.025	0.032	0.021	0.038	0.041	0.036	0.045	0.046	0.045	27	21	30
湖北	0.028	0.036	0.022	0.042	0.046	0.039	0.051	0.053	0.049	23	15	28
湖南	0.032	0.030	0.033	0.061	0.048	0.074	0.070	0.056	0.094	12	13	7
广东	0.043	0.045	0.040	0.061	0.063	0.057	0.066	0.068	0.059	14	11	25
广西	0.025	0.029	0.016	0.039	0.039	0.041	0.049	0.046	0.063	24	22	24
海南	0.024	0.020	0.033	0.037	0.030	0.061	0.049	0.038	0.090	25	27	10
重庆	0.038	0.039	0.034	0.041	0.039	0.047	0.044	0.042	0.051	28	24	27
四川	0.029	0.027	0.032	0.044	0.036	0.060	0.047	0.038	0.067	26	28	20
贵州	0.022	0.027	0.016	0.042	0.040	0.044	0.043	0.039	0.048	29	26	29
云南	0.010	0.013	0.007	0.029	0.031	0.027	0.040	0.037	0.044	30	30	31
西藏	0.018	0.018	0.028	0.021	0.021	0.017	0.037	0.037	0.076	31	31	17
陕西	0.032	0.036	0.029	0.052	0.043	0.056	0.062	0.048	0.070	15	18	19
甘肃	0.023	0.023	0.022	0.040	0.030	0.049	0.052	0.038	0.065	21	29	21
青海	0.024	0.021	0.027	0.059	0.035	0.081	0.067	0.041	0.102	13	25	4
宁夏	0.040	0.051	0.029	0.066	0.061	0.074	0.078	0.070	0.093	9	9	8
新疆	0.021	0.027	0.017	0.048	0.040	0.053	0.060	0.055	0.064	17	14	22
极差	0.11	0.108	0.097	0.168	0.169	0.198	0.217	0.217	0.171			
极差率	12.00	9.31	14.86	9.00	9.05	12.65	6.86	6.86	4.89			
标准差	0.019	0.019	0.018	0.033	0.034	0.036	0.042	0.044	0.032			
变异系数	0.603	0.514	0.667	0.611	0.618	0.692	0.645	0.680	0.474			

注：初中（普通初中）生均电脑台数＝当年初中电脑台数总数/当年初中在校生总数。

资料来源：根据《中国教育统计年鉴》2003、2006、2008 年中提供的各地初中电脑台数总数及初中生在校生数计算而得。

4. 初中生均固定资产总值分析

表2－30反映了中国2003、2008年各地初中生均固定资产总值的情况。

由表2－30可知，中国初中生均固定资产总值从2003年的3087元增加到2006年的4260元，再增加到2008年的5149元；城镇部分从3494元增加到4685元，再增加到5482元；农村部分则是从2641元增加到3702元，再增加到4583元；初中生均固定资产总值是城镇的高于合计的，合计的又高于农村的。

2008年，中国初中生均固定资产总值合计部分大于全国平均水平的地区有11个，其中最大5地区为：上海18566元、西藏13081元、北京12004元、浙江10925元、江苏8597元，最小5地区为：陕西3611元、四川3319元、安徽3302元、贵州2825元、甘肃2493元；最大与最小地区相差16073元。城镇部分大于全国平均水平的地区有9个，其中最大5地区为：上海18564元、西藏13086元、浙江11201元、北京10356元、江苏9862元，最小5地区为：安徽3294元、四川3168元、青海2975元、贵州2786元、甘肃2304元；最大与最小地区相差16260元。农村部分大于全国平均水平的地区有18个，其中最大5地区为：北京21513元、上海18743元、西藏12503元、浙江8928元、内蒙古8796元，最小5地区为：陕西3595元、重庆3423元、安徽3311元、贵州2882元、甘肃2673元；最大与最小地区相差18840元。

表2－30　中国各地初中生均固定资产总值表　　　（单位：元）

地区	2003			2006			2008			2008 排名		
	合计	城镇	农村	合计	城镇	农村	合计	城镇	农村	合计	城镇	农村
全国	3087	3494	2641	4260	4685	3702	5149	5482	4583			
北京	4283	3992	5911	11291	9751	18189	12004	10356	21513	3	4	1
天津	2811	2441	3880	3869	3836	3975	5010	5021	4976	12	10	14
河北	3011	2740	3303	4333	4842	3721	4759	4861	4580	14	13	19
山西	2423	2296	2540	4134	3875	4413	4333	4009	4826	19	19	17
内蒙古	2160	2042	2439	3989	3821	4647	5200	4592	8796	11	14	5
辽宁	2801	3606	1995	4248	4733	3774	5668	5963	5361	8	8	10
吉林	3363	4265	1662	4533	5102	3456	4806	4944	4452	13	11	21

续表

地区	2003			2006			2008			2008 排名		
	合计	城镇	农村	合计	城镇	农村	合计	城镇	农村	合计	城镇	农村
黑龙江	3275	4241	2500	3886	4505	3174	4455	4485	4412	17	15	22
上海	11948	12027	9105	15878	15914	12946	18566	18564	18743	1	1	2
江苏	3895	5163	3227	6427	7536	5007	8597	9862	6547	5	5	7
浙江	6373	6568	4178	10384	10486	9750	10925	11201	8928	4	3	4
安徽	1897	2109	1768	2423	2723	2224	3302	3294	3311	29	27	29
福建	2776	2764	2795	3477	2765	4569	4348	3974	4874	18	21	16
江西	2513	2425	2611	2964	3012	2922	4057	3685	4466	22	25	20
山东	3198	3487	2582	5443	6064	4487	7072	7378	6397	6	6	8
河南	2519	3501	1871	2894	3313	2569	3937	4243	3636	23	16	26
湖北	3241	3486	3052	4236	4197	4263	5362	5540	5176	9	9	13
湖南	2470	2326	2591	4660	3982	5396	5284	4876	5935	10	12	9
广东	5538	5253	5959	6026	6391	5037	6703	7090	5282	7	7	12
广西	2507	2514	2491	3367	3265	3750	4139	3992	4772	21	20	18
海南	3289	2606	5180	3989	3018	7117	4491	3692	7526	16	24	6
重庆	3841	4331	2391	3595	3887	2788	3675	3750	3423	26	22	28
四川	2210	2528	1886	2886	2778	3107	3319	3168	3686	28	28	25
贵州	1325	1550	1094	2384	2487	2245	2825	2786	2882	30	30	30
云南	2636	2485	2751	3416	3332	3524	3893	3712	4156	24	23	24
西藏	7118	7145	3492	8631	8592	12199	13081	13086	12503	2	2	3
陕西	2149	1992	2256	2631	2499	2695	3611	3639	3595	27	26	27
甘肃	2404	2506	2344	2943	1840	3869	2493	2304	2673	31	31	31
青海	1793	1585	2041	3016	2085	3898	3780	2975	4900	25	29	15
宁夏	5669	9574	1682	4035	3313	5149	4531	4148	5299	15	18	11
新疆	2052	1864	2156	2840	2698	2921	4194	4170	4213	20	17	23
极差	10623	10477	8011	13494	14074	15965	16073	16260	18840			
极差率	9.02	7.76	8.32	6.66	8.65	8.18	7.45	8.06	8.05			
标准差	2075	2353	1619	2971	3000	3546	3488	3534	4239			
变异系数	0.672	0.673	0.613	0.697	0.640	0.958	0.677	0.645	0.925			

注：初中（普通初中）生均固定资产总值=当年初中固定资产总值/当年初中在校生总数。

资料来源：根据《中国教育统计年鉴》2003、2006、2008 年中提供的各地初中固定资产总值总数及初中生在校生数计算而得。

中国各地区间初中生均固定资产总值的离差程度比较高的，除城镇外均呈增加趋势，至 2008 年变异系数上升至合计 0.677、城镇 0.645（下降）、农村 0.925，而 2003 年合计、城镇、农村则分别为 0.672、0.673、0.613，离散程度是农村大于合计，合计又大于城镇。

2.1.4　教育政策方面：《义务教育法》的实施及义务教育经费保障机制改革

2.1.4.1　《义务教育法》的实施

1.1986 年颁布并实施的《义务教育法》及义务教育财政投入政策回顾

中国政府自 1986 年颁布并实施的《中华人民共和国义务教育法》，首次提出"国家实行九年制义务教育，义务教育可以分为初等教育和初级中等教育两个阶段，在普及初等教育的基础上普及初级中等教育。义务教育事业，在国务院领导下，实行地方负责，分级管理。国家对接受义务教育的学生免收学费。国家设立助学金，帮助贫困学生就学。实施义务教育所需事业费和基本建设投资，由国务院和地方各级人民政府负责筹措，予以保证。国家用于义务教育的财政拨款的增长比例，应当高于财政经常性收入的增长比例，并使按在校学生人数平均的教育费用逐步增长。地方各级人民政府按照国务院的规定，在城乡征收教育事业费附加，主要用于实施义务教育。国家对经济困难地区实施义务教育的经费，予以补助。"

1986 年颁布的《义务教育法》虽然提出了义务教育事业实行"地方负责，分级管理"，但是并没有明确各级政府的具体教育财政投入责任，最终责任层层下放，到最后长时期农村义务教育都由最没有财政支付能力的乡政府负责，成了"人民教育人民办"，各学校因办学经费严重不足，于是办学成本转嫁到了学生家长头上，于是向学生家长收取这样那样的费用便成了家常便饭了，"义务"教育也变成了"收费"教育。

2001 年 5 月 29 日全国教育工作会议《关于基础教育改革与发展的决定》明确提出基础教育管理体制"实行在国务院领导下，由地方政府负责、分级管理、以县为主的体制。"调整和完善农村义务教育管理体制，把农村义务教育的责任从主要由农民负担转到由政府负担；把政府对农村义务教育的责任从以乡镇为主转到以县为主。2002 年 4 月 14 日，国务院下发了《国务院办公厅关于完善农村义务教育管理体制的通知》，对《关于基础教育改革与发展的决定》的精神做了进一步说明。《通知》规定："县级人民政府对农村义务教育负有主要责任，省、地（市）、乡等地方各级人民政府承担相应责任，中央政府给予必要的支持。"上述规定可以表明，对于义务教育，中央、省、地（市）级政府负责管理指导，财政投入规定模糊，基本上属于"原则性质"的描述，县级政府全面负责投入问题，乡镇政府被免除了财政投入的责任。以县为主的基础教育管理体制，其核心是教育投入机制的转变，要求县政府通过调整本级财政支出结构，增加教育经费预算，合理安排上级转移支付的资金。新体制在国务院领导下，明确提出了加大中央及省级政府对义务教育的转移支付力度，同时适当提高义务教育管理的层级，实行县级统筹。逐步建立了基础教育经费由地方财政拨款、中央和省级财政转移支付和专项资助等共同分担的制度；从体制上逐步扭转财政性教育经费不足的状况，实行保证普及义务教育经费和教师待遇的县级政府统筹制度。

直到 2006 年，"以县为主"投入体制发生了变化，以新义务教育法的颁布和实施为标志，中央及省级政府参与到了投入"主体"这一队伍中。

标志性文件为国务院 2005 年第 43 号文件《关于深化农村义务教育经费保障机制改革的通知》。该文件规定，2006 年最先在西部地区开始施行农村义务教育公用经费国家负担，西部地区中央与地方承担比例为 8：2，中部地区中央与地方承担比例为 6：4，东部地区分省确定，2007 年拟在全国农村地区实施。该文件虽为"经费保障机制"，但其本质上改变了"以县为主"投入主体的组成，中央与省级政府以前的"原则性投入主体"转变为"明确的投入主体"，使得"以县为主"投入体制发生了质的变化，在义务教育经费政策变迁中应独立成为一个历史阶段。

2. 2006 年新修订的《义务教育法》

2006 年新修订的《义务教育法》改变了 1986 年颁布的《义务教育法》

过于描述性和口号性的表达方式，对于具体的财政投入主体及其责任都有了明确的规定，突出了义务教育的"公益性、义务性和均衡性"：

（1）公益性。就是明确规定义务教育"不收学费、杂费"。公益性和免费性是联系在一起的。如新修订的《义务教育法》第二条规定，国家实行九年义务教育制度，实施义务教育，不收学费、杂费。国家建立义务教育经费保障机制，保证义务教育制度实施。

（2）义务性。一是入学的强制性，就是让适龄儿童、少年接受义务教育是学校、家长和社会的义务。谁违反这个义务，谁就要受到法律的规范。家长不送学生上学，家长要承担责任；学校不接受适龄儿童、少年上学，学校要承担责任；学校不提供相应的条件，也要受到法律的规范。二是接受义务教育不收取学费、杂费，而且政府有保障适龄儿童入学的财政投入责任，新法以法律形式保障义务教育经费投入。如新修订的《义务教育法》第七条规定，义务教育实行国务院领导，省、自治区、直辖市人民政府统筹规划实施，县级人民政府为主的管理体制。2006年春季开始实施的义务教育经费保障新机制，此次以法律形式固定下来。

（3）均衡性。新法规定"不得将学校分为重点学校和非重点学校"，"学校不得分设重点班和非重点班"——针对近年来义务教育发展中出现的"择校热"等新问题，义务教育法将促进义务教育均衡发展作为方向性要求确定下来①。2010年出台的《国家中长期教育改革和发展规划纲要（2010—2020年）》更是进一步明确了均衡发展作为义务教育发展的主轴和战略性任务，提出要率先在县域内实现义务教育均衡发展，再逐步在更大范围内推广。

2.1.4.2 义务教育经费保障机制改革

1. 农村义务教育经费保障机制改革的主要内容

义务教育经费保障机制改革最先从农村开始。中国国务院于2005年发布了

---

① 专刊：《透视新义务教育法三项特征六大亮点》，新华网，［2010-12-22］。http：//news. xinhuanet. com/edu/2006-06/30/content_ 4769537. htm。

《国务院关于深化农村义务教育经费保障机制改革的通知》①，其主要内容为：

按照"明确各级责任、中央地方共担、加大财政投入、提高保障水平、分步组织实施"的基本原则，逐步将农村义务教育全面纳入公共财政保障范围，建立中央和地方分项目、按比例分担的农村义务教育经费保障机制。中央重点支持中西部地区，适当兼顾东部部分困难地区。

（1）全部免除农村义务教育阶段学生学杂费，由中央和地方按比例分担，对贫困家庭学生免费提供教科书并补助寄宿生生活费。这也就是人们所熟悉的"两免一补"政策。免学杂费资金由中央和地方按比例分担，西部地区为8∶2，中部地区为6∶4；东部地区除直辖市外，按照财力状况分省确定。免费提供教科书资金，中西部地区由中央全额承担，东部地区由地方自行承担。补助寄宿生生活费资金由地方承担，补助对象、标准及方式由地方人民政府确定。

其一，"两免一补"实施范围

"两免一补"政策首先于2005年在全国592个国家扶贫开发工作重点县开始实施。"两免"，即免除学杂费，免除课本费；"一补"，即对住宿学生补助住宿生活费。当年，国家和地方政府共投入70多亿元，使3400多万名贫困家庭学生从中受益②。

2006年春季农村义务教育免除学杂费省份：西部省（自治区、直辖市）、吉林省延边朝鲜族自治州、湖南省湘西土家族苗族自治州、湖北省恩施土家族苗族自治州各县（市）、安徽省金寨县、青阳县、湖南省沅江县、慈利县、桑植县③。

其二，"两免一补"实施对象

"两免一补"的对象是农村地区义务教育阶段贫困家庭学生，同时还有

---

① 《国务院关于深化农村义务教育经费保障机制改革的通知》国发〔2005〕43号，全国农村义务教育经费保障机制改革网，〔2006-08-01〕。http：//www. qgbzb. cee. edu. cn/article_ show. asp? articleid=196。

② 《教育收费政策解读》，《中国教育报》2006年5月23日/6月2日第2版。

③ 《关于认真做好农村义务教育免除学杂费政策宣传材料发放和张贴工作的通知》教财司函〔2006〕7号，全国农村义务教育经费保障机制改革网，〔2006-08-01〕。http：//www. qgbzb. cee. edu. cn/article_ show. asp? articleid=200。

城市居民享受最低生活保障政策家庭的接受义务教育的学生，包括人均年收入低于国家贫困线家庭的学生、父母患重大疾病丧失劳动能力的贫困生、单亲家庭经济困难学生、因突发事件导致家庭贫困的子女等①。

（2）提高农村义务教育阶段中小学公用经费保障水平。在免除学杂费的同时，先落实各省（区、市）制订的本省（区、市）农村中小学预算内生均公用经费拨款标准，所需资金由中央和地方按照免学杂费资金的分担比例共同承担。在此基础上，为促进农村义务教育均衡发展，由中央适时制定全国农村义务教育阶段中小学公用经费基准定额，所需资金仍由中央和地方按上述比例共同承担。中央适时对基准定额进行调整。

（3）建立农村义务教育阶段中小学校舍维修改造长效机制。对中西部地区，中央根据农村义务教育阶段中小学在校生人数和校舍生均面积、使用年限、单位造价等因素，分省（区、市）测定每年校舍维修改造所需资金，由中央和地方按照5∶5比例共同承担。对东部地区，农村义务教育阶段中小学校舍维修改造所需资金主要由地方自行承担，中央根据其财力状况以及校舍维修改造成效等情况，给予适当奖励。

（4）巩固和完善农村中小学教师工资保障机制。中央继续按照现行体制，对中西部及东部部分地区农村中小学教师工资经费给予支持。省级人民政府要加大对本行政区域内财力薄弱地区的转移支付力度，确保农村中小学教师工资按照国家标准按时足额发放。

2. 农村义务教育经费保障机制改革的实施步骤②

农村义务教育经费保障机制改革，从2006年农村中小学春季学期开学起，分年度、分地区逐步实施。

（1）2006年，西部地区农村义务教育阶段中小学生全部免除学杂费；中央财政同时对西部地区农村义务教育阶段中小学安排公用经费补助资金，

---

① 《教育收费政策解读》，《中国教育报》2006年5月23日/6月2日第2版。
② 《国务院关于深化农村义务教育经费保障机制改革的通知》国发〔2005〕43号，全国农村义务教育经费保障机制改革网，［2006-08-01］。http：//www. qgbzb. cee. edu. cn/article_ show. asp？articleid=196。

提高公用经费保障水平；启动全国农村义务教育阶段中小学校校舍维修改造资金保障新机制。

（2）2007年，中部地区和东部地区农村义务教育阶段中小学生全部免除学杂费；中央财政同时对中部地区和东部部分地区农村义务教育阶段中小学安排公用经费补助资金，提高公用经费保障水平。

（3）2008年，各地农村义务教育阶段中小学生均公用经费全部达到该省（区、市）2005年秋季学期开学前颁布的生均公用经费基本标准；中央财政安排资金扩大免费教科书覆盖范围。

（4）2009年，中央出台农村义务教育阶段中小学公用经费基准定额。各省（区、市）制定的生均公用经费基本标准低于基准定额的差额部分，当年安排50%，所需资金由中央财政和地方财政按照免学杂费的分担比例共同承担。

（5）2010年，农村义务教育阶段中小学公用经费基准定额全部落实到位。

农垦、林场等所属义务教育阶段中小学经费保障机制改革，与所在地区农村同步实施，所需经费按照现行体制予以保障。城市义务教育也应逐步完善经费保障机制，具体实施方式由地方确定，所需经费由地方承担。其中，享受城市居民最低生活保障政策家庭的义务教育阶段学生，与当地农村义务教育阶段中小学生同步享受"两免一补"政策；进城务工农民子女在城市义务教育阶段学校就读的，与所在城市义务教育阶段学生享受同等政策。

2.2 中国基础教育发展存在的问题

2.2.1 入学机会仍存在不公平现象

2.2.1.1 中国初等教育毛入学率很高，但仍有部分学生辍学

中国小学的毛入学率在2000—2008年这9年均超过100%，初中的毛入学率在2008年达到98.5%，几乎所有儿童都得以入学，但是入学并不等于

顺利完成义务教育，仍有部分义务教育阶段学生辍学。据统计，2004年中部地区特别是西部贫困地区一些小学辍学率可能在2%，甚至还要高，初中的辍学率估计要在7%，甚至还高。小学和初中估计全国辍学的学生在230万左右[1]。尤其是最近十年的农村中小学布局调整撤并了很多农村中小学，使得部分贫困家庭学生从原来的"有学上"变成了"被辍学"。

2001年《国务院关于基础教育改革与发展的决定》实行"因地制宜调整农村义务教育学校布局"，规定"按照小学就近入学、初中相对集中、优化教育资源配置的原则，合理规划和调整学校布局。农村小学和教学点要在方便学生就近入学的前提下适当合并，在交通不便的地区仍需保留必要的教学点，防止因布局调整造成学生辍学。"这项政策虽然在教育资源的合理分配、农村学校的规模效益及教育质量方面有一定的促进作用。但是，有些地方将布局调整片面理解为"撤点并校"，采取一刀切政策并大规模撤并农村学校，仅2004年全国就撤销农村中小学4万多所[2]。据雷万鹏、张婧梅(2010)[3]的研究发现各地学校撤并标准的基本特征是：

（1）过于推崇规模效益。"教学点在校生人数不足20人的必须撤并"、"学校服务人口不到1万人的必须撤并"，诸如此类的话语表述在规划文本中屡见不鲜。（2）"学校规模"成为最核心指标。在"学校规模"、"服务人口"、"服务半径"和"学校规模"指标中，"学校规模"被赋予更高权重，在所有撤并指标中居于核心地位。88个有效样本中明确对"学校规模"设定底限标准的占64.8%，依次是"服务人口"（62.5%）和"服务半径"（23.9%）。（3）缺乏差异性标准。只有一部分地区（占16%）考虑到了城乡差异、山区、丘陵、平原等地形差异，大部分地区（占84%）采取大一统、"一刀切"的学校撤并标准。（4）撤并标准显著偏高。

① 《全国230万中小学生辍学》，华夏网，［2006-12-08］。http：//www. chinatimes. cc/Article/ZGXW/2006-12-08/43222. html。

② 马扬：《农村中小学布局调整"后遗症"辍学率出现反弹》，中国新闻网，［2010-12-22］。http：//www. chinanews. com/edu/edu-jygg/news/2009/10-06/1898666. shtml。

③ 雷万鹏、张婧梅：《学校布局调整应回归教育本位——对学校撤并标准的实证分析》，见《中国教育经济学会2010年会论文集》，第3—4页。

在这些地方，因被撤并的中小学的学生要到离家比较远的地方上学，增加了住宿费、伙食费、交通费，甚至是家长因寄宿陪读而产生额外的房租费、生活费等成本大增，出现了部分贫困家庭学生因路途遥远、上学成本上升，而出现了新的辍学现象。可见撤并学校给家庭带来较重的经济负担会影响义务教育的巩固（范先佐等，2009）①。

农村中小学布局调整给部分家庭带来了较重的经济负担，也使得不少贫困家庭的学生小小年纪就体会到了生活的艰辛和压力，这个问题如果不能得到很好的解决，将对今后的布局调整和九年制义务教育的巩固与提高造成极大的消极影响。

2.2.1.2　中国初等教育学生多分布在广大农村、县镇地区

中国小学生在城镇、农村的分布比例情况从 2003 年的 34.22%、65.78% 变为2008 年的42.65%、57.35%，可见，仍有近60%的学生在农村学习，而农村一般教育教学条件都比城镇差，所以广大农村小学生处于较弱势的教育条件下学习。初中生在城镇、农村的分布比例则是从 2003 年的52.25%、47.75% 变为2008 年的62.97%、37.03%②，在城镇学习的学生较多，主要是因为初中多设置在县镇一级，但是县镇的教育教学条件与城市还是有区别的，要劣于城市的。

2.2.1.3　中国初等教育入学机会上少数民族处于弱势地位

一般来说，中国少数民族子女的入学率比全国平均水平要低些。根据全国政协委员（驻广东省）视察团就"少数民族地区义务教育情况"于2004年8月15—26 日对新疆维吾尔自治区义务教育情况进行了视察，通过其视察报告摘要可知，全区小学适龄儿童入学率为98.34%，其中少数民族为97.30%；初中适龄儿童入学率为83.80%，其中少数民族为81.50%③。全

---

① 范先佐等：《中国中西部地区农村中小学合理布局结构研究——基于对中西部地区 6 省区 38 个县市 177 个乡镇的调查与分析》，中国社会科学出版社 2009 年版，第 173 页。
② 根据《中国教育统计年鉴》2003、2008 中相关原始数据计算而得。
③ 全国政协委员（驻广东省）视察团：《关于新疆维吾尔自治区义务教育情况的视察报告摘要》，人民网，［2011 - 02 - 11］。http：//www．people．com．cn/GB/34948/34951/34956/2988719．html。

国其他少数民族自治区或少数民族地区也存在类似的情况，可能是由于少数民族对教育的重视程度不够高，抑或是少数民族居住比较分散离学校较远或者是家庭贫困等因素造成其子女入学率较全国平均水平要低些。另外还存在对少数民族学生进行双语（汉语及少数民族语言）教学的师资不足，少数民族教材备课资料等不足的情况。

2.2.1.4 随着城市化进程的加速，出现了城市流动儿童、农村留守儿童教育问题

中国改革开放三十多年来经济快速发展，取得了举世瞩目的成绩，这一成绩的取得离不开广大农民工的参与和付出。随着经济的不断发展，城市化水平也在不断提高，大量的农民到城市、县镇来就业、务工，其子女的受教育问题也越来越突出，由于他们的户口并没有在他们务工、就业的地方，所以他们的子女如果要升学考试的话只能去其老家（户口所在地）考试，这样这些城市流动儿童不仅在义务教育阶段为了接受教育而缴纳了高昂的赞助费、择校费，而且不能享有与城镇儿童同等的升学权利和机会。另外，虽然一部分儿童随父母打工进入城镇就学，可是还有相当部分儿童没有被打工的父母带出去上学，而是留在农村老家由儿童的爷爷、奶奶或其他亲戚监管上学，这部分儿童在管理方面存在一定的难度，另外这部分儿童的心理健康情况及人格的成长和与父母在一起就学的儿童相比是有一定差距的，甚至经常看到留守儿童杀人放火等犯罪行为见诸报端。

据全国妇联 2008 年初发布的《全国农村留守儿童状况研究报告》显示①：

根据 2005 年全国 1% 人口抽样调查的抽样数据，测算出中国农村 0—17 周岁留守儿童约 5800 万，其中 14 周岁以下的农村留守儿童约 4000 万。农村留守儿童在全部农村儿童中的比例为 28.29%，即平均每四个农村儿童中就有一个多留守儿童。农村留守儿童已经非常普遍。分析表明，处于义务教

---

① 高文书：《留守和流动儿童教育现状》，中国网，［2011－02－11］。http：//www.china.com.cn/news/zhuanti/09rkld/2009－12/21/content_ 19106126. htm。

育阶段的农村留守儿童约 3000 多万。

从农村留守儿童的地区分布看，主要集中在四川、安徽、河南、广东、湖南等省。中国农村留守儿童的分布十分集中，而且多数居住在中南部的省份。四川、安徽、河南、广东、湖南和江西六个省的农村留守儿童在全国农村留守儿童总量中所占比例超过半数，达到 52%。除上述六个省外，农村留守儿童数量排名前十位的还有广西、湖北、贵州和江苏。农村留守儿童分布集中的十个省份中，多数属于典型的劳动力输出大省，但广东、江苏由于省内劳动力流动规模较大，从而也产生了一定规模的农村留守儿童。

将年龄在 0—17 周岁的跨县（市、区）迁移到城镇的人口定义为城市流动儿童，则 2005 年中国城市 0—17 周岁流动儿童的数量为 1212 万，其中 14 周岁以下流动儿童 873 万。在全部城市流动儿童中，农村流动儿童占 78.74%，农村流动儿童占进城农村流动人口的 12.59%，正在接受义务教育的城市流动儿童约 500 万。

2.2.2　教育质量仍不均衡及质量不是很高

初等教育的教育质量主要表现在平时的考试成绩（标准考试成绩）以及升入上一级学校的就学机会方面。

2.2.2.1　中国初等教育学习成绩方面的差异

义务教育教学质量方面存在区域差距明显，城乡差距明显，学生成绩与家庭背景及学校教师、设施等条件的限制，优势家庭、学校（教学设施良好、师资质量高的学校）的学生成绩较突出。在这方面具有标志性研究的为谢安邦和谈松华（1997）、蒋鸣和（2000）、中国教育财政科学研究所（2007）及薛海平（2008）的研究[①]：

迄今为止，我国学者对义务教育质量公平问题以及义务教育资源配置与教育质量关系的实证研究显得十分薄弱。国家教育发展研究中心和华东师大

---

① 薛海平：《我国义务教育质量与资源配置公平研究》，见《中国教育经济学会 2008 年会论文集》，第 2—4 页。

教科所的研究人员于1992—1993年首次对中国11个省、市、自治区的小学和初中毕业班的学生进行了大规模的义务教育质量抽样调查（谢安邦和谈松华，1997）。研究主要结论是：（1）东部和中部地区学生学习成绩明显优于西部地区。（2）办学条件好的学校学生成绩明显优于办学条件较差的学校。（3）城市学校学生成绩优于农村学校。（4）男女生之间成绩差异不明显。（5）学生成绩与学校办学条件密切相关。蒋鸣和（2000）发现教师学历、校舍及设备条件均与学业成绩显著相关，但生均经费和公用经费与学业成绩之间相关关系较弱。薛海平和闵维方（2008）采用多水平模型的研究结果表明，甘肃农村初中教育质量在个体、班级和学校三个水平上均存在显著差异，教师质量对教育质量有重要影响，班级规模对教育质量有显著负影响，但生均公用经费与教育质量相关关系较弱。

中国教育财政科学研究所2007年在中国中部湖北省和东部江苏省开展了"中国农村义务教育状况调查"，分别对接受调查的四年级学生和初二年级学生进行了统一的数学考试，试卷由考试专家参照TIMSS（国际数学和科学测评）试卷内容制定。最终，接受此次调查的农村中小学数一共为173所，接受调查的农村中小学学生数和教师数分别是8023名和1338名。该调查发现：（1）汉族学生数学成绩明显高于少数民族学生；父亲受教育程度越高，小学生的数学成绩也越高；小学生的数学成绩随着其家庭收入水平的上升而提高。（2）城市小学学生数学成绩明显高于乡镇中心小学，而乡镇中心小学学生数学成绩又明显高于村小；公办小学学生数学成绩明显高于民办小学；江苏省小学学生数学成绩明显高于湖北省。初中数学成绩情况与小学类似。

2.2.2.2 中国初等教育升学方面的差异

中国义务教育升学率很高，但升学质量存在城乡差距较大、发达与落后地区差距较大的情况。在升学率方面，2008年小学升初中的升学率达到99.7%，初中升高中的升学率达到83.4%，即中国义务教育阶段的升学率都很高，几乎都能升入上一级学校继续就学。但是城市、县镇与农村的升学率质量还是有较大区别的，尤其是那些落后与贫穷地区的儿童以及贫困家庭

（社会政治经济地位低下家庭）子女的升学质量总体上来说不如强势地区与强势群体子女的升学质量，因义务教育的就近入学及投资的县财政主要承担的原则，一般贫困地区没有强大的财力来建设办学条件较好的学校，落后地区、农村地区也很难吸引优质师资，这也使得农村地区、落后地区义务教育的教育质量一般不如城镇地区和发达地区的，尤其是在初中升入高中阶段。

2.2.3 资源配置仍不均衡，落后地区、弱势群体仍处于较低水平

2.2.3.1 中国初等教育各地间、城乡间教师资源配置差距明显

如果分别对东部、中部、西部各选择一个省市来分析的话，以北京、湖北、甘肃为例，在 2004 年三地小学教师资源的配置方面存在如下明显的差距[1]：

1. 三地小学教职工在性别方面的差异

北京的女教职工无论在总教职工、专任教师、还是行政人员中的比例都最高，甘肃最少。北京的女教职工在总教职工中的比例为最高，达73.8%，甘肃最少为38.3%；北京的专任教师中女专任教师占78.4%，甘肃最少为38.6%；北京的女行政教师占其总行政人员的56.5%。

2. 三地小学教职工在师校比、师班比方面的差异

北京的校均教职工、专任教师资源及班均教职工、专任教师资源都为最高，湖北次之，甘肃最少。如校均教职工北京、湖北、甘肃的相对比为4.76：1.96：1，班均教职工相对比为2.18：1.50：1。

3. 三地小学专任教师在学历、职称方面的差异

在专任教师所获得的研究生、本科、专科以上学历的比例中，北京都要高于湖北，湖北又高于甘肃。如北京的专科及以上学历教师占79.71%、湖北为50.84%、甘肃为37.93%，即北京比湖北高出近29个百分点、比甘肃

① 沈有禄：《教师资源配置不均衡的实证研究——湖北、甘肃、北京小学教师队伍状况比较研究》，《教育科学》2007年第1期，第55—59页。

高出近 42 个百分点。但是获小学高级以上职称的教师的比例湖北最高为
55.6%、北京 48.0%、甘肃最少为 30.5%。

4. 三地小学教职工在生师比方面的差异

甘肃无论在总教职工的生师比、专任教师的生师比还是女教职工的生师
比中都是最高的。如总教职工的生师比为甘肃 23.7、湖北次之 19.8、北京
最小为 8.3，即甘肃、湖北、北京每个教职工所服务的学生数量相对比为
2.86：2.39：1；甘肃、湖北、北京每个专任教师所教的学生数量相对比为
2.31：2.02：1；北京、湖北、甘肃的总的女教职工的生师比为 11.2：
43.0：61.8，即生均拥有女教职工的数量相对比为 5.52：1.44：1。

5. 三地内部城市、县镇、农村方面的差异

（1）湖北省内城市、县镇、农村教师状况的差异

县镇的师校比、师班比要高于城市，高于全省总计，更高于农村；生师
比农村高于全省总计，高于县镇、高于城市。但是，在总的拥有高级职称的
教师方面农村要高于城市，高于县镇，生均拥有高级职称教师方面县镇高于
城市，高于农村；生均拥有专科以上学历教师的数量城市高于县镇，高于农
村。农村教师的比例高于城市，高于县镇。

（2）甘肃省内城市、县镇、农村教师状况的差异

城市的师校比、师班比要高于县镇，高于全省总计，高于农村；生师比
农村高于全省总计，高于县镇，高于城市。生均拥有高级职称及专科以上学
历教师方面城市高于县镇，高于农村。农村教师的比例高于县镇，高于
城市。

（3）北京市内城市、县镇、农村教师状况的差异

城市的师校比要高于县镇，高于全市总计，高于农村，县镇的师班比高
于全市总计，高于城市，高于农村；生师比城市的高于全市总计，高于县
镇，高于农村。生均拥有高级职称及专科以上学历教师方面农村高于城市，
高于县镇。城市教师的比例高于县镇，高于农村。

6. 三地在代课教师方面的差异

在总量上甘肃最多，湖北的总量也与甘肃仅差 730 人，北京最少只有

279 人，占甘肃、湖北、北京的"总共教师"的比例分别为 13.86%、7.98%、0.45%。而且代课教师绝大部分集中分布在农村，占甘肃、湖北总代课教师的比例分别为 84.70%、85.75%，并且代课教师占农村"总共教师"的比例分别为甘肃 16.37%、湖北 10.99%；北京的代课教师集中在城市，占其总比例的 59.14%。甘肃、湖北、北京生均拥有代课教师的数量相对比为 12.6∶8.1∶1；并且三地内部农村、城市、县镇生均拥有的代课教师的数量相对比分别为甘肃 34.87∶5.78∶1、湖北 3.62∶1.21∶1、北京 3.39∶2.78∶1。

2008 年，中国初中教职工生师比最大地区广东 20.1 与最小地区北京 10.8 相差 9.3，城镇部分最大地区安徽 20.2 与最小地区北京 11.2 相差 9，农村部分最大地区西藏 22.9 与最小地区北京 9.2 相差 13.7；初中专任教师生师比是城镇的大于合计的，合计的又大于农村的。

初中专任教师中具有本科及以上学历教师的比例最大地区上海 90.26% 与最小河南 38.86% 相差 51.40 个百分点，城镇部分最大地区上海 90.39% 与最小贵州 45.82% 相差 44.57 个百分点，农村部分最大地区北京 89.60% 与最小河南 30.57% 相差 59.03 个百分点；初中专任教师中本科及以上学历教师比例是城镇高于合计，合计高于农村。

初中专任教师一级及以上职称教师比例是城镇比合计高，合计比农村高，城镇比农村要高出 10 个百分点。2008 年中国初中专任教师一级及以上职称教师比例最大地区辽宁 74.58% 与最小西藏 18.06% 相差 56.52 个百分点。初中专任教师中具有中学高级及以上职称教师比例是城镇高于合计，合计高于农村，且城镇要高出农村近 1 倍。2008 年中国初中专任教师中具有中学高级及以上职称教师比例最大地区辽宁 31.78% 与最小西藏 1.64% 相差 30.14 个百分点。

2008 年中国普通中学代课及兼任教师占总计教师的比例合计部分最大地区山西 7.12% 与最小地区浙江 0.50% 相差 6.62 个百分点，城镇部分最大地区山西 7.62% 与最小地区浙江 0.48% 相差 7.14 个百分点，农村部分最大地区青海 9.79% 与最小地区北京 0.06% 相差 9.73 个百分点。

2008 年中国初中专任教师的性别平等指数（GPI）分别为合计 0.929、城镇 1.114、农村 0.695，是城镇高于合计、合计高于农村。合计部分 GPI 最大地区北京 2.904 与最小地区安徽 0.472 相差 2.432，城镇部分最大地区北京 3.272 与最小地区贵州 0.618 相差 2.654，农村部分最大地区北京 1.765，与最小地区安徽 0.348 相差 1.417。

2008 年中国普通中学教职工中民办（在民办学校工作的）教职工所占各类教师的比例分别为民办教职工（占教职工总数的比例）为 7.86%、民办专任教师（占专任教师总数的比例）为 6.83%、民办代课及兼任教师（占代课及兼任教师总数的比例）为 24.16%。其中民办教职工比例最大地区山西 16.38% 与最小地区西藏 0.54% 相差 15.84 个百分点，民办专任教师比例最大地区山西 14.18% 与最小地区西藏 0.47% 相差 13.71 个百分点，民办代课及兼任教师比例最大地区浙江 78.74% 与最小地区青海 1.69% 相差 77.05 个百分点。

2.2.3.2　中国初等教育各地间、城乡间教育经费配置差距明显

以小学预算内生均教育经费为例，2003—2008 这 6 年间各地间及城乡间小学预算内生均教育经费存在如下明显差距①：

1. 总量分析

这 6 年，小学预算内生均教育经费合计部分浙江、西藏、天津、北京、上海（由低至高排序）这五个省区始终是最高的，最高的上海从 2003 年的 5429 元增加到 2008 年的 13066 元。这 6 年，河南始终是小学预算内生均教育经费最低的，从 2003 年的 520 元增加到 2008 年的 1650 元。城镇地区上海、北京始终处于第一、第二位，最大值从 2003 年的 5466 元增加到 2008 年的 13094 元。河南城镇小学预算内生均教育经费（除 2003 年排倒数第二位而重庆排倒数第一位外）也始终是最低的，最小值由重庆 2003 年的 667 元增加到河南 2008 年的 1737 元。

---

① 沈有禄：《各地小学财政性投入不平衡状况分析——以预算内生均经费为例》，《上海教育科研》2010 年第 9 期，第 28—31 页。

这 6 年，农村小学预算内生均经费上海、北京、天津（除 2003、2004 年排第五位而西藏在这两年排第三位外）、北京、上海这 6 年均处于第一、第二、第三位，最大值从 2003 年的 4454 元增加到 2008 年的 12207 元。河南、贵州始终是这 6 年间小学预算内生均教育经费排名倒数第一、第二位的地区，最小值从 2003 年的 478 元增加到 2008 年的 1616 元。

2. 增量分析

各地区小学预算内生均经费的增长比例不像各地区的预算内生均经费的总量那样部分省区比较有规律容易固定的处于最大或最小五地区，但经济很发达的广东和受到中央转移支付很多的西藏，以及云南却无论是合计、城镇还是农村都绝大多数年份始终是位居预算内生均经费增长比例最小五地区之列。总体而言，农村的增长比例快于合计的，合计的又快于城镇的。就全国平均水平而言，即小学预算内生均教育经费合计部分在 2003—2008 年各年份间的增长比例变化趋势是 21.74%（16）（括号内的数字为低于全国平均水平的省区数，下同）↘17.43%（11）↗22.78%（18）↗33.51%（17）↘24.97%（13），2003—2008 年共增长了 192.86%（12）。城镇部分在 2003—2008 年各年份间的增长比例变化趋势是 16.33%（11）↘14.11%（11）↗19.46%（14）↗27.22%（16）↘23.34%（13），2003—2008 年共增长了 148.83%（7）。农村部分在 2003—2008 年各年份间的增长比例变化趋势是 25.76%（18）↘18.84%（14）↗24.47%（18）↗37.17%（17）↘25.76%（15），2003—2008 年共增长了 220.90%（12）。可见，无论城镇还是农村，全国均值及各地区的预算内生均经费都在 2004—2005 年度比 2003—2004 年度的增幅都有所下降，之后在 2005—2006 年及 2006—2007 年度都呈增加趋势，尤其是 2006—2007 年度有较大幅度的增长，2007—2008 年度虽然比前一年度增长比例有所下降，但这两个年度内增幅均是左右年度中增幅最大的两年，且无论是合计、城镇还是农村均超过 23%，其中合计及农村部分在 2006—2007 年度的增幅更是分别达到 33.51% 和 37.17%。这主要是全国在 2006 年开始实施农村义务教育经费保障机制改革，全国对义务教育阶段的经费投入有了较大幅度的增加，因而呈现出合计、城镇及农村部分的小学预算内生均经费在 2006 年以后有了较明显的增加，而农村的增长更明显。

3. 各地教育财政投入的努力程度——预算内生均经费占总生均经费的比例分析

各地区的预算内生均经费占总生均经费的比例不像各地区的生均经费及预算内生均经费的总量那样部分省区比较有规律容易固定的处于最大或最小五地区，没有明显的规律。如合计部分的最大五地区既有发达地区如上海、北京、天津、江苏、福建，又有华北的河北、山西、内蒙古，也有华中的江西及东北的吉林，还有西部地区的西藏、青海、甘肃、陕西、四川、重庆。合计部分的最小五地区中，重庆在这 6 年间始终处于倒数第一位，一向经济很发达的广东、浙江在这 6 年间也处于最低五位，北京、四川、吉林分别各有 5、4、2 年处于最低五位。城镇部分西部的西藏则是这 6 年间始终处于前五位的地区，贵州、黑龙江、甘肃、青海、天津分别各有 4、4、3、3、3 年处于最高五位。重庆除 2007 年（该年新疆居倒数第一位）外均为预算内生均经费占总生均经费比例最小地区，四川、浙江、吉林、北京、广东分别各有 5、5、4、4、3 年处于最低五位。农村部分西部的黑龙江、西藏（除 2006 年外）则是这 6 年间始终处于前五位的地区，贵州、青海、甘肃、上海、海南分别各有 4、3、3、2、2 年处于最高五位。重庆除 2006、2008 年（分别由浙江、四川居倒数第一位而重庆排倒数第二位）外均为这 6 年间预算内生均经费占总生均经费比例最小地区，广东于 2003—2005 年居倒数第二位而 2006、2008 年分别居倒数第三、第五位，四川、浙江、吉林、新疆分别各有 5、5、4、2 年处于最低五位。

4. 城乡差分析

在小学预算内生均经费的城乡绝对差（城镇-农村）中，广东、上海、天津、西藏、江苏有全部或大多数年份都处于最大五位，最大五地区的最小值从 2003 年的西藏 565 元减少到 2008 年的贵州 285 元，最大五地区的最大值从天津的 1062 元减少到广东的 1058 元。内蒙古、北京始终是绝对城乡差位居倒数第一、第二的地区而且这些年始终是向着城镇比农村低得更多的方向发展，吉林也是 6 年都位居最小五位，山西、黑龙江分别各有 5、5 年处于最小五位，最小五地的最小值从 2003 年的北京城镇比农村低 229 元，增加到 2008 年的内蒙古城镇比农村低 1696 元，这 6 年间城镇比农村低的省区数量分别为 5、7、8、12、15、15 个。就全国平均水平而言，绝对城乡差在 2003—2008 年各年间的增长变化趋势 377 元（26）↘ 361 元（25）↗ 363 元（27）↗ 372 元（27）↘ 321 元（27）↗ 345 元（27），保持比较平稳的态势，6 年间下降了 8.49%（19），其中 18 个省区的城乡差没有增加而是有所下降。

在小学预算内生均经费的城乡相对差（城镇/农村）中，广东除了 2003 年处于第二位外，其余年份均处于第一位，天津这 6 年都处于最高五位，广西、湖北、贵州、江苏、西藏、重庆分别各有 5、5、3、2、2、1 年处于最大五位，最大五地区的最小值从 2003 年的湖北的 1.42 减小到 2008 年的湖北的 1.10，最大五地区的最大值从天津的 1.66 减小到广东的 1.54。内蒙古这 6 年始终是绝对城乡差最小的地区，且是城镇比农村低，从 2003 年的城镇为农村的 86%，进一步减小到 2008 年的 66%；山西、吉林也 6 年都居最小五位之列，北京、黑龙江、陕西分别各有 5、5、2 年处于最小五位，这 6 年间最小五地均为城镇比农村低，且是向着城镇比农村低得更多的方向发展。就全国平均水平而言，在 2003—2008 年间的相对城乡差的变化趋势 1.46（27）↘ 1.35（27）↘ 1.30（28）↘ 1.24（26）↘ 1.15（27）↘ 1.13（28），6 年间下降了 22.56%（8），这 6 年间全国 30 个省区（除宁夏外）的相对城乡差都下降。

5. 地区间差异分析

从反应各省区的离差/离散程度的变异系数来看，合计部分各省区预算内生均教育经费的离差程度在 2003—2008 年从 1.044 ↘ 0.885，下降了 15.23%；城镇部分从 0.830 ↘ 0.826，下降了 0.48%；农村部分从 1.052 ↘ 0.947，下降了 9.98%。离散程度总的来说是呈下降趋势，且是农村的大于合计的，合计的又大于城镇的。由基尼系数反应的各地区间预算内生均教育经费的不平等程度在这 6 年间的变化趋势是：合计部分从 0.0211 ↘

−0.0471，减小了 323.22%；城镇部分从 0.1378 ↘ 0.0760，呈逐年下降趋势，减小了 44.85%；农村部分从 0.0220 ↘ −0.0932，下降了 523.64%。不平等程度总的来说呈下降趋势，且是城镇的大于农村的，农村的又大于合计的。

6. 结论

第一，上海、北京、天津、西藏、浙江（合计与城镇）、内蒙古（农村）始终是小学预算内生均教育经费最大的五个地区（由高至低排序），河南、贵州、四川、江西、重庆、安徽、云南始终是小学预算内生均经费最小的地区。

第二，就全国平均值而言，无论是合计、城镇还是农村部分，小学预算内生均经费在 2003—2008 年各年度间的增幅均超过 10%，其中 2006—2007 年度的增幅更是超过了 27%，农村的增幅超过 37%，2007—2008 年度的增幅超过 23%，农村的增幅为近 26%，6 年共增长了超过 148%，农村为 220.90%。2006 年以后呈大幅度的增长主要是得益于"农村义务教育经费保障机制改革"引致的经费有了较大幅度的投入。6 年间小学预算内生均经费增长比例增长最快的是海南、江苏、重庆、宁夏、湖北、陕西，最小的是云南、广东、上海（合计）、江西、西藏（城镇与农村）浙江（合计与农村）、广西（城镇）。可见经济发达的广东的增幅几乎是最小的，浙江的增幅也很小，西藏虽然生均经费较高，但是增幅也很小。

第三，西藏、青海、甘肃、天津、贵州、陕西、黑龙江、上海等地的政府比较重视对小学的财政投入保障，预算内生均经费占总生均经费的比例在全国居于高位；重庆、广东、浙江、四川、北京、吉林、新疆等地是比较不重视对小学经费的财政投入保障的，预算内经费的比重较低，尤其是重庆和广东几乎居于最小比例的位置。

第四，小学预算内生均经费的绝对城乡差呈增大趋势，而且是向着城镇比农村低的方向发展，即各地陆续重视对农村的财政经费投入保障，改变了农村比城镇低的趋势。而相对城乡差有缩小的趋势。

第五，各地间小学预算内生均经费的离散程度总的来说是呈下降趋势，且是农村的大于合计的，合计的又大于城镇的。不平等程度总的来说呈下降趋势，且是城镇的大于农村的，农村的又大于合计的。

就整个中国初等教育预算内生均教育经费而言，2008 年最大地区上海14287 元与最小地区河南1917 元相差 12370 元，相对差距是 7.45 倍。城镇部分最大地区上海 14326 元与最小地区江西 2065 元相差 12261 元，相对差距是 6.94 倍。农村部分最大地区北京 13845 元与最小地区河南 1825 元相差12021 元，相对差距是 7.59 倍。各地区间的离差程度（变异系数）是（2003、2008 年）农村大于合计的，合计又大于城镇的。

中国初等教育预算内生均教育经费 2008 年城乡差（城镇—农村）最大地区上海 1864 元，最小地区北京 –2651 元（"–" 表示城镇比农村低），城乡差 2008 年比 2003 年增幅最大地区为内蒙古 949.22%（向着城镇比农村低的方向增长），最小为北京 –24200%（"–" 表示城乡差呈下降趋势）。

2.2.3.3　中国初等教育各地间、城乡间基本办学条件（设施）配置差距明显

小学基本办学条件（设施）包括学校占地面积、校舍建筑面积、体育运动场所面积、实验仪器配置率、图书册数、电脑台数，以及所有固定资产的总值等。以小学生均固定资产总值为例，2003—2008 年这 6 年间各地间及城乡间小学生均固定资产总值存在如下明显差距①：

1. 总量分析

中国小学生均固定资产总值合计部分广东、浙江、西藏、北京、上海（由低往高排序，下同）这五个省区在这 6 年间始终是最大五个地区，最大值从 2003 年的北京 9350 元增加到 2008 年的上海 11651 元。贵州始终是这 6 年间存量资产最小的地区，安徽（2003、2005）、河南（2004、2007、2008）、甘肃（2006）始终是倒数第二的地区，安徽、四川也分别有 5 年、4 年始终处于最小五地区，最小值由贵州 2003 年的 1194 元增加到贵州 2008

---

① 沈有禄：《各地小学存量资产配置差异分析——以学校固定资产为例》，《上海教育科研》2010 年第 11 期，第 15—18 页。

年的 1700 元。城镇部分广东、西藏、北京、上海始终是 6 年均处于最大五位，除重庆于 2003 和 2004 年挤入前四和前三位外，江苏在之后的 4 年始终处于第四、第五位。最大值从 2003 年的北京 7261 元增加到 2008 年的上海 11856 元。贵州始终是这 6 年间存量资产最小的地区，从 2003 年的 1714 元增加到 2008 年的 1990 元；青海、甘肃有 3 年、内蒙古、新疆、河南有 2 年处于最低五位。农村部分上海、北京 6 年均处于最大五位，西藏和天津有 5 年、浙江 2 年处于最大五位。最大值从 2003 年的北京 17739 元减小到 2008 年的北京 10464 元。贵州始终是这 6 年间存量资产最小的地区，从 2003 年的 1044 元增加到 2008 年的 1583 元；河南、安徽有 5 年、四川及宁夏、甘肃各有 4 年和 3 年处于最低五位，山东 2 年处于最低五位。

就全国平均水平而言，合计部分在 2003—2008 年间的增长变化趋势 2736 元（15）（括号内的数字为低于全国平均水平的省区数，本段内同）↗ 2805 元（17）↗ 3107 元（17）↗ 3308 元（19）↗ 3526 元（20）↗ 3661 元（18），增加了 33.81%（18）；城镇部分在 6 年间的增长变化趋势 3685 元（19）↗ 3698 元（19）↗ 4087 元（22）↗ 4106 元（21）↗ 4541 元（23）↗ 4564 元（22），增加了 23.85%（18）；农村部分在 6 年间的增长变化趋势 2242 元（11）↗ 2337 元（13）↗ 2555 元（13）↗ 2793 元（14）↗ 3826 元（12）↗ 2989 元（13），增加了 33.32%（13）。

2. 增量分析

各地区的增长比例不像各地区的生均固定资产总值的总量那样部分省区比较有规律容易固定的处于最大或最小五地区。就全国平均水平而言，即生均固定资产总值合计部分在 2003—2008 年各年份间的增长比例变化趋势是 2.52%（13/11）（括号内"/"前的数字为增长比例低于全国平均水平的省区数，"/"后的数字为全国没有增长反而下降的省区数，本段内同）↗ 10.77%（19/5）↘ 6.47%（15/7）↗ 6.59%（15/8）↘ 3.83%（12/5），2003—2008 年共增长了 33.81%（18/4）。城镇地区在 2003—2008 年各年份间的增长比例变化趋势是 0.35%（15/15）↗ 10.52%（19/9）↘ 1.79%（12/11）↗ 9.16%（20/7）↘ 0.51%（11/11），2003—2008 年共增长了

23.85%（18/8）。农村地区在 2003—2008 年各年份间的增长比例变化趋势是 4.24%（14/10）↗9.33%（12/5）↘9.32%（15/9）↘1.18%（9/8）↗5.77%（10/5），2003—2008 年共增长了 33.32%（13/4）。另外，直辖市当中上海在 2006—2008 年两年间均没有增长而是分别下降了 91.20% 和 53.04%，北京在 2006—2007 年间下降了 20.30%。

就 2003—2008 年这 6 年间而言，合计部分增长比例最大的是西藏 98.06%，增幅最小的是宁夏不增长反而下降了 33.53%；城镇地区增长比例最大的是天津 91.41%，增幅最小的是甘肃下降了 49.17%；农村地区增长比例最大的是西藏 111.10%，增幅最小的是青海下降了 46.74%。另外，直辖市当中重庆在合计及农村地区在这 6 年间分别下降了 17.50% 和 27.27%，北京在农村地区下降了 41.01%。在这 6 年间，西北的宁夏在合计、城镇、农村地区分别下降了 33.53%、14.53%、45.63%，青海在合计、农村地区分别下降了 26.95%、46.74%，甘肃在合计、城镇地区分别下降了 5.88%、49.17%。增幅最大的地区多为东部的上海、天津、江苏、浙江、山东以及西部的西藏、陕西、青海（城镇）。

3. 城乡差分析

在生均固定资产总值的城乡绝对差（城镇—农村）中，江苏、山东、浙江、西藏、广东、上海、重庆有全部或大多数年份都处于前五位，前五位地区的最小值从 2003 年的上海 1690 元增加到 2008 年的山东 1841 元，前五位地区的最大值从甘肃的 3225 元增加到上海的 6531 元。青海、天津、内蒙古、福建、山西多数年份处于后五位，后五位地的最小值从 2003 年的北京城镇比农村低 10478 元，增加到 2008 年的山西城镇比农村低 669 元，这 6 年间城镇比农村低的省区数量分别为 0、5、6、9（含北京城镇与农村相等）、9（含海南城镇与农村相等）、10 个。就全国平均水平而言，绝对城乡差在 2003—2008 年各年间的增长变化趋势 1443 元（25）（括号内的数字为低于全国平均水平的省区数，本段内同）↘1361 元（23）↗1532 元（23）↘1367 元（23）↗1715 元（28）↘1575 元（25），6 年间增加了 9.15%（23），其中 20 个省区的城乡差没有增加而是有所下降，这 6 年间城乡绝对差下降超过 100% 的省区有 9 个，其中宁夏下降最多达 323.21%，增长了超过 100% 的省区有 5 个，其中浙江增幅最大达 332.94%。

在生均固定资产总值的城乡相对差（城镇/农村）中，江苏、广东、山东、安徽多数年份都处于最大五位，最大五地区的最小值从 2003 年的四川的 1.87 减小到 2008 年的广东的 1.54，最大五地区的最大值从甘肃的 2.91 减小到上海的 2.23。青海、天津、内蒙古、山西多数年份处于最小五位，最小五地的最小值从 2003 年的青海城镇为农村的 30%，增加到 2008 年的山西城镇为农村的 82%，这 6 年间城乡相对差比全国平均水平值低的省区数量分别为 25（含贵州与全国均值相等）、25、25、27、26、26 个。就全国平均水平而言，这 6 年间的相对城乡差的变化趋势 1.64（25）↘ 1.58（25）↗ 1.60（25）↘ 1.49（27）↗ 1.61（26）↘ 1.53（26），6 年间下降了 6.89%（19），相对城乡差下降超过 20% 的省区有 13 个，下降超过 10% 的省区有 19 个，其中甘肃下降最多达 62.05%，没有下降而是增加最大的为青海 216.63%。

4. 地区间差异分析

从反应各省区的离差/离散程度的变异系数来看，合计部分各省区生均学校固定资产总值的离差程度在 2003—2008 年这 6 年间的变化趋势是 0.580 ↘ 0.578 ↗ 0.601 ↗ 0.789 ↘ 0.651 ↘ 0.648，离散程度 6 年间增加了 11.72%；城镇部分的变化趋势是 0.344 ↗ 0.490 ↘ 0.488 ↗ 0.638 ↗ 0.697 ↘ 0.544，离散程度 6 年间增加了 58.14%；农村部分的变化趋势是 1.311 ↘ 0.606 ↗ 0.672 ↗ 8.101 ↘ 0.725 ↘ 0.595，离散程度 6 年间下降了 54.61%。

由泰尔指数反应的各地区间的不平等程度在这 6 年间的变化趋势是：合计部分为 0.02810 ↗ 0.02819 ↗ 0.03124 ↗ 0.03936 ↘ 0.03486 ↗ 0.03613，差距呈逐年增加趋势，增加了 28.58%；城镇部分为 0.01645 ↗ 0.03023 ↗ 0.03081 ↗ 0.04219 ↘ 0.04188 ↘ 0.03919，前 4 年呈逐年增加趋势，后 2 年呈逐年下降趋势，但 2008 年仍高于 2003 年水平，增加了 138.24%；农村部分为 0.03436 ↘ 0.02330 ↗ 0.02609 ↗ 0.03487 ↘ 0.02113 ↗ 0.02336，6 年

间下降了 32.01%。城镇的不平等程度大于合计的，合计的大于农村的。如果把全国分为华北、东北、华东、华中南、西南、西北六个片区的话，则组内差距大于组间差距，组间差距的贡献率大于组内差距的贡献率，组内差距最小的是东北地区，如其 2003 年城镇部分仅为 0.00002，组内差距最大的是华中南地区，如其 2007 年合计部分为 0.01378。

5. 结论

综上所述，各地区在普通小学生均学校固定资产总值的差距在合计及城镇呈现出一种"马太效应"，表现出强者更强，弱者更弱，从变异系数、泰尔指数的变化情况也得到明证，农村部分则有所减小。从泰尔指数来看，各地城乡间的不平等差距是城镇大于合计，合计大于农村。无论是合计、城镇还是农村，小学存量资产总的来说是东部的江苏、浙江、山东、北京、上海、天津、广东、西藏处于最高位置，而西部的贵州、青海、甘肃、四川、宁夏、新疆及中部的安徽、河南处于最低位置，6 年间全国的增幅在 23%—34% 之间，西部的青海、重庆、宁夏、甘肃则呈下降趋势，增幅最大的地区多为东部的上海、天津、江苏、浙江、山东、西藏等地。城乡差不是很明显的一个原因是，在分析时，因为城市与县镇实际上也存在不小差距，将其合在一起作为一个分析单元再与农村相对比，县镇部分反而拉小了原来的城市与农村的差距，从而城镇与农村的差距也相应比原来的城市与农村的差距要小。绝对城乡差保持比较平稳的态势，相对城乡差则有所下降。

小学及初中的生均校舍建筑面积是农村的高于合计的，合计的又高于城镇的，这主要是因为农村地广且地价便宜。2008 年，中国小学生均校舍建筑面积最大地区福建 8.37 平方米与贵州 3.70 平方米相差 4.67 平方米，城镇部分最大地区北京 7.88 平方米与最小地区贵州 3.45 平方米相差 4.43 平方米，农村部分最大地区福建 10.60 平方米与最小地区贵州 3.80 平方米相差 6.80 平方米。各地区间小学生均校舍建筑面积的离差程度不是很大，农村大于合计，合计又大于城镇。2008 年，中国初中生均校舍建筑面积最大地区上海 12.36 平方米与最小地区甘肃 4.08 平方米相差 8.28 平方米，城镇部分最大地区上海 12.38 平方米与最小地区甘肃 3.28 平方米相差 9.10 平方米，农村部分最大地区北京 14.83 平方米与最小地区甘肃 4.85 平方米相差 9.98 平方米。各地区间初中生均校舍建筑面积的离差程度不是很大，农村大于城镇，城镇又大于合计。

小学生均图书册数是城镇的高于合计的，合计的又高于农村的。2008 年，中国小学生均图书册数最大地区北京 33.05 册与最小地区四川 8.61 册相差 24.44 册，城镇部分最大地区北京 31.41 册与最小地区四川 3.45 册相差 22.59 册，农村部分最大地区北京 42.38 册与最小地区贵州 7.59 册相差 34.79 册。各地区间小学生均图书册数的离差程度较大，农村大于合计，合计又大于城镇。初中生均图书册数是农村的高于合计的，合计的又高于城镇的。2008 年最大地区上海 35.16 册与最小地区重庆 7.72 册相差 27.44 册，城镇部分最大地区上海 35.13 册与最小地区青海 5.85 册相差 29.28 册，农村部分最大地区北京 43.27 册与最小地区重庆 8.38 册相差 34.89 册。各地区间初中生均图书册数的离差程度是比较大的，农村大于城镇，城镇又大于合计。

小学、初中的生均电脑台数是城镇的高于合计的，合计的又高于农村的。2008 年最大地区北京 0.184 台与最小地区云南 0.016 台相差 0.168 台，城镇部分最大地区北京 0.176 台与最小地区贵州 0.029 台相差 0.147 台，农村部分最大地区北京 0.231 台与最小地区广西 0.008 台相差 0.223 台。各地区间小学生均电脑台数的离差程度相当高的，除农村外均呈增加趋势，至 2008 年变异系数上升至合计 0.930、城镇 0.590、农村 1.483（下降），农村大于合计，合计又大于城镇。2008 年初中生均电脑台数最大地区上海 0.254 台与最小地区西藏 0.037 台相差 0.217 台，城镇部分最大地区上海 0.254 台与最小地区西藏 0.037 台相差 0.217 台，农村部分最大地区北京 0.215 台与最小地区云南 0.044 台相差 0.171 台。各地区间初中生均电脑台数的离差程度是比较高的，除农村外均呈增加趋势，至 2008 年变异系数上升至合计 0.645、城镇 0.680、农村 0.474（下降），离散程度 2007—2008 年是城镇大于合计，合计又大于农村。

初中生均固定资产总值是城镇的高于合计的，合计的又高于农村的。

2008 年最大地区上海 18566 元与最小地区甘肃 2493 元相差 16073 元，城镇
部分最大地区上海 18564 元与最小地区甘肃 2304 元相差 16260 元，农村部
分最大地区北京 21513 元与最小地区甘肃 2673 元相差 18840 元。各地区间
初中生均固定资产总值的离差程度是比较高的，除城镇外均呈增加趋势，至
2008 年变异系数上升至合计 0.677、城镇 0.645（下降）、农村 0.925，离散
程度是农村大于合计，合计又大于城镇。

2.2.4 教育政策执行仍有不到位现象，义务教育公共财政仍有待加强

2.2.4.1 中国公共教育经费占 GDP4% 目标推迟实现至少 12 年

中国早在 1993 年的《中国教育改革和发展纲要》中就提出了"到本世
纪末（即 2000 年），国家财政性教育经费支出占国民生产总值的比重应达
到 4%"① 的目标。可是由于种种原因，最终这一目标可能至少要被推迟 12
年才能实现。直到 2011 年 3 月 5 日国务院总理温家宝在十一届全国人大四
次会议上指出："坚持优先发展教育……2012 年财政性教育经费支出占国内
生产总值比重达到 4%。"② 如果政府能如期实现 4% 的目标的话，这一目标
也至少被推迟 12 年才实现。

2008 年中国财政性教育经费占 GDP 的比重为 3.48%，达到 1993 年以
来的历史最高水平。从国际比较来看，4% 并不是高标准，根据联合国教
科文组织《世界教育指标 2006》显示，2003 年世界公共教育投入占 GDP
的比例平均水平为 4.5%，OECD 国家公共教育经费占 GDP 的比例为
5.7%③。但是有研究表明如果将预算外收入也计入财政收入的话我国政

---

① 中共中央，国务院：《中国教育改革和发展纲要》（中发〔1993〕3 号），中华人民共和国教育部
门户网站，〔2010－03－25〕。http：//www.moe.gov.cn/publicfiles/business/htmlfiles/moe/moe_
177/200407/2484.html。
② 《国务院总理温家宝作 2011 年政府工作报告》，中国网，〔2011－03－10〕。http：//www.china.com.
cn/policy/txt/2011-03/05/content_ 22061667.htm。
③ 顾明远、石中英主编：《国家中长期教育改革和发展纲要规划（2010—2020 年）解读》，北京
师范大学出版社 2010 年版，第 394 页。

府教育支出占 GDP 的比例应该比目前这一水平更高些（王善迈，2009）①：

国内许多学者多年的研究表明，4％的目标是合理的。我国公共教育支出水平低归因于我国财政收入水平低并不科学。因为我国财政收入统计口径与国际通行口径并不相同。我国财政收入只统计预算内收入，长时期以来不包括地方财政出让土地收入，社保收入在我国基本上是以费而非税形式统计，其收支游离于财政预算外独立运行。如果将预算外各种收入纳入财政收入，则财政收入水平大大高于目前达到的水平。据新华网公布的统计数据，2006 年全国土地出让金达 7000 亿元，社保五项基金收入达 7900 多亿元。另据平新桥 2007 年的研究，2004 年中国地方预算内收入 11893.37 亿元，地方预算外收入 4323.5 亿元，土地财政收入 6150 亿元，二者相加相当于地方预算内收入的 88％。据张源估计，如将预算外、制度外收入全部计算在内，我国政府收入占 GDP 将达 39％，远高于 2006 年统计中财政收入占 GDP18.5％。

因此，以我国现行财政统计口径为依据，认为我国财政收入水平低是导致公共教育支出水平低的理由是不充分的。岳昌君的研究发现，在计量模型中加入财政收入占 GDP 比重和公共教育支出占财政支出比重两个解释变量后，按国际平均水平，我国 2000 年和 2007 年政府教育支出占 GDP 比例也应分别达到 3.78％和 4.26％，而不是 2.58％和 3.32％。这也说明我国公共教育支出水平偏低，主要不是财政收入水平低造成的。

2.2.4.2 中国许多好的教育政策在执行时走样，政策执行效果不尽理想

中国的很多好的教育政策，在国务院出台时是很好的，有着广泛的受众群体，可是经过各个部委，到各个省，再到下面具体的市县，一项好的政策其执行效果可能与国务院出台时的政策原本意图有较大的出入，即存在政令

---

① 王善迈：《优先发展亟须投入保障——关于财政性教育经费占 GDP4％目标的若干思考》，《中国教育报》2009 年 1 月 13 日。

不通及政策执行效果不理想的情况（沈有禄，2008）①：

以 2005 年出台的"两免一补"政策为例，国务院国发〔2005〕43 号令规定的是"西部地区农村义务教育阶段中小学生全部免除学杂费"，可见这里的政策适用范围是"西部地区农村义务教育阶段中小学生"，即只要是西部地区的农村义务教育阶段的中小学生都应该享受免除学杂费的优惠政策，而且应该是包括在民办中小学校上学的农村义务教育阶段的学生。"两免一补"政策在相关部委的执行目标群体中已经缩小了范围，仅为公办学校的学生，排除了西部民办中小学校的农村学生。但是，"中央免学杂费补助资金以各省、自治区、直辖市 2004 年度教育事业统计公报学生数为准计算。"② 即财政部在拨款时，是以 2004 年度教育事业统计公报学生数为基准，即包括了民办中小学校的学生，民办中小学校学生应该享受的免除学杂费的中央补助资金却给了公办学校。

由于"两免一补"在中央一级的相关部委这层的执行主体已经对该政策的执行目标群体做了一定的修改，尽管执行经费是按照全部的公办和民办中小学校的学生拨的款，但是省市县级执行主体也面临同样的两难选择。

各地方省、市、县在具体执行"两免一补"政策时各地也存在差异。按深化农村义务教育经费保障机制改革的要求是中部和东部省区从 2007 年开始对农村学生免除学杂费，但是有些财力强的、经济发达的省区已经于2006 年就开始了对农村义务教育阶段中小学生免除学杂费的政策。而且在具体处理"两免一补"的适用对象时各地政策也不一样，如中部某人口最多的省的部分县就把民办学校的义务教育阶段的中小学生纳入免除学杂费的范围。另据笔者了解西部某省的某县县财政出钱在 2006 年春季也把民办中小学校的农村学生也纳入了"两免一补"范围（具体是该县在 2006 年 5 月

---

① 沈有禄：《教育政策的执行过程分析与价值分析——兼论"两免一补"政策及其改进》，《教育科学研究》2008 年第 1 期，第 9—13 页。

② 《关于对全国农村义务教育阶段学生免收学杂费的实施管理办法》财教〔2006〕4 号，全国农村义务教育经费保障机制改革网，〔2006-08-01〕。http://www.qgbzb.cee.edu.cn/article_show.asp? articleid=192。

为 3600 多名初中学生每生每学期免除杂费 100 多元，拨付公用经费每生每学期 15 元；为近 7000 名小学学生每生每学期免除杂费近 100 元，拨付公用经费每生每学期 5 元，全县共计近 120 万元划拨到教育局成人办另设立的专户，由成人办根据各校学生人数分划拨给各校），可是后来省审计厅对此举提出批评，并责令县教育局将这笔资金全部追回，估计 2006 年秋季这项政策就不会继续实施了。

可见"两免一补"政策在执行时遇到的这些问题，归纳起来不外乎是政策执行时的目标群体范围在国务院与部委之间的不同，造成了下面的省市县级执行主体在具体执行时面临两难的价值选择。而且从部委到省市县级执行主体都存在自己的价值取向，如有的经济实力强的省份能在规定的时间前就开始执行，并按国务院的执行目标群体进行；有的省的部分县也按照国务院的政策执行，无赖的是在部委一级就已经出现了目标群体被缩小，它的主管省市的教育主管部门也出于对上级负责的考虑，也只能与上级保持一致的执行口径。可见，一项好的政策即使在国务院出台时是比较周全的，可是在各个层级的执行主体可能出于自己特殊的价值追求，而未能完全做到满足教育政策执行的公正分配资源的伦理价值诉求。

一项政策的执行公正是非常重要的，只有保证了政策执行的程序正义才能得到教育资源分配结果的相对公正。正如美国政策学家艾利森所言："在达到政策目标的过程中，方案确定的功能只占 10%，而其余的 90% 取决于有效的执行。"[1] 总之，在执行一项政策时既要看该政策是否具有真正的为大众谋福利的价值取向，也要保证该政策得到不折不扣的执行，以确保权利及资源的分配程序与结果的公正，如此才能保障穷人的最低限度的利益，如果把他们的最低限度的权益都给剥夺了，那将是对他们生存能力及美好生活前景的痛彻的剥夺，特别是关于穷人的基础教育投资资源方面的剥夺，这等于是毁灭了构建他们唯一的资本——人力资本的梦想和努力。那么政府这个

---

[1] 吴庆：《公平述求与贫困治理——中国城市贫困大学生群体现状与社会救助政策》，社会科学文献出版社 2005 年版，第 14 页。

"强者"——社会正义的执行者与矫正者，就没有尽到应有的保护弱者的政治责任，社会也因此可能出现不稳定。正如卢梭所说的"在人类社会上，再也没有比被人成为强弱贫富的那些外部关系更不稳定的了。"①

---

① ［法］卢梭：《论人类不平等的起源和基础》，李常山译，商务印书馆1982年版，第68页。

3 中国致力于基础教育
均衡发展的因应策略

3.1 加快区域协调发展，加快"三农"建设

3.1.1 中国经济发展的二元结构问题：区域差距与城乡差距

3.1.1.1 中国经济发展的地区差距

从反映社会经济发展的人均 GDP 来看，中国全国的人均 GDP2008 年为 23648 元，最高的上海 74523 元与最低的贵州 9391 元相差 65132 元，相差 7.94 倍，各地区间人均 GDP 的离差程度（变异系数）达到 0.666，地区间差异是比较大的。

我国二元经济的一个明显特征就是收入差距急剧上升。在经济高速发展及二元经济不断强化的过程中，同时也出现了收入不均等的急剧上升。反映收入不均等的基尼系数在 1980 年为 0.32，1990 年上升到 0.36，2001 年进一步扩大到 0.45，2003 年达到 0.46。根据世界银行《2005 年世界银行发展报告》，按照由低到高的顺序排列，中国的基尼系数在 120 个国家和地区中列到了第 85 位，已经接近某种社会分化严重、经济增长停滞的拉美和非洲国家的水平[①]。

---

① 万广华：《经济发展与收入不均等：方法和证据》，上海三联书店 2006 年版，"序言"，第 1 页。

2003—2006 年我国各省市区的年均城市居民可支配收入与年均农民纯收入之间的差（绝对差）一直呈增加趋势，其中上海、广东、北京、浙江这四个省市的城乡差是最大的，且增长速度明显快于其他省区市，而且它们的城乡差比其他省区市要高出很大一截；其中 2003 年城乡差最大的北京为 8325元，2006 年城乡差最大的为上海为 11455 元，增幅最大的是北京，从 7387 元增加到 11358 元，增幅达 3971 元。城乡收入差距最小的是黑龙江、江西、辽宁、海南、吉林等地区，其中黑龙江从 4154 元增加到 5630 元，增幅最小为1476 元①。就全国的平均水平而言，城乡收入之比由 1978 年的 2.57 : 1，1983 年一度缩小为 1.82 : 1，此后就不断扩大，2003 年扩大为 3.23 : 1，已超过改革开放初期，如果考虑到城市居民享有的各种福利和补贴，而农民收入中包括生产经营支出等因素，实际收入差距可能要达到 6 : 1②。

3.1.1.2　中国家庭的教育负担

要了解城乡居民收入与家庭的教育支出之间的关系，需要知道生均家庭教育支出情况，由于统计年鉴中没有这样的统计指标，我们采取了近似的做法（由于政府对教育的投入主要是预算内教育经费为主，其他预算外的财政性投入占整个政府教育投入的比重很小，因此可以假设政府预算内教育支出为政府的全部财政性教育支出，而政府财政性教育支出③以外的部分完全

---

① 沈有禄：《基础教育资源配置公平研究》，北京师范大学 2008 年博士学位论文，第 187—188 页。
② 王一鸣等：《城乡二元结构：体制性因素和改革对策》，中国城市发展网，［2007-08-25］。http://www.chinacity.org.cn/csll/20574.html。
③ 国家财政性教育经费包括：（1）财政预算内教育经费：指中央、地方各级财政或上级主管部门在本年度内安排，并划拨到各级各类学校、教育行政单位、教育事业单位，列入国家预算支出科目的教育经费。（2）各级政府征收用于教育的税：指中央和地方各级政府为发展教育事业而指定机关专门征收，并划拨给教育部门使用的实际数额。例如：教育费附加，地方教育附加。教育费附加指按照国家规定比例向缴纳增值税、营业税、消费税的单位和个人征收的教育费附加。地方教育附加指地方各级政府根据《教育法》的有关规定，在征收教育费附加以外，开征的用于教育的税费。如地方政府按增值税、营业税、消费税的 1% 征收的用于教育的税费等。（3）企业办学中的企业拨款：指中央和地方所属企业在企业营业外资金列支或企业自有资金列支，并实际拨付所属学校的办学经费。（4）校办产业和社会服务收入用于教育的经费：指学校举办的校办产业和各种经营取得的收益及投资收益中用于补充教育经费的部分。资料来源：中华人民共和国教育部财务司，国家统计局社会和科技统计司：《中国教育经费统计年鉴 2008》，中国统计出版社 2009 年版，第 653 页。

由家庭负担的话，可以近似地认为生均家庭教育支出就是总生均教育经费减去生均预算内教育经费），得出各地城镇与农村在 2003—2006 年的全国分地区普通小学、初中的生均家庭（近似）支出情况（沈有禄，2008）[①]。

以城镇小学为例，其在 2006 年的生均家庭（近似）年均教育支出与城市居民年均可支配收入之间的一元线性回归方程为：

生均家庭（近似）年均支出 = 0.138 ∗ 城市居民年均可支配收入 −889.440

农村小学在 2006 年的生均家庭（近似）年均教育支出与城市居民年均可支配收入之间的一元线性回归方程为：

生均家庭（近似）年均支出 = 0.126 ∗ 城市居民年均可支配收入 −98.758

城镇初中在 2006 年的生均家庭（近似）年均教育支出与城市居民年均可支配收入之间的一元线性回归方程为：

生均家庭（近似）年均支出 = 0.226 ∗ 城市居民年均可支配收入 −1569.571

农村初中在 2006 年的生均家庭（近似）年均教育支出与城市居民年均可支配收入之间的一元线性回归方程为：

生均家庭（近似）年均支出 = 0.186 ∗ 城市居民年均可支配收入 −230.233

如果说回归系数可以表征城乡居民年均纯（可支配）收入对生均家庭（近似）年均教育支出的贡献率，或者表明家庭收入对家庭教育支出的贡献（负担）率的话，而且事实上也基本上可以这样认为。那么可以看出，城市居民在小学教育支出方面的负担率从 2003 年的 0.129 逐年增加到 2005 年的 0.168，2006 年下降到 0.138，但仍然高于 2003 年的负担率，从 2003 年到 2006 年的增幅为 6.98%。农村居民在小学教育支出方面的负担率从 2003 年的 0.092 逐年增加到 2005 年的 0.127，2006 年下降到 0.126，但仍然要高于

---

① 沈有禄：《基础教育资源配置公平研究》，北京师范大学 2008 年博士学位论文，第 188—190 页。

2003 年的水平，2006 年比 2003 年增加 36.96% 。可见在小学教育支出方面城市居民的负担率要高于农村居民的负担率，但是农村的增幅要大于城市的增幅。城市居民在初中教育支出方面的负担率从 2003 年的 0.190 逐年增加到 2005 年的 0.226，2006 年维持在 2005 年的水平上，2006 年比 2003 年增加 18.95% 。农村居民在初中教育支出方面的负担率从 2003 年的 0.112 逐年增加到 2006 年的 0.186，2003 年到 2006 年的增幅比较大，达 66.07% 。可见在初中教育支出方面城市居民的负担率要高于农村居民的负担率，但是农村的增幅要大于城市的增幅。

可见这 4 年间，就全国范围内来说，无论是城乡居民的年均纯收入差距，还是生均家庭（近似）年均教育支出方面的差距都在加大；家庭教育支出负担也在增加，除小学在 2005—2006 年有所下降外，但仍高于 2003 年的水平，初中家庭教育支出负担无论是城市还是农村都呈逐年递增的趋势，且农村的教育负担的增幅要明显高于城市的教育负担的增幅，无缩小的迹象，马太效应愈演愈烈。

3.1.1.3　中国各地区人均财政支出与生均预算内教育经费的关系

就各地的生均预算内经费与各地区人均财政支出进行一元线性回归分析，可知各地的人均财政支出对各地生均教育总经费的影响，回归系数大致上反映了各地人均财政支出对生均预算内教育经费的贡献率以及各地财政对教育投入的重视程度（回归系数可以近似地认为表征了人均财政支出对生均预算内教育经费的贡献率）。就各地 2003—2006 年间的小学、初中的生均预算内教育经费与人均财政支出的相关回归分析发现：

普通小学全国生均预算内教育经费 = 0.463 * 全国人均财政支出 - 47.946

人均财政支出对生均预算内教育经费贡献率最大的前五个省区市是浙江为 1.052（意味着浙江一个小学生的预算内教育经费要高于人均财政支出）、河北为 0.986、上海为 0.926、江苏为 0.862、湖北为 0.827，贡献率最小的五个省区市是河南为 0.374、四川为 0.322、西藏为 0.251、重庆为 0.183、宁夏为 0.152。可见贡献率最大为最小的省区的 6.92 倍。而且这种贡献率与各省区市的财政支出实力（人均财政支出）的排名有很大的出入。

　　人均财政支出对普通初中生均预算内教育经费贡献率最大的前五个省区市是浙江为 1.468、上海为 1.178、山东为 1.034、河北为 0.814、北京为 0.780，贡献率最小的五个省区市是陕西为 0.354、山西为 0.348、新疆为 0.290、四川为 0.282、重庆为 0.281。可见贡献率最大为最小的 5.22 倍。而且这种贡献率与各省区市的财政支出实力（人均财政支出）的排名有很大的出入。

　　通过上述各表的数值，发现一个有趣的现象，即各省区市在 2003—2006 年间平均的普通小学、初中生均预算内教育经费的排名与人均财政支出的排名及人均财政支出对生均预算内教育经费贡献率的排名并不一致，甚至有很大的出入，具体情况如表 3-1 所示。

表 3-1　生均预算内经费、人均财政支出、生均预算内经费
对人均财政支出的弹性系数值排名

地区	普通小学				普通初中			
	生均预算内教育经费排名	人均财政支出排名	人均财政支出对生均预算内经费的贡献率排名	人均财政支出与生均预算内经费相关性排名	生均预算内教育经费排名	人均财政支出排名	人均财政支出对生均预算内经费的贡献率排名	人均财政支出与生均预算内经费相关性排名
北京	2	2	9	14	2	2	5	8
天津	3	4	14	29	4	4	15	4
河北	17	23	2	13	20	23	4	18
山西	21	15	26	11	19	15	28	13
内蒙古	9	6	23	19	10	6	21	11
辽宁	12	7	21	15	9	7	17	3
吉林	11	12	10	27	14	12	18	26
黑龙江	6	13	13	23	11	13	11	5
上海	1	1	3	24	1	1	2	23
江苏	8	14	4	10	12	14	16	20
浙江	5	10	1	1	5	10	1	1
安徽	26	30	15	16	30	30	26	12
福建	14	19	6	9	17	19	14	10

续表

地区	普通小学				普通初中			
	生均预算内教育经费排名	人均财政支出排名	人均财政支出对生均预算内经费的贡献率排名	人均财政支出与生均预算内经费相关性排名	生均预算内教育经费排名	人均财政支出排名	人均财政支出对生均预算内经费的贡献率排名	人均财政支出与生均预算内经费相关性排名
江西	24	26	18	2	27	26	13	14
山东	16	22	8	3	15	22	3	2
河南	31	31	27	17	31	31	23	7
湖北	27	29	5	20	25	29	8	28
湖南	20	24	7	5	21	24	6	19
广东	13	11	16	28	6	11	7	27
广西	22	28	12	4	24	28	20	15
海南	19	16	11	22	18	16	12	22
重庆	29	17	30	25	22	17	31	9
四川	28	27	28	8	28	27	30	17
贵州	30	25	20	26	29	25	19	21
云南	15	18	17	21	16	18	9	6
西藏	4	3	29	30	3	3	10	31
陕西	25	20	19	6	26	20	27	16
甘肃	23	21	25	7	23	21	22	24
青海	7	5	22	18	7	5	24	25
宁夏	18	9	31	31	13	9	25	29
新疆	10	8	24	12	8	8	29	30

资料来源：沈有禄：《基础教育资源配置公平研究》，北京师范大学 2008 年博士学位论文，第 198—201 页。

由表 3-1 可知，各地区的人均财政支出排名的高低并不决定各地区的生均预算内教育经费排名的高低，它们之间并不呈完全一致的关系，相差甚至比较大，人均财政支出对生均预算内教育经费的一元线性回归系数（近似地可以认为是人均财政支出对生均预算内教育经费的贡献率）与人均财政支出及生均预算内教育经费的排名也有相当大的出入。原因可能是各地区对教育投入的努力程度与其财政支出水平并不完全一致造成的。

3.1.2 城乡统筹发展是缩小基础教育资源配置城乡差距的根本措施

统筹城乡发展就是把城乡作为一个整体，实行城乡统一筹划，把解决"三农"问题放在优先位置，更多地关注农村、关心农民、支持农业，实现城乡协调发展。综观世界各国，多数国家在工业化进程中运用政府的干预和政府统筹城乡经济社会协调发展，对农业采取了一系列扶持政策和保护措施，促进了经济与社会和谐发展。

统筹我国城乡协调发展，最根本的是要发展农村经济、促进农民增收。而当前造成农村发展落后的原因很多，有历史的原因，也有政策的因素。但是农村的贫困更多的是能力的贫困、资产的贫困。

增强农村及贫困人口的能力建设，让他们有更多的能力摆脱贫困，从而实现城乡协调发展。阿玛蒂亚·森将贫困分为三类：一是传统的收入贫困，即收入水平极其低下，不能维持基本生活；二是人类贫困，指缺乏基本的人类能力，如不识字、营养不良、较短的预期寿命、母婴健康水平的低下和可预防性疾病的危害等；三是知识贫困，指获取、吸收和交流知识能力的匮乏或者途径的缺乏。这三类贫困之间不是互相隔离、相互独立的，而是相互联系、相互作用的。农村人口缺少收入会导致缺乏营养、缺乏清洁水、缺乏教育；由于人类贫困和知识贫困，农村人口很难摆脱收入贫困；一些已经暂时脱离收入贫困的农村人口在遭遇到疾病或不识字等人类贫困或知识贫困打击后容易返回收入贫困状态。森认为增加农民及贫困人群的能力系统建设，特别是通过为他们提供基本教育，对穷人进行最基本的人力资本投资，让他们获得足够的生活能力，增加收入从而减小与城市及富裕人群的收入差距[①]。目前我国在农村将有越来越多的收入贫困和人类贫困是由于缺乏获取知识、

[①] ［印度］阿马蒂亚·森：《以自由看待发展》，任赜等译，中国人民大学出版社 2002 年版，第 87—89 页。

吸收知识和交流知识的能力所致。农村贫困根本的原因在于农村贫困人口能力的缺乏，而知识能力则是发展能力中至关重要的能力。因此，给农村居民提供更好的教育和医疗保健不仅能直接改善生活质量，同时也能提高获取收入并摆脱收入贫困的能力。教育和医疗保健越普及，则越有可能使那些本来会是穷人的人得到更好的机会去克服贫困。

另外，在促进农村地区及贫困人口增收方面，还可以通过改变土地的所有权，让农民拥有土地所有权，而不仅仅是承包经营权，这样他们就有更大的激励用于改良土地，增加土地的用途，提高收入。如重庆就允许农民在合作经营中以土地入股，农民在没有投入劳动力的情况下也能增收，当然这土地仍然是国有的土地。如果土地是私有的话，在拆迁、移民补偿谈判中，农民也能得到更多的补偿。

此外，可以借鉴国外的做法，给农民及弱势群体家庭建立个人资产账户，增加他们的财产性收入。一般来说社会政策也应当重视家庭资产积累，因为只有这样家庭和社会才能持久地参与社会和经济的发展，哪怕是小额的资产积累也会对家庭的长远发展起着重大影响。这是由迈克尔·谢若登提出的一项名为"个人发展账户"的赔款储蓄账户议案，由政府给农村及贫困居民每人提供一个账户，并每年存入一定数目的钱。目前美国已有40多个州的农村及贫困居民拥有个人发展账户，联邦立法已经开始支持个人发展账户，其进一步推广也得到了国会及白宫的支持。加拿大、英国、澳大利亚、乌干达等国家已经出台了个人发展账户或类似的项目，这些项目都是旨在增加农村及贫困居民的资产性收入，这是对传统福利政策的一个调整，认为刺激资产积累的福利转支最终将是比直接消费福利转支更有力的反贫困措施，即人们要摆脱贫困最根本的是要拥有资产，而不仅仅是最低生活消费的保障[1]。在我国如果做不到给每个农村居民建立个人发展账户，但是至少可以对贫困居民建立个人发展账户，另外对农村居民的小额信贷可以增加贷款额

---

① ［美］迈克尔·谢若登：《资产与穷人——一项新的美国福利政策》，高鉴国译，商务印书馆
2005年版，第1—6页。

度，延长还款时间，增加政府的风险分担，这样也有利于农村及贫困居民积累资产性收入，摆脱贫困，促进城乡协调发展。

再次，还可以大力发展农民合作组织；依据国情，制定区别对待的、可操作的"三农"扶持政策；加大对农业的财政投入力度和信贷扶持；完善主要农产品价格保护政策；完善农业保险补贴政策；完善农业优惠税收政策①。改变过去很多政策都倾向于城市的做法，如城乡二元户籍制度、工业产品与农产品的价格剪刀差等不利制度，逐步取消极具歧视性的户籍限制，提高农产品价格，增加工业反哺农业的力度，促进城乡一体化协调发展，通过多重渠道增加农民收入，促进农村地区发展，公平对待农民工及其子女，统筹城乡协调发展，城乡协调发展了，农民腰包鼓了，在除去国家公共开支外需要自己支付的教育开支的能力也增强了，整个收入差距减小了，有利于缩小教育发展的城乡差距。

为了实现党的"十六大"提出的全面建设小康社会发展目标，促进城乡教育协调发展，国务院在 2003 年 9 月专门召开了全国农村教育工作会议，做出了《国务院关于进一步加强农村教育工作的决定》，如何解决好"三农"问题，统筹城乡协调发展，既要统筹城乡经济资源，也必须统筹城乡教育资源，城乡教育资源如何优化配置，是解决农村问题的根本出路。而发展农村教育，办好农村学校，是直接关系到 8 亿多农民的切身利益，满足广大农村人口学习需求的一件大事，也是从根本上解决农业、农村和农民问题的关键。但是，正如温家宝总理在《全国农村教育工作会议上的讲话》指出的那样，"发展农村教育，有经费问题，有体制问题，有师资问题，核心是加强领导问题。"② 因此，我们需要加强教育领导，特别是对农村教育发展要有新的思路，这就需要更新观念，摆脱"城乡二元社会结构"思维的束缚，这是城乡教育均衡发展的关键。这就要求我们必须树立城乡公民公平

---

① 陶应虎等：《统筹城乡的国际经验及启示》，《农村经济》2006 年第 10 期，第 127—129 页。
② 杨仁毅：《协调城乡教育资源优化配置——农村教育发展战略探讨》，《职教论坛》2004 年第 4 期，第 50—52 页。

地位的崭新观念，认识到目前农村落后的教育是他们为国家工业化进程做出巨大牺牲的结果，目前应是恢复农民公平教育权的时候了。首先，坚持城乡义务教育的共同发展。无论从教育权利平等与教育义务平等的角度看，国家对全体国民的义务教育不应有双重标准。其次，切实保障进城务工的农民工子女公平接受义务教育的权利。农村一些儿童伴随外出就业的父母流入城镇，其规模也已达到 200 万—300 万人，这使城市接受义务教育的群体结构发生了变化，流入地政府有责任搞好进城务工农民工子女的义务教育。第三，统筹城乡教育资源建设，保证城乡教育均衡发展，包括对加强薄弱学校的基础建设、城乡教师互换交流制度、优质课程远程教育等①。

统筹城乡国民教育经费投入，为城乡教育均衡发展提供经费保证。城乡教育经费投入的巨大差异直接导致了城乡公民入学的条件、受教育的机会等教育起点的显著不公平。因此，要从经费方面入手，着手维护城乡公平的国民教育起点。从公共投入的角度来说应该增加政府对农村及贫困人群子女的教育投入，但是从私人的角度来说，上学总是需要支付一定的费用，因此，最根本的还是只有促进了城乡经济的协调发展，才能使人们的教育支付差距减小，促进城乡的教育协调发展。

3.1.3 加强区域经济协调发展是缩小基础教育资源配置区域差距的根本所在

党的十六届六中全会《决定》提出："继续推进西部大开发，振兴东北地区等老工业基地，促进中部地区崛起，鼓励东部地区率先发展，形成分工合理、特色明显、优势互补的区域产业结构，推动各地区共同发展。"促进区域经济协调发展是构建社会主义和谐社会的重大战略任务。胡锦涛总书记在党的十七大报告中再次将"推动区域协调发展，优化国土开发格局，缩小区域发展差距，必须注重实现基本公共服务均等化，引导生产要素跨区域

---

① 李波：《城乡经济协调发展中的教育均衡问题》，《齐鲁学刊》2005 年第 4 期，第 119—122 页。

合理流动"作为深入贯彻落实科学发展观的重要内容，作为促进国民经济
又好又快发展的重大任务，突出强调了要继续实施区域总体发展战略①。

在促进区域经济协调发展上，今后政府在区域规划方面，首先要理顺规
划管理体制。在扶持落后地区方面，首要的是改革中央资金的再分配体制，
中央财政转移支付资金重点用于中西部地区，尽快使中西部地区基础设施和
教育、卫生、文化等公共服务设施得到改善，逐步缩小地区间基本公共服务
差距。在维护市场秩序方面，要鼓励和支持建立相应的契约机制和互惠互利
机制，中央政府要支持经济发达地区加快产业结构优化升级和产业转移，扶
持中西部地区优势产业项目，鼓励东部地区带动和帮助中西部地区发展，形
成以政府为主导、市场为纽带、企业为主体、项目为载体的互惠互利机制。
在合理配置短缺资源方面，各级政府应在坚持充分发挥市场配置资源的基础
性作用的同时，不断改善和加强行政管理来进行合理调节，特别是要建立健
全资源开发有偿使用制度和补偿机制，对资源衰退和枯竭的困难地区进行的
经济转型采取扶持措施②。由于各地区差异性很大，就必须采取非均衡的战
略，给落后地区更多的政策支持，不能采取"一刀切"的政策。如果我们
对不同的区域采取相同的政策，则欠发达地区在资本、人力资本、基础设施
等方面不具有竞争优势，其结果是拉大了区域之间的差距，产生极化效应，
只有采取灵活的非均衡的经济政策，不能等待发达地区的"扩展效应"自
然而然地消除二元区域经济结构，需要政府采取非均衡的政策刺激不发达地
区的经济发展，才能达到区域经济协调发展的目的③。今后政府应为中西部
提供更多的优惠政策，积极推动产业向中西部等落后地区转移。将产业梯度
转移、生产链梯度转移、价值链梯度转移结合起来，以多梯度促协调；在产
业梯度、生产链、价值链上根据区域内实际情况形成多区域范围、多共生链

① 陈栋生：《构建协调发展的区域经济新格局》，《西南民族大学学报（人文社科版）》2008 年第
1 期，第 93—97 页。
② 徐加明：《区域经济协调发展与构建和谐社会》，《理论学刊》2007 年第 4 期，第 35—37 页。
③ 赵振华：《运用非均衡政策实现区域经济协调发展》，《中国党政干部论坛》2004 年第 7 期，
第 46 页。

条的协调，即以多向位促协调；结合各区域内部发展不平衡的状况，引进高新产业、高新技术，以跨越式促协调；区域内部通过主导产业、辅助产业、基础产业、服务业形成区域内共生链条加快发展区域内经济[①]。

在区域政策上要采取不平衡的发展策略，强调市场力量在资源配置方面的基础性作用，强化政府的公共服务及再分配职能，为民众提供更多的公共产品，补贴落后地区及群体，增强区域发展互动，加强各区域公共服务的均等化和控制居民收入水平差距，加强经济社会发展与人口资源环境在空间上的协调，促进地区间的社会经济协调发展。

各地在社会经济发展上协调发展了，各地间的经济及收入差距处于比较合理的范围内，人们有能力为教育买单，在基础教育这种公共产品的供给上，各地方政府的公共支出能力差距也不过于悬殊，基础教育具备了公共及私人支付能力的比较公平的环境，也能得以比较均衡的发展。另外，中央及地方政府要明确划分各自权限（事权与财权），在教育制度及政策供给上对落后地区有所倾斜，加快落后地区的基础教育发展，才有利于促进基础教育的均衡发展。

3.2 "普九"及"两基攻坚"的后续巩固

3.2.1 "两基"攻坚的背景、目标与途径

3.2.1.1 "两基"攻坚的背景

中国早在 1993 年的《中国教育改革和发展纲要》中就提出了"（20 世纪）90 年代，在保证必要的教育投入和办学条件的前提下，各级各类教育发展的具体目标是：全国基本普及九年义务教育（包括初中阶段的职业技

---

① 胡俊超：《区域经济协调发展的路径依赖》，《特区经济》2006 年第 6 期，第 286—288 页。

术教育）……全国基本扫除青壮年文盲，使青壮年中的文盲率降到百分之五以下。"① 这就是我们所熟悉的"两基"目标（任务）。全国到 2000 年基本实现"两基"目标，除西部部分地区以外，据《国家西部地区"两基"攻坚计划（2004—2007 年)》（国务院，2004)② 显示：

2000 年，在全国范围内实现了"两基"目标；到 2002 年底，"两基"人口覆盖率达到 91%。西部地区人均受教育年限仅有 6.7 年，比全国平均水平低 1.3 年；"两基"人口覆盖率仅 77%，低于全国 14 个百分点；15 岁以上文盲、半文盲人口占总人口的比重为 9.02%，高于全国 2.3 个百分点。截至 2002 年，西部地区仍有 372 个县（市、区）以及新疆生产建设兵团的 38 个团场，共 410 个县级行政单位尚未实现"两基"，涉及 345 万平方公里国土和 8300 多万人口。这 372 个县（市、区）中有国家扶贫开发工作重点县 215 个，占 58%。

据 2002 年统计，西部地区小学适龄儿童入学率、小学五年保留率、小学毕业生升学率等指标，大都低于全国平均水平。即使是已通过"两基"验收的县，其普及程度也是低水平、不稳定的，一些地方初中辍学率高达 10% 以上。

西部地区地广人稀，有一师一校点约 9 万个，占全国校点的 80% 以上；人口分布极不均衡，在一些高山、高原、高寒及牧区、半农半牧区和荒漠地区，80% 左右的初中生、50% 左右的小学生需要寄宿；此外，全国 127 个边境县中，有 106 个在西部，这些边境地区的学校建设代表着国家的形象。

因此为了加快西部 410 个未实现"两基"目标的县及时实现该目标，教育部、发改委、财政部和国务院西部开发办于 2004 年联合制订并获国务院批准颁布实施了《国家西部地区"两基"攻坚计划（2004—2007 年)》，

---

① 中共中央，国务院：《中国教育改革和发展纲要》（中发〔1993〕3 号），中华人民共和国教育部门户网站，〔2010-03-25〕。http：//www.moe.gov.cn/publicfiles/business/htmlfiles/moe/moe_177/200407/2484.html。
② 中华人民共和国国务院：《国家西部地区"两基"攻坚计划（2004—2007 年)》（国办发〔2004〕020 号），人民网，〔2010-03-25〕。http：//www.people.com.cn/GB/jiaoyu/8216/42366/42375/3099489.html。

要求各地区、各有关部门要以最大的决心和最有力的措施推进西部地区"两基"攻坚计划,夺取西部"两基"攻坚战的胜利。

3.2.1.2 "两基"攻坚的目标、任务和措施

国务院于 2004 年出台的《国家西部地区"两基"攻坚计划(2004—2007年)》(国务院,2004)[1] 指出"两基"攻坚的主要目标为:

到 2007 年,西部地区整体上实现"两基"目标,"两基"人口覆盖率达到 85% 以上,初中毛入学率达到 90% 以上,扫除 600 万文盲,青壮年文盲率下降到 5% 以下。

到 2007 年,西部各省(自治区、直辖市)及新疆生产建设兵团要分别实现各自的"两基"目标,切实巩固提高现有的"两基"成果,完成攻坚任务,有条件的省(自治区、直辖市)通过国家的"两基"评估验收。

截至 2002 年尚未实现"两基"的 372 个县(市、区)以及新疆生产建设兵团的 38 个团场,到 2007 年,除特别困难的达到国家"普六"验收标准外,其余的要达到国家"两基"验收标准。

国务院于 2004 年出台的《国家西部地区"两基"攻坚计划(2004—2007年)》(国务院,2004)[2] 指出"两基"攻坚的主要任务为:

1. 新建、改扩建一批以农村初中为主的寄宿制学校,保障"两基"攻坚县扩大义务教育规模的需要,安排好西部地区新增 130 万初中生和 20 万小学生的学习和生活条件;加大对西部地区现有学校的改造力度,使确需寄宿的山区、牧区、高原和边远地区学生能进入具备基本办学条件的寄宿制学校学习。

2. 西部各省(自治区、直辖市)要制订本地区的"两基"规划。结合中央已经安排的专项资金,调整省级财政支出结构,增加对"两基"攻坚

---

[1] 中华人民共和国国务院:《国家西部地区"两基"攻坚计划(2004—2007年)》(国办发〔2004〕020 号),人民网,〔2010-03-25〕。http://www.people.com.cn/GB/jiaoyu/8216/42366/42375/3099489.html。

[2] 中华人民共和国国务院:《国家西部地区"两基"攻坚计划(2004—2007年)》(国办发〔2004〕020 号),人民网,〔2010-03-25〕。http://www.people.com.cn/GB/jiaoyu/8216/42366/42375/3099489.html。

的投入，基本消除现有中小学危房，保证办学条件基本达到规定标准，保障学校正常运转所需的公用经费，切实降低辍学率，提高教育质量。

3. 建立较完善的义务教育阶段家庭贫困学生资助制度，切实保障农村家庭经济困难的学生接受义务教育的权利。中央和地方通过"两免一补"等方式加大资助力度，到 2007 年，力争使中西部农村家庭经济困难学生普遍得到资助。

4. 西部地区各级人民政府要切实保障"两基"攻坚县的教职工的工资发放，建立中央财政用于教师工资转移支付的监管机制。做好对西部地区农村教师的培养、培训工作，加大少数民族地区双语教师队伍的建设，到 2007 年，小学教师和初中教师学历合格率分别达到 95% 和 90% 以上。

5. 稳步推进农村中小学现代远程教育，到 2007 年，使西部地区农村初中基本具备计算机教室，小学基本具备卫星教学收视设备和教学光盘播放设备及成套教学光盘，小学教学点具备教学光盘播放设备和成套教学光盘。

国务院于 2004 年出台的《国家西部地区"两基"攻坚计划（2004—2007 年)》（国务院，2004）[1] 指出实现"两基"攻坚的主要措施为：

1. 加快农村寄宿制学校建设。在继续实施"国家贫困地区义务教育工程（二期)"和"中小学危房改造工程"的基础上，中央和省级人民政府共同实施"农村寄宿制学校建设工程"。加快当地农村现有初中学校的改扩建步伐，农村寄宿制学校的设置要同农村中小学布局结构调整和城镇化建设结合起来。

2. 扶持西部农村地区家庭经济困难学生就学。中央财政将逐年扩大向义务教育阶段家庭经济困难学生免费提供教科书的范围，逐步使西部农村地区家庭经济困难的中小学生享受免费教科书。地方各级财政设立专项资金帮助学校减免困难学生杂费，并为必须寄宿的家庭经济困难学生提供必要的生

---

[1] 中华人民共和国国务院：《国家西部地区"两基"攻坚计划（2004—2007 年)》（国办发〔2004〕020 号），人民网，〔2010-03-25〕。http：//www. people. com. cn/GB/jiaoyu/8216/42366/42375/3099489. html。

活补助。国家继续对西藏自治区的农牧区义务教育阶段的学生实行"三包"（包吃、包住、包学习费用）的政策；继续对新疆维吾尔自治区 56 个边境县和特殊困难县义务教育阶段学生免费提供教科书。

3. 实施农村中小学现代远程教育。在 2003 年试点工作的基础上，争取用 5 年左右的时间，逐步实施"农村中小学现代远程教育工程"。

4. 大力加强西部农村地区教师队伍建设。西部各省（自治区、直辖市）要根据西部农村地区地域广阔、人口居住分散、学校规模小等实际情况，科学、合理地核定中小学教师编制。鼓励大中专毕业生到西部"两基"攻坚县任教，认真落实城镇中小学教师到乡村服务期制度，继续组织好"教育对口支援"和"西部大学生志愿者计划"，满足西部地区普及义务教育对合格师资的需求。加大对农村中小学教师的培训，在"教师网络教育联盟"中设立专门针对西部农村中小学教师的远程培训项目。开展少数民族地区"双语"教师特别是汉语教师的培养培训工作，提高教师"双语"教学能力。

5. 深化教学改革，提高教育质量。

6. 加大教育对口支援力度。继续实施"东部地区学校对口支援西部贫困地区学校工程"和"西部大中城市学校对口支援本省贫困地区学校工程"，每年选派一定数量的优秀教育工作者赴西部"两基"攻坚县任教、挂职，并帮助培训西部"两基"攻坚县中小学校长、教师。建立东部地区经济发达县（市、区）、本地大中城市对口支援"两基"攻坚县的制度。进一步完善中央国家机关和省级党政机关与西部贫困地区的对口帮扶制度，着力帮助解决好西部贫困地区义务教育阶段家庭经济困难学生就学问题。

7. 明确地方各级人民政府在"两基"攻坚中的责任，完善农村义务教育管理体制。

3.2.2 中国"两基"攻坚取得显著成绩

据陈小娅副部长在《国家西部地区"两基"攻坚计划（2004—2007

年）完成情况的汇报》（陈小娅，2007）① 上的讲话内容可知，通过 4 年的努力，西部地区"两基"攻坚计划取得了如下显著成绩：

1.《国家西部地区"两基"攻坚计划（2004—2007 年）》所确定目标如期实现：（1）410 个攻坚县（市、区、团场），368 个按规划要求实现了"两基"目标，其余 42 个最困难的县也按《计划》要求达到了"普六"标准，将在 2010 年前分别完成"两基"任务。（2）西部地区"两基"人口覆盖率将达到 98%，比攻坚前的 77% 提高了 21 个百分点，超出计划目标（85%）13 个百分点。（3）西部各省初中毛入学率超过规划提出的 90%。（4）西部地区青壮年文盲率降到 5% 以下。

2. 西部"两基"攻坚不仅促进了西部教育发展，而且有效地缩小了教育的差距。（1）农村义务教育财政预算内拨款从 2002 年 990 亿元增加到 2006 年的 1881 亿元，总量翻了一番，义务教育的入学率、巩固率显著提高，我国农村义务教育迈上了新的台阶。（2）2002 年，全国初中入学率为 90.96%，东西部地区差距达 8.82 个百分点，随着西部初中入学率迅速提升，到 2006 年，东西部地区差距为 5.83 个百分点，比 2002 年减少 3 个百分点。（3）2002 年，西部地区辍学率高达 4.3%，高于东部地区 2 个百分点；随着"两免一补"和新机制实施，西部地区辍学问题得到有效控制，东西部差距明显缩小，2006 年，西部初中辍学率下降到 1.87%，大致与东部地区持平。（4）与此同时，全国城乡之间义务教育的差距也在实施西部"两基"攻坚中逐年缩小，而且西部地区城乡差距缩小得更为明显。西部地区初中入学率的城乡差距从 2002 年的 16 个百分点，缩小到 2006 年 10.1 个百分点，全国初中生均预算内公用经费的城乡比例也从 2002 年的 2.5 倍，缩小到 2006 年的 1.3 倍。

---

① 陈小娅（国家"两基"攻坚办）：《国家西部地区"两基"攻坚计划（2004—2007 年）完成情况（的汇报）》，中华人民共和国中央政府门户网站，［2010-03-25］。http：//www.gov.cn/wszb/zhibo177/content_ 818059. htm。

3.2.3　中国政府将采取有效措施继续提高义务教育质量

根据国务委员陈至立在《巩固"两基"攻坚成果，不断提高农村义务教育水平——在国家西部地区"两基"攻坚总结表彰大会上的讲话》（陈至立，2007）[①] 内容可知，今后我国政府为继续巩固"两基"攻坚成果，继续努力提高义务教育质量将采取如下措施：

1. 继续巩固"两基"成果。要巩固"两基"攻坚成果，防止反弹；集中力量完成西部剩余42个县的"两基"攻坚，继续改善已完成"两基"任务地区的农村学校办学条件，制定生均公用经费基准定额，提高农村义务教育阶段学校公用经费保障水平，认真研究并逐步化解"普九"欠债。国家已决定投资100亿元，实施中西部农村初中校舍改造工程，重点解决未纳入"两基"攻坚计划实施范围的中西部地区农村初中校舍问题，加强农村薄弱初中学生生活设施建设，改善食宿条件。要努力实施好这项工程。还要实施好新农村卫生新校园建设工程，彻底改善农村学校的卫生和生活条件。东部地区的农村要不断提高教育质量，努力提升教育现代化水平。

2. 继续推进义务教育均衡发展。要落实好国家各项惠及农村的政策措施，优先支持农村教育发展。抓紧制订和完善义务教育阶段学校的基本标准，加强薄弱学校建设，消除不合格学校，积极推进区域内义务教育的均衡发展。

3. 更加重视全面实施素质教育。

4. 大力加强农村教师队伍建设。

5. 进一步落实各级政府对义务教育的保障责任。各级政府要按照义务教育法的要求，将义务教育全面纳入财政保障范围，不留缺口，确保义务教育经费的"三个增长"。要强化省级政府的统筹责任，省级政府既要保证把

[①] 陈至立：《巩固"两基"攻坚成果，不断提高农村义务教育水平——在国家西部地区"两基"攻坚总结表彰大会上的讲话》，中国人民共和国教育部门户网站，［2010-03-25］。http://www.moe.gov.cn/publicfiles/business/htmlfiles/moe/moe_176/200802/31838.html。

中央财政的转移支付资金及时足额拨付到位，又要采取有效措施保证省及省以下各级应承担的资金落实到位，避免"挤出效应"，切实保证新增教育经费主要用于农村。要建立健全义务教育预算制度，严禁侵占、挪用义务教育经费。要通过不断增加投入，深化改革，促进我国义务教育事业的持续健康发展。

3.3 义务教育公共财政的建立：义务教育经费保障机制改革

3.3.1 建立公共教育财政制度

3.3.1.1 义务教育这一公共产品需要公共财政的支持与购买

尽管有部分人从产品的性质上说义务教育是一种私人产品，但是这种论据站不住脚。厉以宁教授认为政府作为供给者所提供的义务教育、特殊教育、以广播、电视等形式进行的公共教育、国家公务员教育是具有纯公共产品性质的教育服务，这种纯公共产品性质的教育服务没有排他性。高级中学这类教育服务基本上具有公共产品性质，是因为尽管这些教育服务的经费主要由政府提供，并且依赖财政部门的拨款，但与义务教育、特殊教育、广播电视形式的公开教育不同，这些教育服务不是完全没有排他性的，也就是说，一些人享用了这些教育服务之后，至少就减少了另一些人对这些教育服务的享用[1]。把义务教育服务当做公共产品来提供是近代以来义务教育制度的产物，另外，各国政府把义务教育当做公共产品来提供也有助于重视义务教育在民族国家共同价值形成中的作用的考量。

从经济的角度讲，经济学家们则强调普及义务教育基于以下理由是正当

---

① 厉以宁：《关于教育产品的性质和对教育的经营》，《教育发展研究》1999 年第 10 期，第 9—14 页。

的：（1）义务教育是一项基本权利，正如在宪法所陈述的并由最高法院所决定的；（2）对普及教育有广大的公众需求；（3）这反应了对人力资本的重要投资；（4）这有助于增加学习的乐趣；（5）教育能通过多种方式提高个人的福利；（6）教育有助于整个社会的发展进步；（7）教育促进政治参与；（8）普及初等教育是社会正义的一项要求。总之，投资义务教育能使后代获得巨大且永久的收益。教育收益包括经济与社会回报，减少贫困，实现收入再分配，提高生产率，增加人们的健康产出，实现政治与经济的发展，以上所有与受教育有关的动态外部性都能改善人们的生活质量①。

正是由于义务教育的各种经济的、政治的、文化的价值及其特殊的公共性，在现代工业及民主社会已被很多国家作为一项基本服务、基本的公共产品来提供。由于义务教育对国家及地方的社会发展起着义务性作用，接受义务教育后的劳动者提高了劳动生产率，促进了经济发展，受教育者具备基本的参与政治生活的能力，具有一定的民主意识，传承了国家、民族的文化及价值观念，具有很强的外溢性，所以一般都由政府来提供义务教育。不同的教育管理体制的国家，义务教育举办的主体也不同，一般是交给地方政府来举办，国家主要是提供一些制度及法律方面的服务与战略规划和转移支付。但是作为一种公共产品，并不意味着这种产品必须由政府来生产，义务教育这种产品也可以由私人来生产，政府将其购买过来为国民服务，这也是一种提供或获得公共产品及服务的一种方式。如某些地区的民办中小学实际上承担着义务教育的作用，而且不是以营利为目的，那么政府就应该承认并委托这些机构来举办义务教育，为之提供补助或直接以某一价格（公立义务教育的办学成本）购买其服务。诺贝尔经济学奖得主米尔顿·弗里得曼以他的一篇名为"政府在教育中的作用"（1955）的文章提出了现代教育改革，思考怎么样才能减少政府干预。抛开州在实际的经济及社会生活中普遍采取的干预行为，他认为政府想要资助一些东西的话，它既可以资助生产者也能

---

① RANI, P. G.. (2004). Growth and financing of elementary education in Uttar Pradesh: a province in India. *Education policy analysis archives*, 12 (25): 1-30.

资助消费者，而资助生产者是种错误的方法，因为它创造了非常无效的自上而下的组织，更好的办法是资助消费者，并提出了适用于所有国民的普遍教育券的思想，通过资助消费者来获得公共产品，提高公共产品供给的效率。

3.3.1.2 义务教育公共财政制度的建立及其规避行为

义务教育作为一种正外溢性很强的公共产品，理应由政府来提供。现代政府的主要职能之一就是为社会提供如国防、教育之类的公共产品。但是，从几次义务教育管理体制改革的历史可以看出，长期以来，我们的义务教育是"人民教育人民办"，教育负担基本上一直由乡（镇）、村及家长承担，就是后来管理主体上移到县以后，基层政府及家长仍承担了很大的义务教育成本负担。直到2006年新修订的《义务教育法》确定了国家将义务教育全面纳入财政保障范围，规定："国务院和地方各级人民政府将义务教育经费纳入财政预算，及时足额拨付义务教育经费。义务教育经费投入实行国务院和地方各级人民政府根据职责共同负担，省、自治区、直辖市人民政府负责统筹落实的体制。农村义务教育所需经费，由各级人民政府根据国务院的规定分项目、按比例分担。国务院和省、自治区、直辖市人民政府规范财政转移支付制度，加大一般性转移支付规模和规范义务教育专项转移支付，支持和引导地方各级人民政府增加对义务教育的投入……"可以用"义务教育经费保障机制"来概括。这以后的义务教育才真正纳入了政府的公共财政保障范围。

温家宝总理在全国十一届人大第一次会议答记者问时指出："我们要推进财政体制改革，使公共财政更好地进行结构调整和促进经济发展方式的转变，更好地改善民生和改善生态环境。一个国家的财政史不仅是经济的发展，而且是社会的结构和公平正义。在今后5年，我要下决心推进财政体制改革，让人民的钱更好地为人民谋利益。"[1] 可见，以后对教育方面的财政支持力度可能会更大，构建义务教育公共财政制度也成为可能。

---

① 温家宝：《推进财政改革让人民的钱为人民谋利益》，腾讯新闻网，［2008-03-18］。http：//news.qq.com/a/20080318/004827.htm。

考察公共财政体制建设的内容和国际经验，可以归纳出公共教育财政体制的基本特征：教育财政责任和行为的法制化、办学主体和资金来源的多元化、教育财政目标的公平化、教育财政决策的民主化。公共教育财政体制建设的具体内容体现在：建立和完善公共教育经费保障制度；实行免费义务教育并进一步推进义务教育均衡发展；完善多元办学体制；进一步完善非义务教育成本分担制度；完善义务和非义务教育阶段学生资助制度；探索建立扶持继续教育发展的制度；建立公平、透明的公共教育经费分配制度；建立并完善义务教育经费的监督管理制度，对学校的审计要经常化、制度化，对教育部门和学校的审计结论要向政府和人大报告，向社会公众公开，将义务教育经费的投入、分配和使用置于公共监督之下，对违法违纪者要追究其经济和行政乃至法律责任[①]。

但是将义务教育纳入公共财政保障范围时，也应规避一些容易出现的问题。

第一，一定要做到区域间及区域内的财政中立，至少要做到区域内的财政中立，且区域间的公共教育财政支出差距不应太大。我国在2003—2006年间的公共教育财政支出在地区间是没有做到财政中立的，相反各地区间的公共财政支出与生均预算内教育经费呈明显的正相关性。

表3-2　中国初等教育预算内生均教育经费与人均财政支出的相关系数值

	普通小学		普通初中	
	皮尔逊相关系数	Sig.	皮尔逊相关系数	Sig.
2003	0.932	0.000	0.982	0.000
2004	0.968	0.000	0.971	0.000
2005	0.940	0.000	0.977	0.000
2006	0.916	0.000	0.954	0.000

资料来源：根据各年份各地区的人均财政支出及生均预算内教育经费分析整理而得。

---

① 王善迈等：《重构我国公共财政体制下的义务教育财政体制》，《北京大学教育评论》2005 年第 4 期，第 25—30 页。

从上表可知，无论是小学、初中、还是高中，历年的 Sig. 值都很小为 0.000，远远小于 0.05，所以各省区市的生均预算内教育经费与各地区的人均财政支出呈显著正相关性，且初中大于高中，高中大于小学。Sig. 值不是大于 0.05，不表明两者之间无相关性，也就不能说明各地的人均财政支出与各地的生均预算内教育经费无关，即财政中立在我国并不存在。

可见，在我国区域间的财政并不中立，各地的生均预算内教育经费严重依赖于各地的财政实力，地区间就不平衡。这种情况在区域内也是如此，王蓉的研究曾发现省域内的生均经费的差距要大于省际间的差距，就是一明证。为此，在以后的改革中，我们应尽力通过转移支付等手段使各地区的生均经费支出水平大体相当，并使其不依赖于各地的财富实力水平。在实行义务教育经费保障新机制改革后，有望缩小这种差距。

第二，避免公共教育财政支出中的腐败现象，提高支出效率。构建公共教育财政制度，除了增加公共教育支出占 GDP 及财政的比例外，还要注重其在各层级、各类型、各地区的教育之间的分配，特别是增加对落后地区义务教育的支出比例。由于增加了经费支出，我们更应该注意监督经费的使用效率，避免各种教育腐败现象，不让这种经费支出比例增大的影响被教育腐败等给削弱。如，我们的重点校、示范校等制度仍没有取消，这为重点校的领导及相关教育行政主管领导提供了"寻租"的机会；各地方也会为转移支付及各种专项补助而"跑部进钱"，形成教育主管部门间的贿赂与腐败；还有许多人为消除入学在户籍及就近入学的限制而"择校"，凭借手中权力和社会关系超越户籍制度，利用非正常手段使已存在的不公平程度进一步加深，这当中也明显地存在权力腐败、金钱腐败等现象；就是各学校内部也同样存在领导腐败与贿赂现象。

因此，在公共教育财政支出中不仅要体现其资源配置公平第一位的要求外，尽量达成各利益群体（地区）之间的教育利益（资源需要）平衡，同时，其资源的配置效率也是同等重要的，而这就需要加强立法及公众与媒体等外部的监督，减小资源使用中的腐败现象，提高资源的配置效率。

3.3.2 "新机制"改革及其评价

2005 年 12 月 23 日，温家宝总理主持召开国务院常务会议，研究农村教育问题，决定对农村义务教育经费保障机制进行改革。12 月 24 日，国务院印发了《关于深化农村义务教育经费保障机制改革的通知》（国发〔2005〕43 号），决定从 2006 年开始，用五年时间，按照"明确各级责任、中央地方共担、加大财政投入、提高保障水平、分步组织实施"的基本原则，逐步将农村义务教育全面纳入公共财政保障范围，建立中央与地方分项目、按比例分担的农村义务教育经费保障新机制。该文件规定，2006 年最先在西部地区中小学实施"两免一补"政策，2007 年拟在全国农村地区实施，2008 年在全国范围内实施。这也就是 2006 年在新修订的《义务教育法》中规定的"义务教育经费保障"机制（新机制）改革。

"新机制"强调制定全国公用经费基准定额，所需资金由中央和地方按照免学杂费资金的分担比例（中央与地方分担比例，西部地区为 8∶2，中部地区为 6∶4；东部自理）共同承担。但是公用经费毕竟只占生均总教育经费的小部分，中央与地方就是共同分摊了这部分费用，事业性经费中仍有很大部分的人员经费要由地方自己承担，而地方的财政实力各地悬殊很大，尽管确保中小学教师工资按照国家标准按时足额发放，各地的工资、福利等待遇还是相差很大的，另外再加上在基建经费方面的差距，各地生均总教育经费的差距还是很难缩小，"新机制"对缩小生均总教育经费的贡献率不会很大。因为，国际上一般认为，人员经费占总支出的百分比中学在 60%、小学在 70% 是适当的，即公用经费占总支出的百分比中学应该是 40%、小学应该是 30%[1]。可见在所占比例很小部分的平等化努力很难改变整个大饼分配的最后效果。因此，需要加大致力于缩小生均总教育经费差距，至少是生均预算内教育经费差距的努力，如将人员经费及基建经费也由中央与地方共同分担，并确定全国标准。

---

[1] 上海财经大学课题组：《公共支出评价》，经济科学出版社 2006 年版，第 137 页。

　　其次，"新机制"投入的教育经费有限，平均到每个学生身上，这种平等化努力的效果就微乎其微了。截至 2006 年 12 月底，西部各省累计下拨到学校的新机制资金为 154 亿元，全年免除学杂费补助资金 75.7 亿元，公用经费补助资金 23.4 亿元，校舍维修改造资金 25 亿元，免费教科书资金 16.8 亿元，补助家庭经济困难寄宿生生活费资金 11 亿元。截至 2007 年 4 月底，全国各级财政预算共安排 2007 年新机制资金 621.3 亿元，其中中央财政 246.3 亿元，地方财政 375 亿元①。2006 年全国近 5800 万农村中小学生受惠，每个小学生大概减轻的负担是 140 元，初中生减轻负担 180 元，如果这些孩子还享受免费教科书的话，那么小学生减负 210 元，初中生减负 320 元。大概 10% 左右的学生得到了住宿生活补贴，小学生能够得到 510 元，初中生得到 620 元②。据财政部、教育部印发的《关于调整完善农村义务教育经费保障机制改革有关政策的通知》可知，从 2007 年起三年内，新增经费 470 亿元左右，用于调整完善农村义务教育经费保障机制改革有关政策。至此，2006—2010 年全国农村义务教育经费保障机制改革累计新增经费，将由原来的 2182 亿元至少增加到 2652 亿元③。如果按照 2003—2007 年的农村初中及小学在校生数的下降规模来预测 2008—2010 年的在校生数，再将 2006—2007 年的在校生数合起来（小学+初中）计算可得在 2006—2010 年这 5 年间全国增加的看似很多的 2652 亿元平均到义务教育阶段，也就是每个农村学生每年 624—746 元之间，而这里面包括了校舍维修改造费、公用经费、免费教科书费、家庭经济困难寄宿生生活费，可见，除去校舍改造费、公用经费占保障经费的绝大部分外，对家长减免的教科书费及生活补助

① 《农村义务教育经费保障机制改革工作简报》第 9 期（总第 18 期），全国农村义务教育经费保障机制改革网站，[2007-09-12]。http：//www.qgbzb.cee.edu.cn/show_ news.jsp? id=1328。

② [一丹两会信箱]《教育部长谈农村义务教育》，中央电视台新闻网，[2007-03-05]。http：//news.cctv.com/china/20070305/105442.shtml。

③ 财政部新闻办公室：《2007—2009 年全国财政将新增 470 亿元完善农村义务教育经费保障机制》，中华人民共和国财政部教科文司网站，[2007-11-28]。http：//jkw.mof.gov.cn/zhengwuxinxi/tourudongtai/200807/t20080725_ 58875.html。

费合起来也就是每生每年不到 300 元[1]，这点钱其实起不了根本性的减轻负担的作用，和撒胡椒面没有太大差别，可见在增加农村义务教育经费方面还有很大的增长空间，才能从根本上减轻农村家庭的负担。为此，各级政府要依法履行职责，不断健全义务教育特别是农村义务教育经费保障机制，适当提高农村义务教育阶段家庭经济困难学生寄宿生活补助标准，改善中西部地区办学条件和中小学生营养状况，优化公共教育资源配置。

另外，部分极端贫困地区"补助款"成了"扶贫款"，学生的伙食并没有得到改善。义务教育阶段农村寄宿制学校学生可获得生活补助，然而由于贫困，相当多的家庭领到补助款只是补贴家用（张莺，2011）[2]：

在广西河池市都安瑶族自治县部分农村寄宿制小学，小学生自带大米、黄豆到学校蒸饭吃，一天只能吃上两顿黄豆蒸饭，一吃就是几年。由于营养跟不上，小学生普遍个头矮小，有些学生在晨跑时还会晕倒。根据我国"两免一补"政策，义务教育阶段农村寄宿制学校学生可获得生活补助，然而由于贫困，相当多的家庭领到补助款只是补贴家用，"补助款"成了"扶贫款"，学生的伙食并没有得到改善，部分地区（广西部分地区）出现农村小学生"顿顿吃黄豆蒸饭"。

顿顿吃黄豆蒸饭　孩子明显营养不良

3 月 24 日，记者来到都安瑶族自治县三只羊乡——全县最偏远的乡镇，离县城 80 多公里远。乡中心校三只羊小学校长蒙文武介绍，学校有学前班至六年级共 13 个班，485 名学生，372 名住宿生，大部分为瑶族，最远的学生走路需 8 个小时才能到家。

记者在学校看到，政府投资的教学楼、宿舍楼等都是崭新的。然而，到了吃饭时间，学生们吃得却非常差，大部分为黄豆蒸米饭，偶尔才能看到几个饭盒里放了几片腊肉。

记者来到宿舍，学生们有的趴在床沿，有的蹲在地上，捧着饭盒吃

---

[1] 沈有禄：《试论义务教育均衡发展》，《现代教育管理》2011 年第 6 期，第 20—25 页。

[2] 张莺：《广西都安县部分农村小学生"顿顿吃黄豆蒸饭"调查》，新华网，[2011-03-29]。http://news.xinhuanet.com/politics/2011-03/29/c_121245095.htm。

得津津有味，饭盒里绝大多数为黄豆蒸饭。

记者在校园看到，这里的学生普遍身材矮小，几乎看不到一个胖学生。据曾在此开展项目的中国发展研究基金会测算，三只羊小学学生能量摄入仅为推荐量的66%，维生素A摄入仅为推荐量的6%。学生平均身高和体重均大大低于全国平均水平，普遍相差两三个年龄段，如13岁男生只相当于全国农村11岁和城市10岁男生的水平。

营养餐"得而复失" 两免一补"变味"

蒙文武介绍，2007年3月至2009年5月，中国发展研究基金会曾在都安3所小学进行历时4个学期的学生营养改善实验项目，三只羊小学和澄江乡古山小学有幸成为接受营养餐实验的学校，每生每天分别获得5元、2.5元的伙食配给。然而，基金会的资金是有限的。两年投入800万元后，项目结束。"我现在特别怀念有营养餐的生活，还想继续吃。"4年级男孩袁忠柏说。

根据我国"两免一补"政策，义务教育阶段农村寄宿制学校学生可获得生活补助，在都安，小学补助标准为每生每天3元，按每学期在校时间125天计算，每生每学期可有375元的生活补助。然而，蒙文武说，这笔钱一般在每学期期末发到学校，根据规定学校要以现金的形式发到学生手上，学生交给父母处理。

记者了解到，2008年，广西壮族自治区财政厅、教育厅出台《广西农村义务教育阶段家庭经济困难寄宿生生活补助费管理暂行办法》，要求"以发放现金或转入学生银行储蓄卡（存折）的形式，及时将生活费发放到学生手中。"

家长拿了钱，自然不会将其全部用到学生吃饭上，这在当地人尽皆知。"肯定不可能都用于学生吃饭。"蒙文武及老师们很肯定地说。都安是国家级贫困县和广西最后一个实现"两基"的县，三只羊乡农民人均纯收入1368元，贫困决定着家长的选择。"我每周给儿子10元钱，周末他回家才可以吃一点肉。300多元钱，大概只能用200多元到儿子吃饭上。"在龙英村沙沟屯，毛南族村民覃志芳说。在他家隔壁，60多岁的老人袁秀央带着留守孙子覃宝生活，每周给覃宝的生活费更少。

可见，完全享受到"两免一补"的学生，确实能减轻其家长负担，不过这部分比例比较小，还有很大比例的学生只享受到140—180元学杂费的减免、每年不到300—600元（600元以上述电视台报道及新华网的数据估算值，西部地区补助应该高点，300元为作者初略估算的全国平均值）的免教课书费及生活补助费，相对于家长承担的更大的教育负担来说，也只能是杯水车薪了。因此，后续需要继续加大对"新机制"的投入保障经费，使受益面更广，受益人获得更多的好处，更大程度的减轻贫困家庭的教育负担。

再次，"两免一补"在西部刚开始实施时，并没有把农村民办中小学校就读的学生纳入政策适用范围，而民办中小学就读的农村学生达数百万，对他们利益的忽视就是对千百万家庭及其孩子的不公平待遇。这也是"两免一补"的重大缺陷之一，急需改进，而至今仍未听到有关部委将民办中小学学生纳入保障范围。因此，从平等的角度考虑，应将民办中小学就读的学生也纳入政策适用范围①。

最后，贫困生人数涉及免教科书人数的问题，而免教科书费用由中央政府负担，中央政府在拨付免教科书费用时是按应有人数拨付的，具体执行到县级教育主管部门及下面的具体学校时，学校少报贫困生人数就可以赚取应有人数与所报人数之差额的免教科书费，差额越大，学校或者是县政府就可以越多地截留一些免教科书的费用，因为这笔费用是中央政府已经拨付了的。中央财政补助收入有被县教育主管部门及学校截留或挪用现象，经费不能按时足额到位。加上县级财力不能完全承担农村义务教育投资，要求配套资金的转移支付政策对县级政府缺乏吸引力，县级政府在政策执行中容易产生折扣行为②。因此，在执行到县一级教育主管部门及学校时，需要加强监

---

① 沈有禄：《论"两免一补"政策及其改进》，《当代教育科学》2007年第19期，第12—14页。
② 张素蓉：《中国西部农村基础教育经济政策研究——以四川省为例》，北京师范大学2007年博士学位论文，第151—152页。

管，对经费的使用有明确的监督，使其透明化，尽量做到专款专用，不截留，各地学校及主管部门应如实上报人数，使应受到补助的人得到相应的补助。

"一补"（寄宿学生生活补助）应该扩大补助范围，可以将走读生也纳入进去，因总的来说走读生的精神面貌不如寄宿生；另外补助标准应该随着物价的上涨而上调，且拨付基数应该以当年上报的学生报表数为准而不是以上一年的学生报表上的数据为准，因农村中小学布局调整撤并学校，致使中心地区学校寄宿生骤增。

按教育部的规定学生要寄宿，家庭必须离学校 2.5 公里以上，就是教师要骑着摩托车丈量一遍又一遍，很多学生家庭距离学校超过 2.5 公里可是也不能住进学校。另外对寄宿生的补助经费应该以当年的学生报表数来拨付，而不能以前一年的学生数来拨付，如果仍以前一年的学生数的话后一年学生数增加了就降低了学生生活费的补助标准。据中央电视台新闻频道（CCTV-13）2011 年 3 月 28 日报道，"西部青海乐都县 2007 年有寄宿生 3287 人，生活补助费共 329 万元；因撤并学校，该校 2008 年寄宿生骤然增加至 6667 人，而生活补助费仍然为 329 万元，相当于 2008 年两个学生才能吃上 2007 年 1 个学生的饭。由于补助经费没增加而寄宿学生增加了一倍，学校只能每学期开学时向学生征收清油和土豆，乐都县马场乡中心学校规定每个寄宿生每学期（以 4 个月计）交 4 斤清油和 100 斤土豆，土豆要一个一个的验收，坏掉的和青的要背回家重新换回。据当地教育局负责人介绍，如果要每个学生每天吃 1 个鸡蛋、喝半斤奶、再有点肉吃，每个学生每天需要补助 9 元，而 2008 年该县的补助标准是小学生 50 元每月，初中生 60 元每月，即每天不到 3 块钱，这样原来每顿能吃点牛羊肉的，现在每顿只能吃土豆了。"①

---

①《寄宿学生倍增"一补"范围亟待提高》，凤凰网，［2010-03-29］。http://v.ifeng.com/news/society/201103/d0ce4137-ad6d-4a9a-a79f-d4c92d57d175.shtml。

3.4 对落后地区、弱势群体的专项补助及中央财政转移支付

3.4.1 义务教育资源的再分配——教育转移支付

我国一般把转移支付理解为政府单方面的无偿支出，政府间财政转移支付包括上下级政府间的纵向转移支付和同级政府间的横向转移支付，转移支付手段主要有三种：资金转移、税收分享和税收空间转移。教育转移支付是财政转移支付的重要组成部分，教育财政转移支付包含一般转移支付与专项转移支付[①]。

当前，在我国义务教育转移支付特别是义务教育转移支付经费必须足额列入财政预算，由人民代表大会审核和批准。县级政府建立全面需求预算，市、省、中央政府建立义务教育财政转移支付预算。在同一行政区内，对实施义务教育的学校，以学生数为标准，实行均等化拨款制度[②]。《义务教育法》规定"国务院和省、自治区、直辖市人民政府规范财政转移支付制度，加大一般性转移支付规模和规范义务教育专项转移支付，设立专项资金，扶持农村地区、民族地区实施义务教育。"

可见，中央和省级政府应是义务教育转移支付的主体，受资助地区主要为中西部地区、农村地区及少数民族地区。转移支付的核心是根据义务教育的经费需求和各级政府的财政能力来确定各级财政的支付额度。具体操作时，在确定了具体的生均教育经费最低标准模型后，用全国最低生均教育经费标准减去各地实际的生均教育经费，再乘以各地的学生数，得到各地应得

---

① 杜育红：《教育发展不平衡研究》，北京师范大学出版社2000年版，第155—165页。
② 王善迈等：《重构我国公共财政体制下的义务教育财政体制》，《北京大学教育评论》2005年第4期，第25—30页。

到的补偿经费数，低于全国最低标准的，由中央、地方政府负责补足差额部分，具体的分担比例可参照"两免一补"政策中免学杂费资金由中央和地方按比例分担，西部地区为8：2，中部地区为6：4；东部地区除直辖市外，按照财力状况分省确定。实际上，对西部省份的差额可以完全由中央政府来承担，从这几年的生均经费来看，中部省份与西部省份差距不是很大，中部省份的差额部分也可以完全由中央政府来承担，或者将其比例调高为8：2或9：1；东部则因其生均经费一般高于全国最低标准，一般不需要转移支付。

而目前我国的实际情况是，上级政府的补助主要不是通过转移支付的形式，而主要是通过税收返还的形式进行的，其具体表现为：上税多则返还多，上税少则返还少，也就是说，越是富裕的地方则越可以得到比较多的税收返还，越是贫困的地方得到的税收返还越少。税收返还还没有打破原有的财力分配格局，也没有通过对资源配置的宏观调控，来缩小各地区之间公共服务特别是教育供给方面的差距①。而且目前由于实行分税制，中西部落后地区的地方政府的财政支出实力还是不足以完成一般转移支付，转移支付的主体更多的要落实到中央政府头上。因此，今后的政策中应加大中央政府的一般教育转移支付力度，不仅局限于某些专项转移支付，把转移支付纳入常态化、正规化，成为教育投入的一种基本形态。

目前中央政府的财政实力足以承担对各地区的教育转移支付。中共中央党校周天勇教授认为，根据他看到的数字，2007年中央政府的税收估计全部收入在9万亿元以上，占整个国民生产总值36%。但很多收入并没有进入财政预算，包括罚款、收费、土地出让、彩票、矿山拍卖，还有交通一些收费都没有进入预算，都在各部门手里，很多部门都有自己的预算。这9万亿元远高于政府公布的5.1万亿元②。如果我们能减少各种行政浪费、人大

---

① 孙宵兵等：《教育的公正与利益——中外教育经济政策研究》，华东师范大学出版社2005年版，第98页。

② 于泽远：《人大代表和学者：实际收入远高于公布数字，财政实入9万亿干什么了？》，联合早报网，[2008-03-06]。http://www.zaobao.com/special/npc/pages3/npc080306.shtml。

再拥有一点预算编制权，不让国务院预算编制委员会独自制定政府预算，让人民的利益通过人大代表得以反应在预算编制上，如果将教育转移支付也预算单列的话，那么解决各地区的教育转移支付一点问题也没有，义务教育的均衡发展也得到了坚强的财力保障。其中，人员经费与基建经费的转移支付问题恰恰是农村义务教育最重要的问题，而基建经费转移支付是间接的，需要经过许多环节、耗费很多时间，目前在转移支付总经费有限的情况下，更要考虑其使用效率，通过效率来促进义务教育的均衡发展，最终随着财力的增强而不断的增加转移支付的力度，最终在效率与公平的平衡中实现义务教育均衡发展①。

3.4.2　确定全国生均教育经费的"低保"——最低标准

根据"新机制"改革的要求，2009 年中央出台农村义务教育阶段中小学公用经费基准定额。为了进一步推进教育公平，特别是在生均经费方面的基本公平，应该确定全国范围内的生均教育经费基准以及相应的人、财、物各项指标最低投入标准。其内容应包括：义务教育教职工编制标准以及工资标准；义务教育学校基本建设标准（场地、校舍、建筑物、教学仪器设备、图书资料等具体标准）；保持学校正常运转的生均公用经费标准②。国家可根据最近几年来的全国的生均教育经费水平的平均值，再结合考虑到这几年的循环增长比例、全国经济增长比例与财政增长比例以及消费价格指数的影响，制定出一个随经济发展而增长的生均教育经费标准，这个标准作为全国的生均教育经费的基准，全国各个地方都要达到这一标准，各地不足部分可以享受国家的财政补贴与转移支付。由于我国长期以来公共教育经费投入不足，很难达到 20 世纪 80 年代就提出的到 2000 年达到教育经费占全国 GDP 的 4% 的标准，有人认为这一标准制定得过高，随着我国经济的高速发展，

---

① 陈东生：《区域基础教育均衡发展研究——政府教育经营理论创建与实践机制选择》，山东科学技术出版社 2007 年版，第 178 页。

② 王善迈等：《重构我国公共财政体制下的义务教育财政体制》，《北京大学教育评论》2005 年第 4 期，第 25—30 页。

GDP 总量在不断的增大，2007 年全国 GDP 接近 25 万亿元，如果拿出 4%，就是 1 万亿元，恐怕制定国家预算的人是舍不得划出这么一大块饼出来给教育的。所以，全国生均教育经费基准不应制定得太高，省级政府可根据自身的实际情况，制定不低于国家标准的省级最低标准，发达地区的标准也应有个上限标准，不能让差距再继续扩大下去。这样既满足了全国最低标准，也兼顾了部分发达地区的特殊要求。即在此基础上，政府尤其应该实施差异性的制度安排，不均等地对待不同者，有效的公共教育资源应当优先考虑西部地区、贫困落后地区，向弱势群体倾斜。"学生受到的公费资助，不应该是均等的，均等的资助并不公平，公平的机会均等只有通过不均等的资助才能实现。①"

具体制定生均教育经费全国最低标准时，可将其按人员经费标准、公用经费标准、基建经费标准三部分分别制定标准，再将其加总，形成一个总的生均教育经费全国基准。"新机制"改革已要求中央在 2009 年出台农村义务教育阶段中小学公用经费基准定额，剩下的就是制定全国人员经费标准及全国基建经费标准了。具体办法可委托教育经济学、经济学领域的计量专家对义务教育成本进行核算与计量，结合国际比例制定一个适合我国国情的生均教育经费标准。具体在制定标准时要考虑"必要性"与"适度的前瞻性"相结合，凡建立的标准都应该符合普遍的切实需求，也应该具有相对稳定的适用期，也要考虑发展的变化需要，制定的标准也应具有前瞻性。"统一性"与"差异性"相结合，制定全国统一标准时，也要考虑到各地区由于地理环境、社会文化习俗乃至经济发展水平有着很大的差异，标准应具有对不同地区分类指导的意义②。

制定人员经费标准及公用经费标准时，要做到保证"三个增长"的需要，即国务院和地方各级人民政府用于实施义务教育财政拨款的增长比例应

---

① 张民选：《理想与抉择——大学生资助政策的国际比较》，人民教育出版社 1999 年版，第 79 页。

② 宋家乐：《农村义务教育经费财政保障机制研究》，东北师范大学 2006 年硕士学位论文，第 32、34 页。

当高于财政经常性收入的增长比例，保证按照在校学生人数平均的义务教育费用逐步增长，保证教职工工资和学生人均公用经费逐步增长。在制定生均基建经费标准时，考虑到我国义务教育阶段基本建设投入短缺，校舍面积不足，以及每年有新增危房产生的实际情况和国际平均水平，生均基建支出可预设为教育事业性支出的 10%，因此义务教育生均基建经费最低标准 =（生均人员支出最低标准+生均公用经费最低标准）×10%。对那些危房比较多，改造甚少的地方，可以乘以大于 1 的系数进行调整，直到各地基本办学条件有本质的改变后，生均基建经费标准占生均事业性经费的比例（基建经费本身并不包含在事业性经费之内）可以适当调低，即上述的 0.1 的系数可以根据各地的危房改造进度与基本办学条件进行调低处理。

4 印度基础教育发展成就及其问题

4.1 印度基础教育发展的成就

4.1.1 印度国情及基础教育制度简介

4.1.1.1 印度基本国情介绍

印度，全称为印度共和国（Republic of India），又称布哈拉特·甘拉加（Bharat Ganrajya），是世界四大文明古国之一。位于北半球，地处北纬 8.4 度至 37.6 度与东经 68.7 度至 97.25 度之间，印度半岛北起亚洲大陆的喜马拉雅山，整个国家由东面的孟加拉湾、西面的阿拉伯海、南面的印度洋所包围。陆地面积 328.7263 万平方公里，南北长 3214 公里，东西宽 2933 公里，边境线长 15200 公里，海岸线长 7516.6 公里，是世界上陆地面积第七大的国家。西北部与阿富汗、巴基斯坦接壤，北部与中国、不丹、尼泊尔接壤，东部与缅甸接壤，西孟加拉邦东部与孟加拉接壤，斯里兰卡被印度以一条狭长的海峡，即泊克海峡（Palk Strait）和马拉尔湾（Gulf of Mannar）所隔开。

印度自 1947 年 8 月 15 日从英国的殖民统治中独立出来，因此每年的 8 月 15 日为印度共和国的"独立日"，印度政府于 1950 年 1 月 26 日颁布实施其第一部共和国宪法，因此1950年1月26日为其"共和国日"，另外每年的10月2日为印度国父"圣雄甘地诞辰日"（生日）。

印度截至2001年3月1日有人口10.28亿，印度教徒占80.5%，穆斯林占13.4%，其他为基督教徒等。

截至2005年9月，印度服务业占国内生产总值的56%，农业占22%，工业占22%；印度的人均国内生产总值为543美元，按购买力平价（Purchasing Power Parity，PPP）来算，印度的GDP达3万亿美元，是世界上第四大经济体，仅次于美国、中国及日本[①]。

1. 印度各地最近几年人口变化趋势

表4-1反映了印度2004、2007年的人口变化情况。

表4-1 印度各地2007—2008年度及2004—2005年度人口数

（单位：千人）

序号	邦/中央联盟区	2007			2004			2007年人口城市化率排名	2007年人口规模排名
		合计	城市	农村	合计	城市	农村		
1	Andhra Pradesh	81554	22067	59487	79919	21981	57613	16	5
2	Arunachal Pradesh	1184	246	938	1149	292	865	25	27
3	Assam	29053	3756	25297	28260	3875	24388	32	14
4	Bihar	92208	9669	82539	89234	9374	79915	34	3
5	Chhattisgarh	22933	4607	18326	22222	4723	17538	27	17
6	Goa	1539	766	773	1450	775	684	4	26
7	Gujarat	55809	20854	34955	53944	20970	33273	9	10
8	Haryana	23743	6903	16840	22788	7071	15837	14	16
9	Himachal Pradesh	6526	640	5886	6373	654	5694	35	21
10	Jammu & Kashmir	11099	2753	8346	10810	2753	8148	21	19
11	Jharkhand	29745	6616	23129	28848	6521	22328	24	13

---

① India at a Glance［EB/OL］，印度中央政府门户网站，［2007-03-25］，http：//india. gov. in/knowindia/india_ at_ a_ glance. php.

续表

序号	邦/中央联盟区	2007			2004			2007年人口城市化率排名	2007年人口规模排名
		合计	城市	农村	合计	城市	农村		
12	Karnataka	56909	19340	37569	55517	19588	36108	11	9
13	Kerala	33535	8707	24828	32904	8488	24573	19	12
14	Madhya Pradesh	67569	17878	49691	65114	17041	47648	18	6
15	Maharashtra	106386	45137	61249	103107	45310	57851	8	2
16	Manipur	2336	621	1715	2273	583	1682	17	24
17	Meghalaya	2500	490	2010	2433	500	1953	28	23
18	Mizoram	958	475	483	937	458	459	5	30
19	Nagaland	2146	370	1776	2090	375	1729	29	25
20	Orissa	39276	5887	33389	38494	6030	32485	31	11
21	Punjab	26391	8953	17438	25577	9263	16576	12	15
22	Rajasthan	63407	14828	48579	61246	14413	46636	22	8
23	Sikkim	583	65	518	572	83	500	33	31
24	Tamil Nadu	65629	28905	36724	64663	31165	33438	7	7
25	Tripura	3449	588	2861	3368	583	2765	30	22
26	Uttar Pradesh	186755	38812	147943	179667	38202	141375	26	1
27	Uttarakhand	9365	2404	6961	9075	2422	6659	20	20
28	West Bengal	86125	24089	62036	84092	23786	60574	15	4
29	A&N Islands	434	142	292	403	144	260	13	32
30	Chandigarh	1162	1043	119	1053	947	105	2	28
31	D&N Haveli	281	65	216	252	83	172	23	33
32	Daman & Diu	227	82	145	200	67	158	10	34
33	Delhi	16484	15360	1124	15520	14657	1000	1	18
34	Lakshadweep	74	33	41	73	30	42	6	35
35	Puducherry	1146	763	383	1055	713	343	3	29
	全国	1128520	313912	814608	1094032	314286	781188	27.82%	

资料来源：2007年合计及农村人口数来自 *Statistica of School Education* 2007—2008，第121和127页，城市人口数为合计-农村计算得出；2004年人口数根据 *Handbook of Statistics on Indian Economy* 2009—2010（Sep 15，2010）中的 Table 162：Number and percentage of population of below poverty line（http://www.rbi.org.in/scripts/PublicationsView.aspx? id=12853）中各邦的贫困人口数及其比例计算出各邦的总人口数。

由表4-1可知，印度总人口规模从2004年的10亿9403万人，增加到

2007年的11亿2852万人，印度2007年人口规模上1亿的地区有2个，上8千万的有5个，上5千万的有10个，人口不足1000万的有16个，不足100万的有6个。至2007年各地总人口规模中排名前7位的地区（邦/中央联盟区，下同）为：尤塔—普雷德仕18675.5万人（占全国的16.55%）、马哈拉施特拉10638.6万人（占全国的9.43%）、比哈尔9220.8万人（占全国的8.17%）、西孟加拉8612.5万人（占全国的7.63%）、安德拉—普雷德仕8155.4万人（占全国的7.23%）、曼德亚—普雷德仕6756.9万人（占全国的5.99%）、塔米尔—纳杜6562.9万人（占全国的5.82%），这7个人口最大邦合计的总人口数占了全国的60.81%；最少5地区为：锡金58.3万人、安达曼与尼扣巴岛43.4万人、达德拉和纳嘎—哈维里28.1万人、达曼和迪由22.7万人、拉克歇德维普7.4万人。

2007年印度的城市与农村人口所占比例分别为27.82%和72.18%，即印度农村人口比重很大，仍然超过70%。2007年各地人口城市化率（城镇人口占总人口的比例）最高的5个地区是：德里93.18%、勘迪嘎89.76%、普达切瑞66.58%、果阿49.77%、米苏拉姆49.58%，其中前三名为中央联盟区；城市化率最低的5个地区是：奥里萨14.99%、阿萨姆12.93%、锡金11.15%、比哈尔10.49%、西玛恰尔—普雷德仕9.81%；城市化率大于全国平均水平27.82%的地区有15个，大于40%的有8个，大于30%的有13个，低于20%的有8个。

2. 印度各地2004—2005年贫困线及贫困人口比例

表4-2反映了印度2004—2005年的人口变化情况。

表4-2 印度2004—2005年各邦贫困线以下人口及其比例

（单位：千人）

序号	邦/中央联盟区	农村			城市			合计	
		贫困人口（十万人）	贫困人口的比例（%）	生活贫困线（卢比/月）	贫困人口（十万人）	贫困人口的比例（%）	生活贫困线（卢比/月）	贫困人口（十万人）	贫困人口的比例（%）
1	Andhra Pradesh	43.21	7.50	292.95	45.50	20.70	542.89	88.71	11.10

续表

序号	邦/中央联盟区	农村			城市			合计	
		贫困人口（十万人）	贫困人口的比例（%）	生活贫困线（卢比/月）	贫困人口（十万人）	贫困人口的比例（%）	生活贫困线（卢比/月）	贫困人口（十万人）	贫困人口的比例（%）
2	Arunachal Pradesh	1.47	17.00	387.64	0.07	2.40	378.84	1.54	13.40
3	Assam	41.46	17.00	387.64	0.93	2.40	378.84	42.39	15.00
4	Bihar	262.92	32.90	354.36	27.09	28.90	435.00	290.01	32.50
5	Chhattisgarh	54.72	31.20	322.41	16.39	34.70	560.00	71.11	32.00
6	Goa	0.13	1.90	362.25	1.62	20.90	665.90	1.74	12.00
7	Gujarat	46.25	13.90	353.93	21.18	10.10	541.16	67.43	12.50
8	Haryana	14.57	9.20	414.76	7.99	11.30	504.49	22.56	9.90
9	Himachal Pradesh	4.10	7.20	394.28	0.17	2.60	504.49	4.27	6.70
10	Jammu & Kashmir	2.20	2.70	391.26	2.34	8.50	553.77	4.54	4.20
11	Jharkhand	89.76	40.20	366.56	10.63	16.30	451.24	100.39	34.80
12	Karnataka	43.33	12.00	324.17	53.28	27.20	599.66	96.60	17.40
13	Kerala	23.59	9.60	430.12	13.92	16.40	559.39	37.51	11.40
14	Madhya Pradesh	141.99	29.80	327.78	66.97	39.30	570.15	210.97	32.40
15	Maharashtra	128.43	22.20	362.25	131.40	29.00	665.90	259.83	25.20
16	Manipur	2.86	17.00	387.64	0.14	2.40	378.84	3.00	13.20
17	Meghalaya	3.32	17.00	387.64	0.12	2.40	378.84	3.43	14.10
18	Mizoram	0.78	17.00	387.64	0.11	2.40	378.84	0.89	9.50
19	Nagaland	2.94	17.00	387.64	0.09	2.40	378.84	3.03	14.50
20	Orissa	129.29	39.80	325.79	24.30	40.30	528.49	153.59	39.90
21	Punjab	9.78	5.90	410.38	3.52	3.80	466.16	13.30	5.20
22	Rajasthan	66.69	14.30	374.57	40.50	28.10	559.63	107.18	17.50
23	Sikkim	0.85	17.00	387.64	0.02	2.40	378.84	0.87	15.20
24	Tamil Nadu	56.51	16.90	351.86	58.59	18.80	547.42	115.10	17.80
25	Tripura	4.70	17.00	387.64	0.14	2.40	378.84	4.85	14.40
26	Uttar Pradesh	357.68	25.30	365.84	100.47	26.30	483.26	458.15	25.50
27	Uttarakhand	21.11	31.70	478.02	7.75	32.00	637.67	28.86	31.80
28	West Bengal	146.59	24.20	382.82	26.64	11.20	449.32	173.23	20.60
29	A&N Islands	0.44	16.90	351.86	0.27	18.80	547.42	0.71	17.60
30	Chandigarh	0.04	3.80	410.38	0.36	3.80	466.16	0.40	3.80

序号	邦/中央联盟区	农村			城市			合计	
		贫困人口（十万人）	贫困人口的比例（%）	生活贫困线（卢比/月）	贫困人口（十万人）	贫困人口的比例（%）	生活贫困线（卢比/月）	贫困人口（十万人）	贫困人口的比例（%）
31	D&N Haveli	0.62	36.00	362.25	0.16	19.20	665.90	0.77	30.60
32	Daman & Diu	0.03	1.90	362.25	0.14	20.80	665.90	0.16	8.00
33	Delhi	0.01	0.10	410.38	15.83	10.80	612.91	15.83	10.20
34	Lakshadweep	0.04	9.60	430.12	0.05	16.40	559.39	0.09	12.30
35	Puducherry	0.58	16.90	351.86	1.34	18.80	547.42	1.92	18.20
	全国	1702.99	21.80	356.30	682.00	21.70	538.60	2384.99	21.80

注：该贫困线是以一个月及一年为期限的消费数据来综合计量的（Based on Mixed Recall Period Consumption），与以一个月为期限的消费数据来计量的贫困线不同（Based on Uniform Recall Period Consumption），后者要大些。

原始资料来源：Planning Commission, Government of India.

资料来源：Table 162：Number and percentage of population of below poverty line（http：//www. rbi. org. in/scripts/PublicationsView. aspx? id=12853）来自 *Handbook of Statistics on Indian Economy* 2009—10, Sep 15, 2010.

由表4-2可知，印度在2004—2005年度全国的贫困率为21.80%，高于这一水平的地区有9个，高于30%的有7个，高于20%的有10个，高于15%的有17个，高于10%的有28个。贫困发生率最高的5个地区为：奥里萨39.90%、贾克汉德34.80%、比哈尔32.50%、曼德亚—普雷德仕32.40%、恰蒂斯加尔32.00%；最小5地区为：达曼和迪由8.00%、西玛恰尔—普雷德仕6.70%、庞贾布5.20%、查谟和克什米尔4.20%、勘迪嘎3.80%。有16个地区的城市人口贫困发生率是要低于农村的，只有8个地区的城市贫困线要低于农村的贫困线，有10个地区的城市贫困线要比农村高200卢比以上，有17个地区城市比农村要高出150卢比；全国城市贫困线为538.60卢比，高于这一水平的地区有18个，高于600卢比的有76个；全国农村贫困线为356.30卢比，高于这一水平的地区有25个，高于400卢比的有7个。如果按照上述2004年的贫困线标准则印度全年共有2亿3849.9万人处于贫困线以下，其中城市贫困人口为6820万人，农村贫困人口为1亿7029.9万人。

3. 印度各地2003—2008年GDP分析

由表4-3可知，印度各地GDP从2003年的25万3817亿卢比增加到

2008 年的 52 万 2865 亿卢比，增加了 106%，即 6 年实现了翻番。2007 年印度各地（缺 4 个地区的值）GDP 排名最前 5 位为：马哈拉施特拉 50495.1 亿卢比、尤塔—普雷德仕 30322.8 亿卢比、安德拉—普雷德仕 29209.8 亿卢比、西孟加拉 27786.9 亿卢比、塔米尔—纳杜 26866.7 亿卢比，过万亿卢比的地区有 15 个；排名最后 5 位为：曼尼普尔 518.1 亿卢比、阿鲁纳恰尔—普雷德仕 345 亿卢比、米苏拉姆 288.7 亿卢比、锡金 1081 亿卢比、安达曼与尼扣巴岛 195.8 亿卢比，低于 5000 亿卢比的地区有 13 个。

2003—2007 年这 5 年间各地（缺 4 个地区的值）增长幅度排名最前 5 位为：勘提斯嘎 107.76%、果阿 105.65%、奥里萨 96.29%、勘迪嘎 91.82%、普达切瑞 88.31%；增长幅度最后 5 位为：曼尼普尔 45.37%、垂普拉 43.16%、查谟和克什米尔 42.69%、米苏拉姆 38.60%、曼德亚—普雷德仕 35.61%；增长幅度超过全国平均水平 78.91% 的地区有 9 个，经济增长超过 1 倍的地区有 2 个，超过 80% 的有 9 个，超过 70% 的有 14 个。

表 4-3　印度各地 2003—2008 年 GDP 表　（单位：千万卢比）

序号	邦/中央联盟区	2003	2004	2005	2006	2007	2008	2007排名	2003—2007增幅
1	Andhra Pradesh	172411	190207	214280	247220	292098	338907	3	69.42
2	Arunachal Pradesh	2193	2549	2592	3029	3450	4016	28	57.32
3	Assam	42927	47513	52390	58353	64395	71164	17	50.01
4	Bihar	59701	66041	70686	89763	103064	129082	15	72.63
5	Chhattisgarh	33823	37857	44268	56971	70272	83104	16	107.76
6	Goa	8050	10039	11587	13274	16555	—	22	105.65
7	Gujarat	142534	155184	187223	218898	257694	—	6	80.79
8	Haryana	75918	85562	96857	119285	141602	168322	10	86.52
9	Himachal Pradesh	18127	20299	22482	24787	27523	30923	20	51.83
10	Jammu & Kashmir	18992	20724	22623	24747	27100	—	21	42.69
11	Jharkhand	36528	44588	47362	54621	59799	65334	18	63.71
12	Karnataka	114230	136697	161182	179645	207773	237487	7	81.89

续表

序号	邦/中央联盟区	2003	2004	2005	2006	2007	2008	2007排名	2003—2007增幅
13	Kerala	84734	95572	109554	126842	145235	167469	9	71.40
14	Madhya Pradesh	90871	93654	101939	113221	123230	—	13	35.61
15	Maharashtra	294202	332070	375472	435055	504951	—	1	71.63
16	Manipur	3564	4058	4477	4787	5181	5623	27	45.37
17	Meghalaya	4723	5138	5741	6565	7506	8580	26	58.92
18	Mizoram	2083	2181	2398	2629	2887	3184	29	38.60
19	Nagaland	4474	4780	5054	5480	—	—	—	—
20	Orissa	53733	62700	68067	83257	105470	117924	14	96.29
21	Punjab	79840	85761	96108	107591	128303	148008	12	60.70
22	Rajasthan	98236	102376	111323	133476	153697	176044	8	56.46
23	Sikkim	1209	1356	1539	1729	1958	2234	30	61.95
24	Tamil Nadu	153874	177222	205596	243351	268667	299119	5	74.60
25	Tripura	6990	7648	8712	9546	10007	—	24	43.16
26	Uttar Pradesh	200463	217577	242156	271750	303228	350297	2	51.26
27	Uttaranchal	18009	20794	22834	27332	31079	35048	19	72.57
28	West Bengal	173112	190248	207495	239334	277869	317837	4	60.51
29	A & N Islands	1258	1382	1533	1792	1958	—	31	55.64
30	Chandigarh	6881	8163	9553	11367	13199	15287	23	91.82
31	Delhi	73270	83861	96492	114425	131884	—	11	80.00
32	Pondicherry	4886	4512	5408	7523	9201	10460	25	88.31
	全国	2538170	2967599	3402316	3941865	4540987	5228650		78.91

注：其中印度 2003 年的 GDP 是以 1999—2000 年价格计算，2004—2005、2008—2009 年度的 GDP 是以 2004—2005 年价格计算，各邦内生产总值是以 1999—2000 年价格计算，统计中有 3 个邦/中央联盟区的数据缺失。

原始资料来源：Central Statistical Organisation（CSO）website as on 31. 07. 10.

资料来源：*Handbook of Statistics on Indian Economy* 2009—10（http：//rbidocs. rbi. org. in/ rdocs/Publications/DOCs/4T_ HBSE200910. xls）。

4. 印度各地 2003—2008 年人均 GDP 分析

表 4-4 反映了印度各地 2003—2008 年的人均 GDP 情况。

由表 4-4 可知，印度全国的人均 GDP 从 2003 年的 20871 卢比增加到 2008 年的 37490 卢比，6 年间增加了 79.63%。2007 年印度各地（缺 4 个地区的值）人均GDP排名最前5位为：勘迪嘎110728卢比、古贾拉特105582卢比、德里78690卢比、庞蒂切瑞78302卢比、西玛恰尔—普雷德仕59008卢比；排名最后5位为：果阿19928卢比、曼尼普尔19780卢比、曼德亚—普雷德仕18051卢比、尤塔—普雷德仕16060卢比、比哈尔11074卢比；高于全国平均水平33283卢比的地区有15个，高于4万卢比的有12个，高于5万卢比的有5个，低于3万卢比的有14个，低于2万卢比的有5个。

表4-4　印度各地2003—2008年人均GDP表　（单位：卢比）

序号	邦/中央联盟区	2003	2004	2005	2006	2007	2008	2007排名	2003—2007增幅
1	Andhra Pradesh	21931	23925	26662	30439	35600	40902	14	62.33
2	Arunachal Pradesh	19322	22185	22291	25717	28945	33302	20	49.80
3	Assam	15487	16900	18378	20194	21991	23993	26	42.00
4	Bihar	6852	7449	7840	9796	11074	13663	31	61.62
5	Chhattisgarh	15515	16976	19501	24556	29776	34483	19	91.92
6	Goa	12951	15555	16267	18474	19928	21465	27	53.87
7	Gujarat	54577	66135	78612	87501	105582	—	2	93.46
8	Haryana	26922	28846	34264	39459	45773	—	8	70.02
9	Himachal Pradesh	34085	37681	41857	50611	59008	68914	5	73.12
10	Jammu & Kashmir	28333	31197	33943	36766	40107	44538	12	41.56
11	Jharkhand	17991	19337	20799	22426	24214	—	24	34.59
12	Karnataka	20901	24707	28787	31713	36266	40998	13	73.51
13	Kerala	25999	29071	33044	37947	43104	49316	10	65.79
14	Madhya Pradesh	14306	14471	15466	16875	18051	—	29	26.18
15	Maharashtra	29139	32376	36048	41144	47051	—	6	61.47
16	Manipur	14728	16433	17772	18630	19780	21062	28	34.30
17	Meghalaya	19702	21170	23355	26387	29811	33674	18	51.31
18	Mizoram	21963	22417	24029	25682	27501	29576	22	25.22
19	Nagaland	19806	20133	20255	20892	—	—	—	—
20	Orissa	14169	16359	17576	21282	26654	29464	23	88.11
21	Punjab	31261	32970	36277	39874	46686	52879	7	49.34
22	Rajasthan	16507	16874	18008	21203	23986	27001	25	45.31

序号	邦/中央联盟区	2003	2004	2005	2006	2007	2008	2007排名	2003—2007增幅
23	Sikkim	21476	23791	26628	29819	33349	37553	15	55.28
24	Tamil Nadu	24087	27512	31663	37190	40757	45058	11	69.21
25	Tripura	21138	22836	25700	27816	28806	—	21	36.28
26	Uttar Pradesh	11458	12196	13315	14663	16060	18214	30	40.16
27	Uttaranchal	20312	23069	24928	29373	32884	36520	16	61.89
28	West Bengal	20873	22675	24457	27905	32065	36322	17	53.62
29	A & N Islands	32670	34640	37127	41962	44304	—	9	35.61
30	Chandigarh	70434	79562	88456	100146	110728	119240	1	57.21
31	Delhi	49004	54505	60951	70238	78690	—	3	60.58
32	Pondicherry	47778	43303	52408	71719	78302	84625	4	63.89
	全国	20871	23198	26003	29524	33283	37490		59.47
	变异系数	0.652	0.659	0.685	0.704	0.722			

注：其中印度总的人均 GDP 及各邦人均邦内生产总值是以 1999—2000 年价格计算，统计中有 3 个邦/中央联盟区的数据缺失。
原始资料来源：Central Statistical Organisation（CSO）website as on 31.07.10.
资料来源：*Handbook of Statistics on Indian Economy* 2009—10（http：//rbidocs.rbi.org.in/rdocs/Publications/DOCs/8T_HBSE200910.xls）.

2003—2007 年这 5 年间各地（缺 4 个地区的值）增长幅度排名最前 5 位为：古贾拉特 93.46%、勘提斯嘎 91.92%、奥里萨 88.11%、卡纳塔卡 73.51%、西玛恰尔—普雷德仕 73.12%；增长幅度最后 5 位为：安达曼与尼扣巴岛 35.61%、贾克汉德 34.59%、曼尼普尔 34.30%、曼德亚—普雷德仕 26.18%、米苏拉姆 25.22%；高于全国平均水平 59.47% 的地区有 14 个，高于 70% 的有 6 个，低于 40% 的有 6 个，低于 30% 的有 2 个。

2003—2007 年这 5 年间最大与最小地区（2003 年缺 3 个地区值，2007 年缺 4 个地区值）的绝对差距（极差）从 63582 卢比增加到 99654 卢比，相对差距（极差率）从 10.28 下降到 10.00；5 年间各地人均 GDP 的离差程度（变异系数）从 0.652 增加到 0.722，中间几年也是一直呈上升的趋势。

5. 印度与中国 2003—2008 年 GDP 及人均 GDP 比较分析

表 4-5 反映了印度与中国在 2003—2008 年间以 GDP 衡量的经济情况。

表 4−5　印度与中国 2003—2008 年 GDP 及人均 GDP 表

比较项目	国家	2003	2004	2005	2006	2007	2008
GDP（亿美元）	印度	—	—	8102	9149	11769	12175
	中国	—	—	22359	26579	33823	43262
人均 GDP（美元）	印度	—	—	740	820	950	1070
	中国	—	—	1740	2010	2410	2940
GDP（亿国际元）	印度	30780	—	38156	42173	30921	33885
	中国	64460	—	85727	101533	70551	79032
人均 GDP（国际元）	印度	2892	—	3486	3827	2753	2972
	中国	5003	—	6572	7660	5345	5962

注：该表格中 2007、2008 年度的以 PPP 计算的 GDP 及人均 GDP 要低于 2006 年及以前的，主要是因为 2007、2008 年计算时以哪一年（基年 2）的国际元价格来计算的，比 2006 年及以前的哪一年（基年 1）的国际元价格来计算的，其中基年 2 应该小于基年 1，要不不会出现后面年份的数值要小于前面年份的数值，具体基年 1、基年 2 是哪一年中国国家统计局网站的数据表格中没有透露。

资料来源：中国国家统计局网站国际统计数据 2004—2009 年中的中国、印度的 2003—2008 年的 GDP 及人均 GDP 数据，中华人民共和国国家统计局门户网站，［2011−02−11］，http：//www. stats. gov. cn/tjsj/qtsj/gjsj。

由表 4−5 可知，2008 年中国的 GDP 为 43262 亿美元，印度的 GDP 为 12175 亿美元，中国是印度的 3.55 倍；中国的人均 GDP 是 2940 美元，印度的人均 GDP 为 1070 美元，中国是印度的 2.75 倍。如果以国际购买力平价①来计算的话，2008 年中国的 GDP 为 79032 亿国际元，印度的 GDP 为 33885 亿国际元，中国是印度的 2.33 倍；中国的人均 GDP 是 5962 国际元，印度的人均 GDP 为 2972 国际元，中国是印度的 2.01 倍。以 PPP 计算的印度这几年的 GDP 一直是大于德国而小于日本，位居世界第 4 位。

---

① 购买力平价（Purchasing Power Parity，简称 PPP）两国货币的汇率主要由两国货币的购买力决定的机制。例如，购买相同数量和质量的一篮子商品，在中国用了 80 元人民币，在美国用了 20 美元，对于这篮子商品来说，人民币对美元的购买力平价是 4：1，也就是说，在这些商品上，4 元人民币购买力相当于 1 美元。资料来源：［EB/OL］，百度网，［2010−12−20］，http：//baike. baidu. com/view/301057. htm。

4.1.1.2 印度基础教育制度介绍

1. 印度国民教育体系结构

印度的国民教育系统中 10+2+3 的结构被全国所有地区采纳了。10 年的基础教育系统包括 5 年的小学教育、3 年的高级小学教育，以及后 2 年的高级学校教育。印度的基础教育由两个阶段构成，初级小学阶段为 6—11 岁年龄段的 1—5 年级，中学或高级小学阶段为 12—14 岁年龄段的 6—8 年级①。但是政府承诺的免费义务教育是小学及高级小学阶段。2002 年 12 月 13 日通过的宪法第 86 修正案第三部分（"基本权利"）新加入了一款 21—A（"教育权利"款），规定："政府将为所有 6—14 岁的孩子提供免费强制教育"，把接受有质量的基础教育作为每个儿童的基本权利写入了宪法。承接这条规定的是"2004 年免费及强制教育法案"②。截至 1993 年 9 月 30 日印度各地区不同级别的学校教育年限如表 4－6 所示：

表 4－6　截至 1993 年 9 月 30 日印度各邦/中央联盟区的
不同级别的学校教育年限

邦/中央联盟区	不同级别学校教育的年限			
	基础教育	中等教育		
	小学	高级小学	中等学校	高级中等学校
阿鲁纳恰尔—普雷德仕、比哈尔、哈亚纳、西玛恰尔—普雷德仕、查谟和克什米尔、曼德亚—普雷德仕、曼尼普尔、奥里萨、庞贾布、拉贾斯坦、锡金、塔米尔—纳杜、垂普拉、尤塔—普雷德仕、西孟加拉、安达曼与尼扣巴岛、勘迪嘎、德里、庞蒂切瑞、	（1—5 年级）5 年	（5—8 年级）3 年	（9—10 年级）2 年	（11—12 年级）2 年

---

① Department of education of Ministry of human resource development of Government of India. （1992）. *National policy on education* 1986（*as modified in* 1992）New Delhi：the 7th May：3.

② Department of school education and literacy and department of higher education of Ministry of human resource development of Government of India. （2006）. *Annual report* 2004—2005. New Delhi：Educational consultants India Limited：7.

续表

邦／中央联盟区	不同级别学校教育的年限			
	基础教育	中等教育		
	小学	高级小学	中等学校	高级中等学校
安德拉—普雷德仕	（1—5 年级）5 年	（6—7 年级）2 年	（8—10 年级）3 年	（11—12 年级）3 年
阿萨姆、果阿、古贾拉特、卡纳塔卡、喀拉拉、马哈拉施特拉、米苏拉姆、达德拉和纳嘎—哈维里、达曼和迪由、拉克歇德维普	（1—4 年级）4 年	（5—7 年级）3 年	（8—10 年级）3 年	（11—12 年级）2 年
麦格哈拉亚、那加兰	（1—4 年级）4 年	（5—8 年级）4 年	（9—10 年级）2 年	（11—12 年级）2 年

资料来源：VIRENDRA, P. S. (2004). General school education in India and development thereof. *Journal of Indian education*, (5): 59 - 75.

2. 印度基础教育的发展历程

自从印度独立以来，其基础教育发展可分为三个阶段。

第一阶段：教育精英群体以创建国家能力。此阶段从 1947 年到 1986 年，教育政策重点强调的是通过教育精英群体为国家自我管理及国家自足而创建国家能力。教育财政及提供教育是邦政府的主要责任，如此造成了各邦教育发展的差异。公共教育开支从 1950 年的不足 GDP 一个百分点增长到 1986 年的 3.4 个百分点。

第二阶段：小学教育摆到国家优先发展的战略地位。在 1986 年，印度政府（也就是联合政府）开启了具有里程碑意义的国家教育政策，在全国大范围内开始实施一系列的实验计划。在 1993 年与 2002 年期间，总公共教育开支从占 GDP 的 3.6 个百分点增长到 4.1 个百分点，高于低收入国家公共教育开支占 GDP 平均为 3% 的比例。基础教育开支占 GDP 的比例从 1.7% 增长到 2.1%，占同期国家公共教育开支增长部分超过 60%，联合政府用于教育方面的开支占政府教育公共总开支的比例提高到了 15%，其余部分由邦政府支出。

第三阶段：普及基础教育。2001 年，印度发动了普及基础教育计划，北印度语叫 *Sarva Shiksha Abhiyan*（SSA）计划，把接受有质量的基础教育作为每个儿童的基本权利写入了修改后的宪法。该项目计划到 2007 年，所有的儿童，包括那些残障儿童都要实现完全的小学教育，到 2010 年，实现完全的高级小学教育——比千年发展目标（MDG）要求的在 2015 年普及小学教育的要求要更严格①。

4.1.2　入学机会方面：入学率、辍学率、成人识字率

4.1.2.1　印度基础教育入学率分析

1. 初级小学毛入学率分析

表 4-7 反映了印度各地 2003—2004 年度及 2007—2008 年度基础教育初级小学阶段的毛入学率情况。

由表 4-7 可知，印度初级小学的毛入学率从 2003 年的 98.20% 增加至 2007 年的 114.60%，5 年增加了 16.40 个百分点。2007 年印度初级小学毛入学率大于全国平均水平的地区（邦/中央联盟区，下同）有 19 个，高于 150% 的有 6 个，低于 100% 的有 7 个。最大 5 地区为：麦格哈拉亚 191.50%、达德拉和纳嘎—哈维里 173.80%、曼尼普尔 173.20%、米苏拉姆 167.10%、贾克汉德 153.90%；最小 5 地区为：庞贾布 92.80%、那加兰 92.50%、喀拉拉 92.30%、哈亚纳 90.40%、拉克歇德维普 60.40%；最大与最小地区相差 130.1 个百分点，由毛入学率大于 100% 可知，在印度绝大多数地区在适龄儿童以外的成人或文盲也进入初级小学学习。

从初级小学毛入学率的性别平等指数（GPI）可知，2007 年印度共有 14 个地区是女童的入学率大于或等于男童的入学率的，而在另外 21 个地区是女童要低于男童的，大于等于全国平均水平 0.98 的地区有 22 个。其中最大 8 地区为：尤塔卡汉德 1.09、哈亚纳 1.07、安达曼与尼扣巴岛 1.06、尤

---

① KIN, B. W., VENITA, K. and DEEPA, S. （2005）. The quiet revolution：how India is achieving universal elementary education. *Finance and development*, 42 （2）：57-68.

塔—普雷德仕 1.05、喀拉拉 1.02、德里 1.02、阿萨姆 1.01、达德拉和纳嘎—哈维里 1.01；最小 6 地区为：阿鲁纳恰尔—普雷德仕 0.92、古贾拉特0.88、勘迪嘎 0.87、普达切瑞 0.87、达曼和迪由 0.86、比哈尔 0.82。

初级小学 2007 年的毛入学率比 2003 年的毛入学率增加了 16.70%，高于这一增幅的地区有 20 个，增幅超过 30% 的有 11 个，超过 40% 的有 6 个，有 6 个地区没有增加而是下降。增幅最大 5 地区为：贾克汉德 94.59%、麦格哈拉亚 81.50%、阿萨姆 47.12%、查谟和克什米尔 44.30%、曼德亚—普雷德仕 43.92%；最小 5 地区为：卡纳塔卡 -2.58%（"-"表示下降，下同）、喀拉拉 -4.77%、马哈拉施特拉 -5.39%、安达曼与尼扣巴岛 -12.28%、拉克歇德维普 -43.22%。

表 4-7　印度各地 2003、2007 年度初级小学阶段（1—5 年级）毛入学率

序号	邦/中央联盟区	入学率（%）			入学率的性别平等指数 GPI			2007 年入学率排名
		2003 年	2007 年	增幅（%）	2003 年	2007 年	增幅（%）	
1	Andhra Pradesh	87.72	95.5	8.87	1.01	1.00	-0.99	30
2	Arunachal Pradesh	109.56	143.0	30.52	0.90	0.92	2.22	10
3	Assam	88.16	129.7	47.12	1.00	1.01	1.00	12
4	Bihar	72.57	104.4	43.86	0.80	0.82	2.50	25
5	Chhattisgarh	123.29	125.5	1.79	0.99	0.95	-4.04	14
6	Goa	97.96	129.6	32.30	0.95	0.98	3.16	13
7	Gujarat	113.41	123.0	8.46	0.92	0.88	-4.35	15
8	Haryana	75.25	90.4	20.13	1.05	1.07	1.90	34
9	Himachal Pradesh	106.47	111.7	4.91	1.01	1.00	-0.99	22
10	Jammu & Kashmir	71.52	103.2	44.30	0.89	0.95	6.74	26
11	Jharkhand	79.09	153.9	94.59	0.82	1.00	21.95	5
12	Karnataka	108.91	106.1	-2.58	0.97	0.98	1.03	24
13	Kerala	96.92	92.3	-4.77	0.99	1.02	3.03	33

续表

序号	邦/中央联盟区	入学率（%）			入学率的性别平等指数 GPI			2007 年入学率排名
		2003 年	2007 年	增幅（%）	2003 年	2007 年	增幅（%）	
14	Madhya Pradesh	106.59	153.4	43.92	0.90	0.99	10.00	6
15	Maharashtra	107.60	101.8	-5.39	0.99	0.97	-2.02	27
16	Manipur	137.51	173.2	25.95	0.97	0.97	0.00	3
17	Meghalaya	105.51	191.5	81.50	1.03	0.98	-4.85	1
18	Mizoram	120.17	167.1	39.05	0.96	0.97	1.04	4
19	Nagaland	80.48	92.5	14.94	0.99	1.00	1.01	32
20	Orissa	110.91	117.0	5.49	0.94	1.00	6.38	18
21	Punjab	73.45	92.8	26.34	1.08	0.98	-9.26	31
22	Rajasthan	115.07	118.3	2.81	0.91	0.95	4.40	17
23	Sikkim	116.51	148.0	27.03	1.00	0.98	-2.00	7
24	Tamil Nadu	116.51	116.1	-0.35	0.98	1.00	2.04	19
25	Tripura	122.76	147.8	20.40	0.95	0.98	3.16	8
26	Uttar Pradesh	94.75	113.7	20.00	0.96	1.05	9.38	20
27	Uttarakhand	106.85	119.4	11.75	1.01	1.09	7.92	16
28	West Bengal	107.33	112.9	5.19	1.00	0.99	-1.00	21
29	A&N Islands	116.05	101.8	-12.28	0.95	1.06	11.58	28
30	Chandigarh	71.44	96.1	34.52	0.98	0.87	-11.22	29
31	D&N Haveli	126.06	173.8	37.87	0.88	1.01	14.77	2
32	Daman & Diu	111.35	135.9	22.05	0.99	0.86	-13.13	11
33	Delhi	90.10	109.1	21.09	0.99	1.02	3.03	23
34	Lakshadweep	106.37	60.4	-43.22	0.90	0.94	4.44	35
35	Puducherry	120.37	144.4	19.96	0.97	0.87	-10.31	9
	全国	98.20	114.6	16.70	0.95	0.98	3.16	

资料来源：（1）Department of school education and literacy and department of higher education of Ministry of human resource development of Government of India.（2007）. *Annual report* 2005—06. New Delhi：Dolphin Printo Graphics, p. 277.（2）Department of school education and literacy and department of higher education of Ministry of human resource development of Government of India.（2011）. *Annual report* 2009—10. New Delhi：Dolphin Printo Graphics, pp. 330 - 331.

2. 初级小学表列种姓（Scheduled Castes，SC）毛入学率与当地总体水平的差值分析

表 4-8 反映了印度各地 2003—2004 年度及 2007—2008 年度初级小学（1—5 年级）表列种姓的毛入学率与当地总体水平（不分族别、种姓的总的合计统计值，下同）的差值情况。

表 4-8　印度各地 2003、2007 年度初级小学表列种姓
毛入学率与当地总体水平的差

序号	邦/中央联盟区	入学率（%）			入学率的性别平等指数 GPI		
		2003 年	2007 年	增幅（%）	2003 年	2007 年	增幅（%）
1	Andhra Pradesh	3.45	10.6	207.25	−0.02	0.01	−150.00
2	Arunachal Pradesh	—	—	—	—	—	—
3	Assam	−24.01	21.5	−189.55	−0.03	−0.02	−33.33
4	Bihar	−3.06	−11.6	279.08	−0.13	−0.1	−23.08
5	Chhattisgarh	−28.43	77	−370.84	−0.04	0.15	−475.00
6	Goa	28.67	6.6	−76.98	0.15	0.01	−93.33
7	Gujarat	−47.72	36.5	−176.49	0.09	0.11	22.22
8	Haryana	7.77	21.5	176.71	0.02	0	−100.00
9	Himachal Pradesh	−2.64	12.8	−584.85	0.11	0.01	−90.91
10	Jammu & Kashmir	13.97	13.4	−4.08	0.16	−0.01	−106.25
11	Jharkhand	−18.12	−7.3	−59.71	−0.09	−0.13	44.44
12	Karnataka	−9.17	10.2	−211.23	−0.06	−0.01	−83.33
13	Kerala	−0.88	16.8	−2009.09	−0.02	−0.03	50.00
14	Madhya Pradesh	−6.12	13	−312.42	−0.01	0	−100.00
15	Maharashtra	0.65	52.4	7961.54	0	−0.02	−200.00
16	Manipur	0.3	−8.5	−2933.33	0.01	−0.01	−200.00
17	Meghalaya	−7.8	—	—	0.01	—	—
18	Mizoram	—	—	—	—	—	—
19	Nagaland	—	—	—	—	—	—
20	Orissa	−9.68	19.7	−303.51	0.23	−0.01	−104.35
21	Punjab	35.96	17.4	−51.61	−0.01	0	−100.00

续表

序号	邦/中央联盟区	入学率（%）			入学率的性别平等指数 GPI		
		2003 年	2007 年	增幅（%）	2003 年	2007 年	增幅（%）
22	Rajasthan	−27.74	14.7	−152.99	−0.02	0	−100.00
23	Sikkim	−25.16	1.2	−104.77	0.05	0.01	−80.00
24	Tamil Nadu	−5.08	20.4	−501.57	−0.06	0.02	−133.33
25	Tripura	0.18	18.4	10122.22	0.05	−0.02	−140.00
26	Uttar Pradesh	−25.5	3.8	−114.90	−0.29	−0.38	31.03
27	Uttarakhand	−0.55	35.2	−6500.00	0.08	0	−100.00
28	West Bengal	7.63	9.7	27.13	−0.03	−0.04	33.33
29	A&N Islands	—	—	—	—	—	—
30	Chandigarh	−3.98	−50	1156.28	−0.04	0.01	−125.00
31	D&N Haveli	−20.14	3.7	−118.37	0.21	−0.21	−200.00
32	Daman & Diu	1.04	46.2	4342.31	−0.05	0	−100.00
33	Delhi	−22.73	−37.9	66.74	0.03	−0.07	−333.33
34	Lakshadweep	—	—	—	—	—	—
35	Puducherry	0.63	−1.1	−274.60	0.03	0.03	0.00
	全国	−9.9	10.3	−204.04	−0.06	−0.1	66.67

资料来源：（1）Department of school education and literacy and department of higher education of Ministry of human resource development of Government of India. (2007). *Annual report* 2005—06. New Delhi：Dolphin Printo Graphics, p. 279. （2）Department of school education and literacy and department of higher education of Ministry of human resource development of Government of India. (2011). *Annual report* 2009—10. New Delhi：Dolphin Printo Graphics, pp. 334–335. 差值由数据减出来。

由表4-8可知，印度初级小学表列种姓的毛入学率从2003年的比全国平均水平低9.9个百分点增加到2007年的比全国水平高出10.3个百分点，其入学率的GPI从2003年的比全国低0.06进一步降低至比2007年全国低0.10。2007年初级小学表列种姓的毛入学率比当地总体水平高且高出值最大5地区（除掉缺失值地区以后的结果，下同）为：恰蒂斯加尔77.0%、马哈拉施特拉52.4%、达曼和迪由46.2%、古贾拉特36.5%、尤塔卡汉德35.2%；比当地总体水平差值最小的6个地区为：普达切瑞-1.1%（"-"

表示比当地总体水平值低，下同）、贾克汉德-7.3%、曼尼普尔-8.5%、比哈尔-11.6%、德里-37.9%、勘迪嘎-50.0%。

2007年印度初级小学表列种姓的毛入学率的GPI比全国值低0.10，比当地总体水平高且高出值最大4地区（去除掉缺失值地区以后的结果，下同）为：恰蒂斯加尔0.15、古贾拉特0.11、普达切瑞0.03、塔米尔—纳杜0.02；比当地总体水平差值最小的5个地区为：德里-0.07（"-"表示比当地总体水平值低，下同）、比哈尔-0.10、贾克汉德-0.13、达德拉和纳嘎-哈维里-0.21、尤塔-普雷德仕-0.38。

3. 初级小学表列部落（Scheduled Tribes，ST）毛入学率与当地总体水平的差值分析

表4-9反映了印度各地2003—2004年度及2007—2008年度初级小学（1—5年级）表列部落的毛入学率与当地总体水平的差值情况。

表4-9　印度各地2003、2007年度初级小学表列部落
毛入学率与当地总体水平的差

序号	邦/中央联盟区	入学率（%）			入学率的性别平等指数 GPI		
		2003年	2007年	增幅（%）	2003年	2007年	增幅（%）
1	Andhra Pradesh	−8.15	6.75	−182.82	−0.07	−0.01	−85.71
2	Arunachal Pradesh	−14.57	2.14	−114.69	0	−0.02	—
3	Assam	−20.14	−31.86	58.19	0.06	0.05	−16.67
4	Bihar	12.21	−7.14	−158.48	0.1	−0.14	−240.00
5	Chhattisgarh	−12.14	7.29	−160.05	0.02	0.01	−50.00
6	Goa	—	—	—	—	—	—
7	Gujarat	−17.51	7.65	−143.69	0.17	0.03	−82.35
8	Haryana	—	—	—	—	—	—
9	Himachal Pradesh	12.21	34.32	181.08	0.03	−0.02	−166.67
10	Jammu & Kashmir	3.16	0.55	−82.59	−0.11	−0.04	−63.64
11	Jharkhand	6.94	−22.18	−419.60	−0.01	−0.17	1600.00
12	Karnataka	−16.69	2.01	−112.04	0.02	0.02	0.00
13	Kerala	19.48	31.73	62.89	0.01	−0.04	−500.00

序号	邦/中央联盟区	入学率（%）			入学率的性别平等指数 GPI		
		2003 年	2007 年	增幅（%）	2003 年	2007 年	增幅（%）
14	Madhya Pradesh	−23.56	13.97	−159.30	−0.15	−0.03	−80.00
15	Maharashtra	−2.08	32.53	−1663.94	0	−0.15	—
16	Manipur	−10.69	−19.59	83.26	−0.03	−0.05	66.67
17	Meghalaya	−8.54	−26.01	204.57	0.01	0	−100.00
18	Mizoram	−0.06	−2.46	4000.00	0	−0.01	—
19	Nagaland	−12.17	−1.86	−84.72	−0.1	−0.04	−60.00
20	Orissa	−15.64	9.18	−158.70	0.04	−0.06	−250.00
21	Punjab	—	—	—	—	—	—
22	Rajasthan	−23.46	−8.31	−64.58	0.02	−0.04	−300.00
23	Sikkim	24.43	102.81	320.84	0.05	0.02	−60.00
24	Tamil Nadu	−12.78	58.97	−561.42	−0.29	−0.13	−55.17
25	Tripura	1.45	3.01	107.59	−0.02	−0.06	200.00
26	Uttar Pradesh	−30.08	31.73	−205.49	−0.25	−0.35	40.00
27	Uttarakhand	−12.64	31.75	−351.19	0.1	−0.05	−150.00
28	West Bengal	−34.05	−7.82	−77.03	−0.02	−0.13	550.00
29	A&N Islands	−20.82	−4.35	−79.11	−0.29	−0.04	−86.21
30	Chandigarh	—	—	—	—	—	—
31	D&N Haveli	−29.36	−18.83	−35.87	0.05	−0.02	−140.00
32	Daman & Diu	2.36	−8.38	−455.08	0.08	0.12	50.00
33	Delhi	—	—	—	—	—	—
34	Lakshadweep	0.52	0.6	15.38	−0.02	0.08	−500.00
35	Puducherry	—	—	—	—	—	—
	全国	−6.83	14.69	−315.08	−0.02	−0.06	200.00

资料来源：（1）Department of school education and literacy and department of higher education of Ministry of human resource development of Government of India.（2007）. *Annual report* 2005—06. New Delhi：Dolphin Printo Graphics, p. 281.（2）Department of school education and literacy and department of higher education of Ministry of human resource development of Government of India.（2011）. *Annual report* 2009—10. New Delhi：Dolphin Printo Graphics, pp. 338-339. 差值由数据减出来。

由表4-9可知，印度初级小学表列部落的毛入学率从2003年的比全国平均水平低6.83个百分点增加到2007年的比全国水平高出14.69个百分点，其入学率的GPI从2003年的比全国低0.02进一步降低至比2007年全国低0.06。2007年初级小学表列部落的毛入学率比当地总体水平高且高出值最大5地区（去除掉缺失值地区以后的结果，下同）为：锡金102.81%、塔米尔—纳杜58.97%、西玛恰尔—普雷德仕34.32%、马哈拉施特拉32.53%、尤塔卡汉德31.75%；比当地总体水平差值最小的5个地区为：达德拉和纳嘎—哈维里-18.83%（"-"表示比当地总体水平值低，下同）、曼尼普尔-19.59%、贾克汉德-22.18%、麦格哈拉亚-26.01%、阿萨姆-31.86%。

2007年印度初级小学表列部落的毛入学率的GPI比全国值低0.06，比当地总体水平高且高出值最大6地区（去除掉缺失值地区以后的结果，下同）为：达曼和迪由0.12、拉克歇德维普0.08、阿萨姆0.05、古贾拉特0.03、卡纳塔卡0.02、锡金0.02；比当地总体水平差值最小的6个地区为：塔米尔—纳杜-0.13（"-"表示比当地总体水平值低，下同）、西孟加拉-0.103、比哈尔-0.14、马哈拉施特拉-0.15、贾克汉德-0.17、尤塔-普雷德仕-0.35。

4. 高级小学毛入学率分析

表4–10反映了印度各地2003—2004年度及2007—2008年度高级小学（6—8年级）的毛入学率情况。

由表4–10可知，印度高级小学的毛入学率从2003年的62.40%增加至2007年的77.50%，5年增加了15.10个百分点。2007年印度高级小学毛入学率大于全国平均水平的地区（邦/中央联盟区，下同）有23个，高于100%的有9个，高于90%的有14个，高于80%的有22个，低于70%的有7个。最大5地区为：西玛恰尔—普雷德仕114.3%、塔米尔—纳杜112.7%、普达切瑞112.0%、达曼和迪由105.3%、曼尼普尔104.3%；最小5地区为：查谟和克什米尔66.8%、那加兰60.1%、贾克汉德57.9%、拉克歇德维普54.5%、比哈尔46.2%；最大与最小地区相差68.1个百分点。

从高级小学毛入学率的性别平等指数（GPI）可知，2007年印度共有9个地区是女童的入学率大于或等于男童的入学率的，而在另外26个地区是女童要低于男童的，大于等于全国平均水平0.92的地区有23个。其中最大6地区为：锡金1.21、麦格哈拉亚1.07、阿萨姆1.05、德里1.05、那加兰1.04、尤塔卡汉德1.04；最小6地区为：达曼和迪由0.84、古贾拉特0.82、查谟和克什米尔0.82、达德拉哈纳嘎—哈维里0.81、拉贾斯坦0.74、比哈尔0.73。

高级小学2007年的毛入学率比2003年的增加了24.20%，高于这一增幅的地区有12个，增幅超过30%的有11个，超过40%的有6个，有3个地区没有增加而是下降。增幅最大5地区为：比哈尔82.39%、麦格哈拉亚68.96%、曼德亚—普雷德仕57.98%、贾克汉德54.24%、阿鲁纳恰尔—普雷德仕48.43%；最小5地区为：喀拉拉6.90%、安达曼与尼扣巴岛6.42%、马哈拉施特拉-0.86%（"-"表示下降，下同）、果阿-12.38%、拉克歇德维普-43.87%。

表4-10　印度各地2003、2007年度高级小学毛入学率

序号	邦/中央联盟区	入学率（%）			入学率的性别平等指数 GPI			2007年入学率排名
		2003年	2007年	增幅（%）	2003年	2007年	增幅（%）	
1	Andhra Pradesh	64.86	77.3	19.18	0.93	0.98	5.38	24
2	Arunachal Pradesh	63.60	94.4	48.43	0.87	0.87	0.00	12
3	Assam	63.65	75.1	17.99	0.93	1.05	12.90	26
4	Bihar	25.33	46.2	82.39	0.63	0.73	15.87	35
5	Chhattisgarh	70.52	89.8	27.34	0.79	0.89	12.66	15
6	Goa	101.23	88.7	-12.38	0.93	0.92	-1.08	16
7	Gujarat	70.40	78.2	11.08	0.70	0.82	17.14	23
8	Haryana	65.51	75.7	15.55	0.91	1.01	10.99	25
9	Himachal Pradesh	98.24	114.3	16.35	0.97	0.98	1.03	1
10	Jammu & Kashmir	50.60	66.8	32.02	0.85	0.82	-3.53	31
11	Jharkhand	37.54	57.9	54.24	0.76	0.91	19.74	33
12	Karnataka	76.20	90.2	18.37	0.93	0.97	4.30	14
13	Kerala	93.64	100.1	6.90	0.96	0.97	1.04	8

续表

序号	邦/中央联盟区	入学率（%）			入学率的性别平等指数 GPI			2007 年入学率排名
		2003 年	2007 年	增幅（%）	2003 年	2007 年	增幅（%）	
14	Madhya Pradesh	63.30	100.0	57.98	0.75	0.92	22.67	9
15	Maharashtra	87.55	86.8	−0.86	0.96	0.96	0.00	19
16	Manipur	84.33	104.3	23.68	0.94	0.94	0.00	5
17	Meghalaya	61.14	103.3	68.96	1.03	1.07	3.88	6
18	Mizoram	76.98	87.7	13.93	0.99	0.98	−1.01	18
19	Nagaland	44.66	60.1	34.57	1.05	1.04	−0.95	32
20	Orissa	54.01	80.1	48.31	0.85	0.93	9.41	22
21	Punjab	60.06	69.1	15.05	1.03	0.96	−6.80	29
22	Rajasthan	61.54	81.4	32.27	0.64	0.74	15.63	21
23	Sikkim	56.75	74.6	31.45	1.18	1.21	2.54	27
24	Tamil Nadu	100.41	112.7	12.24	0.96	0.97	1.04	2
25	Tripura	72.84	87.8	20.54	0.93	1.00	7.53	17
26	Uttar Pradesh	48.64	67.8	39.39	0.80	0.90	12.50	30
27	Uttarakhand	80.36	92.8	15.48	0.98	1.04	6.12	13
28	West Bengal	64.28	71.2	10.77	0.95	1.03	8.42	28
29	A&N Islands	95.85	102.0	6.42	0.91	0.91	0.00	7
30	Chandigarh	69.50	81.5	17.27	1.01	0.97	−3.96	20
31	D&N Haveli	81.64	98.9	21.14	0.69	0.81	17.39	11
32	Daman & Diu	97.62	105.3	7.87	0.93	0.84	−9.68	4
33	Delhi	85.34	99.7	16.83	1.01	1.05	3.96	10
34	Lakshadweep	97.09	54.5	−43.87	0.86	0.92	6.98	34
35	Puducherry	97.09	112.0	15.36	0.96	0.86	−10.42	3
	全国	62.40	77.5	24.20	0.86	0.92	6.98	

资料来源：（1）Department of school education and literacy and department of higher education of Ministry of human resource development of Government of India. （2007）. *Annual report* 2005—06. New Delhi：Dolphin Printo Graphics, p. 277. （2）Department of school education and literacy and department of higher education of Ministry of human resource development of Government of India. （2011）. *Annual report* 2009—10 . New Delhi：Dolphin Printo Graphics, pp. 330－331.

5. 高级小学表列种姓（SC）毛入学率与当地总体水平的差值分析

表4－11反映了印度各地2003—2004年度及2007—2008年度高级小学（6—8年级）表列种姓的毛入学率与当地总体水平的差的情况。

表4－11 印度各地2003、2007年度高级小学表列种姓毛
入学率与当地总体水平的差

序号	邦/中央联盟区	入学率（%）			入学率的性别平等指数 GPI		
		2003 年	2007 年	增幅（%）	2003 年	2007 年	增幅（%）
1	Andhra Pradesh	27.69	4.4	−84.11	−0.02	−0.01	−50.00
2	Arunachal Pradesh	—	—	—	—	—	—
3	Assam	10.4	28.8	176.92	0.05	−0.12	−340.00
4	Bihar	6.77	−5.5	−181.24	−0.04	−0.1	150.00
5	Chhattisgarh	29.02	37.9	30.60	0.02	0.03	50.00
6	Goa	−20.56	−5.9	−71.30	0.11	0.16	45.45
7	Gujarat	23.01	20.5	−10.91	0.21	0.03	−85.71
8	Haryana	11.58	11.4	−1.55	0.01	0.03	200.00
9	Himachal Pradesh	−4.36	−2.7	−38.07	0.04	0.02	−50.00
10	Jammu & Kashmir	22.76	11.1	−51.23	0.07	0.09	28.57
11	Jharkhand	0.94	−2.8	−397.87	−0.11	−0.21	90.91
12	Karnataka	26.57	2.8	−89.46	−0.11	−0.03	−72.73
13	Kerala	−8.59	5.1	−159.37	−0.02	−0.02	0.00
14	Madhya Pradesh	25.91	7.9	−69.51	−0.07	−0.03	−57.14
15	Maharashtra	1.94	48.3	2389.69	0	0.02	#DIV/0!
16	Manipur	2.55	50	1860.78	0.02	0.03	50.00
17	Meghalaya	23.81	—	—	0.01		
18	Mizoram	—	—	—	—	—	—
19	Nagaland	—	—	—	—	—	—
20	Orissa	5.18	3.6	−30.50	0.22	−0.06	−127.27
21	Punjab	16.3	13	−20.25	0.01	0.03	200.00
22	Rajasthan	3.75	−6.4	−270.67	−0.07	−0.08	14.29
23	Sikkim	−10.68	2.2	−120.60	−0.07	−0.18	157.14
24	Tamil Nadu	−4.75	−26.3	453.68	0.01	0	−100.00

续表

序号	邦/中央联盟区	入学率（%）			入学率的性别平等指数 GPI		
		2003 年	2007 年	增幅（%）	2003 年	2007 年	增幅（%）
25	Tripura	3.12	12.8	310.26	0	0.03	—
26	Uttar Pradesh	-7.11	-16.1	126.44	-0.38	-0.47	23.68
27	Uttarakhand	22.15	26	17.38	-0.13	-0.05	-61.54
28	West Bengal	34.1	-2.3	-106.74	-0.1	-0.19	90.00
29	A&N Islands	—	—	—	—	—	—
30	Chandigarh	-12.66	-38.8	206.48	-0.1	0.08	-180.00
31	D&N Haveli	13.49	29.5	118.68	0.27	0.55	103.70
32	Daman & Diu	-16.98	10.8	-163.60	0.12	-0.03	-125.00
33	Delhi	-35.34	-46.8	32.43	-0.06	0.16	-366.67
34	Lakshadweep	—	—	—	—	—	—
35	Puducherry	14.64	-0.5	-103.42	-0.02	0.02	-200.00
	全国	9.46	-1.2	-112.68	-0.06	-0.12	100.00

资料来源：（1）Department of school education and literacy and department of higher education of Ministry of human resource development of Government of India.（2007）. *Annual report* 2005—06. New Delhi: Dolphin Printo Graphics, p. 279.（2）Department of school education and literacy and department of higher education of Ministry of human resource development of Government of India.（2011）. *Annual report* 2009—10. New Delhi: Dolphin Printo Graphics, pp. 334-335. 差值由数据减出来。

由表4-11可知，印度高级小学表列种姓的毛入学率从2003年的比全国平均水平高9.46个百分点下降到2007年的比全国水平低1.20个百分点，其入学率的GPI从2003年的比全国低0.06进一步降低至2007年比全国低0.12。2007年高级小学表列种姓的毛入学率比当地总体水平高且高出值最大5地区（去除掉缺失值地区以后的结果，下同）为：曼尼普尔50.0%、马哈拉施特拉48.3%、恰蒂斯加尔37.9%、达德拉和纳嘎—哈维里29.5%、阿萨姆28.8%；比当地总体水平差值最小的5个地区为：拉贾斯坦-6.4%（"-"表示比当地总体水平值低，下同）、尤塔—普雷德仕-16.1%、塔米尔—纳杜-26.3%、勘迪嘎-38.8%、德里-46.8%。

2007年印度高级小学表列种姓的毛入学率的GPI比全国值低0.12，比当地总体水平高且高出值最大 5 地区（去除掉缺失值地区以后的结果，下同）为：达德拉和纳嘎—哈维里 0.55、果阿 0.16、德里 0.16、查谟和克什米尔 0.09、勘迪嘎 0.08；比当地总体水平差值最小的 5 个地区为：阿萨姆 -0.12（"-"表示比当地总体水平值低，下同）、锡金 -0.18、西孟加拉 -0.19、贾克汉德 -0.21、尤塔—普雷德仕 -0.47。

6. 高级小学表列部落（ST）毛入学率与当地总体水平的差值分析

表 4-12 反映了印度各地 2003—2004 年度及 2007—2008 年度高级小学（6—8 年级）表列部落的毛入学率与当地总体水平的差的情况。

表 4-12　印度各地 2003、2007 年度高级小学表列部落
毛入学率与当地总体水平的差

序号	邦/中央联盟区	入学率（%）			入学率的性别平等指数 GPI		
		2003 年	2007 年	增幅（%）	2003 年	2007 年	增幅（%）
1	Andhra Pradesh	10.85	1.32	-87.83	-0.22	-0.06	-72.73
2	Arunachal Pradesh	13.7	-5.79	-142.26	-0.16	-0.02	-87.50
3	Assam	31.46	6.46	-79.47	0.07	-0.12	-271.43
4	Bihar	29.71	-9.85	-133.15	-0.02	0.06	-400.00
5	Chhattisgarh	21.78	-14.8	-167.95	0.05	-0.03	-160.00
6	Goa	—	—	—	—	—	—
7	Gujarat	2.5	-10.67	-526.80	0.17	0.08	-52.94
8	Haryana	—	—	—	—	—	—
9	Himachal Pradesh	-1.04	26.87	-2683.65	-0.03	-0.04	33.33
10	Jammu & Kashmir	-10.31	-12.48	21.05	-0.21	-0.1	-52.38
11	Jharkhand	43.09	-1.69	-103.92	-0.02	-0.08	300.00
12	Karnataka	21.85	-3.53	-116.16	-0.1	-0.05	-50.00
13	Kerala	3.07	4.26	38.76	-0.02	0.01	-150.00
14	Madhya Pradesh	4.85	-13.54	-379.18	-0.01	-0.1	900.00
15	Maharashtra	-4.16	-3.8	-8.65	-0.12	-0.06	-50.00
16	Manipur	-11.56	-29.86	158.30	-0.06	-0.04	-33.33
17	Meghalaya	7.56	-10.34	-236.77	0.13	0.01	-92.31
18	Mizoram	-3.77	1.52	-140.32	-0.1	0	-100.00

续表

序号	邦/中央联盟区	入学率（%）			入学率的性别平等指数 GPI		
		2003 年	2007 年	增幅（%）	2003 年	2007 年	增幅（%）
19	Nagaland	0.8	1.43	78.75	-0.18	-0.04	-77.78
20	Orissa	14.13	-20.69	-246.43	-0.08	-0.14	75.00
21	Punjab	—	—	—	—	—	—
22	Rajasthan	5.34	-4.04	-175.66	-0.05	-0.08	60.00
23	Sikkim	21.33	48.71	128.36	0.01	0.03	200.00
24	Tamil Nadu	17.57	-41.65	-337.05	0	-0.04	—
25	Tripura	-13.03	-6.93	-46.82	-0.11	-0.09	-18.18
26	Uttar Pradesh	8.07	-12.63	-256.51	-0.29	-0.45	55.17
27	Uttarakhand	5.96	36.16	506.71	0.02	-0.06	-400.00
28	West Bengal	-14.43	-12.64	-12.40	-0.32	-0.27	-15.63
29	A&N Islands	-17.96	-27.39	52.51	-0.24	0.1	-141.67
30	Chandigarh	—	—	—	—	—	—
31	D&N Haveli	2.86	-15.35	-636.71	-0.05	-0.12	140.00
32	Daman & Diu	-11.99	14.54	-221.27	-0.06	0.09	-250.00
33	Delhi	—	—	—	—	—	—
34	Lakshadweep	0.13	6.14	4623.08	0.02	0.07	250.00
35	Puducherry	—	—	—	—	—	—
	全国	13.36	-3.06	-122.90	-0.07	-0.07	0.00

资料来源：（1）Department of school education and literacy and department of higher education of Ministry of human resource development of Government of India. （2007）. *Annual report* 2005—06. New Delhi：Dolphin Printo Graphics, p. 281. （2）Department of school education and literacy and department of higher education of Ministry of human resource development of Government of India. （2011）. *Annual report* 2009—10 . New Delhi：Dolphin Printo Graphics, pp. 338–339. 差值由数据减出来。

由表 4-12 可知，印度高级小学表列部落的毛入学率从 2003 年的比全国平均水平高 13.36 个百分点下降到 2007 年的比全国水平低 3.06 个百分点，其入学率的 GPI 从 2003 年的比全国低 0.07 保持至 2007 年比全国低 0.07。2007 年高级小学表列部落的毛入学率比当地总体水平高且高出值最大 5 地区（去除掉缺失值地区以后的结果，下同）为：锡金 48.71%、尤塔卡汉德 36.16%、西玛恰尔—普雷德仕 26.87%、达曼和迪由 14.54%、阿萨姆 6.46%；比当地总体水平差值最小的 5 个地区为：达德拉和纳嘎—哈维里 -15.35%（"-"表示比当地总体水平值低，下同）、奥里萨 -20.69%、安达曼与尼扣巴岛 -27.39%、曼尼普尔 -29.86%、塔米尔—纳杜 -41.65%。

2007 年印度高级小学表列部落的毛入学率的 GPI 比全国值低 0.07，比当地总体水平高且高出值最大 5 地区（去除掉缺失值地区以后的结果，下同）为：安达曼与尼扣巴岛 0.10、达曼和迪由 0.09、古贾拉特 0.08、拉克歇德维普 0.07、比哈尔 0.06；比当地总体水平差值最小的 5 个地区为：阿萨姆 -0.12（"-"表示比当地总体水平值低，下同）、达德拉和纳嘎—哈维里 -0.12、奥里萨 -0.14、西孟加拉 -0.27、尤塔—普雷德仕 -0.45。

4.1.2.2　印度基础教育辍学率分析

1. 基础教育阶段毛辍学率分析

表 4-13 反映了印度各地 2003—2004 年度及 2007—2008 年度基础教育阶段的毛辍学率情况。

由表 4-13 可知，印度基础教育的毛辍学率从 2003 年的 52.32% 下降至 2007 年的 43.0%，5 年下降了 9.32 个百分点。2007 年印度基础教育毛辍学率大于全国平均水平的地区（邦/中央联盟区，下同）有 14 个（分析结果为去掉 3 个缺失值地区后的结果），高于 40% 的有 16 个，高于 50% 的有 9 个，低于 20% 的有 9 个，其中 7 个地区没有辍学情况。最大 5 地区为：阿萨姆 73.5%、比哈尔 70.7%、锡金 64.9%、西孟加拉 63.9%、拉贾斯坦 62.3%；最小 5 地区（去掉零值地区后）为：安达曼与尼扣巴岛 15.9%、达曼和迪由 14.3%、塔米尔—纳杜 9.1%、哈亚纳 6.5%、果阿 1.2%；最大与最小地区相差 72.3 个百分点。

从基础教育毛辍学率的性别平等指数（GPI）可知，2007 年印度共有 11 个（去掉缺失值后的结果，下同）地区是女童的辍学率大于或等于男童的辍学率的，而在另外 15 个地区是女童要低于男童的，大于等于全国平均水平 0.93 的地区有 20 个。其中最大 5 地区为：哈亚纳 1.96、达德拉和纳嘎—哈维里 1.91、达曼和迪由 1.54、古贾拉特 1.19、马哈拉施特拉 1.16；

最小5地区为：锡金0.91、比哈尔0.90、安达曼与尼扣巴岛0.84、尤塔—普雷德仕0.44、果阿-2.8（其中"-"表示原始数据中男生的辍学率为负值，即入学率在上升）。

表4-13　印度各地2003、2007年度基础教育阶段（1—8年级）毛辍学率

序号	邦/中央联盟区	辍学率（%）			辍学率的性别平等指数GPI		
		2003年	2007年	增幅（%）	2003年	2007年	增幅（%）
1	Andhra Pradesh	59.79	48.7	-18.55	1.07	1.04	-2.80
2	Arunachal Pradesh	63.52	48.0	-24.43	0.97	1.00	3.09
3	Assam	70.81	73.5	3.80	1.04	0.95	-8.65
4	Bihar	78.03	70.7	-9.39	1.03	0.90	-12.62
5	Chhattisgarh	—					
6	Goa	9.43	1.2	-87.27	2.10	-2.80	-233.33
7	Gujarat	46.94	48.2	2.68	1.10	1.19	8.18
8	Haryana	21.26	6.5	-69.43	1.26	1.96	55.56
9	Himachal Pradesh	14.28	0.0	-100.00	1.15	—	—
10	Jammu & Kashmir	47.49	40.5	-14.72	0.82	0.98	19.51
11	Jharkhand	—	—	—	—	—	—
12	Karnataka	50.59	33.9	-32.99	1.01	1.05	3.96
13	Kerala	-9.54	0.0	-100.00	0.51	—	—
14	Madhya Pradesh	46.81	46.1	-1.52	1.13	0.99	-12.39
15	Maharashtra	33.25	30.5	-8.27	1.17	1.16	-0.85
16	Manipur	30.61	41.9	36.88	0.94	1.05	11.70
17	Meghalaya	71.13	60.4	-15.09	1.01	0.93	-7.92
18	Mizoram	64.19	60.6	-5.59	0.97	0.96	-1.03
19	Nagaland	44.83	46.6	3.95	0.91	0.99	8.79
20	Orissa	61.72	61.3	-0.68	0.89	0.95	6.74
21	Punjab	35.19	26.0	-26.12	1.00	1.04	4.00
22	Rajasthan	68.50	62.3	-9.05	1.14	1.00	-12.28
23	Sikkim	73.29	64.9	-11.45	0.91	0.91	0.00
24	Tamil Nadu	25.15	9.1	-63.82	0.98	0.92	-6.12
25	Tripura	64.29	54.8	-14.76	1.06	0.98	-7.55

续表

序号	邦／中央联盟区	辍学率（%）			辍学率的性别平等指数 GPI		
		2003 年	2007 年	增幅（%）	2003 年	2007 年	增幅（%）
26	Uttar Pradesh	42.84	28.6	−33.24	0.88	0.44	−50.00
27	Uttarakhand	—					
28	West Bengal	63.77	63.9	0.20	1.04	0.96	−7.69
29	A&N Islands	18.86	15.9	−15.69	1.02	0.84	−17.65
30	Chandigarh	−2.03	0.0	−100.00	2.37	—	—
31	D&N Haveli	45.24	34.9	−22.86	1.58	1.91	20.89
32	Daman & Diu	17.36	14.3	−17.63	1.92	1.54	−19.79
33	Delhi	27.71	0.0	−100.00	1.10	—	—
34	Lakshadweep	4.90	0.0	−100.00	−8.64	—	—
35	Puducherry	−4.60	0.0	−100.00	1.91	—	—
	全国	52.32	43.0	−17.81	1.02	0.93	−8.82

资料来源：（1）Department of school education and literacy and department of higher education of Ministry of human resource development of Government of India. （2007）. *Annual report* 2005—06. New Delhi：Dolphin Printo Graphics，p. 282. （2）Department of school education and literacy and department of higher education of Ministry of human resource development of Government of India. （2011）. *Annual report* 2009—10 . New Delhi：Dolphin Printo Graphics, pp. 340 – 341.

基础教育 2007 年的毛辍学率比 2003 年的下降了 17.81%，下降幅度高于这一水平的地区有 15 个，辍学率没下降反而上升的地区有 5 个（去掉 3 个缺失值地区后的结果，下同），分别为：曼尼普尔 36.88%、那加兰 3.95%、阿萨姆 3.80%、古贾拉特 2.68%、西孟加拉 0.20%；下降幅度超过 30% 的有 11 个，超过 60% 的有 9 个。西玛恰尔—普雷德仕、喀拉拉、勘迪嘎、德里、拉克歇德维普、普达切瑞这 6 个地区下降了 100%，其他下降幅度最大 5 地区为：卡纳塔卡 32.99%、尤塔—普雷德仕 33.24%、塔米尔—纳杜 63.82%、哈亚纳 69.43%、果阿 87.27%。

2. 基础教育表列种姓（SC）毛辍学率与当地总体水平的差值分析

表 4 - 14 反映了印度各地 2003—2004 年度及 2007—2008 年度基础教育阶段（1—8 年级）表列种姓的毛辍学率与当地总体水平的差的情况。

表 4－14　印度各地 2003、2007 年度基础教育表列种姓毛
辍学率与当地总体水平的差

序号	邦/中央联盟区	辍学率（%）			辍学率的性别平等指数 GPI		
		2003 年	2007 年	增幅（%）	2003 年	2007 年	增幅（%）
1	Andhra Pradesh	6.26	4.1	−34.50	0.02	0.01	−50.00
2	Arunachal Pradesh	−10.98	—	—	−0.05	—	—
3	Assam	−3.37	3.1	−191.99	−0.03	−0.02	−33.33
4	Bihar	5.82	−0.2	−103.44	−0.01	0.08	−900.00
5	Chhattisgarh	—	—	—	—	—	—
6	Goa	33.1	29.4	−11.18	−1.13	3.73	−430.09
7	Gujarat	1.49	1.4	−6.04	0.4	0.15	−62.50
8	Haryana	21.94	21.4	−2.46	−0.04	−0.83	1975.00
9	Himachal Pradesh	17.05	10.7	−37.24	−0.07	—	—
10	Jammu & Kashmir	−13.69	−22.8	66.54	0.19	1.02	436.84
11	Jharkhand	—	—	—	—	—	—
12	Karnataka	−11.97	9.4	−178.53	—	0.13	—
13	Kerala	9.54	0	−100.00	—	—	—
14	Madhya Pradesh	−2.44	8.7	−456.56	0.17	−0.01	−105.88
15	Maharashtra	0.73	0.8	9.59	0.1	0.01	−90.00
16	Manipur	−30.61	—	—	—	—	—
17	Meghalaya	−2.29	—	—	0	—	—
18	Mizoram	—	—	—	—	—	—
19	Nagaland	—	—	—	—	—	—
20	Orissa	3.54	9.2	159.89	0.16	0.01	−93.75
21	Punjab	18	17.3	−3.89	−0.06	−0.07	16.67
22	Rajasthan	5.37	3.1	−42.27	0.01	0.13	1200.00
23	Sikkim	3.69	2.7	−26.83	−0.01	0.01	−200.00
24	Tamil Nadu	15.94	−9.1	−157.09	−0.07	—	—
25	Tripura	1.12	−11.4	−1117.86	0.05	−0.03	−160.00
26	Uttar Pradesh	25.12	24.1	−4.06	0.31	0.28	−9.68
27	Uttarakhand	—	—	—	—	—	—
28	West Bengal	3.03	3.2	5.61	−0.03	0.06	−300.00
29	A&N Islands	—	—	—	—	—	—

续表

序号	邦/中央联盟区	辍学率（%）			辍学率的性别平等指数 GPI		
		2003 年	2007 年	增幅（%）	2003 年	2007 年	增幅（%）
30	Chandigarh	57.6	46.9	-18.58	-1.35	—	—
31	D&N Haveli	-19.11	-34.9	82.63	-0.69	—	—
32	Daman & Diu	-17.36	-14.3	-17.63	—	—	—
33	Delhi	-27.71	35.2	-227.03	—	—	—
34	Lakshadweep	—	—		—	—	—
35	Puducherry	4.6	0	-100.00	—	—	—
	全国	7.1	9.6	35.21	0.06	0.02	-66.67

资料来源：（1）Department of school education and literacy and department of higher education of Minsitry of human resource development of Government of India. （2007）. *Annual report* 2005—06. New Delhi：Dolphin Printo Graphics，p. 283. （2）Department of school education and literacy and department of higher education of Ministry of human resource development of Government of India. （2011）. *Annual report* 2009—10. New Delhi：Dolphin Printo Graphics，pp. 342–343. 差值由数据减出来。

由表 4-14 可知，印度基础教育表列种姓的毛辍学率从 2003 年的比全国平均水平高 7.1 个百分点上升到 2007 年的比全国水平高 9.6 个百分点，其辍学率的 GPI 从 2003 年的比全国高 0.06 下降至 2007 年比全国高 0.02。2007 年基础教育表列种姓的毛辍学率与当地总体水平值的差比全国的差值水平高的地区有 7 个（去除掉缺失值地区以后的结果，下同），有 19 个地区的辍学率是大于或等于当地总的不分族别的辍学率水平，有 6 个地区是小于当地总的辍学率水平的。其中高出当地总的辍学率水平值最大 5 地区为：勘迪嘎 46.9%、德里 35.2%、果阿 29.4%、尤塔—普雷德仕 24.1%、哈亚纳 21.4%；低于当地总的辍学率水平值最大的 5 个地区为：塔米尔—纳杜 -9.1%（"-"表示比当地总的不分族别的值低，下同）、垂普拉 -11.4%、达曼和迪由 -14.3%、查谟和克什米尔 -22.8%、达德拉和纳嘎—哈维里 -34.9%。

2007 年印度基础教育表列种姓的毛辍学率的 GPI 比全国值高 0.02，比当地总体水平差值最大 6 地区（去除掉缺失值地区以后的结果，下同）为：果阿 3.73、查谟和克什米尔 1.02、尤塔—普雷德仕 0.28、古贾拉特 0.15、卡纳塔卡0.13、拉贾斯坦0.13；比当地总体水平差值最小的5个地区为：曼德亚—普雷德仕-0.01（"-"表示比当地值低，下同）、阿萨姆-0.02、垂普拉-0.03、庞贾布-0.07、哈亚纳-0.83。

3. 基础教育表列部落（ST）毛辍学率与当地总体水平的差值分析

表4-15反映了印度各地2003—2004年度及2007—2008年度基础教育（1—8年级）表列部落的毛辍学率与当地总体水平的差的情况。

表4-15　印度各地2003、2007年度基础教育表列部落
毛辍学率与当地总体水平的差

序号	邦/中央联盟区	辍学率（%）			辍学率的性别平等指数GPI		
		2003年	2007年	增幅（%）	2003年	2007年	增幅（%）
1	Andhra Pradesh	19.54	23.7	21.29	0	0.02	—
2	Arunachal Pradesh	4.57	2.6	−43.11	0.03	−0.02	−166.67
3	Assam	2.44	2	−18.03	0.01	−0.05	−600.00
4	Bihar	4.81	3.5	−27.23	0	0.08	—
5	Chhattisgarh	—	—	—	—	—	—
6	Goa	—	—	—	—	—	—
7	Gujarat	20.47	18.3	−10.60	−0.07	−0.15	114.29
8	Haryana	—	—	—	—	—	—
9	Himachal Pradesh	6.01	−19.4	−422.80	0.75	—	—
10	Jammu & Kashmir	−2.04	−3	47.06	0.39	−0.14	−135.90
11	Jharkhand	—	—	—	—	—	—
12	Karnataka	4.6	4.3	−6.52	0.05	0.09	80.00
13	Kerala	44.99	0	−100.00	0.61	—	—
14	Madhya Pradesh	11.99	5.7	−52.46	−0.05	−0.04	−20.00
15	Maharashtra	28.66	12.2	−57.43	−0.07	−0.05	−28.57
16	Manipur	30.95	22	−28.92	0.04	−0.01	−125.00
17	Meghalaya	5.14	−0.1	−101.95	−0.01	−0.01	0.00
18	Mizoram	−0.55	0	−100.00	0	0	—
19	Nagaland	14.51	−9.1	−162.72	0.04	−0.08	−300.00
20	Orissa	14.8	21.7	46.62	0.11	0.06	−45.45
21	Punjab	—	—	—	—	—	—

序号	邦/中央联盟区	辍学率（%）			辍学率的性别平等指数 GPI		
		2003 年	2007 年	增幅（%）	2003 年	2007 年	增幅（%）
22	Rajasthan	5.5	2	-63.64	-0.01	0.11	-1200.00
23	Sikkim	-23.55	-19.9	-15.50	-0.21	-0.19	-9.52
24	Tamil Nadu	7.58	13.1	72.82	-0.91	-0.37	-59.34
25	Tripura	16.53	11.5	-30.43	-0.03	0.06	-300.00
26	Uttar Pradesh	-9.77	-28.6	192.73	0.05	—	—
27	Uttarakhand	—	—	—	—	—	—
28	West Bengal	19.28	14.5	-24.79	-0.11	-0.03	-72.73
29	A&N Islands	7.17	11.3	57.60	0.14	-0.16	-214.29
30	Chandigarh	—	—	—	—	—	—
31	D&N Haveli	8.18	7.8	-4.65	-0.08	-0.08	0.00
32	Daman & Diu	14.45	19.4	34.26	-0.43	-0.08	-81.40
33	Delhi	52.78	—	—	-0.08	—	—
34	Lakshadweep	-6.28	0	-100.00	7.88	—	—
35	Puducherry	4.6	—	—	—	—	—
	全国	17.73	20.4	15.06	0.01	0.06	500.00

资料来源：（1）Department of school education and literacy and department of higher education of Ministry of human resource development of Government of India.（2007）. *Annual report* 2005—06. New Delhi：Dolphin Printo Graphics, p. 284. （2）Department of school education and literacy and department of higher education of Ministry of human resource development of Government of India.（2011）. *Annual report* 2009—10 . New Delhi：Dolphin Printo Graphics, pp. 344 – 345. 差值由数据减出来。

由表4-15可知，印度基础教育表列部落的毛辍学率从2003年的比全国平均水平高17.73个百分点上升到2007年的比全国水平高20.4个百分点，其辍学率的GPI从2003年的比全国高0.01上升至比2007年全国高0.06。2007年基础教育表列部落的毛辍学率与当地总体水平值的差比全国的差值水平高的地区有3个（去除掉缺失值地区以后的结果，下同），有20个地区的辍学率是大于或等于当地总的不分族别的辍学率水平，有6个地区是小于当地总的辍学率水平的。其中高出当地总的辍学率水平值最大5地区为：安德拉—普雷德仕23.7%、曼尼普尔22.0%、奥里萨21.7%、达曼和迪由19.4%、古贾拉特

18.3%；低于当地总的辍学率水平值最大的 5 个地区为：查谟和克什米尔-3.0%（"-"表示比当地总的不分族别的值低，下同）、那加兰-9.1%、西玛恰尔—普雷德仕-19.4%、锡金-19.9%、尤塔—普雷德仕-28.6%。

2007 年印度基础教育表列部落的毛辍学率的 GPI 比全国值高 0.06，比当地总体水平差值最大 6 地区（去除掉缺失值地区以后的结果，下同）为：拉贾斯坦 0.11、卡纳塔卡 0.09、比哈尔 0.08、奥里萨 0.06、垂普拉 0.06；比当地总体水平差值最小的 5 个地区为：查谟和克什米尔-0.14（"-"表示比当地总体水平值低，下同）、古贾拉特-0.15、安达曼与尼扣巴岛-0.16、锡金-0.19、塔米尔—纳杜-0.37。

4.1.2.3 印度成人识字率分析

印度政府先后于 2001 年及 2011 年进行了两次全国人口普查，表 4-16 反映了印度各地 2001 年度及 2011 年度成人识字率情况。

由表 4-16 可知，印度成人识字率从 2001 年的 64.83% 增加到 2011 年的 74.04%。2011 年印度成人识字率高于全国均值的地区有 24 个，高于 80% 的有 15 个，高于 90% 的有 3 个，低于 70% 的有 7 个。成人识字率最高 5 地区为：喀拉拉 93.90%、拉克歇德维普 92.30%、米苏拉姆 91.60%、垂普拉 87.80%、果阿 87.40%；最小 5 地区为：安德拉—普雷德仕 67.70%、贾克汉德 67.60%、拉贾斯坦 67.10%、阿鲁纳恰尔—普雷德仕 67.00%、比哈尔 63.80%，最大与最小相差 50 个百分点。

表 4-16　印度各地 2001、2011 年度成人识字率

序号	邦/中央联盟区	合计			男		女		GPI		2011 排名
		2001	2011	增长	2001	2011	2001	2011	2001	2011	
1	Andhra Pradesh	60.5%	67.7%	7.2%	70.3%	75.6%	50.4%	59.7%	0.717	0.790	31
2	Arunachal Pradesh	54.3%	67.0%	12.7%	63.8%	73.7%	43.5%	59.6%	0.682	0.809	34
3	Assam	63.3%	73.2%	9.9%	71.3%	78.8%	54.6%	67.3%	0.766	0.854	26
4	Bihar	47.0%	63.8%	16.8%	59.7%	73.5%	33.1%	53.3%	0.554	0.725	35
5	Chhattisgarh	64.7%	71.0%	6.3%	77.4%	81.5%	51.9%	60.6%	0.671	0.744	27
6	Goa	82.0%	87.4%	5.4%	88.4%	92.8%	75.4%	81.8%	0.853	0.881	5
7	Gujarat	69.1%	79.3%	10.2%	79.7%	87.2%	57.8%	70.7%	0.725	0.811	18
8	Haryana	67.9%	76.6%	8.7%	78.5%	85.4%	55.7%	66.8%	0.710	0.782	22

续表

序号	邦/中央联盟区	合计			男		女		GPI		2011 排名
		2001	2011	增长	2001	2011	2001	2011	2001	2011	
9	Himachal Pradesh	76.5%	83.8%	7.3%	85.3%	90.8%	67.4%	76.6%	0.790	0.844	11
10	Jammu & Kashmir	55.5%	68.7%	13.2%	66.6%	78.3%	43.0%	58.0%	0.646	0.741	30
11	Jharkhand	53.6%	67.6%	14.0%	67.3%	78.5%	38.9%	56.2%	0.578	0.716	32
12	Karnataka	66.6%	75.6%	9.0%	76.1%	82.8%	56.9%	68.1%	0.748	0.822	23
13	Kerala	90.9%	93.9%	3.0%	94.2%	96.0%	87.7%	92.0%	0.931	0.958	1
14	Madhya Pradesh	63.7%	70.6%	6.9%	76.1%	80.5%	50.3%	60.0%	0.661	0.745	28
15	Maharashtra	76.9%	82.9%	6.0%	86.0%	89.8%	67.0%	75.5%	0.779	0.841	12
16	Manipur	69.9%	79.8%	9.9%	79.5%	86.5%	60.1%	73.2%	0.756	0.846	16
17	Meghalaya	62.6%	75.5%	12.9%	65.4%	77.2%	59.6%	73.8%	0.911	0.956	24
18	Mizoram	88.8%	91.6%	2.8%	90.7%	93.7%	86.7%	89.4%	0.956	0.954	3
19	Nagaland	66.6%	80.1%	13.5%	71.2%	83.3%	61.5%	76.7%	0.864	0.921	15
20	Orissa	63.1%	73.5%	10.4%	75.3%	82.4%	50.5%	64.4%	0.671	0.782	25
21	Punjab	69.7%	76.7%	7.0%	75.2%	81.5%	63.4%	71.3%	0.843	0.875	21
22	Rajasthan	60.4%	67.1%	6.7%	75.7%	80.5%	43.9%	52.7%	0.580	0.655	33
23	Sikkim	68.8%	82.2%	13.4%	76.0%	87.3%	60.4%	76.4%	0.795	0.875	13
24	Tamil Nadu	73.5%	80.3%	6.8%	82.4%	86.9%	64.4%	73.9%	0.782	0.851	14
25	Tripura	73.2%	87.8%	14.6%	81.0%	92.2%	64.9%	83.1%	0.801	0.901	4
26	Uttar Pradesh	56.3%	69.7%	13.4%	68.8%	79.2%	42.2%	59.3%	0.613	0.749	29
27	Uttarakhand	71.6%	79.6%	8.0%	83.3%	88.3%	59.6%	70.7%	0.715	0.801	17
28	West Bengal	68.6%	77.1%	8.5%	77.0%	82.7%	59.6%	71.2%	0.774	0.861	20
29	A&N Islands	81.3%	86.3%	5.0%	86.3%	90.1%	75.2%	81.8%	0.871	0.908	9
30	Chandigarh	81.9%	86.4%	4.5%	86.1%	90.5%	76.5%	81.4%	0.889	0.899	8
31	D&N Haveli	57.6%	77.7%	20.1%	71.2%	86.5%	40.2%	65.9%	0.565	0.762	19
32	Daman & Diu	78.2%	87.1%	5.4%	86.8%	91.5%	65.6%	79.6%	0.756	0.870	6
33	Delhi	81.7%	86.3%	4.6%	87.3%	91.0%	74.7%	80.9%	0.856	0.889	10
34	Lakshadweep	86.7%	92.3%	5.6%	92.5%	96.1%	80.5%	88.2%	0.870	0.918	2
35	Puducherry	81.2%	86.5%	5.3%	88.6%	92.1%	73.9%	81.2%	0.834	0.882	7
	全国	64.83%	74.04%	9.21%	75.26%	82.14%	53.67%	65.46%	0.713	0.797	

资料来源：Literacy in India ［EB/OL］. 维基百科（Wikipedia），［2011-03-31］. http：//en. wikipedia. org/wiki/Literacy_ in_ India#cite_ note-21.

印度成人识字率在 2001 年到 2011 年这 10 年间增长了 9.21 个百分点，增幅高于这一水平的地区有 14 个，增幅超过 10 个百分点的有 12 个，增幅超过 15 个百分点的有 2 个。增幅（识字率增长的百分点数，不是 2011 年比 2001 年增长了百分之几）最大 5 地区为：达德拉和纳嘎—哈维里 20.10%、比哈尔 16.80%、垂普拉 14.60%、贾克汉德 14.00%、那加兰 13.50%；最小 5 地区为：安达曼与尼扣巴岛 5.00% 、德里 4.60% 、勘迪嘎 4.50% 、喀拉拉 3.00% 、米苏拉姆 2.80% 。

印度成人识字率的 GPI 从 2001 年的 0.713 增长到 2011 年的 0.797，总的来说女性识字率不及男性的 80% 。2011 年印度成人识字率 GPI 大于全国均值的地区有 24 个，高于 0.85 的有 17 个，高于 0.9 的有 7 个，低于 0.75 的有 7 个，低于 0.7 的有 1 个。其中最大 5 地区为：喀拉拉 0.958、麦格哈拉亚 0.956、米苏拉姆 0.954、那加兰 0.921、拉克歇德维普 0.918；最小 5 地区为：勘提斯嘎 0.744、查谟和克什米尔 0.741、比哈尔 0.725、贾克汉德 0.716、拉贾斯坦 0.655，最大与最小地区相差 0.303。

据统计全世界 35% 的文盲人口在印度，考虑到世界各国成人识字率在不断增长，印度在 2020 年前将拥有世界最大的文盲人口。表 4-17 显示了印度及其邻国的成人识字情况。

表 4-17　印度邻国的成人识字率

国家	成人识字率	青年识字率
中国	93.3%（2007）	98.9%（2004）
斯里兰卡	90.8%（2007）	98.0%
缅甸	89.9%（2007）	94.4%（2004）
伊朗	82.4%（2007）	95%（2002）
世界平均	84%（1998）	88%（2002）
印度	74.04%（2011）	82%（2001）
尼泊尔	56.5%（2007）	62.7%
巴基斯坦	62.2%（2007）	73.9%
孟加拉	53.5%（2007）	74%

注：成人识字率指 15 岁以上人口的识字率，青年识字率指 15—24 岁人口的识字率，即青年识字率是成人识字率的一个子集。

资料来源：Literacy in India [EB/OL]. 维基百科（Wikipedia），[2011-03-31]. http://en. wikipedia. org/wiki/Literacy_ in_ India#cite_ note-21.

由表 4-17 可知，印度的成人识字率几乎要低中国 20 个百分点，落后于中国，比世界平均水平低近 6 个百分点，但比巴基斯坦要高近 12 个百分点，比孟加拉要高近 11 个百分点。

4.1.3 资源配置方面：教育资源在区域间、城乡间的配置状况

4.1.3.1 印度基础教育财力资源配置分析

1. 基础教育总经费及其比例分析

印度基础教育的经费有来自人力资源发展部的，也有来自其他政府部门的，表4-18反映了印度近些年的基础教育总经费及其各种比例关系情况。

由表4-18可知，印度基础教育总的预算内经费从1990年的907.628亿卢比增加到2000年的3927.46亿卢比，到2003年增加至4434.947亿卢比，至2004年估计为5379.674亿卢比。基础教育预算内经费占GDP的比例从1990年的1.78%增加到2000年的2.06%，至2004年又下降至1.89%；而同期高等教育预算内经费占GDP的比例从1990年的0.77%增加到2000年的0.89%，至2004年又下降至0.66%；基础教育预算内经费是高等教育预算内经费的2倍以上。基础教育预算内经费占所有政府部门的预算内经费的比例从1990年的6.19%上升至2000年的6.86%，又下降至2004年的6.57%；预算内教育经费占所有政府部门的预算内经费的比例从1990年的13.37%上升至2000年的14.42%，又下降至2008年的13.63%。印度总的预算内教育经费从1990年的1961.585亿卢比增加到2000年的8248.643亿卢比，再增加到2008年的18649.858亿卢比；预算内教育经费占GDP的比例从1990年的3.84%上升至2000年的4.33%，至2008年又下降至3.78%。

表4-18 印度基础教育总经费及其比例表

（单位：千万卢比、%）

年度	基础教育预算内经费	基础教育预算内经费占GDP的比例	高等教育预算内经费占GDP的比例	基础教育预算内经费占总预算经费的比例	预算内教育经费	预算内教育经费占GDP的比例	预算内教育经费占总预算经费的比例	总预算经费	以1993—94年价格计算的当前GDP
1990—1991	9076.28	1.78	0.77	6.19	19615.85	3.84	13.37	146711.53	510954
1991—1992	10367.83	1.76	0.75	6.09	22393.69	3.80	13.14	170370.38	589086
1992—1993	11321.5	1.68	0.73	5.95	25030.30	3.72	13.15	190327.45	673221
1993—1994	13071.14	1.67	0.71	5.98	28279.69	3.62	12.94	218535.15	781345

续表

年度	基础教育预算内经费	基础教育预算内经费占GDP的比例	高等教育预算内经费占GDP的比例	基础教育预算内经费占总预算经费的比例	预算内教育经费	预算内教育经费占GDP的比例	预算内教育经费占总预算经费的比例	总预算经费	以1993—94年价格计算的当前GDP
1994—1995	15133.05	1.65	0.69	6.01	32606.22	3.56	12.95	251691.92	917058
1995—1996	18433.93	1.72	0.65	6.44	38178.09	3.56	13.34	286194.55	1073271
1996—1997	21543.63	1.73	0.64	6.54	43896.48	3.53	13.33	329389.92	1243547
1997—1998	24083.17	1.73	0.62	6.49	48552.14	3.49	13.09	370838.48	1390148
1998—1999	30191.07	1.89	0.69	6.87	61578.91	3.85	14.00	439768.11	1598127
1999—2000	34068.78	1.93	0.86	6.65	74816.09	4.25	14.60	512519.32	1761838
2000—2001	39274.60	2.06	0.89	6.86	82486.43	4.33	14.42	572160.14	1902998
2001—2002	40019.36	1.91	0.69	6.46	79865.71	3.82	12.89	619713.14	2090957
2002—2003	41747.26	1.86	0.70	6.15	85507.31	3.80	12.60	678548.31	2249493
2003—2004	44349.47	1.74	0.62	5.96	89079.25	3.50	11.98	743668.96	2543396
2004—2005（RE）	53796.74	1.89	0.66	6.57	104566.00	3.68	12.76	819231.90	2843897
2004—2005					96694.10	3.36	12.13	797345.74	2877701
2005—2006					113228.71	3.45	12.73	889713.96	3282385
2006—2007					137383.99	3.64	13.29	1033872.6	3779385
2007—2008					161419.92	3.74	13.32	1211461.81	4320892
2008—2009					186498.58	3.78	13.63	1368209.74	4933183

注：教育经费含人力资源发展部及其他部门的经费；总预算经费为所有政府部门的预算内经费。

资料来源：（1）1990—1991至2004—2005（RE）年度数据来自 *Selected Educational Statistics* 2004—2005 第105页；（2）2004—2005至2008—2009年度数据来自 Statement indicating the Public Expenditure on Education，源自印度人力资源发展部门户网站，http：//www. education. nic. in/planbudget/GDP51-09. pdf，其中2007—2008及2008—2009年度的教育经费及所有部门的经费预算数据及2004—2005（RE）年度的数据为调整后的估计值（RE＝Revised Estimates）。

2. 印度基础教育预算内经费的计划内与计划外来源结构分析

表4-19反映了印度2003—2007年间基础教育预算内经费的计划内与计划外来源结构比例情况。

由表4-19可知，印度2003年基础教育总的预算内经费为3636.59751亿卢比①，其计划内经费比例为22.19%，2003年基础教育总的预算内经费

———

① 表4-19反映的印度基础教育2003年的预算内经费比表4-18反映的数据要低，主要是因为两个数据的统计基年不一样，数值大的统计基年也相应的晚些，因物价指数的影响，数值小则其统计基年要早些。

占总的预算内教育经费的比例为 49.79%，即用于基础教育的经费几乎占了印度所有的公共教育经费的一半。至 2007 年基础教育总的预算内经费为 7129.91901 亿卢比，其计划内经费比例为 38.90%，比 2003 年增加了 16.71 个百分点，2007 年基础教育总的预算内经费占总的预算内教育经费的比例为 54.61%，比 2003 年增加了 4.82 个百分点，即用于基础教育的经费几乎占了印度所有的公共教育经费的近 55%。

表 4-19　印度基础教育计划内与计划外预算内经费及其构成比例表

	年度	计划内预算（千卢比）	计划外预算（千卢比）	合计的预算（千卢比）	基教经费占总教育经费百分比（%）	计划内占总预算的比例（%）	计划外占总预算的比例（%）
邦	2003—2004	27544820	280402328	307947148	50.24	8.94	91.06
	2004—2005	40357173	294518062	334875235	50.62	12.05	87.95
	2005—2006	51845664	329337419	381183083	51.10	13.60	86.40
	2006—2007	57824699	367922139	425746838	50.61	13.58	86.42
	2007—2008（RE）	71439196	429062300	500501496	50.98	14.27	85.73
中央联盟区	2003—2004	1137324	2540789	3678113	23.44	30.92	69.08
	2004—2005	1695481	5249157	6944638	34.36	24.41	75.59
	2005—2006	1674274	1450355	3124629	15.18	53.58	46.42
	2006—2007	2034997	5497486	7532483	32.23	27.02	72.98
	2007—2008（RE）	2878415	6507990	9386405	33.68	30.67	69.33
邦及联盟区	2003—2004	28682144	282943117	311625261	49.57	9.20	90.80
	2004—2005	42052654	299767219	341819873	50.14	12.30	87.70
	2005—2006	53519938	330787774	384307712	50.13	13.93	86.07
	2006—2007	59859696	373419625	433279321	50.11	13.82	86.18
	2007—2008（RE）	74317611	435570290	509887901	50.50	14.58	85.42
中央	2003—2004	52010124	24366	52034490	51.13	99.95	0.05
	2004—2005	76896500	25300	76921800	58.67	99.97	0.03
	2005—2006	117493300	18900	117512200	65.93	99.98	0.02
	2006—2007	167323800	25300	167349100	70.10	99.98	0.02
	2007—2008（RE）	203047000	57000	203104000	68.64	99.97	0.03

续表

	年度	计划内预算（千卢比）	计划外预算（千卢比）	合计的预算（千卢比）	基教经费占总教育经费百分比（%）	计划内占总预算的比例（%）	计划外占总预算的比例（%）
全国	2003—2004	80692268	282967483	363659751	49.79	22.19	77.81
	2004—2005	118949154	299792519	418741673	51.52	28.41	71.59
	2005—2006	171013238	330806674	501819912	53.11	34.08	65.92
	2006—2007	227183496	373444925	600628421	54.43	37.82	62.18
	2007—2008（RE）	277364611	435627290	712991901	54.61	38.90	61.10

资料来源：其中 2003—2004 年的总经费数来自 *Analysis of Budgeted Expenditure on Education* 2003—2004 to 2005—2006 第 61 页，2004—2005 年的总经费数来自 *Analysis of Budgeted Expenditure on Education* 2004—2005 to 2006—2007 第 58 页，2005—2006 年的总经费数来自 *Analysis of Budgeted Expenditure on Education* 2005—2006 to 2007—2008 第 62 页，2006—2007 年的总经费数来自 *Analysis of Budgeted Expenditure on Education* 2006—2007 to 2008—2009 第 69 页，2007—2008 年的总经费数来自 *Analysis of Budgeted Expenditure on Education* 2006—2007 to 2008—2009 第 69 页的调整后的估计数字（Revised Estimates）。

总的来说，各邦的基础教育经费占总经费的比例要高于中央联盟区的，主要是因为邦的基础教育任务繁重，人口基数大，基础教育规模也非常庞大所造成的。就全国而言基础教育预算内经费中计划外经费所占的比例相当大，达到 61.10% 至 77.81%，但总的趋势是计划内经费的来源比例呈上升趋势。基础教育总的预算内经费中来自中央政府的经费从 2003 年的 520.3449 亿卢比增加到 2007 年的 2031.04 亿卢比，其占全国总的基础教育预算内经费的比例从 2003 年的 14.31% 上升至 2007 年的 28.49%，5 年间增加了近 1 倍，可见中央在基础教育经费的投入努力程度在逐年增加，且投入增幅比例较大，但印度基础教育所需的经费仍然是以邦/中央联盟区投入为主，但其承担的财政负担因中央投入的增加而呈下降趋势，但到 2007 年仍有 71.51% 的基础教育经费由地方（邦/中央联盟区）政府负责。

3. 印度基础教育经费的支出结构分析

表 4 - 20 反映了印度 2003—2007 年间基础教育经费在管理及检查、政

府运营及非政府运营的学校、教师培训、教科书、奖学金等方面的支出结构
比例情况。

表4-20　印度基础教育经费在各项目费用中的支出结构比例表

(单位:%)

	年度	引导、检查、管理费用支出占基础教育经费的比例	对政府运营学校的资助支出占基础教育经费的比例	对非政府运营学校的资助支出占基础教育经费的比例	对地方机构运营学校的资助支出占基础教育经费的比例	教师培训支出占基础教育经费的比例	非正规教育支出占基础教育经费的比例	奖学金支出占基础教育经费的比例	教科书支出占基础教育经费的比例	其他支出占基础教育经费的比例
邦	2003—2004	3.41	41.20	22.12	27.82	0.28	0.22	0.13	0.32	4.51
	2004—2005	2.69	40.57	22.03	26.78	0.25	0.53	0.22	0.29	6.64
	2005—2006	2.22	39.54	22.13	27.41	0.20	0.84	0.11	0.34	7.22
	2006—2007	2.62	38.70	22.14	27.73	0.66	1.14	0.11	0.35	6.54
	2007—2008 (RE)	2.90	39.36	19.83	27.02	0.64	0.86	0.32	0.43	8.63
中央联盟区	2003—2004	13.74	22.83	0.29	54.99	0.85	0.00	0.00	2.36	4.94
	2004—2005	14.95	6.35	0.17	73.56	0.48	0.00	0.00	1.28	3.22
	2005—2006	35.07	14.70	0.40	38.10	1.22	0.00	0.00	2.72	7.80
	2006—2007	8.15	14.04	0.18	71.18	0.53	0.00	0.00	1.31	4.61
	2007—2008 (RE)	7.32	12.24	0.14	74.03	0.63	0.00	0.00	0.97	4.66
全国	2003—2004	3.53	40.98	21.86	28.14	0.28	0.22	0.13	0.34	4.51
	2004—2005	2.94	39.87	21.58	27.73	0.25	0.52	0.22	0.31	6.57
	2005—2006	2.48	39.34	21.95	27.50	0.20	0.83	0.11	0.36	7.22
	2006—2007	2.72	38.27	21.76	28.49	0.66	1.12	0.11	0.37	6.50
	2007—2008 (RE)	2.98	38.86	19.47	27.89	0.64	0.84	0.32	0.44	8.56

资料来源：其中2003—2004年的数据来自 *Analysis of Budgeted Expenditure on Education* 2003—2004 *to* 2005—2006 第62—70页，2004—2005年的数据来自 *Analysis of Budgeted Expenditure on Education* 2004—2005 *to* 2006—2007 第59—67页，2005—2006年的数据来自 *Analysis of Budgeted Expenditure on Education* 2005—2006 *to* 2007—2008 第63—71页，2006—2007年的数据来自 *Analysis of Budgeted Expenditure on Education* 2006—2007 *to* 2008—2009 第70—78页，2007—2008年的数据来自 *Analysis of Budgeted Expenditure on Education* 2006—2007 *to* 2008—2009 第70—78页的调整后的估计数字（Revised Estimates）。

由表4-20可知，印度基础教育经费的支出结构中，主要是用于对政府
运营学校的经费资助，对政府运营学校的资助经费占总基础教育经费的比例
在2003年为40.98%，但到2007年该比例下降至38.86%；基础教育经费支
出的第二大主体是对地方机构运营学校的经费资助，对地方机构运营学校的

资助经费占总基础教育经费的比例在 2003 年为 28. 14%，该比例至 2007 年下降到 27. 89%；基础教育经费支出的第三大主体是对非政府运营学校的经费资助，对非政府运营学校的经费资助占总基础教育经费的比例在 2003 年为 21. 86%，至 2007 年下降至 19. 47%；对教育的引导、管理和检查的支出也占了印度基础教育经费支出的不小比例，该比例在 2003 年为 3. 53%，至 2007 年下降到 2. 98%；用于教师培训支出的比例从 2003 年的 0. 28% 增加至 2007 年的 0. 64%；用于非正规教育的支出比例也在增加，从 2003 年的 0. 22% 增加到 2007 年的 0. 84%；用于奖学金的支出比例也在增加，从 2003 年的 0. 13% 增加到 2007 年的 0. 32%；用于教科书的支出比例也在增加，从 2003 年的 0. 34% 增加到 2007 年的 0. 44%；其他项目的支出比例也在增加，从 2003 年的 4. 51% 增加到 2007 年的 8. 56%。可见，印度基础教育经费用于教师培训的支出比例是比较低的，不及 1%，而用于引导、检查和管理的费用却占了近 3 个百分点，虽然其管理费用支出比例不是太高，但相对与其他项目而言还是比较高的，对政府运营和地方机构运营学校（公立学校）的资助占基础教育经费支出比例在 2003—2007 年间为 66. 75% 至 69. 12% 之间，而对非政府运营（私营或 NGO 运营）学校资助占了基础教育经费支出比例的 20% 左右，可见印度对非政府运营学校的资助力度是相当大的。

邦政府的基础教育经费用于各项目的支出结构比例与全国的情况类似；而中央联盟区的基础教育经费的第一大资助对象是地方机构运营的学校，可见在中央联盟区基础教育的分权化改革是进行得比较深入的，而中央联盟区基础教育经费的第二大资助主体才是政府运营的学校，而对学校的引导、检查和管理的费用却占到了中央联盟区基础教育经费支出比例的第三位，说明中央联盟区的学校得到了很好的引导和检查，但同时其管理费用也相应地上升了，该比例 2003 年为 13. 74%，至 2007 年下降至 7. 32%。

4. 印度基础教育生均预算内经费分析

表 4‑21 反映了印度 2003—2007 年间基础教育（1—8 年级）的生均预算教育经费情况。

由表 4‑21 可知，印度基础教育（1—8 年级）的生均预算内教育经费

从 2003 年的 2054 卢比增加到 2007 年的 3701 卢比，5 年间共增加了
80.13%。2007 年印度基础教育生均预算内教育经费高于全国均值水平 3701
卢比的地区有 17 个，大于 4000 卢比的地区有 12 个，大于 5000 卢比的 6 个
地区为：安达曼与尼扣巴岛 11088 卢比、锡金 9205 卢比、西玛恰尔—普雷
德仕 8945 卢比、阿鲁纳恰尔—普雷德仕 7233 卢比、米苏拉姆 7014 卢比、
那加兰 6675 卢比；小于 2500 卢比的 7 个地区为：贾克汉德 2203 卢比、比
哈尔 2011 卢比、西孟加拉 1898 卢比、庞贾布 1864 卢比、尤塔—普雷德仕
1710 卢比、拉克歇德维普 1526 卢比、曼德亚—普雷德仕 1507 卢比；最大与
最小地区相差 9581 卢比，相差 7.36 倍。

由表 4-21 可知，印度基础教育总的生均预算内教育经费中来自中央政
府的贡献率从 2003 年的 14.31%（294 卢比）增加到 2007 年的 28.48%
（1054 卢比），可见，中央政府对基础教育的投入力度在 5 年间增加了近 1
倍。2003 年 28 个邦的生均经费要高于 7 个中央联盟区的生均经费，但到了
2006、2007 年变成了邦的要低于中央联盟区的，2007 年邦的生均经费为
2640 卢比，而中央联盟区的为 3042 卢比，中央联盟区的增幅（2003—2007
年间）为 122.64% 大于邦的增幅 49.42%。

2003—2007 年这 5 年间印度基础教育生均预算内教育经费的极差从
2003 年的 6686 卢比增加到 2007 年的 9581 卢比，增加了 43.30%；其极差率
从 2003 年的 10.40 倍下降到 2007 年的 7.36 倍，下降了 29.23%；其标准差
从 2003 年的 1610 卢比增加到 2007 年的 2293 卢比，增加了 42.42%；其变
异系数（离差程度）从 2003 年的 0.784 下降到 2007 年的 0.620，下降
了 20.92%。

表 4-21 印度 2003—2007 年间基础教育生均预算内经费表

（单位：卢比）

序号	邦/联盟区	2003—2004	2004—2005	2005—2006	2006—2007	2007—2008	5 年平均	2007—2008 排名	5 年间增长（%）
1	Andhra Pradesh	1715	1893	2122	2380	3094	2234	21	80.40

续表

序号	邦/联盟区	2003—2004	2004—2005	2005—2006	2006—2007	2007—2008	5年平均	2007—2008排名	5年间增长（％）
2	Arunachal Pradesh	4372	4437	5034	5747	7233	5414	4	65.44
3	Assam	3020	2917	3141	3173	4008	3269	12	32.69
4	Bihar	1548	1157	2072	2037	2011	1792	30	29.93
5	Chhattisgarh	1325	1724	1813	1967	2609	1890	26	96.85
6	Goa	2921	3243	3616	3588	3882	3453	13	32.91
7	Gujarat	2077	2351	2437	2845	2799	2504	23	34.78
8	Haryana	2292	2525	2715	3026	3808	2889	15	66.13
9	Himachal Pradesh	4852	5093	5777	7277	8945	6388	3	84.36
10	Jammu & Kashmir	3053	2154	2053	2245	3812	2664	14	24.88
11	Jharkhand	1625	2083	2243	1485	2203	1950	29	35.55
12	Karnataka	2209	2773	3086	3512	4089	3121	11	85.10
13	Kerala	3081	3636	3352	3937	4795	3757	7	55.65
14	Madhya Pradesh	1548	1199	1246	1503	1507	1400	35	−2.63
15	Maharashtra	2331	2469	2866	2956	3728	2854	16	59.93
16	Manipur	2356	3022	3533	2605	2905	2888	22	23.31
17	Meghalaya	2664	2370	2344	2097	2504	2377	28	−5.99
18	Mizoram	6366	5746	5836	6230	7014	6236	5	10.19
19	Nagaland	4677	4325	5173	6041	6675	5391	6	42.70
20	Orissa	1686	1595	2130	2117	2736	2045	24	62.31
21	Punjab	1682	1731	1823	1733	1864	1769	32	10.85
22	Rajasthan	1651	1780	2154	2174	2557	2068	27	54.90
23	Sikkim	6324	6697	7138	7931	9205	7481	2	45.54
24	Tamil Nadu	1713	1870	2002	2666	3189	2279	19	86.23
25	Tripura	4252	3896	2635	2990	3138	3360	20	−26.20
26	Uttar Pradesh	1122	1229	1470	1620	1710	1439	33	52.45
27	Uttarakhand	2671	2754	2845	3504	4149	3191	10	55.35
28	West Bengal	1047	1360	1677	1725	1898	1531	31	81.34
29	A&N Islands	7397	8347	8932	9765	11088	9077	1	49.89
30	Chandigarh	3638	4236	5919	4234	4638	4462	9	27.49
31	D&N Haveli	2875	3413	3130	2988	3707	3235	17	28.93

续表

序号	邦/联盟区	2003—2004	2004—2005	2005—2006	2006—2007	2007—2008	5 年平均	2007—2008 排名	5 年间增长（%）
32	Daman & Diu	2907	3252	3218	3331	3542	3251	18	21.85
33	Delhi	901	2219	435	2133	2659	1669	25	195.05
34	Lakshadweep	711	674	552	524	1526	797	34	114.69
35	Puducherry	3392	3956	4184	4409	4711	4141	8	38.88
	邦（1—28）	1767	1868	2131	2299	2640	2150		49.42
	联盟区（29—35）	1366	2572	1018	2525	3042	2111		122.64
	邦/联盟区（1—35）	1761	1878	2112	2302	2646	2149		50.32
	中央	294	423	646	889	1054	669		258.54
	全国合计	2054	2301	2758	3192	3701	2818		80.13
	极差	6686	7673	8497	9241	9581	8280		43.30
	极差率	10.40	12.38	20.53	18.64	7.36	11.39		−29.23
	标准差	1610	1650	1846	2014	2293	1842		42.42
	变异系数	0.784	0.717	0.669	0.631	0.620	0.654		−20.92

注：生均经费=总经费/在校学生数；2003—2007 这 5 年间平均值为 5 年间的经费总和除以 5 年间的在校生数总和。

资料来源：（1）其中在校学生数 2003—2004 年的来自 *Annual Report* 2005—2006 第 276 页，2004—2005 年的来自 *Annual Report* 2006—2007 第 250 页，2005—2006 年的来自 *Annual Report* 2007—2008 第 276 页，2006—2007 年的来自 *Statistics of School Education* 2006—2007 第 11 和 13 页加总而得，2007—2008 年的来自 *Statistics of School Education* 2007—2008 第 10 和 12 页加总而得；

（2）总经费数 2003—2004 年的来自 *Analysis of Budgeted Expenditure on Education* 2003—2004 to 2005—2006 第 61 页，2004—2005 年的来自 *Analysis of Budgeted Expenditure on Education* 2004—2005 to 2006—2007 第 58 页，2005—2006 年的来自 *Analysis of Budgeted Expenditure on Education* 2005—2006 to 2007—2008 第 62 页，2006—2007 年的来自 *Analysis of Budgeted Expenditure on Education* 2006—2007 to 2008—2009 第 69 页，2007—2008 年的来自 *Analysis of Budgeted Expenditure on Education* 2006—2007 to 2008—2009 第 69 页的调整后的估计数字（Revised Estimates）。根据上述学生数及总经费数的原始数据计算出生均预算内教育经费值。

2003—2007 这 5 年间印度基础教育生均预算教育经费增幅超过全国均值水平 80.13% 的地区有 8 个，增幅超过 60% 的地区有 11 个，超过 50% 的有 16 个，低于 40% 的有 16 个，低于 30% 的有 11 个，低于 20% 的有 5 个，有 3 个地区的生均预算内教育经费没有增加反而下降了。其中增幅超过80%的 8 个地区为：德里 195.05%、拉克歇德维普 114.69%、勘提斯嘎96.85%、塔米尔—纳杜 86.23%、卡纳塔卡 85.10%、西玛恰尔—普雷德仕84.36%、西孟加拉 81.34%、安德拉—普雷德仕 80.40%；增幅低于 25%的8 个地区为：查谟和克什米尔 24.88%、曼尼普尔 23.31%、达曼和迪由21.85%、庞贾布 10.85%、米苏拉姆 10.19%、曼德亚—普雷德仕 -2.63%（"-"表示下降，下同）、麦格哈拉亚 -5.99%、垂普拉 -26.20%。

4.1.3.2 印度基础教育在校生规模分析

1. 在校生规模总量及增量分析

表 4-22 反映了印度 2003—2007 年间各地基础教育（1—8 年级）的在校生规模情况。

（1）印度基础教育在校生规模总量分析

由表 4-22 可知，印度基础教育（1—8 年级）在校生规模从 2003 年的177013289 人增加到 2007 年的 192675265 人。2007 年印度基础教育在校生超过 500 万人的地区有 13 个，低于 100 万人的有 14 个，超过 1000 万人的地区有：尤塔—普雷德什 35179765 人（占全国的 18.26%）、曼德亚—普雷德仕16724710 人（占全国的 8.68%）、马哈拉施特拉 15756073 人（占全国的8.18%）、比哈尔 15710106 人（占全国的 8.15%）、西孟加拉 13270991 人（占全国的 6.89%）、拉贾斯坦 12815158 人（占全国的 6.65%）、安德拉—普雷德仕 10959739 人（占全国的 5.69%），在校生规模最小的 5 个地区为：锡金 114358 人、安达曼与尼扣巴岛 59085 人、达德拉和纳嘎—哈维里 54812人、达曼的迪由 24733 人、拉克歇德维普 11602 人，最大地区尤塔—普雷德仕是最小地区拉克歇德维普的 3032 倍。2007 年在校生中的 98.40%分布在 28 个邦中，而 7 个中央联盟区只占了 1.60%，7 个在校生超过 1000 万人的邦的学生总数占了全国的 62.50%，可见尤塔—普雷德仕、曼德亚—普雷德仕、马哈拉施特拉等 7 个邦的基础教育任务是全国最重的，可以说只有把这几个邦发展好了才能使整个印度的基础教育发展好，因其权重占到超过六成。

（2）印度基础教育在校生规模 2007 年比 2003 年的增量分析

由表 4－22 可知，印度基础教育在校生规模 2007 年比 2003 年增加了 8.85%，高于这一增长幅度的地区有 16 个，在校生在这 5 年间增幅超过 10% 的地区有 14 个，超过 15% 的有 10 个，超过 20% 的有 6 个，在校生规模没有增加而是下降的地区有 9 个。增幅排名最前 5 地区为：贾克汉德 70.89%、麦格哈拉亚 54.30%、曼德亚—普雷德仕 39.92%、比哈尔 39.19%、米苏拉姆 31.25%；增幅最小（下降幅度最大）5 地区为：安德拉—普雷德仕 -4.52%（"-"表示在校生规模没有增加而是下降，下同）、安达曼与尼扣巴岛 -5.97%、西孟加拉 -6.19%、卡纳塔卡 -6.24%、马哈拉施特拉 -8.73%。

表 4－22　印度各地基础教育在校生数及其增长比例(单位：人、%)

序号	邦/联盟区	2003—2004	2004—2005	2005—2006	2006—2007	2007—2008	2007排名	5 年的增幅
1	Andhra Pradesh	11478128	11335441	11122940	11151902	10959739	7	-4.52
2	Arunachal Pradesh	237627	244343	259661	267111	272507	26	14.68
3	Assam	4570757	4900420	4522606	4572519	5263285	13	15.15
4	Bihar	11286748	12251108	12909806	14277146	15710106	4	39.19
5	Chhattisgarh	4556382	4615496	4308803	4541401	4616591	14	1.32
6	Goa	181340	180274	176082	184027	187875	28	3.60
7	Gujarat	9004771	9026557	9048653	9093564	9292588	9	3.20
8	Haryana	3100406	3258753	3157327	3441030	3397363	16	9.58
9	Himachal Pradesh	1086816	1089609	1071820	1081841	1084235	21	-0.24
10	Jammu & Kashmir	1379525	1426376	1613864	1613864	1613864	20	16.99
11	Jharkhand	3987371	4371243	4814125	5206503	6813991	11	70.89
12	Karnataka	9164544	8830209	8644069	8721648	8592947	10	-6.24
13	Kerala	4154866	4171452	4146620	4119092	4090184	15	-1.56
14	Madhya Pradesh	11953431	14178041	15527340	16318474	16724710	2	39.92
15	Maharashtra	17263546	17574035	16658603	17974341	15756073	3	-8.73
16	Manipur	472020	486197	501746	516600	518971	24	9.95
17	Meghalaya	482934	604795	661894	743437	745179	22	54.30
18	Mizoram	158153	175219	236634	205309	207574	27	31.25
19	Nagaland	286949	309866	316986	316986	310030	25	8.04

续表

序号	邦/联盟区	2003—2004	2004—2005	2005—2006	2006—2007	2007—2008	2007排名	5 年的增幅
20	Orissa	6346323	7059501	5903178	6339418	6473974	12	2.01
21	Punjab	3017682	2943502	2935774	2996700	3354202	17	11.15
22	Rajasthan	12316759	12486603	12772403	13163926	12815158	6	4.05
23	Sikkim	101601	114832	122670	116118	114358	31	12.56
24	Tamil Nadu	10191983	10101274	10011935	9807895	9757092	8	-4.27
25	Tripura	638382	648799	697470	698021	691102	23	8.26
26	Uttar Pradesh	31029110	31677660	32458499	33264598	35179765	1	13.38
27	Uttarakhand	1707227	1743757	1757392	1772876	1775351	19	3.99
28	West Bengal	14145986	13503378	12554861	12706818	13270991	5	-6.19
29	A&N Islands	62836	63703	60370	60989	59085	32	-5.97
30	Chandigarh	105070	100624	78238	115997	124638	30	18.62
31	D&N Haveli	44631	45481	48424	51179	54812	33	22.81
32	Daman & Diu	24342	24481	24982	25146	24733	34	1.61
33	Delhi	2274050	2283206	2673071	2539514	2629993	18	15.65
34	Lakshadweep	11714	11163	11828	11602	11602	35	-0.96
35	Puducherry	169279	171095	172490	178426	180597	29	6.69
	邦（1—28）	174301367	179308740	178913761	185213165	189589805		8.77
	联盟区（29—35）	2691922	2699753	3069403	2982853	3085460		14.62
	邦/联盟区（1—35）	177013289	182008493	181983164	188196018	192675265		8.85
	全国	177013289	182008493	181983164	188196018	192675265		8.85

资料来源：（1）Department of school education and literacy and department of higher education of Ministry of human resource development of Government of India. （2007）. *Annual report* 2005—06. New Delhi：Dolphin Printo Graphics, p. 276.

（2）Department of school education and literacy and department of higher education of Ministry of human resource development of Government of India. （2008）. *Annual report* 2006—07 . New Delhi：Dolphin Printo Graphics, p. 250.

（3）Department of school education and literacy and department of higher education of Ministry of human resource development of Government of India. （2009）. *Annual report* 2007—08 . New Delhi：Dolphin Printo Graphics, p. 276.

（4）Government of Inida. （2009）. *Statistics of School Education* 2006—07. Ministry of human resource development, Bureau of planning, monitoring and statistics, New Delhi：p. 11, 13.

（5）Government of Inida. （2010）. *Statistics of School Education* 2007—08. Ministry of human resource development, Bureau of planning, monitoring and statistics, New Delhi：p. 10, 12.

2. 印度基础教育在校生在初小及高小的分布情况分析

表4－23反映了印度2008年各地基础教育的在校生在初级小学（1—5年级）和高级小学（6—8年级）的分布比例情况。

表4－23　印度各地基础教育在校生数在初小、高小的分布比例表

（单位:%）

序号	邦/联盟区	2003—2004		2007—2008		2003—2007 高小增加的百分点数	2007 高小排名
		初小	高小	初小	高小		
1	Andhra Pradesh	69.49	30.51	65.45	34.55	4.04	11
2	Arunachal Pradesh	75.86	24.14	73.20	26.80	2.66	30
3	Assam	70.72	29.28	65.19	34.81	5.53	10
4	Bihar	83.91	16.09	79.01	20.99	4.9	34
5	Chhattisgarh	74.57	25.43	70.06	29.94	4.51	19
6	Goa	59.49	40.51	65.52	34.48	−6.03	12
7	Gujarat	72.76	27.24	71.97	28.03	0.79	26
8	Haryana	64.85	35.15	65.75	34.25	−0.9	14
9	Himachal Pradesh	61.37	38.63	60.83	39.17	0.54	2
10	Jammu & Kashmir	68.89	31.11	70.30	29.70	−1.41	21
11	Jharkhand	78.75	21.25	80.19	19.81	−1.44	35
12	Karnataka	68.39	31.61	65.13	34.87	3.26	9
13	Kerala	59.99	40.01	60.54	39.46	−0.55	1
14	Madhya Pradesh	73.88	26.12	72.02	27.98	1.86	27
15	Maharashtra	64.74	35.26	65.74	34.26	−1	13
16	Manipur	71.84	28.16	71.56	28.44	0.28	25
17	Meghalaya	74.73	25.27	75.78	24.22	−1.05	33
18	Mizoram	80.34	19.66	74.43	25.57	5.91	32
19	Nagaland	73.33	26.67	70.90	29.10	2.43	23
20	Orissa	77.49	22.51	69.75	30.25	7.74	18
21	Punjab	65.59	34.41	67.80	32.20	−2.21	17
22	Rajasthan	76.97	23.03	70.71	29.29	6.26	22
23	Sikkim	75.59	24.41	72.57	27.43	3.02	28
24	Tamil Nadu	64.67	35.33	61.98	38.02	2.69	4

中国、印度基础教育比较研究

续表

序号	邦/联盟区	2003—2004		2007—2008		2003—2007 高小增加的百分点数	2007 高小排名
		初小	高小	初小	高小		
25	Tripura	70.76	29.24	70.21	29.79	0.55	20
26	Uttar Pradesh	77.61	22.39	73.43	26.57	4.18	31
27	Uttarakhand	68.21	31.79	67.73	32.27	0.48	16
28	West Bengal	73.01	26.99	71.31	28.69	1.7	24
29	A&N Islands	64.28	35.72	62.01	37.99	2.27	5
30	Chandigarh	62.85	37.15	64.03	35.97	−1.18	8
31	D&N Haveli	73.74	26.26	72.94	27.06	0.8	29
32	Daman & Diu	66.64	33.36	65.96	34.04	0.68	15
33	Delhi	63.42	36.58	63.67	36.33	−0.25	7
34	Lakshadweep	61.13	38.87	62.44	37.56	−1.31	6
35	Puducherry	60.27	39.73	61.56	38.44	−1.29	3
	全国	72.46	27.54	70.31	29.69	2.15	

资料来源：原始数据出处与表4-17的资料来源相同。

由表4-23可知，印度基础教育在校生在初小、高小的分布比例从2003年的72.46%、27.54%变为2007年的70.31%、29.69%，在高小的学生比例在增加，也说明初小升入高小的比例在增加。2007年印度各地基础教育在校生在高小的分布比例（该比例也反映了初小升高小的情况，比例越高说明初小升入高小的学生越多）为29.69%，高于这一水平的地区有21个，高于30%的地区有18个，其中该比例最大5地区为：喀拉拉39.46%、西玛恰尔—普雷德仕39.17%、普达切瑞38.44%、塔米尔—纳杜38.02%、安达曼与尼扣巴岛37.99%，最小5地区为：尤塔—普雷德仕26.57%、米苏拉姆25.57%、麦格哈拉亚24.22%、比哈尔20.99%、贾克汉德19.81%。

印度基础教育在校生在高小的分布比例2007年比2003年增加了2.15个百分点，这5年间增幅高于这一水平的地区有14个，增幅超过3个百分点的地区有10个，超过5个百分点的有4个，有12个地区该比例不但没有增加反而下降。基础教育在校生在高小的分布比例增加幅度（增加了几个百分点数，不是 2007 年比 2003 年的比例增加了百分之几）最大 5 地区为：奥里萨 7.74%、拉贾斯坦 6.26%、米苏拉姆 5.91%、阿萨姆 5.53%、比哈尔 4.90%，最小（下降幅度最大）5 地区为：拉克歇德维普 -1.31%（"-"表示下降，下同）、查谟和克什米尔 -1.41%、贾克汉德 -1.44%、庞贾布 -2.21%、果阿 -6.03%。

4.1.3.3　印度基础教育生师比、师校比分析

1. 初级小学生师比、师校比、教师 GPI

表 4-24 反映了印度 2003—2007 年间各地初级小学的生师比、师校比、教师性别平等指数情况。

由表 4-24 可知，印度初级小学的生师比（每个教师服务/教学的学生数）从 2003 年的 61.2 下降到 2007 年的 57.8。2007 年生师比大于全国均值水平的地区有 14 个，生师比大于 70 的地区有 10 个，大于 80 的有 5 个，低于 40 的有 13 个，低于 30 的有 5 个，其中生师比最大 5 地区为：勘迪嘎 178.1、古贾拉特 153.8、达德拉和纳嘎—哈维里 90.9、贾克汉德 85.3、比哈尔 84.5，最小 5 地区为：那加兰 27.6、尤塔卡汉德 24.8、米苏拉姆 22.2、西玛恰尔—普雷德仕 21.5、锡金 12.0，最大与最小相差 166.1，差距达 14.8 倍。

印度初级小学的师校比（每所学校拥有的教师数）从 2003 年的 3.0 提高到 2007 年的 3.45，2007 年师校比高于全国均值水平的地区有 14 个，高于 5 的地区有 8 个，小于 3 的地区有 14 个，其中师校比最大 6 地区为：勘迪嘎 14.9、普达切瑞 10.2、达曼和迪由 9.9、拉克歇德维普 9.7、德里 9.1、锡金 9.0，最小 6 地区为：查谟和克什米尔 2.4、勘提斯嘎 2.2、哈亚纳 2.2、奥里萨 2.2、拉贾斯坦 2.2、麦格哈拉亚 2.1。

印度初级小学教师的性别平等指数 GPI（女性教师数是男性教师数的倍数，数值=1 时表明女性教师与男性教师比例一样，大于 1 时说明女性教师比例大于男性的，越大则女性教师比例越大）从 2003 年的 0.664 提高到 2007 年的 0.784，2007 年初级小学教师的 GPI 高于全国均值水平的地区有 18 个，GPI 高于 0.9 的地区有 16 个，高于 1 的有 13 个，高于 2 的有 7 个，低于 0.7 的有 15 个，低于 0.5 的有 7 个，其中最大 7 地区为：果阿 8.185、

達曼和迪由 5.111、勘迪嘎 4.895、普達切瑞 3.777、喀拉拉 2.987、塔米尔—纳杜 2.842、德里 2.742，最小 7 地区为：曼德亚—普雷德仕 0.450、拉贾斯坦 0.442、阿鲁纳恰尔—普雷德仕 0.432、西孟加拉 0.400、勘提斯嘎 0.388、贾克汉德 0.370、垂普拉 0.268。

表 4 - 24　印度初级小学 2003、2007 年度的生师比、师校比、教师性别平等指数

序号	邦/中央联盟区	生师比			师校比			教师 GPI（女/男）		
		2003	2007	增幅（%）	2003	2007	增幅（%）	2003	2007	增幅（%）
1	Andhra Pradesh	46.2	42.9	-7.14	2.7	2.7	0.00	0.786	0.905	15.14
2	Arunachal Pradesh	56.4	47.4	-15.96	2.3	2.7	17.39	0.414	0.432	4.35
3	Assam	38.5	35.3	-8.31	2.8	4.0	42.86	0.525	0.550	4.76
4	Bihar	98.8	84.5	-14.47	2.4	3.2	33.33	0.220	0.564	156.36
5	Chhattisgarh	49.6	42.3	-14.72	2.1	2.2	4.76	0.369	0.388	5.15
6	Goa	46.6	31.3	-32.83	2.3	3.1	34.78	4.198	8.185	94.97
7	Gujarat	354.5	153.8	-56.61	2.6	2.5	-3.85	1.277	0.647	-49.33
8	Haryana	43.2	74.2	71.76	4.0	2.2	-45.00	1.053	0.972	-7.69
9	Himachal Pradesh	23.2	21.5	-7.33	2.6	2.7	3.85	0.731	0.843	15.32
10	Jammu & Kashmir	31.8	35.6	11.95	2.4	2.4	0.00	0.679	0.695	2.36
11	Jharkhand	100.8	85.3	-15.38	1.9	3.4	78.95	0.256	0.370	44.53
12	Karnataka	122.2	77.9	-36.25	2.0	2.5	25.00	0.847	1.777	109.80
13	Kerala	61.5	60.4	-1.79	6.0	6.0	0.00	2.637	2.987	13.27
14	Madhya Pradesh	44.8	41.2	-8.04	3.0	3.0	0.00	0.511	0.450	-11.94
15	Maharashtra	59.5	54.0	-9.24	4.6	4.5	-2.17	1.535	1.516	-1.24
16	Manipur	41.1	48.4	17.76	3.2	3.0	-6.25	0.629	0.629	0.00
17	Meghalaya	26.3	40.2	52.85	2.3	2.1	-8.70	0.883	0.857	-2.94
18	Mizoram	21.7	22.2	2.30	3.9	4.0	2.56	0.944	0.961	1.80
19	Nagaland	28.2	27.6	-2.13	5.0	4.8	-4.00	0.527	0.593	12.52
20	Orissa	62.9	42.0	-33.23	1.9	2.2	15.79	0.432	0.629	45.60
21	Punjab	48.5	62.6	29.07	3.1	2.7	-12.90	1.666	1.706	2.40
22	Rajasthan	78.8	73.3	-6.98	2.2	2.2	0.00	0.361	0.442	22.44
23	Sikkim	15.3	12.0	-21.57	10.1	9.0	-10.89	0.886	1.180	33.18

208

序号	邦/中央联盟区	生师比			师校比			教师 GPI（女/男）		
		2003	2007	增幅（%）	2003	2007	增幅（%）	2003	2007	增幅（%）
24	Tamil Nadu	54.4	37.1	-31.80	3.8	5.5	44.74	1.725	2.842	64.75
25	Tripura	30.9	61.8	100.00	7.0	3.7	-47.14	0.947	0.268	-71.70
26	Uttar Pradesh	60.9	77.9	27.91	3.3	2.6	-21.21	0.498	0.742	49.00
27	Uttaranchal	28.7	24.8	-13.59	2.8	3.2	14.29	1.122	1.161	3.48
28	West Bengal	65.6	62.3	-5.03	3.2	3.0	-6.25	0.338	0.400	18.34
29	A&N Islands	42.2	36.4	-13.74	4.6	4.5	-2.17	1.265	1.582	25.06
30	Chandigarh	209.6	178.1	-15.03	13.1	14.9	13.74	4.081	4.895	19.95
31	D&N Haveli	48.5	90.9	87.42	5.3	2.5	-52.83	1.330	0.732	-44.96
32	Daman & Diu	38.1	33.0	-13.39	8.0	9.9	23.75	3.303	5.111	54.74
33	Delhi	58.4	71.8	22.95	11.6	9.1	-21.55	2.173	2.742	26.18
34	Lakshadweep	22.9	35.7	55.90	15.7	9.7	-38.22	0.830	0.692	-16.63
35	Pondicherry	35.5	35.4	-0.28	8.7	10.2	17.24	2.668	3.777	41.57
	全国	61.2	57.8	-5.56	2.9	3.0	3.45	0.664	0.784	18.07

资料来源：（1）Department of school education and literacy and department of higher education of Ministry of human resource development of Government of India. （2007）. *Annual report* 2005—06. New Delhi：Dolphin Printo Graphics，p. 275，276，285.

（2）Department of school education and literacy and department of higher education of Ministry of human resource development of Government of India. （2011）. *Annual report* 2009—10. New Delhi：Dolphin Printo Graphics，p. 327，328-329，346-347. 根据原始的学生数、教师数、学校数计算出上述表格中的数据。

2. 高级小学生师比、师校比、教师 GPI

表 4-25 反映了印度 2003—2007 年间各地高级小学的生师比、师校比、教师性别平等指数情况。

表4-25 印度高级小学 2003、2007 年度的生师比、师校比、教师性别平等指数

序号	邦/中央联盟区	生师比			师校比			教师性别指数（女/男）		
		2003	2007	增幅（%）	2003	2007	增幅（%）	2003	2007	增幅（%）
1	Andhra Pradesh	34.9	34.1	-2.29	6.6	6.2	-6.06	0.728	0.769	5.63
2	Arunachal Pradesh	19.3	14.8	-23.32	6.6	7.4	12.12	0.397	0.544	37.03

续表

序号	邦/中央联盟区	生师比			师校比			教师性别指数（女/男）		
		2003	2007	增幅（%）	2003	2007	增幅（%）	2003	2007	增幅（%）
3	Assam	18.3	18.8	2.73	9.0	7.1	−21.11	0.299	0.289	−3.34
4	Bihar	32.0	32.4	1.25	5.7	6.3	10.53	0.274	0.540	97.08
5	Chhattisgarh	46.0	38.6	−16.09	2.7	2.5	−7.41	0.301	0.409	35.88
6	Goa	130.3	27.4	−78.97	7.7	5.6	−27.27	2.662	2.695	1.24
7	Gujarat	12.3	13.3	8.13	6.5	8.2	26.15	1.146	1.167	1.83
8	Haryana	129.9	62.9	−51.58	3.9	5.8	48.72	0.570	0.875	53.51
9	Himachal Pradesh	45.6	12.9	−71.71	4.4	6.6	50.00	0.439	0.633	44.19
10	Jammu & Kashmir	16.1	9.5	−40.99	7.4	9.7	31.08	0.711	0.724	1.83
11	Jharkhand	31.9	18.2	−42.95	6.1	8.8	44.26	0.408	0.407	−0.25
12	Karnataka	15.3	15.9	3.92	7.4	6.8	−8.11	1.295	1.180	−8.88
13	Kerala	36.8	35.1	−4.62	15.2	15.1	−0.66	2.064	2.300	11.43
14	Madhya Pradesh	23.6	32.9	39.41	4.3	3.7	−13.95	0.595	0.277	−53.45
15	Maharashtra	32.6	26.4	−19.02	7.2	7.6	5.56	0.762	0.789	3.54
16	Manipur	15.0	17.2	14.67	10.6	11.1	4.72	0.691	0.698	1.01
17	Meghalaya	18.5	19.2	3.78	4.2	4.2	0.00	0.845	0.855	1.18
18	Mizoram	5.5	6.3	14.55	6.2	7.9	27.42	0.422	0.572	35.55
19	Nagaland	14.3	15.5	8.39	11.2	12.5	11.61	0.421	0.567	34.68
20	Orissa	28.7	47.1	64.11	4.3	2.1	−51.16	0.390	0.407	4.36
21	Punjab	76.7	76.8	0.13	5.4	9.5	75.93	1.040	1.109	6.63
22	Rajasthan	18.3	18.8	2.73	6.5	5.8	−10.77	0.374	0.437	16.84
23	Sikkim	21.8	15.4	−29.36	9.0	9.2	2.22	0.562	0.982	74.73
24	Tamil Nadu	59.9	54.2	−9.52	8.8	7.9	−10.23	1.317	1.513	14.88
25	Tripura	26.6	24.3	−8.65	16.1	8.3	−48.45	0.361	0.263	−27.15
26	Uttar Pradesh	44.3	106.3	139.95	4.4	2.1	−52.27	0.405	0.392	−3.21
27	Uttaranchal	33.8	28.7	−15.09	4.5	4.7	4.44	0.527	0.573	8.73
28	West Bengal	335.3	598.6	78.53	5.7	5.0	−12.28	0.352	0.379	7.67
29	A&N Islands	30.5	29.2	−4.26	13.2	12.0	−9.09	1.076	1.454	35.13
30	Chandigarh	219.3	114.7	−47.70	19.8	35.5	79.29	0.125	0.171	0.45
31	D&N Haveli	55.0	14.2	−74.18	2.3	9.6	317.39	0.401	1.449	261.35
32	Daman & Diu	28.9	36.5	26.30	11.7	9.6	−17.95	1.113	2.039	83.20

序号	邦/中央联盟区	生师比			师校比			教师性别指数（女/男）		
		2003	2007	增幅（%）	2003	2007	增幅（%）	2003	2007	增幅（%）
33	Delhi	90.5	108.4	19.78	13.5	13.8	2.22	2.724	4.606	69.09
34	Lakshadweep	41.0	27.1	-33.90	27.8	40.3	44.96	0.914	0.677	-25.93
35	Pondicherry	42.2	50.2	18.96	12.7	12.4	-2.36	1.170	1.667	42.48
	全国	30.6	31.9	4.25	6.1	5.5	-9.84	0.687	0.680	-1.02

资料来源：原始数据出处与表4-19的资料来源相同。

由表4-25可知，印度高级小学的生师比从2003年的30.6增加到2007年的31.9，说明教师增加的比例跟不上学生增加的比例才出现生师比增大。2007年生师比大于全国均值水平的地区有15个，生师比大于40的地区有9个，大于50的有8个，低于30的有20个，低于20的有14个，其中生师比最大5地区为：西孟加拉598.6、勘迪嘎114.7、德里108.4、尤塔—普雷德仕106.3、庞贾布76.8，最小5地区为：达德拉和纳嘎—哈维里14.2、古贾拉特13.3、西玛恰尔—普雷德仕12.9、查谟和克什米尔9.5、米苏拉姆6.3，最大与最小相差592.3，差距达95倍。

印度高级小学的师校比从2003年的6.1下降到2007年的5.5（说明教师数量的增加比例赶不上学校数量的增加比例），2007年师校比高于全国均值水平的地区有28个，高于7的地区有21个，高于9的有13个，高于10的有8个，小于5的地区有6个，其中师校比最大6地区为：拉克歇德维普40.3、勘迪嘎35.5、喀拉拉15.1、德里13.8、那加兰12.5、普达切瑞12.4，最小6地区为：尤塔卡汉德4.7、麦格哈拉亚4.2、曼德亚—普雷德仕3.7、勘提斯嘎2.5、奥里萨2.1、麦尤塔—普雷德仕2.1。

印度高级小学教师的GPI从2003年的0.687下降到2007年的0.680，2007年初级小学教师的GPI高于全国均值水平的地区有19个，GPI高于0.7的地区有18个，高于0.8的有15个，高于1的12个，高于2的有5个，低于0.6的有14个，低于0.5的有9个，低于0.4的有5个，其中最大5地区为：勘迪嘎10.171、德里4.606、果阿2.695、喀拉拉2.300、达曼和迪由

2.039，最小 5 地区为：尤塔—普雷德仕 0.392、西孟加拉 0.379、阿萨姆 0.289、曼德亚—普雷德仕 0.277、垂普拉 0.263。

4.1.3.4 印度基础教育教师学历分析

表 4-26 反映了印度 2007 年所有从事基础教育的学校①中教师（不含兼职教师）的学历情况，其中从事基础教育的学校含中等教育的学校，因此，该表显示的数据与真实的只完全独立从事基础教育的学校的教师的学历应该有一定的出入，鉴于目前无法获得完全独立从事基础教育的学校的教师的学历情况，就以该表的数据来分析。

由表 4-26 可知，2007 年印度所有从事基础教育的学校的教师中高中学历占 16.81%、专科 24.15%、本科 36.80%、硕士 18.56%、副博士及博士 0.46%，具有高中及以上学历的教师占 96.78%，具有专科及以上学历的教师占 79.97%，具有本科及以上学历的教师占 55.82%；在独立初级小学中高中及以上学历教师占 95.96%，专科及以上学历教师占 75.70%，本科及以上学历教师占 44.62%；在完全小学中高中及以上学历教师占 97.40%，专科及以上学历教师占 72.80%、本科及以上学历教师占 48.20%；在独立高级小学中高中及以上学历教师占 97.38%，专科及以上学历教师占 89.62%，本科及以上学历教师占 67.98%。总的来说是独立高级小学教师的学历要高于所有开展基础教育学校的教师的

---

① 印度为了实现联合国千年发展目标开展的全国普及基础教育运动，让很多学校参与普及义务教育的进程中来，因此所有开展基础教育的学校含独立初级小学（Primary Only，只开展初小1—5 年级教育）、独立高级小学（Upper Primary Only，只开展高小6—8 年级教育）、完全小学（Primary with Upper Primary，开展 1—8 年级教育的初小+高小）、开展具有初小与高小及中级和高级中等教育的学校（Primary with Upper Primary & Sec. /Hr. Sec. Secondary）、开展具有高小及中级和高级中等教育的学校（Upper Primary with Sec. /Hr. Sec. Secondary）。在这张表格以前的数据是源自印度政府每年发表的《年度报告》（Annual Report），《年度报告》中显示的 Primary 和 Upper Primary 的相关数据（应该有足够的权威性）是否与此张表格的数值一样有待进一步考证，总体来说《年度报告 2009—10》所显示的 2007 年的数据计算下来的结果表明印度基础教育的生师比等要高于 Arun C. Mehta 教授编写的《印度基础教育：普及义务教育进程 2007—08》所显示的 2007 年的数据中显示的生师比情况，可能是 Arun C. Mehta 教授在统计时将从事中等教育的教师也统计入了基础教育的教师数量中，这样就扩大了印度从事基础教育的教师数量，因此算出来的生师比就要小得多（作为分子的学生数值是一样的，而作为分母的教师数值却因为这一宽泛的统计而增大，计算出来的生师比自然偏小）。

学历，所有开展基础教育的学校又高于完小，完小又高于独立初级
小学。

表 4 - 26　印度 2007 年所有开展基础教育的学校中教师
（不含兼职教师）的学历情况　　　　　（单位:%）

序号	邦/中央联盟区	高中	大专	本科	硕士	副博士及博士	高中及以上学历比例	专科及以上学历比例	本科及以上学历比例
1	A&N Islands	6. 26	37. 82	37. 73	15. 7	0. 38	97. 89	91. 63	53. 81
2	Andhra Pradesh	3. 27	12. 58	57. 31	25. 35	0. 51	99. 02	95. 75	83. 17
3	Arunachal Pradesh	3. 87	30. 95	49. 69	13. 41	0. 28	98. 2	94. 33	63. 38
4	Assam	30. 9	28. 6	32. 48	1. 79	0. 12	93. 89	62. 99	34. 39
5	Bihar	14. 25	39. 21	32. 53	11. 72	0. 61	98. 32	84. 07	44. 86
6	Chandigarh	5. 39	4. 05	37. 96	49. 14	2. 35	98. 89	93. 5	89. 45
7	Chhattisgarh	3. 64	32. 76	28. 41	32. 35	0. 29	97. 45	93. 81	61. 05
8	D&N Haveli	25. 75	29. 7	27. 65	11. 92	0. 22	95. 24	69. 49	39. 79
9	Daman & Diu	28. 4	16. 49	30. 23	16. 95	0	92. 07	63. 67	47. 18
10	Delhi	2. 5	7. 56	36. 12	47. 27	1. 84	95. 29	92. 79	85. 23
11	Goa	31. 61	11. 69	38. 6	13. 9	0. 09	95. 89	64. 28	52. 59
12	Gujarat	44. 9	25. 32	16. 6	7. 05	0. 14	94. 01	49. 11	23. 79
13	Haryana	16. 12	12. 79	36. 81	28. 9	0. 94	95. 56	79. 44	66. 65
14	Himachal Pradesh	29. 98	14. 46	31. 98	21. 55	0. 87	98. 84	68. 86	54. 4
15	Jammu & Kashmir	12. 2	21. 48	45. 22	18. 85	0. 48	98. 23	86. 03	64. 55
16	Jharkhand	19. 21	17. 98	42. 33	16. 92	0. 49	96. 93	77. 72	59. 74
17	Karnataka	29. 66	43. 28	20. 1	4. 23	0. 02	97. 29	67. 63	24. 35
18	Kerala	22. 49	22. 72	40. 92	10. 87	0. 22	97. 22	74. 73	52. 01
19	Lakshadweep	69. 84	4. 75	18. 1	5. 85	0	98. 54	28. 7	23. 95
20	Madhya Pradesh	4. 68	33. 09	32. 66	26. 96	0. 43	97. 82	93. 14	60. 05
21	Maharashtra	29. 49	23. 21	35. 68	9. 11	0. 11	97. 6	68. 11	44. 9
22	Manipur	12. 63	22	53. 88	8. 11	0. 44	97. 06	84. 43	62. 43
23	Meghalaya	29. 57	36. 46	21. 97	2. 62	0. 14	90. 76	61. 19	24. 73

续表

序号	邦/中央联盟区	高中	大专	本科	硕士	副博士及博士	高中及以上学历比例	专科及以上学历比例	本科及以上学历比例
24	Mizoram	28.85	18.49	34.57	2.81	0.05	84.77	55.92	37.43
25	Nagaland	20.35	28.52	35.86	4.36	0.1	89.19	68.84	40.32
26	Orissa	29.27	16.44	43.15	9.14	0.24	98.24	68.97	52.53
27	Puducherry	7.91	13.56	35.84	36.02	3.26	96.59	88.68	75.12
28	Punjab	12.82	10.79	35.61	31.7	0.67	91.59	78.77	67.98
29	Rajasthan	4.67	17.3	46.82	27.57	0.26	96.62	91.95	74.65
30	Sikkim	26.43	33.53	30.78	2.5	0.06	93.3	66.87	33.34
31	Tamil Nadu	15.13	25.15	32.34	23.33	1.78	97.73	82.6	57.45
32	Tripura	28.22	17.66	36.65	1.5	0.08	84.11	55.89	38.23
33	Uttar Pradesh	8.03	24.01	38.38	25.48	0.36	96.26	88.23	64.22
34	Uttarakhand	4.96	15.85	30.7	40.28	0.35	92.14	87.18	71.33
35	West Bengal	24.98	20.03	38.71	12.66	0.37	96.75	71.77	51.74
	全国（所有开展基础教育的）	16.81	24.15	36.8	18.56	0.46	96.78	79.97	55.82
	全国（独立初级小学）	20.26	31.08	30.27	14.04	0.31	95.96	75.7	44.62
	全国（完全小学）	24.6	24.6	33.74	14.17	0.29	97.4	72.8	48.2
	全国（独立高级小学）	7.76	21.64	38.54	28.63	0.81	97.38	89.62	67.98

注：印度学历学位系统中有哲学硕士（Master of Philosophy），相当于副博士水平。

资料来源：ARUN，C. M.（2010）．*Elementary Education in India：Progress Towards UEE*（*Analytical Tables* 2007—08）. New Delhi：International Print-o-Pac Limited，pp. 111–119. 根据其中的原始数据整理得出该表数据。

  2007 年在所有开展基础教育的学校中高中及以上学历教师所占比例最大 5 地区为：安德拉—普雷德仕 99.02%、勘迪嘎 98.89%、西玛恰尔—普雷德仕 98.84%、拉克歇德维普 98.54%、比哈尔 98.32%，最小 5 地区为：庞贾布 91.59%、麦格哈拉亚 90.76%、那加兰 89.19%、米苏拉姆 84.77%、垂普拉 84.11%，高于全国均值水平的地区有 17 个。具有专科及以上学历教师所占比例最大 5 地区为：安德拉—普雷德仕 95.75%、阿鲁纳恰尔—普雷德仕 94.33%、勘提斯嘎 93.81%、勘迪嘎 93.50%、曼德亚—普雷德仕 93.14%，最小 5 地区为：麦格哈拉亚 61.19%、米苏拉姆 55.92%、古贾拉特 49.11%、拉克歇德维普 28.70%，高于全国均值水平的地区有 15 个。具有本科及以上学历教师所占比例最大 5 地区为：勘迪嘎 89.45%、德里 85.23%、安德拉—普雷德仕 83.17%、普达切瑞 75.12%、拉贾斯坦 74.65%，最小 5 地区为：锡金 33.34%、麦格哈拉亚 24.73%、卡纳塔卡 24.35%、拉克歇德维普 23.95%、古贾拉特 23.79%，高于全国均值水平的地区有 16 个。具有硕士学历教师所占比例最大 5 地区为：勘迪嘎 49.14%、德里 47.27%、尤塔卡汉德 40.28%、普达切瑞 36.02%、勘提斯嘎 32.35%，最小 5 地区为：米苏拉姆 2.81%、麦格哈拉亚 2.62%、锡金 2.50%、阿萨姆 1.79%、垂普拉 1.50%，高于全国均值水平的地区有 14 个。具有副博士及博士学历教师所占比例最大 5 地区为：普达切瑞 3.26%、勘迪嘎 2.35%、德里 1.84%、塔米尔—纳杜 1.78%、哈亚纳 0.94%，最小 5 地区为：果阿 0.09%、垂普拉 0.08%、锡金 0.06%、米苏拉姆 0.05%、卡纳塔卡 0.02%，高于全国均值水平的地区有 11 个。

2007 年印度所有开展基础教育的学校的教师中硕士及以上（含副博士及博士）学历教师所占比例为 19.02%、独立初级小学为 14.35%、完全小学为 14.46%、独立高级小学为 29.44%，这一基础教育（初等教育）阶段教师中硕士及以上学历教师的比例中国是没法与印度相比的。仅以本科及以上学历教师比例为例，中国初中专任教师在 2008 年具有本科及以上学历教师的比例仅为 53.22%，与印度的独立高级小学（6—8 年级，相当于我国的初中水平）67.98% 的水平有相当大的差距。

4.1.3.5 印度基础教育教师构成比例分析

1. 印度基础教育兼职教师总量及其占总计教师数量的比例分析

（1）印度基础教育兼职教师占总计教师数量的比例分析

表 4–27 反映了印度 2007 年基础教育兼职教师所占比例的情况。

表 4‑27　印度各地 2007 年基础教育兼职教师比例表　　（单位:%）

邦/中央联盟区	独立初级小学			完小			完小和中、高级中等学校			独立高级小学			高小和中、高级中等学校			所有开展基础教育的学校		
	男性	女性	合计	男性	女性	合计	男性	女性	合计	男性	女性	合计	男性	女性	合计	男性	女性	合计
A&N Islands	0.78	1.15	0.99	0.00	1.45	0.86	1.03	1.27	1.16	33.33	12.50	18.18	1.55	1.23	1.37	0.83	1.33	1.11
Andhra Pradesh	13.74	15.69	14.68	15.95	21.19	18.31	5.68	3.96	4.57	0.00	0.00	0.00	13.17	15.47	14.08	13.98	16.68	15.19
Arunachal Pradesh	30.89	40.52	34.40	2.52	4.98	3.44	2.78	6.44	3.90	4.65	17.39	9.09	1.53	4.50	2.18	14.89	21.64	17.31
Assam	13.69	15.94	14.49	2.66	3.04	2.79	1.08	0.69	0.89	2.14	2.79	2.27	0.77	0.80	0.78	7.16	10.05	8.03
Bihar	6.80	8.97	7.64	5.53	8.67	6.61	6.48	8.68	6.88	4.06	5.69	4.49	2.16	1.57	2.10	6.20	8.82	7.16
Chandigarh	2.30	0.00	0.49	1.47	2.20	2.08	0.88	1.09	1.05	0.00	0.00	0.00	3.53	5.45	5.15	1.26	1.54	1.49
Chhattisgarh	9.14	11.59	9.90	17.20	12.65	15.00	9.21	7.83	8.60	6.07	8.17	6.67	3.67	5.43	4.20	8.55	10.25	9.11
D&N Haveli	0.00	0.60	0.26	0.00	0.00	0.00										0.00	0.13	0.07
Daman & Diu	1.28	2.83	2.41	0.00	0.00	0.00	12.00	6.86	8.55	1.82						3.21	3.04	3.11
Delhi	2.88	2.67	2.74	2.66	2.84	2.81	1.97	2.65	2.48	1.67	1.01	1.33	1.08	1.90	1.46	1.97	2.56	2.37
Goa	1.73	1.34	1.41	2.58	0.70	1.11	1.34	0.64	0.77	2.13	2.11	2.12	1.55	1.62	1.60	1.67	1.16	1.28
Gujarat	0.69	1.01	0.85	0.77	1.14	0.97	2.67	2.97	2.89	1.40	1.82	1.64	3.45	4.40	4.07	0.81	1.24	1.04
Haryana	19.97	14.98	17.61	11.22	8.83	10.02	6.59	4.59	5.57	17.77	19.85	18.52	9.70	10.43	10.02	13.59	11.22	12.49
Himachal Pradesh	24.20	15.72	20.33	2.63	3.21	3.00	2.60	3.37	3.07	20.29	23.24	21.02	12.18	13.03	12.45	18.39	13.19	16.20
Jammu & Kashmir	44.25	32.76	39.54	24.16	16.81	21.08	4.10	2.16	3.08	9.04	42.08	27.39	5.09	5.16	5.16	26.25	17.51	22.44
Jharkhand	62.89	60.54	62.26	38.08	33.75	36.85	12.27	6.61	10.21	8.01	7.39	7.58	3.75	4.11	3.84	45.91	41.16	44.57
Karnataka	0.00	0.00	0.00	0.00	0.00	0.00	0.00	0.00	0.00	0.00	0.00	0.00	0.00	0.00	0.00	0.00	0.00	0.00
Kerala	2.02	2.28	2.21	3.17	3.58	3.46	1.88	2.99	2.70	3.79	4.04	3.70	1.83	1.73	1.76	2.41	2.72	2.63
Lakshadweep	0.00	0.00	0.00	1.22	0.00	0.69	0.00	0.00	0.00	0.00	0.00	0.00	3.17	0.00	1.98	0.91	0.00	0.55
Madhya Pradesh	1.13	1.40	1.22	3.04	2.71	2.87	1.31	1.22	1.26	0.76	0.77	0.77	1.24	1.05	1.12	1.31	1.60	1.42
Maharashtra	0.73	0.77	0.75	0.98	1.04	1.01	1.49	1.54	1.52	2.08	1.74	1.94	1.30	1.58	1.39	1.07	1.12	1.09
Manipur	1.62	1.06	1.39	1.40	1.58	1.48	0.88	0.58	0.75	2.24	4.03	2.87	9.05	2.39	5.83	1.76	1.19	1.52
Meghalaya	5.65	8.00	6.86	9.51	11.18	10.54	5.43	6.77	6.35	3.01	4.87	3.73	4.35	3.85	4.10	5.15	7.51	6.36
Mizoram	20.51	22.54	21.50	47.00	53.19	50.27	48.31	57.83	53.54	8.34	12.16	9.37	38.89	53.06	43.88	20.70	30.01	24.66
Nagaland	0.78	1.14	0.94	1.01	1.06	1.03	0.31	0.64	0.49	1.24	1.47	1.30	1.43	1.10	1.32	0.88	1.03	0.94
Orissa	28.90	31.36	29.81	31.85	35.45	33.20	6.88	6.25	6.57	18.21	39.79	22.74	11.04	19.19	14.04	22.86	29.58	25.09
Puducherry	2.37	2.83	2.67	1.94	0.94	1.31	3.17	1.89	2.36				1.30			2.46	1.78	2.05
Punjab	1.78	1.91	1.87	1.55	1.64	1.62	1.12	1.30	1.26	0.89	0.89	0.89	1.54	1.65	1.60	1.50	1.65	1.59
Rajasthan	22.42	12.56	19.53	2.32	6.03	3.43	1.38	1.89	1.54	4.05	18.88	11.57	1.81	2.28	1.91	8.15	7.24	7.88
Sikkim	0.54	0.82	0.67	0.58	1.41	0.93	0.35	0.47	0.41	0.00	0.00	0.00	0.00	0.00	0.00	0.50	0.85	0.66
Tamil Nadu	0.26	0.56	0.50	0.43	0.38	0.39	1.26	1.03	1.09	1.10	0.90	0.96		3.98	3.95	0.66	0.66	0.66
Tripura	5.25	4.87	5.17	5.25	4.27	5.05	0.40	0.37	0.39	50.00	71.43	63.64		0.99	1.03	3.22	2.35	3.00
Uttar Pradesh	27.89	48.96	36.28	1.43	1.54	1.47	1.16	1.01	1.11	0.31	0.44	0.35	0.81	0.58	0.78	18.87	38.25	25.90
Uttarakhand	12.97	9.29	10.97	2.94	3.97	3.54	2.28	1.06	1.62	0.79	1.63	1.05	0.94	1.37	1.04	6.98	7.03	7.01

续表

邦/中央联盟区	独立初级小学			完小			完小和中、高级中等学校			独立高级小学			高小和中、高级中等学校			所有开展基础教育的学校		
	男性	女性	合计	男性	女性	合计	男性	女性	合计	男性	女性	合计	男性	女性	合计	男性	女性	合计
West Bengal	7.12	15.83	9.68	5.06	11.11	7.03	10.65	17.24	13.56	13.34	25.28	17.50	17.42	34.36	23.79	10.40	23.07	14.51
全国	15.25	16.74	15.88	7.90	6.88	7.44	2.96	2.53	2.72	2.86	3.32	3.02	7.22	10.54	8.48	10.22	10.84	10.48

资料来源：ARUN，C. M. （2010）. *Elementary Education in India*：*Progress Towards UEE* （*Analytical Tables* 2007—08）. New Delhi：International Print-o-Pac Limited，p. 122.

由表4 - 27可知，2007年印度所有开展基础教育的学校中兼职教师所占比例高达10.4%、其中男性兼职教师占男教师总数的10.2%，女性兼职教师占女教师总数的10.8%；独立初级小学中兼职教师比例高达15.8%，完全小学兼职教师比例达7.44%，独立高级小学兼职教师比例达3.02%。2007年印度所有开展基础教育的学校中兼职教师比例最大6地区为：贾克汉德44.57%、尤塔—普雷德仕25.90%、奥里萨25.09%、米苏拉姆24.66%、查谟和克什米尔22.44%、阿鲁纳恰尔—普雷德仕17.31%，最小6地区为：古贾拉特1.04%、那加兰0.94%、锡金0.66%、塔米尔—纳杜0.66%、拉克歇德维普0.55%、达德拉和纳嘎—哈维里0.07%，高于全国均值水平的地区有10个；其中男性兼职教师比例最大5地区为：贾克汉德45.91%、查谟和克什米尔26.25%、奥里萨22.86%、米苏拉姆20.70%、尤塔—普雷德仕18.87%，最小5地区为：那加兰0.88%、安达曼与尼扣巴岛0.83%、古贾拉特0.81%、塔米尔—纳杜0.66%、锡金0.50%，高于全国均值水平的地区有10个；女性兼职教师比例最大6（均超过20%）地区为：贾克汉德41.16%、尤塔—普雷德仕38.25%、米苏拉姆30.01%、奥里萨29.58%、西孟加拉23.07%、阿鲁纳恰尔—普雷德仕21.64%，最小6地区为：果阿1.16%、马哈拉施特拉1.12%、那加兰1.03%、锡金0.85%、塔米尔—纳杜0.66%、达德拉和纳嘎—哈维里0.13%，高于全国均值水平的地区有10个。

（2）印度基础教育兼职教师总量分析

2007年印度所有开展基础教育的学校中兼职教师总数为58万3817人，

其中男性兼职教师 32 万 5920 人，女性兼职教师 25 万 7897 人。其中男性兼职教师数最大 9 地区（均超过 1 万人）为：尤塔—普雷德仕 77438 人（占全国男兼职教师的 23.76%）、贾克汉德 48812 人（占全国男兼职教师的 14.98%）、安德拉—普雷德仕 39989 人（占全国男兼职教师的 12.27%）、奥里萨 33980 人（占全国男兼职教师的 10.43%）、拉贾斯坦 24346 人（占全国男兼职教师的 7.47%）、西孟加拉 18916 人（占全国男兼职教师的 5.80%）、查谟和克什米尔 15870 人（占全国男兼职教师的 4.87%）、比哈尔 12913 人（占全国男兼职教师的 3.96%）、阿萨姆 12116 人（占全国男兼职教师的 3.72%），这 9 个地区的男性兼职教师数量占了全国总计的男兼职教师的 87.25%；最小 8 地区（达德拉和纳嘎—哈维里、卡纳塔卡零值除外）为：那加兰 102 人、普达切瑞 87 人、果阿 30 人、锡金 23 人、勘迪嘎 13 人、达曼和迪由 13 人、安达曼与尼扣巴岛 13 人、拉克歇德维普 3 人。女性兼职教师数最大 8 地区（均超过 8 千人）为：尤塔—普雷德仕 89484 人（占全国女兼职教师的 34.70%）、安德拉—普雷德仕 38840 人（占全国女兼职教师的 15.06%）、奥里萨 21805 人（占全国女兼职教师的 8.45%）、西孟加拉 20097 人（占全国女兼职教师的 7.79%）、贾克汉德 17288 人（占全国女兼职教师的 6.70%）、比哈尔 10574 人（占全国女兼职教师的 4.10%）、拉贾斯坦 8941 人（占全国女兼职教师的 3.47%）、查谟和克什米尔 8175 人（占全国女兼职教师的 3.17%），这 8 个地区的女兼职教师占全国女兼职教师总数的 83.45%；最小 8 地区（达曼和迪由、卡纳塔卡、拉克歇德维普零值除外）为：曼尼普尔 125 人、普达切瑞 99 人、那加兰 89 人、勘迪嘎 69 人、果阿 68 人、锡金 32 人、安达曼与尼扣巴岛 28 人、达德拉和纳嘎—哈维里 1 人[①]。可见，印度基础教育兼职教师的分布非常集中。

2. 印度基础教育教师的种姓构成比例分析

表 4 - 28 反映了印度所有开展基础教育的学校中教师的种姓构成情况。

---

① 兼职教师的原始数据来自 ARUN, C. M. (2010). *Elementary Education in India: Progress Towards UEE (Analytical Tables* 2007—08). New Delhi: International Print-o-Pac Limited, p. 120.

由表4-28可知，2007年印度所有开展基础教育的学校的教师中普通教师占所有教师的41.93%，其中男普通教师占所有男教师的37.99%，女普通教师占所有女教师的48.37%，即普通教师中女性教师比例大于男性的。表列种姓教师占所有教师的12.25%，其中男表列种姓教师占所有男教师的14.00%，女表列种姓教师占所有女教师的10.25%，女表列种姓教师的比例要低于男性的。表列部落教师占所有教师的9.14%。其中男表列部落教师占所有男教师的10.63%，女表列部落教师占所有女教师的7.39%，女表列部落教师的比例要低于男性的。其他群体教师占所有教师的32.78%，其中男其他群体教师占所有男教师的34.45%，女其他群体教师占所有女教师的31.45%，女其他群体教师的比例低于男性的。

表4-28　印度各地2007年基础教育教师的种姓构成比例表（单位：%）

邦/中央联盟区	普通教师			表列种姓教师			表列部落教师			其他群体教师		
	男性	女性	合计	男性	女性	合计	男性	女性	合计	男性	女性	合计
A&N Islands	87.47	88.83	87.54	0.57	0.33	0.43	7.82	6.77	7.16	3.69	3.60	3.61
Andhra Pradesh	37.38	48.21	42.24	12.93	12.86	12.90	8.28	4.12	6.41	41.41	34.81	38.45
Arunachal Pradesh	29.89	26.62	28.71	1.85	1.62	1.77	63.49	69.12	65.51	4.12	2.25	3.45
Assam	30.18	32.96	31.02	5.98	5.37	5.80	17.04	16.98	17.02	27.95	33.51	29.63
Bihar	32.92	37.65	34.62	15.95	12.45	14.66	4.47	4.68	4.54	45.64	44.10	45.03
Chandigarh	72.08	91.15	87.57	14.88	6.31	7.92	0.19	0.22	0.22	12.56	2.27	4.20
Chhattisgarh	14.47	28.47	19.08	13.93	11.85	13.25	30.23	25.72	28.74	40.48	32.00	37.69
D&N Haveli	15.65	47.57	33.14	6.59	5.91	6.16	72.49	36.66	52.14	3.79	4.60	4.21
Daman & Diu	41.37	41.69	40.37	6.83	8.90	7.90	6.02	5.85	5.75	35.34	26.70	29.02
Delhi	64.28	83.81	77.46	18.89	8.58	11.93	3.66	1.33	2.09	12.29	5.75	7.87
Goa	83.37	91.36	88.00	2.06	0.91	1.16	3.95	0.61	1.37	9.45	5.88	6.60
Gujarat	34.27	46.12	40.60	11.24	9.55	10.34	17.39	12.96	15.03	31.65	23.20	27.14
Haryana	57.36	78.64	67.07	14.64	5.56	10.41	0.58	0.40	0.50	26.05	14.29	20.56
Himachal Pradesh	64.39	75.89	69.23	17.21	10.49	14.38	6.66	4.54	5.77	11.56	8.77	10.39
Jammu & Kashmir	74.09	83.92	78.37	4.89	4.83	4.87	10.07	5.97	8.28	7.32	3.93	5.84
Jharkhand	22.68	25.22	23.40	9.56	5.74	8.48	22.29	38.88	26.99	44.51	29.16	40.16

邦/中央联盟区	普通教师			表列种姓教师			表列部落教师			其他群体教师		
	男性	女性	合计	男性	女性	合计	男性	女性	合计	男性	女性	合计
Karnataka	54.86	67.07	61.36	14.60	8.72	11.47	3.89	2.11	2.94	25.89	21.76	23.69
Kerala	37.71	48.93	44.83	4.18	3.84	3.85	2.77	2.57	2.58	48.97	37.18	39.74
Lakshadweep	0.91	0.45	0.72	0.00	0.45	0.18	98.78	96.83	97.64	0.00	0.45	0.18
Madhya Pradesh	35.57	51.03	41.33	15.18	10.50	13.44	16.91	10.35	14.46	32.31	28.09	30.74
Maharashtra	33.94	45.86	35.21	13.27	11.31	11.22	8.63	4.87	6.33	36.72	31.86	31.25
Manipur	50.28	57.81	53.45	4.38	3.94	4.19	37.79	34.14	36.23	7.23	3.83	5.79
Meghalaya	8.19	5.09	6.60	2.13	1.19	1.65	87.54	92.58	90.01	1.66	0.77	1.21
Mizoram	1.47	1.58	1.52	1.06	1.25	1.14	96.36	96.40	96.17	0.91	0.65	0.79
Nagaland	11.15	6.76	9.26	4.97	3.26	4.23	80.40	88.61	83.67	2.58	1.02	1.91
Orissa	33.66	49.59	38.94	12.06	11.79	11.97	12.17	10.36	11.57	41.29	27.26	36.64
Puducherry	18.57	22.03	19.39	19.71	12.30	14.24	1.34	1.60	1.41	29.16	38.65	32.78
Punjab	60.68	71.22	67.10	24.30	17.11	19.92	0.84	0.73	0.77	13.47	10.27	11.52
Rajasthan	31.45	57.26	39.00	17.65	8.84	15.07	9.28	4.74	7.95	40.30	28.05	36.72
Sikkim	21.21	16.21	18.94	3.58	4.42	3.95	37.02	41.18	38.88	34.95	35.70	35.27
Tamil Nadu	7.18	10.10	9.34	16.51	11.98	13.16	0.83	0.66	0.70	75.37	77.15	76.68
Tripura	26.79	40.87	30.28	14.61	10.59	13.62	34.80	29.19	33.41	17.59	13.28	16.52
Uttar Pradesh	42.00	51.90	45.59	15.44	11.61	14.05	0.78	0.74	0.77	38.92	32.21	36.48
Uttarakhand	67.16	72.19	69.49	12.94	9.38	11.30	2.83	2.86	2.84	15.81	11.27	13.71
West Bengal	64.77	74.47	66.64	21.74	15.80	19.45	4.91	3.76	4.45	7.71	4.91	6.68
全国	37.99	48.37	41.93	14.00	10.25	12.25	10.63	7.39	9.14	34.45	31.45	32.78

注：普通教师，即非种姓及其他少数民族/群体的教师。

资料来源：ARUN, C. M. (2010). *Elementary Education in India*：*Progress Towards UEE*（*Analytical Tables* 2007—08）. New Delhi：International Print-o-Pac Limited, pp. 138 - 146. 根据其原始数据整理得出。

　　2007 年印度所有开展基础教育的学校中表列种姓教师比例最大 5 地区为：庞贾布 19.92%、西孟加拉 19.45%、拉贾斯坦 15.07%、比哈尔 14.66%、西玛恰尔—普雷德仕 14.38%；最小 5 地区为：麦格哈拉亚 1.65%、果阿 1.16%、米苏拉姆 1.14%、安达曼与尼扣巴岛 0.43%、拉克歇德维普 0.18%，高于全国均值水平的地区有 12 个。表列部落教师比例最大 5 地区为：拉克歇德维普 97.64%、米苏拉姆 96.17%、麦格哈拉亚

90.01%、那加兰 83.67%、阿鲁纳恰尔—普雷德仕 65.51%，即这几个地区为表列部落人口最大的集聚区；最小 5 地区为：庞贾布 0.77%、尤塔—普雷德仕 0.77%、塔米尔—纳杜 0.70%、哈亚纳 0.50%、勘迪嘎 0.22%，高于全国均值水平的地区有 15 个，大于 50% 的地区有 6 个，大于 30% 的有 9 个，大于 20% 的有 11 个。其他群体教师比例最大 5 地区为：塔米尔—纳杜 76.68%、比哈尔 45.03%、贾克汉德 40.16%、喀拉拉 39.74%、安德拉—普雷德仕 38.45%，最小 5 地区为：阿鲁纳恰尔—普雷德仕 3.45%、那加兰 1.91%、麦格哈拉亚 1.21%、米苏拉姆 0.79%、拉克歇德维普 0.18%，高于全国均值水平的地区有 11 个（含普达切瑞 32.78% 与全国均值相等），高于 30% 的地区有 13 个，高于 20% 的有 18 个，低于 10% 的有 13 个。

4.1.3.6 印度基础教育教师培训与工作情况分析

表 4-29 反映了 2006 年印度所有开展基础教育的学校中的教师接受过培训的教师的比例及教师在 2006 年的平均教学天数情况。

由表 4-29 可知，2006 年印度所有开展基础教育的学校中教师接受培训的比例是男教师为 38.32%，女教师为 35.80%，男教师的培训机会要大于女教师。男教师接受培训比例最大 7 地区（均高于 50%）为：达德拉和纳嘎—哈维里 87.31%、古贾拉特 79.13%、喀拉拉 63.76%、塔米尔—纳杜 63.49%、西玛恰尔—普雷德仕 60.15%、庞贾布 60.01%、西孟加拉 55.50%，最小 8 地区（均低于 20%）为：勘迪嘎 19.71%、安达曼与尼扣巴岛 17.88%、尤塔—普雷德仕 14.10%、那加兰 14.01%、阿鲁纳恰尔—普雷德仕 10.23%、普达切瑞 9.26%、曼尼普尔 7.49%、锡金 0.35%，高于全国均值水平的地区有 19 个，高于 40% 的地区有 17 个，高于 50% 的有 7 个，低于 20% 的有 8 个。女教师接受培训比例最大 7 地区（均大于 50%）为：达德拉和纳嘎—哈维里 70.04%、喀拉拉 65.60%、古贾拉特 64.03%、果阿 53.17%、拉克歇德维普 52.94%、庞贾布 52.73%、塔米尔—纳杜 50.39%，最小 7 地区（均小于 15%）为：马哈拉施特拉 14.48%、勘迪嘎 13.92%、那加兰 10.51%、曼尼普尔 9.94%、普达切瑞 8.02%、阿鲁纳恰尔—普雷德仕 4.71%、锡金 0.26%，高于全国均值水平的地区有 15 个，高于 40% 的地区有 13 个，高于 50% 的有 7 个，高于 20% 的有 25 个，低于 15% 的有 7 个。

2006 年印度所有开展基础教育的学校中教师的平均教学天数为 211 天，高于全国均值水平的地区有 18 个（含奥里萨与全国相等），超过 200 天的地区有 22 个，低于 190 天的有 8 个。其中最大 5 地区为：勘迪嘎 231 天、贾克汉德 231 天、垂普拉 231 天、西玛恰尔—普雷德仕 230 天、达德拉和纳嘎—哈维里 227 天；最小 5 地区为：阿鲁纳恰尔—普雷德仕 181 天、锡金 173 天、比哈尔 172 天、德里 168 天、拉克歇德维普 166 天。可见在印度平均教学天数并不是很高，因为在印度教师经常因社区活动或社会选举等而缺勤、旷课的情况比较严重。

表 4 - 29　印度基础教育 2006 年接受培训教师比例及平均教学天数

序号	邦/中央联盟区	接受过培训的教师比例（%）		平均教学天数（天）
		男教师	女教师	
1	A&N Islands	17.88	16.47	199
2	Andhra Pradesh	42.09	32.55	215
3	Arunachal Pradesh	10.23	4.71	181
4	Assam	28.27	28.71	215
5	Bihar	44.30	44.85	172
6	Chandigarh	19.71	13.92	231
7	Chhattisgarh	38.91	29.14	215
8	D&N Haveli	87.31	70.04	227
9	Daman & Diu	39.36	20.61	194
10	Delhi	32.94	23.58	168
11	Goa	48.44	53.17	188
12	Gujarat	79.13	64.03	210
13	Haryana	49.89	44.07	218
14	Himachal Pradesh	60.15	48.09	230
15	Jammu & Kashmir	34.14	19.94	213
16	Jharkhand	37.32	35.91	231
17	Karnataka	40.76	32.14	216

续表

序号	邦/中央联盟区	接受过培训的教师比例（%）		平均教学天数（天）
		男教师	女教师	
18	Kerala	63.76	65.60	183
19	Lakshadweep	49.54	52.94	166
20	Madhya Pradesh	44.71	30.40	226
21	Maharashtra	20.13	14.48	226
22	Manipur	7.49	9.94	202
23	Meghalaya	21.33	20.19	193
24	Mizoram	36.64	35.40	208
25	Nagaland	14.01	10.51	182
26	Orissa	44.93	46.58	211
27	Puducherry	9.26	8.02	190
28	Punjab	60.01	52.73	223
29	Rajasthan	40.71	37.27	217
30	Sikkim	0.35	0.26	173
31	Tamil Nadu	63.49	50.39	217
32	Tripura	35.17	28.83	231
33	Uttar Pradesh	14.10	16.59	195
34	Uttarakhand	43.70	43.49	213
35	West Bengal	55.50	46.41	202
	全国	38.32	35.80	211

资料来源：ARUN，C. M. （2010）. *Elementary Education in India*：*Progress Towards UEE* （*Analytical Tables* 2007—08）. New Delhi：International Print-o-Pac Limited，p. 120，53. 培训比例在第120页，教学天数在第53页。

4.1.3.7 印度基础教育基本办学条件配置分析

表4-30至表4-33反映了印度2007年所有开展基础教育的学校的基础设施条件情况。

1. 有学前教育设施、有寄宿设施的学校比例分析

（1）有学前教育设施的学校比例分析

由表4-30可知，印度在2007年所有开展基础教育的学校中拥有学前教育设施的学校占 24.70%，城市的该比例为 28.84%，农村则为 24.08%，城市比农村高出 4.76 个百分点。该比例高于全国均值水平的地区有 16 个，高于 30% 的有 14 个，高于 50% 的有 9 个，低于 20% 的有 13 个。其中该比例高于 70% 的 6 个地区为：锡金 95.91%、勘迪嘎 86.93%、那加兰 84.19%、查谟和克什米尔 78.12%、普达切瑞 75.96%、麦格哈拉亚 71.45%；低于 10% 的 6 个地区为：西孟加拉 9.42%、奥里萨 7.20%、贾克汉德 6.82%、达德拉和纳嘎—哈维里 3.62%、垂普拉 3.36%、拉克歇德维普 0。

表 4 - 30　印度 2007 年基础教育学校中拥有各类基础设施条件的学校的比例（一）

（单位:%）

邦/中央联盟区	有学前教育设施的			有寄宿设施的			有饮水设施的			通电的		
	合计	城市	农村	合计	城市	农村	合计	城市	农村	合计	城市	农村
A&N Islands	32.87	52.17	30.03	1.11	2.17	0.96	97.79	97.83	98.08	89.42	97.83	88.18
Andhra Pradesh	10.14	23.33	7.42	2.75	3.79	2.54	87.69	94.30	89.11	36.71	76.80	28.43
Arunachal Pradesh	58.10	62.78	57.81	7.63	19.55	6.89	64.19	78.95	64.94	15.92	68.42	12.66
Assam	52.97	44.35	53.49	0.71	0.97	0.70	65.61	75.65	61.44	7.42	41.68	5.35
Bihar	12.97	12.33	13.00	0.61	0.81	0.59	80.41	82.10	80.48	3.02	11.12	2.59
Chandigarh	86.93	86.30	90.00	3.98	4.79	0.00	100.00	100.00	100.00	100.00	100.00	100.00
Chhattisgarh	19.32	29.09	18.60	3.40	2.60	3.47	86.47	91.89	86.56	19.60	60.33	16.38
D&N Haveli	3.62	8.33	3.37	1.32	0.00	1.50	94.85	100.00	94.76	69.41	91.67	70.79
Daman & Diu	23.47	32.14	19.35	3.06	3.57	3.23	92.41	92.86	91.94	93.88	92.86	98.39
Delhi	24.38	24.47	24.07	1.20	1.27	0.96	99.43	99.81	98.56	98.63	98.62	98.66
Goa	24.22	44.06	20.08	2.79	3.83	2.58	95.51	98.08	96..29	94.74	96.55	94.52
Gujarat	23.60	37.19	21.04	2.38	2.34	2.39	85.03	95.50	85.62	80.46	96.18	77.49
Haryana	52.14	56.35	51.54	0.78	1.14	0.73	96.93	99.08	97.18	95.42	98.68	94.97
Himachal Pradesh	12.52	44.52	11.07	0.65	3.07	0.54	92.91	96.93	92.93	56.84	88.77	55.40
Jammu & Kashmir	78.12	86.94	76.92	0.19	0.12	0.20	70.77	89.75	74.06	19.82	55.43	14.98
Jharkhand	6.82	14.09	6.42	0.85	2.49	0.76	69.85	81.48	70.15	6.51	40.46	4.67
Karnataka	37.24	45.81	35.46	1.34	2.18	1.17	76.65	88.61	77.73	69.32	81.99	66.69
Kerala	23.75	27.71	23.11	1.36	2.32	1.19	98.05	98.11	97.73	88.72	91.05	88.53
Lakshadweep	0.00	—	0.00	0.00	—	0.00	100.00	—	100.00	100.00	—	100.00

续表

邦/中央联盟区	有学前教育设施的			有寄宿设施的			有饮水设施的			通电的		
	合计	城市	农村	合计	城市	农村	合计	城市	农村	合计	城市	农村
Madhya Pradesh	36.79	24.39	38.64	2.26	2.66	2.20	90.66	94.76	91.53	20.50	68.48	13.33
Maharashtra	29.97	35.34	28.54	3.52	3.15	3.62	82.99	95.65	85.30	70.76	89.04	65.89
Manipur	40.86	58.94	37.14	2.14	4.69	1.62	73.51	79.91	75.12	20.59	42.96	15.99
Meghalaya	71.45	66.81	71.80	3.28	3.00	3.30	52.94	72.82	49.09	13.21	49.50	10.65
Mizoram	34.10	50.66	27.08	1.26	2.28	0.82	79.90	94.48	72.87	29.43	61.10	15.93
Nagaland	84.19	88.15	83.59	6.18	11.85	5.28	69.80	84.39	70.13	29.85	73.99	22.84
Orissa	7.20	13.18	6.76	3.45	2.50	3.52	86.28	82.62	85.83	18.39	49.77	16.09
Puducherry	75.96	72.57	79.72	2.42	3.24	1.67	98.64	98.53	98.61	96.30	98.23	95.00
Punjab	18.10	23.90	17.37	0.37	0.58	0.35	97.53	98.94	97.50	85.72	95.21	84.51
Rajasthan	11.44	34.06	8.03	1.00	2.14	0.82	85.65	92.47	87.02	26.42	71.98	19.55
Sikkim	95.91	93.48	96.19	5.74	8.70	5.63	76.55	95.65	79.31	39.39	93.48	37.21
Tamil Nadu	17.97	41.64	12.90	1.84	2.69	1.65	100.00	100.00	100.00	75.55	93.32	71.74
Tripura	3.36	10.47	2.85	2.38	5.04	2.20	6.52	86.82	76.17	11.92	55.04	8.87
Uttar Pradesh	27.06	8.71	29.04	0.37	0.30	0.38	97.14	98.06	97.71	16.86	57.14	12.55
Uttarakhand	22.37	29.76	21.78	0.43	0.53	0.42	85.59	96.52	86.24	28.06	76.81	24.18
West Bengal	9.42	9.67	8.38	0.61	0.49	0.65	93.42	69.62	81.89	21.10	50.50	15.36
全国	24.70	28.84	24.08	1.63	2.16	1.56	86.30	91.76	86.12	33.31	71.63	27.85

注：有饮水设施的学校仅指所有政府管理的学校。

资料来源：ARUN, C. M. (2010). *Elementary Education in India*：*Progress Towards UEE*（*Analytical Tables* 2007—08）. New Delhi：International Print-o-Pac Limited, pp. 59 - 73.

（2）有寄宿设施的学校比例分析

由表4-30可知，印度在2007年所有开展基础教育的学校中拥有寄宿设施的学校占1.63%，城市的该比例为2.16%，农村则为1.56%，城市比农村高出0.60个百分点。该比例高于全国均值水平的地区有17个，高于2%的有16个，高于3%的有9个，低于1%的有11个。其中该比例最大的5个地区为：阿鲁纳恰尔—普雷德什7.63%、那加兰6.18%、锡金5.74%、勘迪嘎3.98%、马哈拉施特拉3.52%；最小的5个地区为：尤塔卡汉德0.43%、庞贾布0.37%、尤塔—普雷德什0.37%、查谟和克什米尔0.19%、拉克歇德维普0.00%。

2. 有饮水设施、通电的学校比例分析

（1）有饮水设施的学校比例分析

由表 4-30 可知，印度在 2007 年所有开展基础教育的学校中拥有饮水设施的学校占 86.30%，城市的该比例为 91.76%，农村则为 86.12%，城市比农村高出 5.64 个百分点。该比例高于全国均值水平的地区有 18 个，高于 90% 的有 16 个，高于 95% 的有 11 个，低于 80% 的有 11 个，低于 70% 的有 6 个。其中该比例最大的 5 个地区为：勘迪嘎 100%、拉克歇德维普 100%、塔米尔—纳杜 100%、德里 99.43%、普达切瑞 98.64%；最小的 6 个地区为：贾克汉德 69.85%、那加兰 69.80%、阿萨姆 65.61%、阿鲁纳恰尔—普雷德仕 64.19%、麦格哈拉亚 52.94%、垂普拉 6.52%。

（2）通电的学校比例分析

由表 4-30 可知，印度在 2007 年所有开展基础教育的学校中通电的学校占 33.31%，城市的该比例为 71.63%，农村则为 27.85%，城市比农村高出 43.78 个百分点。该比例高于全国均值水平的地区有 18 个，高于 50% 的有 16 个，高于 70% 的有 13 个，高于 80% 的有 11 个，高于 90% 的有 7 个，低于 30% 的有 17 个，低于 20% 的有 10 个，低于 16% 的有 6 个。其中该比例高于 90% 的 7 个地区为：勘迪嘎 100%、拉克歇德维普 100%、德里 98.63%、普达切瑞 96.30%、哈亚纳 95.42%、果阿 94.74%、达曼和迪由 93.88%；低于 16% 的 6 个地区为：阿鲁纳恰尔—普雷德仕 15.92%、麦格哈拉亚 13.21%、垂普拉 11.92%、阿萨姆 7.42%、贾克汉德 6.51%、比哈尔 3.02%。

3. 有操场、有图书室的学校比例分析

（1）有操场的学校比例分析

由表 4-31 可知，印度在 2007 年所有开展基础教育的学校中有操场的学校占 52.78%，城市的该比例为 63.58%，农村则为 51.29%，城市比农村高出 12.29 个百分点。该比例高于全国均值水平的地区有 19 个，高于 50% 的有 20 个，高于 60% 的有 12 个，高于 70% 的有 5 个，低于 40% 的有 10 个，低于 30% 的有 8 个，低于 16% 的有 6 个。其中该比例高于 70% 的 5 个地区为：勘迪嘎 93.75%、哈亚纳 82.82%、德里 79.29%、塔米尔—纳杜

77.08%、古贾拉特70.35%；低于26%的5个地区为：达德拉和纳嘎—哈
维里25.66%、贾克汉德25.45%、阿鲁纳恰尔—普雷德仕24.50%、拉克歇
德维普24.32%、米苏拉姆8.62%。

（2）有图书室的学校比例分析

由表4-31可知，印度在2007年所有开展基础教育的学校中有图书室的
学校占49.51%，城市的该比例为58.07%，农村则为48.34%，城市比农村高
出9.73个百分点。该比例高于全国均值水平的地区有14个，高于55%的有
11个，高于60%的有8个，高于70%的有6个，低于45%的有19个，低于
40%的有13个，低于20%的有7个。其中该比例高于70%的6个地区为：哈
亚纳86.77%、马哈拉施特拉86.33%、喀拉拉84.40%、卡纳塔卡79.00%、达
曼和迪由78.57%、达德拉和纳嘎—哈维里72.04%；低于20%的7个地区为：
奥里萨19.94%、麦格哈拉亚19.52%、曼尼普尔17.48%、普达切瑞15.22%、阿
鲁纳恰尔—普雷德仕15.20%、垂普拉13.41%、米苏拉姆5.61%。

表4-31　印度2007年基础教育学校中拥有各类基础设施条件的学校的比例（二）

（单位:%）

邦/中央联盟区	有操场的			有图书室的			有计算机的			有厨房的		
	合计	城市	农村	合计	城市	农村	合计	城市	农村	合计	城市	农村
A&N Islands	54.32	60.87	53.35	62.67	67.39	61.98	41.23	71.74	36.74	24.45	28.26	25.24
Andhra Pradesh	57.78	73.98	54.43	65.16	72.77	63.59	21.11	53.02	14.53	31.87	19.03	31.81
Arunachal Pradesh	24.50	44.74	23.24	15.20	35.71	13.92	9.15	43.98	6.98	20.05	35.71	19.97
Assam	44.05	37.96	44.42	20.44	25.19	20.15	3.69	9.78	3.32	39.66	19.32	36.73
Bihar	29.00	24.24	29.26	28.51	40.52	27.87	0.58	2.02	0.51	11.10	12.33	11.02
Chandigarh	93.75	97.95	73.33	44.89	49.32	23.33	76.14	81.51	50.00	26.50	41.78	10.00
Chhattisgarh	37.53	56.78	36.10	46.06	54.31	45.53	8.52	20.80	7.56	41.99	18.28	41.32
D&N Haveli	25.66	62.50	23.60	72.04	83.33	74.53	5.92	20.83	4.87	37.54	62.50	35.96
Daman & Diu	52.04	67.86	48.39	78.57	71.43	88.71	36.73	42.86	38.71	19.75	21.43	19.35
Delhi	79.29	78.02	83.80	59.49	60.07	57.43	72.80	72.78	72.87	11.00	25.90	20.90
Goa	44.98	49.43	44.11	21.42	21.84	21.37	30.61	46.74	27.26	4.59	4.60	4.68
Gujarat	70.35	75.89	69.30	40.18	44.81	39.30	36.50	57.79	32.48	42.32	22.52	41.08
Haryana	82.82	78.86	83.43	86.77	87.34	86.72	25.29	54.11	21.06	8.95	18.99	9.39

续表

邦/中央联盟区	有操场的			有图书室的			有计算机的			有厨房的		
	合计	城市	农村	合计	城市	农村	合计	城市	农村	合计	城市	农村
Himachal Pradesh	61.58	76.60	60.91	41.03	50.67	40.60	11.14	44.25	9.63	4.41	18.05	5.38
Jammu & Kashmir	42.21	65.31	39.07	46.46	53.14	45.55	12.99	42.08	9.04	1.81	7.84	1.98
Jharkhand	25.45	41.11	24.60	41.98	54.73	41.28	5.54	21.11	4.69	30.19	26.65	29.97
Karnataka	54.74	64.16	52.79	79.00	81.16	78.56	11.84	33.08	7.44	27.29	17.85	26.07
Kerala	69.72	71.37	69.60	84.40	86.09	84.31	71.20	78.49	70.10	48.62	43.99	48.07
Lakshadweep	24.32	—	24.32	56.76	—	56.76	81.08	—	81.08	51.35	—	45.95
Madhya Pradesh	56.24	74.27	53.54	41.47	48.26	40.45	12.36	34.16	9.10	44.39	21.23	42.05
Maharashtra	69.46	77.55	67.31	86.33	75.62	89.23	36.49	63.00	29.39	17.58	19.37	16.38
Manipur	53.50	61.73	51.80	17.48	34.75	13.91	11.32	27.27	8.02	—	0.00	0.00
Meghalaya	29.78	42.78	28.87	19.52	23.32	19.26	6.24	21.03	5.20	6.64	15.16	5.93
Mizoram	8.62	15.01	5.91	5.61	9.72	3.85	13.94	29.77	7.19	45.02	40.22	39.05
Nagaland	49.35	56.07	48.30	21.80	36.13	19.53	19.66	47.11	15.30	38.78	47.98	38.60
Orissa	28.27	36.09	27.70	19.94	28.01	19.35	7.96	21.65	6.95	20.77	17.11	20.71
Puducherry	58.46	57.52	59.72	15.22	19.76	10.83	63.02	70.50	56.39	27.27	12.39	29.44
Punjab	67.51	60.62	68.39	37.55	44.08	36.72	30.61	43.46	28.98	5.60	11.88	5.27
Rajasthan	46.09	54.38	44.84	52.38	55.44	51.92	14.88	41.28	10.90	32.88	14.58	29.24
Sikkim	62.78	58.70	63.07	21.91	39.13	21.23	21.91	32.61	21.51	—	0.00	0.00
Tamil Nadu	77.08	80.20	76.41	43.29	46.01	42.71	24.28	51.59	18.42	86.96	59.35	79.21
Tripura	60.86	58.53	61.02	13.41	23.64	12.68	7.90	37.98	5.76	65.30	50.39	65.63
Uttar Pradesh	65.83	67.82	65.66	51.45	65.34	49.99	3.30	10.93	2.48	48.33	14.36	42.88
Uttarakhand	55.43	73.85	53.97	51.47	69.71	50.01	22.64	48.95	20.54	61.11	30.81	56.07
West Bengal	34.53	26.06	36.78	57.18	43.73	60.80	4.99	10.73	3.88	64.12	20.72	61.57
全国	52.78	63.58	51.29	49.51	58.07	48.34	14.25	37.96	10.87	36.06	21.35	34.27

注：其中有厨房的学校仅只政府运营及受资助的学校。

资料来源：ARUN，C. M. （2010）. *Elementary Education in India：Progress Towards UEE （Analytical Tables* 2007—08）. New Delhi：International Print-o-Pac Limited, pp. 59－73.

4. 有计算机、有厨房的学校比例分析

（1）有计算机的学校比例分析

由表4-31可知，印度在2007年所有开展基础教育的学校中有计算机的学校占14.25%，城市的该比例为37.96%，农村则为10.87%，城市比农村高

出27.09个百分点。该比例高于全国均值水平的地区有18个，高于20%的有16个，高于30%的有11个，高于40%的有6个，低于15%的有18个，低于12%的有14个，低于10%的有11个，低于6%的有6个。其中该比例高于40%的6个地区为：拉克歇德维普81.08%、勘迪嘎76.14%、德里72.80%、喀拉拉71.20%、普达切瑞63.02%、安达曼与尼扣巴岛41.23%；低于6%的6个地区为：达德拉和纳嘎—哈维里5.92%、贾克汉德5.54%、西孟加拉4.99%、阿萨姆3.69%、尤塔—普雷德仕3.30%、比哈尔0.58%。

（2）有厨房的学校比例分析

由表4-31可知，印度在2007年所有开展基础教育的学校中有厨房/食堂的学校占36.06%，城市的该比例为21.35%，农村则为34.27%，农村比城市高出12.92个百分点。该比例高于全国均值水平的地区有14个（有缺失值的曼尼普尔和锡金邦除外的结果，下同），高于40%的有11个，高于45%的有8个，高于50%的5个，低于30%的有16个，低于20%的有10个，低于10%的有6个，低于6%的有4个。其中该比例最大的6个地区为：塔米尔—纳杜86.96%、垂普拉65.30%、西孟加拉64.12%、尤塔卡汉德61.11%、拉克歇德维普51.35%、喀拉拉48.62%；低于10%的6个地区为：哈亚纳8.95%、麦格哈拉亚6.64%、庞贾布5.60%、果阿4.59%、西玛恰尔—普雷德仕4.41%、查谟和克什米尔1.81%。

5. 有卫生间的学校比例分析

（1）有男女共用卫生间的学校比例分析

由表4-32可知，印度在2007年所有开展基础教育的学校中有男女共用卫生间/厕所的学校占62.67%，城市的该比例为70.93%，农村则为61.56%，城市比农村高出9.37个百分点。该比例高于全国均值水平的地区有20个，高于70%的有16个，高于80%的有9个，高于85%的有5个，低于60%的有14个，低于50%的有11个，低于40%的有9个。其中该比例最大5个地区为：哈亚纳94.09%、尤塔—普雷德仕91.04%、德里90.45%、锡金88.70%、庞贾布88.38%；最小5个地区为：贾克汉德34.71%、达德拉和纳嘎—哈维里32.24%、麦格哈拉亚30.72%、阿萨姆

26.33%、阿鲁纳恰尔—普雷德仕21.73%。

（2）有女卫生间的学校比例分析

由表4－32可知，印度在2007年所有开展基础教育的学校中有女卫生间/厕所的学校占50.55%，城市的该比例为69.19%，农村则为47.94%，城市比农村高出21.25个百分点。该比例高于全国均值水平的地区有15个，高于60%的有14个，高于70%的有9个，高于80%的有5个，低于50%的有20个，低于40%的有15个，低于30%的有12个，低于20%的有5个。其中该比例最大5个地区为：勘迪嘎94.89%、哈亚纳87.32%、普达切瑞86.20%、庞贾布86.09%、尤塔—普雷德仕82.36%；最小5个地区为：勘提斯嘎19.95%、曼尼普尔18.03%、阿鲁纳恰尔—普雷德仕11.90%、阿萨姆10.54%、麦格哈拉亚10.20%。

表4－32　印度2007年基础教育学校中拥有各类基础设施条件的学校的比例（三）

（单位:%）

邦/中央联盟区	有男女共用卫生间的			有女卫生间的			无校舍的		有黑板的		2006年学生体检过的		
	合计	城市	农村	合计	城市	农村	城市	农村	城市	农村	合计	城市	农村
A&N Islands	84.40	69.57	86.58	73.82	91.30	71.25	0.00	1.28	71.74	84.66	80.50	91.30	78.91
Andhra Pradesh	61.27	69.63	59.55	46.75	75.03	40.91	1.75	3.55	42.55	56.39	56.53	66.76	54.41
Arunachal Pradesh	21.73	56.39	19.57	11.90	47.74	9.67	4.51	16.54	27.07	21.86	9.24	34.59	7.66
Assam	26.33	47.76	25.03	10.54	25.43	9.64	12.24	31.08	24.46	23.58	5.93	11.74	5.58
Bihar	48.52	52.62	48.31	21.62	24.52	21.47	16.48	18.79	50.26	44.86	17.77	19.48	17.68
Chandigarh	38.07	37.67	40.00	94.89	95.21	93.33	0.68	0.00	0.00	0.00	89.77	89.04	93.33
Chhattisgarh	37.63	50.27	36.74	19.95	43.41	18.12	7.29	11.23	44.01	44.83	83.17	72.07	84.31
D&N Haveli	32.24	50.00	32.21	25.33	58.33	23.60	0.00	0.37	70.83	65.17	57.57	79.17	58.43
Daman & Diu	80.61	82.14	82.26	61.22	75.00	59.68	0.00	0.00	35.71	66.13	77.55	71.43	83.87
Delhi	90.45	92.40	83.51	74.15	75.70	68.65	0.05	0.38	44.39	47.65	83.99	83.67	85.14
Goa	54.96	63.60	53.23	45.38	60.15	42.34	0.00	0.08	63.60	56.85	76.85	77.01	76.94
Gujarat	70.65	72.05	70.38	65.26	80.63	62.36	2.48	1.12	43.17	59.68	92.10	90.33	92.43
Haryana	94.09	96.92	93.71	87.32	92.13	86.65	1.49	0.65	59.69	0.00	80.37	80.48	80.38
Himachal Pradesh	48.01	65.51	47.23	38.62	68.85	37.25	0.80	0.17	56.15	57.88	65.76	68.18	65.67
Jammu & Kashmir	37.81	70.10	33.42	21.99	53.38	17.72	2.57	2.97	23.31	14.65	23.09	41.24	20.63

邦/中央联盟区	有男女共用卫生间的			有女卫生间的			无校舍的		有黑板的		2006 年学生体检过的		
	合计	城市	农村	合计	城市	农村	城市	农村	城市	农村	合计	城市	农村
Jharkhand	34.71	55.57	33.57	20.71	43.28	19.48	6.47	10.93	47.90	39.53	17.54	27.90	16.98
Karnataka	70.41	74.78	69.51	47.16	65.17	43.43	0.06	0.16	48.84	70.26	56.92	62.29	55.80
Kerala	84.11	83.83	84.38	78.99	81.02	78.83	0.38	0.63	47.17	49.38	71.01	67.06	71.89
Lakshadweep	75.68	—	75.68	62.16	—	62.16	—	0.00	—	16.22	8.11	—	8.11
Madhya Pradesh	71.62	80.22	70.34	46.98	71.91	43.25	2.69	3.55	51.60	54.83	66.82	62.61	67.45
Maharashtra	75.09	77.23	74.55	60.02	79.60	54.79	0.38	0.39	42.82	68.60	87.80	76.21	90.93
Manipur	51.28	70.82	47.27	18.03	38.71	13.76	0.15	0.87	6.89	4.00	12.84	20.38	11.27
Meghalaya	30.72	58.37	28.77	10.20	33.05	8.58	1.14	5.28	21.89	18.30	13.50	21.89	12.91
Mizoram	77.25	90.28	71.84	23.50	38.30	17.21	0.12	1.80	20.77	17.93	21.63	34.09	16.34
Nagaland	77.17	80.92	76.61	37.02	70.23	31.76	0.00	0.00	34.10	25.83	21.60	40.75	18.57
Orissa	50.86	49.99	50.92	28.04	35.38	27.50	1.77	2.45	48.64	44.01	19.84	23.82	19.55
Puducherry	69.99	72.86	67.50	86.20	86.14	87.22	2.65	0.56	40.41	42.78	72.55	69.32	76.11
Punjab	88.38	87.18	88.53	86.09	87.94	85.86	0.57	41.33	0.00	54.84	57.61	54.49
Rajasthan	36.09	46.81	34.48	79.32	84.77	78.50	4.68	2.49	39.66	0.00	78.58	63.65	80.83
Sikkim	88.70	93.48	88.66	42.26	56.52	41.74	0.00	1.00	43.48	50.45	80.70	73.91	81.13
Tamil Nadu	65.60	64.74	65.79	62.33	81.43	58.34	0.13	0.04	54.86	79.37	88.93	81.90	90.43
Tripura	69.11	70.93	68.98	22.58	46.90	20.86	0.00	0.05	21.32	15.21	19.28	27.13	18.72
Uttar Pradesh	91.04	92.39	90.95	82.36	85.39	82.08	1.57	0.79	47.90	70.96	34.66	39.62	34.15
Uttarakhand	84.45	93.43	83.73	52.13	77.33	50.13	0.39	58.08	0.00	50.13	47.37	50.35
West Bengal	68.95	56.93	72.45	35.13	34.88	35.70	0.02	0.04	20.38	24.21	36.22	19.52	40.20
全国	62.67	70.93	61.56	50.55	69.19	47.94	2.31	5.12	43.18	45.81	52.18	57.41	51.48

注：共用卫生间指的是 common toilet，有黑板指的是具有地水准平面黑板（Ground Level Black-
boards）。

资料来源：ARUN, C. M. (2010). *Elementary Education in India：Progress Towards UEE*（*Analyti-cal Tables* 2007—08）. New Delhi：International Print-o-Pac Limited, pp. 59-73.

6. 无校舍、有黑板、2006 年学生体检过的学校比例分析

（1）无校舍的学校比例分析

由表 4-32 可知，印度在 2007 年所有开展基础教育的学校中无校舍的
学校城市占 2.31%，农村占 5.12%，农村比城市高出 2.81 个百分点。该比
例城市最大 10 个地区为：比哈尔 16.48%、阿萨姆 12.24%、勘提斯嘎
7.29%、贾克汉德 6.47%、拉贾斯坦 4.68%、阿鲁纳恰尔—普雷德仕

4.51%、曼德亚—普雷德仕2.69%、普达切瑞2.65%、查谟和克什米尔2.57%、古贾拉特2.48%。该比例农村最大11地区为：阿萨姆31.08%、比哈尔18.79%、阿鲁纳恰尔—普雷德仕16.54%、勘提斯嘎11.23%、贾克汉德10.93%、麦格哈拉亚5.28%、安德拉—普雷德仕3.55%、曼德亚—普雷德仕3.55%、查谟和克什米尔2.97%、拉贾斯坦2.49%、奥里萨2.45%。

（2）有黑板的学校比例分析

由表4-32可知，印度在2007年所有开展基础教育的学校中有黑板的学校城市占43.18%，农村占45.81%，农村比城市高出2.63个百分点。城市该比例高于全国均值的地区有17个（拉克歇德维普缺失值除外的结果，下同），城市该比例高于50%的地区有9个，低于30%的有9个，城市该比例最大5地区为：安达曼与尼扣巴岛71.74%、达德拉和纳嘎—哈维里70.83%、果阿63.60%、哈亚纳59.69%、尤塔卡汉德58.08%；最小5地区为：垂普拉21.32%、米苏拉姆20.77%、西孟加拉20.38%、曼尼普尔6.89%、勘迪嘎0.00%。农村该比例高于全国均值的地区有15个，农村该比例高于50%的地区有13个，高于60%的有7个，低于40%的有16个，低于20%的有11个，农村该比例最大5地区为：安达曼与尼扣巴岛84.66%、塔米尔—纳杜79.37%、尤塔—普雷德仕70.96%、卡纳塔卡70.26%、马哈拉施特拉68.60%；最小5地区（勘迪嘎、哈亚纳、庞贾布、拉贾斯坦、尤塔卡汉德零值除外）为：米苏拉姆17.93%、拉克歇德维普16.22%、垂普拉15.21%、查谟和克什米尔14.65%、曼尼普尔4.00%。

（3）在2006年学生体检过的学校比例分析

由表4-32可知，印度在2007年所有开展基础教育的学校中在2006年学生体检过的学校占52.18%，城市的该比例为57.41%，农村则为51.48%，城市比农村高出5.93个百分点。该比例高于全国均值水平的地区有20个，高于60%的有16个，高于70%的有14个，高于80%的有9个，低于50%（含40%）的有14个，低于30%的有12个，低于20%的有9个，低于15%的有5个。其中该比例最大5个地区为：古贾拉特92.10%、勘迪嘎89.77%、塔米尔—纳杜88.93%、马哈拉施特拉87.80%、德里

83.99%；最小 5 个地区为：麦格哈拉亚 13.50%、曼尼普尔 12.84%、阿鲁纳恰尔—普雷德仕 9.24%、拉克歇德维普 8.11%、阿萨姆 5.93%。

7. 只有 1 间教室的学校比例分析

（1）所有类型的只有 1 间教室的学校比例分析

由表 4-33 可知，印度在 2007 年所有开展基础教育的学校中只有 1 间教室的学校占 8.49%，政府管理的学校中的该比例为 9.57%，私人管理的学校中的该比例则为 3.82%，政府管理的学校比私人管理的学校高出 5.75 个百分点。在所有类型的学校中只有 1 间教室的学校的比例高于全国均值水平的地区有 7 个，高于 10% 的 5 个，低于 5% 的有 23 个，低于 3% 的有 19 个，低于 2% 的有 14 个。在所有类型的学校中只有 1 间教室的学校的比例最大 5 个地区为：阿萨姆 56.67%、阿鲁纳恰尔—普雷德仕 29.67%、安德拉—普雷德仕 24.25%、麦格哈拉亚 21.25%、果阿 16.17%；最小 5 个地区（勘迪嘎、拉克歇德维普、塔米尔—纳杜零值除外）为：垂普拉 0.67%、尤塔—普雷德仕 0.56%、喀拉拉 0.45%、那加兰 0.24%、德里 0.04%。

表 4-33 印度 2007 年基础教育学校中拥有各类基础设施条件的学校的比例（四）

（单位:%）

邦/中央联盟区	生室比	只有 1 间教室（所有类型的学校比例）	只有 1 间教室（政府管理的学校比例）	只有 1 间教室（私人管理的学校比例）	只有 1 名教师的学校比例	在只有 1 名教师的学校中学习的学生比例	在生室比大于 60 的学校中学习的学生比例	农村学校的比例
A&N Islands	19	2.51	2.52	2.38	0.56	0.02	5.85	87.19
Andhra Pradesh	26	24.25	29.79	3.43	7.34	1.62	8.57	82.89
Arunachal Pradesh	21	29.67	31.08	1.39	54.41	14.34	14.23	94.15
Assam	39	56.67	59.88	43.15	26.88	14.55	44.65	94.28
Bihar	96	5.83	5.88	3.47	6.37	3.34	74.34	94.87
Chandigarh	28	0.00	0.00	0.00	0.00	0.00	20.96	17.05
Chhattisgarh	30	4.64	4.80	2.96	14.74	8.92	17.44	92.29
D&N Haveli	41	4.28	2.94	26.32	22.70	4.41	18.91	87.83
Daman & Diu	32	1.02	1.27	0.00	0.00	0.00	11.99	63.27
Delhi	28	0.04	0.03	0.06	0.00	0.00	9.16	21.99

续表

邦/中央联盟区	生室比	只有1间教室（所有类型的学校比例）	只有1间教室（政府管理的学校比例）	只有1间教室（私人管理的学校比例）	只有1名教师的学校比例	在只有1名教师的学校中学习的学生比例	在生室比大于60的学校中学习的学生比例	农村学校的比例
Goa	22	16.17	21.79	1.22	23.82	3.13	3.60	82.50
Gujarat	35	2.76	3.08	1.01	1.97	0.49	13.18	84.11
Haryana	30	2.28	2.66	0.43	3.44	1.31	15.00	87.15
Himachal Pradesh	16	6.17	6.93	1.03	7.28	3.04	3.24	95.63
Jammu & Kashmir	17	9.07	11.33	0.40	4.30	1.44	4.83	88.03
Jharkhand	60	2.63	2.68	1.74	8.24	4.48	45.04	94.84
Karnataka	29	8.98	10.63	2.01	10.84	3.93	12.23	82.84
Kerala	25	0.45	0.75	0.25	0.27	0.03	2.67	84.85
Lakshadweep	24	0.00	0.00	0.00	0.00	0.00	3.41	100.00
Madhya Pradesh	33	3.64	4.08	1.60	15.42	9.26	23.79	86.99
Maharashtra	32	5.52	7.59	0.52	3.77	0.51	16.59	78.84
Manipur	21	1.67	1.98	1.08	11.42	4.28	6.11	82.97
Meghalaya	19	21.25	22.91	20.26	13.86	7.56	8.17	93.36
Mizoram	19	1.22	1.13	1.66	2.41	1.27	5.56	69.92
Nagaland	22	0.24	0.22	0.30	2.38	0.67	14.56	86.25
Orissa	30	5.34	5.65	2.51	11.12	5.42	12.04	93.15
Puducherry	21	1.85	2.72	0.38	1.85	0.24	5.00	51.21
Punjab	26	2.91	3.11	0.46	8.14	4.47	5.90	88.74
Rajasthan	26	3.69	3.51	0.88	21.74	10.32	7.96	86.89
Sikkim	15	1.91	2.07	1.44	0.70	0.11	3.07	95.83
Tamil Nadu	29	0.00	0.00	0.00	2.83	0.76	12.41	82.34
Tripura	29	0.67	0.70	0.00	0.82	0.42	23.76	93.39
Uttar Pradesh	41	0.56	0.58	0.51	6.07	3.32	36.93	90.28
Uttarakhand	20	2.42	2.75	0.88	14.46	7.79	14.07	92.61
West Bengal	51	6.33	7.64	0.32	3.23	1.16	40.66	81.93
全国	35	8.49	9.57	3.82	10.13	4.05	27.30	87.39

注：生室比=学生数/教室数，即每间教室拥有的学生数。

资料来源：ARUN, C. M. (2010). *Elementary Education in India*: *Progress Towards UEE* (*Analytical Tables* 2007—08). New Delhi: International Print-o-Pac Limited, p. 47, 48 – 50, 52, 92, 93, 14. 其中生室比数第47页，只有1间教室的学校比例数第48—50页，只有1名教师学校比例数第52页，在只有1名教师的学校中学习的学生比例数第92页，在生室比大于60的学校中学习的学生比例数第93页，农村学校的比例数第14页。

（2）政府管理的学校中只有 1 间教室的学校比例分析

由表 4 - 33 可知，印度在 2007 年所有开展基础教育的所有政府管理的学校中，只有 1 间教室的学校的比例高于全国均值水平的地区有 7 个，高于 20% 的有 5 个，低于 5% 的有 23 个，低于 3% 的有 18 个，低于 2% 的有 11 个。在所有政府管理的学校中只有 1 间教室的学校的比例最大 5 个地区为：阿萨姆 59.88%、阿鲁纳恰尔—普雷德仕 31.08%、安德拉—普雷德仕 29.79%、麦格哈拉亚 22.91%、果阿 21.79%；最小 5 个地区（勘迪嘎、拉克歇德维普、塔米尔—纳杜零值除外）为：喀拉拉 0.75%、垂普拉 0.70%、尤塔—普雷德仕 0.58%、那加兰 0.22%、德里 0.03%。

（3）私人管理的学校中只有 1 间教室的学校比例分析

由表 4 - 33 可知，印度在 2007 年所有开展基础教育的所有私人管理的学校中，只有 1 间教室的学校的比例高于全国均值水平的地区有 3 个，高于 3% 的有 5 个，高于 2% 的有 9 个，高于 1% 的有 18 个，低于 1% 的有 17 个，低于 0.5% 的有 13 个，低于 0.4% 的有 10 个。在所有私人管理的学校中只有 1 间教室的学校的比例最大 5 个地区为：阿萨姆 43.15%、达德拉和纳嘎—哈维里 26.32%、麦格哈拉亚 20.26%、比哈尔 3.47%、安德拉—普雷德仕 3.43%；最小 5 个地区（勘迪嘎、达曼和迪由、拉克歇德维普、塔米尔—纳杜、垂普拉零值除外）为：普达切瑞 0.38%、西孟加拉 0.32%、那加兰 0.30%、喀拉拉 0.25%、德里 0.06%。

8. 只有 1 名教师的学校比例及在只有 1 名教师的学校中学习的学生比例分析

（1）只有 1 名教师的学校比例分析

由表 4 - 33 可知，印度在 2007 年所有开展基础教育的学校中，只有 1 名教师的学校占 10.13%，该学校比例高于全国均值水平的地区有 12 个，高于 12% 的有 9 个，高于 15% 的有 6 个，低于 10% 的有 23 个，低于 5% 的有 17 个，低于 2% 的有 10 个。其中该比例最大 6 个地区为：阿鲁纳恰尔—普雷德仕 54.41%、阿萨姆 26.88%、果阿 23.82%、达德拉哈纳嘎—哈维里 22.70%、拉贾斯坦 21.74%、曼德亚—普雷德仕 15.42%；最小 6 个地区

（勘迪嘎、达曼和迪由、德里、拉克歇德维普零值除外）为：古贾拉特1.97%、普达切瑞1.85%、垂普拉0.82%、锡金0.70%、安达曼与尼扣巴岛0.56%、喀拉拉0.27%。

（2）在只有1名教师的学校中学习的学生比例分析

由表4-33可知，印度在2007年所有开展基础教育的学校中，在只有1名教师的学校中学习的学生比例占4.05%，该学生比例高于全国均值水平的地区有12个，高于5%的有8个，高于8%的有5个，低于4%的有23个，低于3%（含2%）的有18个，低于1%的有13个，低于0.5%的有10个。其中该比例最大7个地区为：阿萨姆14.55%、阿鲁纳恰尔—普雷德仕14.34%、拉贾斯坦10.32%、曼德亚—普雷德仕9.26%、勘提斯嘎8.92%、尤塔卡汉德7.79%、麦格哈拉亚7.56%；最小6个地区（勘迪嘎、达曼和迪由、德里、拉克歇德维普零值除外）为：古贾拉特0.49%、垂普拉0.42%、普达切瑞0.24%、锡金0.11%、喀拉拉0.03%、安达曼与尼扣巴岛0.02%。

9. 生室比及在生室比大于60的学校中学习的学生比例分析

（1）生室比分析

由表4-33可知，印度在2007年所有开展基础教育学校的生室比（每间教室所拥有的学生数量）为35，生室比高于或等于全国均值水平的地区有7个，高于30的有12个，高于或等于25的有22个，高于20的有29个，低于20的有6个。其中该比例最大7个地区为：比哈尔96、贾克汉德60、西孟加拉51、达德拉和纳嘎—哈维里41、尤塔—普雷德仕41、阿萨姆39、古贾拉特35；最小6个地区为：麦格哈拉亚19、米苏拉姆19、安达曼与尼扣巴岛19、查谟和克什米尔17、西玛恰尔—普雷德仕16、锡金15。

（2）在生室比大于60的学校中学习的学生比例分析

由表4-33可知，印度在2007年所有开展基础教育的学校中在生室比大于60的学校中学习的学生比例占27.30%，该学生比例高于全国均值水平的地区有5个，高于20%的有8个，高于或等于15%的有12个，高于10%的有20个，低于10%的有15个，低于或等于5%的有7个，低于1%

的有 13 个，低于 0.5% 的有 10 个。其中该比例最大 8 个地区为：比哈尔 74.34%、贾克汉德 45.04%、阿萨姆 44.65%、西孟加拉 40.66%、尤塔—普雷德仕 36.93%、曼德亚—普雷德仕 23.79%、垂普拉 23.76%、勘迪嘎 20.96%；最小 7 个地区为：普达切瑞 5.00%、查谟和克什米尔 4.83%、果阿 3.60%、拉克歇德维普 3.41%、西玛恰尔—普雷德仕 3.24%、锡金 3.07%、喀拉拉 2.67%。可见印度的班级规模是很大的。

10. 基础教育阶段分布在农村的学校比例分析

由表 4-33 可知，印度在 2007 年所有开展基础教育的学校中，在农村的学校占 87.39%，该学校比例高于全国均值水平的地区有 16 个，高于 90% 的有 13 个，高于 94% 的有 7 个，低于 87% 的有 17 个，低于 85% 的有 14 个，低于 80% 的有 6 个。其中该比例最大 7 个地区为：拉克歇德维普 100%、锡金 95.83%、西玛恰尔—普雷德仕 95.63%、比哈尔 94.87%、贾克汉德 94.84%、阿萨姆 94.28%、阿鲁纳恰尔—普雷德仕 94.15%；最小 6 个地区为：马哈拉施特拉 78.84%、米苏拉姆 69.92%、达曼和迪由 63.27%、普达切瑞 51.21%、德里 21.99%、勘迪嘎 17.05%。可见，印度开展基础教育的学校绝大多数都分布在农村，且有 29 个地区农村学校占了 80% 以上，其中拉克歇德维普的学校全部在农村，只有 2 个地区农村学校的比例低于 50%。

4.1.4　教育政策方面：普及与提高基础教育政策的历史变迁

4.1.4.1　免费义务教育：普及与提高基础教育政策的历史变迁

印度早在 1949 年 11 月 26 日于印度制宪大会上获得通过并于 1950 年 1 月 26 日开始实施的第一部宪法《印度宪法》第 45 条就规定："为儿童提供免费义务教育——国家应该努力在本宪法实施后的十年内，为所有 14 岁及以下儿童提供免费义务教育。"[①] 遵循这一宪法原则，随后在 1968 年出台的《国家教育政策 1968》第 4 章第 1 条再次强调了 "免费义务教育：应该通过

---

① Ministry of law and justice of Government of India. (2007). *The Constitution of India* (*as modified up to the 1ˢᵗ December*, 2007). New Delhi, p. 23.

努力尽早实现宪法中的指令性原则的第45条，即寻求为所有14岁及以下儿童提供免费和强制的教育，应该开发适当的项目来减少学校中的浪费和停滞不前的现象，确保每个入学儿童成功地完成法定的必修课程。"① 《国家教育政策1968》在印度独立后的教育历史上起到了极其重要的作用。它旨在促进国家进步，培养一种基本的公民意识和文化，以及加强民族团结。它重点放在对教育制度的彻底的重新建构上，以提高不同层级教育的质量，对科学与技术教育也给予了特别关注，以及培养公民的道德价值和拉近教育与人们生活的关系。自《国家教育政策1968》被采纳后，全国各层级的教育机构都有了很大的扩展，现在全国超过90%的农村地区的居民在居住地方圆1公里内都设立有学校②。

虽然《国家教育政策1968》实施后取得了一定的成绩，但是与60多年前政府提出的要为14岁及以下儿童提供免费义务教育这一目标的差距还是很大的，这主要是由于历届印度政府的重视不够，或者是因为财政经费短缺的原因，这一目标一直被延迟实现，印度基础教育（14岁及以下儿童接受的初等教育）一直存在入学率不是很高，但辍学率很高的问题，很难在14岁前完成完整的义务教育。简而言之，近50%的国民仍然处于文盲状态，估计在1亿8500万5—14岁的儿童中有5800万没有学可上。据印度政府的报告显示在2003年全国农村地区的入学率仅为71%，而且入学率的性别平等指数为0.84，也就意味着女童入学率比男童要低16%。这种惊人的低成就显示了从1947年至1980年在提供教育尤其是提供基础教育方面被中央政府及邦政府摆在一个比较低级别的优先位置上，仅仅有不到2%的GDP被用于教育发展，这种状态一直持续到1979年。自从1976年修订宪法后，中央政府对教育的经费拨款才有了比较明显的增长，但是其教育经费拨款占所有政府的经费支出的比例仍然比绝大多数低收入国家都要低。值得注意的是，

---

① Department of education of ministry of human resource development of Government of India. (1992). *National policy on education* 1986 (*as modified in* 1992). New Delhi, the 7th May, p. 39.

② Department of education of ministry of human resource development of Government of India. (1992). *National policy on education* 1986 (*as modified in* 1992). New Delhi, the 7th May, pp. 2 - 3.

在整个 20 世纪 80 年代分配给基础教育的经费占整个教育经费的比例始终低于 50%，这也是比其他致力于普及基础教育的与印度经济发展水平相当的国家的支出水平要低①。

1976 年修订的宪法规定中央联邦政府和邦政府都有责任来共同努力办好教育，现在邦政府的教育责任基本上没有太大变化，中央联邦政府承担的责任却越来越大了，尤其是在以下方面：增强全国的教育特色，提高质量和标准方面（包括对各层级教育的教师的要求），研究和监控适应全国发展的人力资源发展相匹配的教育需求，考虑教育、文化与人力资源的国际性角色。总的来说，就是要努力提高全国各层级教育的品质，为国家提供优质的教育②。

基于教育的重要性，教育应被视为攸关印度国家发展和生存的至关重要的投资领域。早在《国家教育政策 1968》就已经规定了对教育领域的投资总量要逐步尽可能尽早增长到占国民生产总值的 6%，现实是实际的教育投资却远远落后于上述目标，因此现在应该显示政府更大的决心来为该政策规定的教育项目筹集经费。然而实际的教育投资要求将根据政府的监控和评估不时做出计算调整，教育经费应逐步增加以确保在"第八个五年计划"以后将（全国范围内）一致超过国民生产总值的 6% 的水平。对该新政策（《国家教育政策 1992》）规定的不同教育参数（目标）的执行情况需要每 5 年进行一次评估，也要不时地进行短期内的政策执行绩效评估以弄清楚政策的执行情况及新涌现的趋势③。

基于对前期基础教育发展的反思，因此，印度政府开始重视对基础教育的发展，最直接和最高级地体现就是从修改宪法做起，把接受基础教育作为

---

① PHILIP A., NEHAL B. (2005). *Human rights and public goods: education as a fundamental right in India*. New York: Center for human rights and global justice working paper economic, social and cultural rights series number 5, School of law University of New York, pp. 14 – 15.

② Department of education of ministry of human resource development of Government of India. (1992). *National policy on education* 1986 (*as modified in* 1992). New Delhi, the 7th May, p. 36.

③ Department of education of ministry of human resource development of Government of India. (1992). *National policy on education* 1986 (*as modified in* 1992). New Delhi, the 7th May, p. 36.

儿童的基本权利开始。印度中央政府成立了两个委员会以研究作为既合乎民意又在财政上行得通的宪法修改以回应把小学教育作为基本权利的呼声。一个与教育部联合的叫赛基亚（Saikia）的委员会在 1997 年的报告中指出，"应该修改宪法并规定把 6—14 岁孩子接受免费的强制性教育作为他们的一项基本权利，父母也有基本义务来为他们的孩子提供教育机会。"另一个叫玛佳姆达（Majumdar）专家委员会在 1999 年的结论中写道："为了实现 6—14 岁孩子的普及基础教育将需要连续 10 年每年额外投入 1400 亿卢比，即相当于假设保持 GDP 年均增长 5% 的话，需要额外每年增加 0.7 个百分点的 GDP 用于教育，将教育经费占 GDP 的比例提高到 5%。"赛基亚委员会的报告促成了修改宪法，新引入了一款 21A，该款规定"政府应该以法律的形式制定并决定为所有 6—14 岁的公民提供免费的、强制的教育。"新修改的宪法同时还引入了另一款 51A，规定"父母及监护人有义务为其孩子提供教育机会。"这两款都采纳了赛基亚委员会的建议。该法案在 1997 年就出台了，但是《基础教育作为基本权力法案》直到 2002 年 12 月才得以通过①。

直到 2001 年，印度发动了全国范围内的普及基础教育计划，北印度语叫 Sarva Shiksha Abhiyan（SSA）计划，该项目计划到 2007 年，所有的儿童，包括那些残障儿童都要实现完全的小学教育，到 2010 年，实现完全的高级小学教育——比千年发展目标（MDG）要求的在 2015 年普及小学教育的要求要提前 5 年②。

4.1.4.2　免费义务教育：从教育政策到《教育权利法案》

1. 《教育权利法案 2005》

在 1993 年印度最高法院宣判的优尼克瑞希南诉安德拉—普雷德仕邦政府（Unnikrishnan vs. State of Andhra Pradesh）一案中判定获得教育的权利

---

① PHILIP A., NEHAL B. (2005). *Human rights and public goods：education as a fundamental right in India*. New York：Center for human rights and global justice working paper economic, social and cultural rights series number 5, School of law University of New York, pp. 19–20.

② 沈有禄，谌欣怡：《印度国家普及基础教育计划述评》，《外国中小学教育》2010 年第 1 期，第 8—15 页。

是宪法第 21 条规定的基本权利之一，受这一判例的影响，随后于 2002 年的宪法第 86 修正案增加了一款 21A "政府应该为所有 6—14 岁的儿童提供免费且强制的教育，并且政府应该以法律的形式来规定这一点"，宪法第 86 修正案也修正了第 45 条，将其修改为 "政府应该努力为儿童提供早期照顾与教育直到他们到 6 周岁"，因此为了进一步确保在 2001 年开始的全国基础教育普及计划的有效实施，印度政府于 2005 年 11 月 14 日颁布了《教育权利法案 2005》旨在强化宪法第 86 修正案的规定。

《教育权利法案 2005》除了继承之前的政策规定的政府应该提供免费义务教育的规定外，还进一步明确了政府对未入学儿童的责任，其第 6 条和第 8 条规定 "所有 7—9 岁未入学的儿童必须在《教育权利法案 2005》实施后 1 年内就近入学。所有 9—14 岁未入学儿童在《教育权利法案 2005》实施时已在就近的学校或其他地方的学校进入特别教育项目的，必须尽可能尽早就近入学在与其年龄相符合的年级就读，最迟不超过《教育权利法案 2005》实施 3 周年。""任何年轻人无论是基于什么原因在 14 岁前无法完成义务教育的，在这期间仍然在学校就读的年轻人仍然可以继续接受免费义务教育直到其完成义务教育或者达到 18 岁或再早一点。"[1]

《教育权利法案 2005》还具有以下亮点：

第一，对于特定种类的学校及私立学校在《教育权利法案 2005》实施后至少应该在 1 年级接受来自落后群体子女的 25% 作为其招收的学生[2]。

第二，公立学校将由学校管理委员会（School Management Committees，SMC）来管理，学校管理委员会成员的绝大多数由学生家长来担任，教师将被指派到某一特定的学校，且不得转行[3]。

第三，成立全国基础教育委员会（National Commission for Elementary

---

① Ministry of law and justice of Government of India. (2005). *Right to education bill* 2005. New Delhi, the 14th November, pp. 13 – 14.

② Ministry of law and justice of Government of India. (2005). *Right to education bill* 2005. New Delhi, the 14th November, p. 17.

③ Ministry of law and justice of Government of India. (2005). *Right to education bill* 2005. New Delhi, the 14th November, pp. 20 – 21.

Education）监督《教育权利法案 2005》的执行情况。中央政府应该成立全国基础教育委员会以不断地监控该法案的执行，推荐在必要的地方需要的修改措施，并行使该项法案规定的权利或执行该法案规定的其他功能。

全国基础教育委员会应该由以下部分构成：一位在教育领域服务过的极具权威的主席；在义务教育、弱势群体发展、儿童发展或儿童权利、财政、法律方面具有专长的各个专家委员；在教育管理方面具有丰富经验/知识的一位委员秘书。

全国基础教育委员会的主席及各个专家委员须由总理、洛克—沙布哈（Lok Sabha）发言人、部长、人力资源部、议会两院的反对党领导人组成的委员会的推荐并由总统任命。

全国基础教育委员会执行如下功能：监控包括质量在内的义务教育的所有方面；执行该法案的反腐官员的职责；并引导在义务教育方面有申诉的父母或公民到相关部门解决其纠纷/问题；每年向议会呈递/撰写一份《教育权利法案 2005》执行情况及其他与义务教育有关的议题的年度报告；向中央政府及其他各级政府提供关于有效执行该项法案的政策建议；执行该委员会各功能要求的调查、研究，尤其是关于为弱势群体儿童提供免费义务教育方面的调查与研究，并传播其成果发现；其他规定的职能①。

2. 《儿童免费义务教育权利法案 2009》

印度政府于 2009 年 8 月 27 日颁布了《儿童免费义务教育权利法案 2009》，该法案将适用于除查谟—克什米尔邦以外的印度所有地区。该法案进一步强调了"免费义务教育权利"，即其第 3 条规定"（1）所有 6—14 岁儿童都享有就近入学接受免费义务教育的权利，直到其完成义务教育。（2）任何一个儿童都不应支付任何种类的收费或费用以阻止其追求和完成义务教育。"第 4 条规定"任何一个过了 6 岁仍然没有接受义务教育，或者虽然入学了但未完成义务教育的，都应该进入适合其年龄的班级接受义务教育。"

① Ministry of law and justice of Government of India. (2005). *Right to education bill* 2005. New Delhi, the 14th November, p. 26.

第5条规定"当一个儿童在一所学校没有完成其义务阶段的教育,其享有转学到其他任何学校继续完成其义务教育的权利。一个儿童无论是在邦内还是在邦外当其无论以任何理由要求转学时,其有转学到其要求的其他任何学校的权利;当儿童在其就学的最后一所学校提出转学要求时,班主任和校长必须马上为其提供转学证明,而其他学校则不能因为儿童的转学证明开具得比较晚而拒绝其入学;如果其班主任和校长拒绝为其开具转学证明则应受到相应的纪律处分。①"

《儿童免费义务教育权利法案2009》进一步强化了政府、地方当局及父母的责任。第6条规定"为了贯彻执行这项免费义务教育权利法案,政府及地方当局应该在儿童所在地附近一定区域内建立学校,那些还没有建立学校的地方应该在该权利法案执行起3年内建立起学校。"②

第7条规定"(1)中央政府及邦政府有责任同时为执行免费义务教育权利法案提供经费支持。(2)中央政府应该准备评估执行该法案所需要的资本与经常性费用。(3)中央政府应该为邦政府提供税收资助资金,这部分经费应该不时地与邦政府协商后再确定其比例。(4)中央政府应该要求总理向财政委员会提供参考,要求财政委员会检查每个邦为提供免费义务教育所额外需要的经费,以此来保证每个邦能为提供免费义务教育权利法案而提供其所需份额的经费。(5)尽管如此,邦政府应该考虑使用中央政府提供给邦政府的这笔经费,以及其他资源,有责任提供经费来保证免费义务教育权利法案的实施。(6)中央政府应该:(a)在专门学术机构的帮助下开发一套国家课程;(b)开发并实施教师培训标准;(c)为邦政府提升创新、研究、规划及能力建设方面提供技术支持与经费。"

第8条规定"各级政府应该:(a)为每位儿童提供免费并强制的义务教育,此处"义务教育"指的是(i)为每个6—14岁的儿童提供基础教

---

① Ministry of law and justice of Government of India. (2009). *The right of children to free and compulsory education act*, 2009 (*No.* 35*of* 2009). New Delhi: the 27th August, pp. 1 - 3.

② Ministry of law and justice of Government of India. (2009). *The right of children to free and compulsory education act*, 2009 (*No.* 35*of* 2009). New Delhi: the 27th August, p. 3.

育，（ii）确保强制入学，保证每位6—14岁儿童都能入学并完成基础教育；（b）确保就近建立学校；（c）确保弱势群体或其他任何不利地位群体的儿童不被歧视进而阻止他们和其他任何群体的儿童一样享有追求和完成基础教育的权利；（d）提供如校舍、教职员工及学习设备之类的基础设施；（e）提供必备的特殊训练设施；（f）确保并监视每位儿童的入学、出勤以及基础教育的完成；（g）确保优质的基础教育以符合规定的标准与准则；（h）确保及时指导基础教育课程；（i）为教师提供训练设施。"①

第9条规定"每个基层政府应该：（a）为每位儿童提供免费且强制的基础教育：父母及监护人必须将其子女送入政府建立、政府所有、政府控制和基本上直接或间接由政府资助的学校，政府不为在其他类型的学校上学的儿童发生的成本提供补偿；（b）确保就近建立学校；（c）确保弱势群体或其他任何不利地位群体的儿童不被歧视进而阻止他们和其他任何群体的儿童一样享有追求和完成基础教育的权利；（d）司法规定应保留儿童从6—14岁的成长记录；（e）司法规定确保和监控每位儿童的入学、出勤及基础教育的完成情况；（f）提供如学校建筑设施、教职员工和学校材料之类的基础设施；（g）提供必备的特殊训练设施；（h）确保优质的基础教育以符合规定的标准与准则；（i）确保及时指导基础教育阶段的课程及其设置；（j）为教师提供训练（培训）设施；（k）确保移民家庭子女的入学；（l）在司法权限下监督学校的运转情况；（m）决定教学日历。"

第10条规定"父母、监护人有责任将其子女送入就近的学校接受基础教育。"

第11条规定"为了使3—6岁的儿童在接受基础教育前得到照顾，政府应该采取适当措施为所有3—6岁的儿童提供免费的学前教育。"②

---

① Ministry of law and justice of Government of India. (2009). *The right of children to free and compulsory education act*, 2009 (*No. 35 of* 2009). New Delhi：the 27th August, pp. 3 - 4.

② Ministry of law and justice of Government of India. (2009). *The right of children to free and compulsory education act*, 2009 (*No. 35 of* 2009). New Delhi：the 27th August, p. 5.

3.《儿童免费义务教育权利法案 2010 年修正案》

印度政府于 2010 年 3 月 12 日颁布的《儿童免费义务教育权利法案 2010 年修正案》对《儿童免费义务教育权利法案 2009》中定义的"不利群体儿童"及"残障状态"作了进一步的明确界定。

即"不利群体儿童"指的是如属于表列种姓、表列部落等由于社会的、文化的、经济的、地理的、语言的、性别的或类似的其他因素导致的在社会与教育上处于落后地位的阶层或群体的儿童，这类儿童各地政府应给予特别规定和说明。但是，那些有身体残障的儿童在 2009 年的权利法案的"不利群体的儿童"的定义中并没有提到。残障儿童在享有基本权利及融入社会中总是存在这样那样的障碍，因此应该把残障儿童纳入"不利群体儿童"的定义中，以确保他们在国家基础教育系统内给予优先权进而与其他所有人一样能平等地参与融入整个社会中来。另外，在《残疾人公平机会、保护和全员参与法案 1995》中对"残障儿童"中的残障状态的规定中不涵盖大脑性瘫痪、智力迟钝、孤独（自闭）症以及综合残疾这些在《全国自闭、脑瘫、智障以及综合残疾人照顾与福利法案 1999》中涵盖的残障状态，因此应建议《儿童免费义务教育权利法案 2009》应将关于残障儿童的"残障状态"的定义中补上上述残障状态。

在《儿童免费义务教育权利法案 2009》第 21 款和 22 款中规定的要成立学校管理委员会来准备学校发展计划，然而那些没有从各级政府获得任何资助的学校可以免于成立学校管理委员会；其第 30 款规定所有无论是以宗教还是语言来划分的少数民族都有权根据自己的选择来成立和管理教育机构/学校。因此应该建议在上述 21 款中规定的少数民族的学校管理委员会仅限于咨询功能，第 22 款中的功能仅限于在学校管理委员会不适用于少数民族教育机构/学校的情况下①。

---

① SHRI, K. S., Minister of human resource development. (2010). *The right of children to free and compulsory education（amendment）bill*, 2010（*Bill No. XIX of* 2010）. New Delhi: the 12th March, p. 3.

4.2 印度基础教育发展存在的问题

4.2.1 入学机会仍存在不公平现象：区域间、城乡间、种族间、性别间

4.2.1.1 印度基础教育入学机会（含入学率与辍学率）在区域间的不均衡状况

总的来说，截至 2007 年印度基础教育的毛入学率是初级小学的要高于高级小学的近 40 个百分点，初小与高小的毛入学率高于全国均值水平的地区在半数以上，最大与最小地区之间的差距相当大。整个基础教育阶段（1—8 年级）的毛辍学率很高，2007 年达到 43%，且地区间差距较大。具体表现如下：

印度初级小学的毛入学率 2007 年为 114.60%，比 2003 年增加了 16.40 个百分点。2007 年印度初级小学毛入学率大于全国平均水平的地区（邦/中央联盟区，下同）有 19 个，高于 150% 的有 6 个，低于 100% 的有 7 个。最大地区麦格哈拉亚 191.50% 与最小地区拉克歇德维普 60.40% 相差 130.1 个百分点。

印度高级小学的毛入学率 2007 年为 77.50%，比 2003 年增加了 15.10 个百分点。2007 年印度高级小学毛入学率大于全国平均水平的地区（邦/中央联盟区，下同）有 23 个，高于 100% 的有 9 个，高于 90% 的有 14 个，高于 80% 的有 22 个，低于 70% 的有 7 个。最大地区西玛恰尔—普雷德仕 114.3% 与最小地区比哈尔 46.2% 相差 68.1 个百分点。

印度基础教育（1—8 年级）的毛辍学率 2007 年为 43.0%，比 2003 年下降了 9.32 个百分点。2007 年印度基础教育毛辍学率大于全国平均水平的地区有 14 个，高于 40% 的有 16 个，高于 50% 的有 9 个，低于 20% 的有 9 个，其中 7 个地区没有辍学情况。辍学率最大地区阿萨姆 73.5% 与最小地区果阿 1.2% 相差 72.3 个百分点。

4.2.1.2　印度基础教育入学机会在城乡间的不均衡状况

总的来说，截至 2007 年印度基础教育阶段的学生有近 80% 是分布在农村的，而且这一比例高于全国均值水平的地区在半数以上，地区间差距也较大。具体表现如下：

由于相关统计中没有对印度基础教育农村、城市入学率的分别统计，只有全国合计的统计，但是有对在全国及农村的入学人数统计，因此可以计算出印度基础教育入学人数在城市、农村的分布比例情况。2007 年印度基础教育城市学生比例为 20.41%、农村学生比例为 79.59%，其中农村学生比例高于全国均值的地区有 18 个，高于 80% 的有 17 个，高于 85% 的有 11 个，高于 90% 的有 4 个，低于 75% 的有 13 个，低于 70% 的有 12 个，低于 65% 的有 7 个，低于 60% 的有 6 个，2007 年印度基础教育农村学生比例最大 5 地区为：拉克歇德维普 100%、比哈尔 94.31%、阿萨姆 91.60%、贾克汉德 90.66%、西玛恰尔—普雷德仕 89.94%；最小 6 地区为：达曼和迪由 58.90%、马哈拉施特拉 58.46%、米苏拉姆 57.66%、普达切瑞 44.33%、德里 23.18%、勘迪嘎 16.25%[①]。

4.2.1.3　印度基础教育入学机会（含入学率与辍学率）在种族间的不均衡状况

总体来说，截至 2007 年印度基础教育阶段表列种姓和表列部落在初小阶段的毛入学率都要高于全国均值水平 10 个百分点以上，且地区间差距很大。在高级小学阶段表列种姓及表里部落的毛入学率均低于全国均值水平，分别低 1.2 和 3.06 个百分点，且地区间差距很大。就整个基础教育阶段的毛辍学率而言，表列种姓和表列部落均比全国均值水平要高，分别高出 9.6 和 20.4 个百分点，且地区间差距很大。具体表现如下：

印度初级小学表列种姓（Scheduled Castes，SC）的毛入学率 2007 年比全国水平高出 10.3 个百分点，2007 年初级小学表列种姓的毛入学率最大地

---

① ARUN, C. M. (2010). *Elementary Education in India: Progress Towards UEE (Analytical Tables 2007—08)*. New Delhi: International Print-o-Pac Limited, p. 83, 84.

区恰蒂斯加尔比当地总体水平高出 77.0%，最小地区勘迪嘎比当地总体水平低 50.0%。

印度初级小学表列部落（Scheduled Tribes，ST）的毛入学率 2007 年比全国水平高出 14.69 个百分点，其入学率的 GPI2007 年比全国低 0.06。2007 年初级小学表列部落的毛入学率最大地区锡金比当地总体水平高出 102.81%，最小地区阿萨姆比当地总体水平值低 31.86%。

印度高级小学表列种姓的毛入学率 2007 年比全国水平低 1.20 个百分点，2007 年高级小学表列种姓的毛入学率最大地区曼尼普尔比当地总体水平高出 50.0%，最小地区德里比当地总体水平低 46.8%。

印度高级小学表列部落的毛入学率 2007 年比全国水平低 3.06 个百分点，2007 年高级小学表列部落的毛入学率最大地区锡金比当地总体水平高出 48.71%，最小地区塔米尔—纳杜比当地总体水平低 41.65%。

印度基础教育表列种姓的毛辍学率 2007 年比全国水平高 9.6 个百分点，2007 年基础教育表列种姓的毛辍学率与当地总体水平值的差比全国的差值水平高的地区有 7 个，有 19 个地区的辍学率是大于或等于当地总的不分族别的辍学率水平，有 6 个地区是小于当地总的辍学率水平的。基础教育辍学率 2007 年最大地区勘迪嘎比当地总的辍学率水平值高出 46.9%，最小地区达德拉和纳嘎—哈维里低于当地总的辍学率水平值 34.9%。

印度基础教育表列部落的毛辍学率 2007 年比全国水平高 20.4 个百分点，2007 年基础教育表列部落的毛辍学率与当地总体水平值的差比全国的差值水平高的地区有 3 个，有 20 个地区的辍学率是大于或等于当地总的不分族别的辍学率水平，有 6 个地区是小于当地总的辍学率水平的。表列部落辍学率最大地区安德拉—普雷德仕比当地总的辍学率水平值高出 23.7%，最小地区尤塔—普雷德仕比当地总体水平值低 28.6%。

4.2.1.4　印度基础教育入学机会（含入学率与辍学率）在性别间的不均衡状况

总的来说，截至 2007 年印度基础教育阶段毛入学率是女童要低于男童的，初小阶段女童仅为男童的 98%，高小阶段女童仅为男童的 92%，且女

童低于男童的地区在 20 个以上；而且表列种姓和表列部落的性别平等指数
（GPI）要比全国总的部分种族的 GPI 要低得多，在初小阶段要分别低 0.1
和 0.06，在高小阶段要分别低 0.12 和 0.07；就整个基础教育阶段的毛辍学
率的 GPI 而言，男童的辍学率要大于女童的，女童的辍学率仅为男童的
93%，表列种姓和表列部落的毛辍学率的 GPI 要分别比全国均值水平高出
0.02 和 0.06。地区间的差距都较大。具体表现如下：

从初级小学毛入学率的性别平等指数可知，2007 年印度共有 14 个地区
是女童的入学率大于或等于男童的入学率的，而在另外 21 个地区是女童要
低于男童的，大于等于全国平均水平 0.98 的地区有 22 个。其中最大地区尤
塔卡汉德 1.09 与最小地区比哈尔 0.82 相差 0.27。

2007 年印度初级小学表列种姓的毛入学率的 GPI 比全国值低 0.10，最
大地区恰蒂斯加尔比当地总体水平高出 0.15，最小地区尤塔—普雷德仕比
当地总体水平低 0.38。

2007 年印度初级小学表列部落的毛入学率的 GPI 比全国值低 0.06，最
大地区达曼和迪由比当地总体水平高出 0.12，最小地区尤塔—普雷德仕比
当地总体水平低 0.35。

从高级小学毛入学率的性别平等指数可知，2007 年印度共有 9 个地区
是女童的入学率大于或等于男童的入学率的，而在另外 26 个地区是女童要
低于男童的，大于等于全国平均水平 0.92 的地区有 23 个。其中最高的锡金
1.21 与最低的比哈尔 0.73 相差 0.48。

2007 年印度高级小学表列种姓的毛入学率的 GPI 比全国值低 0.12，最
大地区达德拉和纳嘎—哈维里比当地总体水平高出 0.55，最小地区尤塔—
普雷德仕比当地总体水平低 0.47。

2007 年印度高级小学表列部落的毛入学率的 GPI 比全国值低 0.07，最
大地区安达曼与尼扣巴岛比当地总体水平高出 0.10，最小地区尤塔—普雷
德仕比当地总体水平低 0.45。

印度基础教育毛辍学率的性别平等指数（GPI）2007 年共有 11 个地区
是女童的辍学率大于或等于男童的辍学率的，而在另外 15 个地区是女童要

低于男童的，大于等于全国平均水平 0.93 的地区有 20 个。其中最大地区哈亚纳 1.96 与最小尤塔—普雷德仕 0.44 相差 1.52。

2007 年印度基础教育表列种姓的毛辍学率的 GPI 比全国值高 0.02，最大地区果阿比当地总体水平值高出 3.73，最小地区哈亚纳比当地总体水平值低 0.83。

2007 年印度基础教育表列部落的毛辍学率的 GPI 比全国值高 0.06，最大地区拉贾斯坦比当地总体水平差值高出 0.11，最小地区塔米尔—纳杜比当地总体水平值低 0.37。

4.2.2 资源配置仍不均衡：落后地区、农村仍处于较低水平

4.2.2.1 印度基础教育经费配置在区域间的不均衡状况——少数几个邦承担了印度基础教育的绝大部分重任

表 4-34 反映了印度 2007 年基础教育在校生规模最大 7 地区及其经费总量和比例情况。

表 4-34 印度 2007 年基础教育在校生规模最大 7 地区及其经费总量和比例表

邦/中央联盟区	基础教育在校生数（人）	基础教育在校生数占全国总在校生的比例（%）	各地自筹预算内教育经费（千卢比）	各地自筹预算内教育经费占全国的不含中央预算内经费在内的总的预算内教育经费比例（%）	各地含中央预算内经费按学生权重数分摊到各邦后的总的预算内教育经费（千卢比）	各地含中央预算内经费按学生权重数分摊到各邦后的总的预算内教育经费占全国总预算内经费的比例（%）
Uttar Pradesh	35179765	18.26	60148106	11.80	97231096	13.64
Madhya Pradesh	16724710	8.68	25204075	4.94	42833592	6.01
Maharashtra	15756073	8.18	58735531	11.52	75344008	10.57
Bihar	15710106	8.15	31589267	6.20	48149290	6.75
West Bengal	13270991	6.89	25186661	4.94	39175613	5.49
Rajasthan	12815158	6.65	32764161	6.43	46272619	6.49
Andhra Pradesh	10959739	5.69	33905247	6.65	45457908	6.38
合计	120416542	62.50	267533048	52.47	394464126	55.33

注：2007 年来自中央政府的预算内教育经费为 2031.04 亿卢比，占全国基础教育总预算内经费 7129.91901 亿卢比的 28.49%。

资料来源：根据前述学生数、经费数据的原始出处计算整理而得。

由表 4-34 可知，印度基础教育（1—8 年级）2007 年总在校生数达 1亿 9267 万 5265 人，在校生规模超过 500 万人的地区有 13 个，低于 100 万人的有 14 个，超过 1000 万人 7 个邦的学生总数占了全国学生总数的 62.50%，因此全国基础教育的重任就落在了尤塔—普雷德仕、曼德亚—普雷德仕、马哈拉施特拉等 7 个邦身上。

这 7 个邦的学生规模及其比例分别为：尤塔—普雷德仕 35179765 人（占全国的 18.26%）、曼德亚—普雷德仕 16724710 人（占全国的 8.68%）、马哈拉施特拉 15756073 人（占全国的 8.18%）、比哈尔 15710106 人（占全国的 8.15%）、西孟加拉 13270991 人（占全国的 6.89%）、拉贾斯坦 12815158 人（占全国的 6.65%）、安德拉—普雷德仕 10959739 人（占全国的 5.69%）。

虽然这 7 个学生规模超过 1000 万人的邦其总的学生规模占了全国的 62.50%，其各地基础教育的预算内经费却只占了全国各地（不含中央经费）总预算内教育经费的 52.47%，就是把中央预算内教育经费按各地的学生权重数分配给各地后，各地的总的预算内教育经费占全国总的预算内教育经费的比例这 7 个邦也就只占了全国总预算内教育经费的 55.33%，与学生比例 62.50% 还是有 7.17 个百分点的差距。这与其学生规模是不成比例的，即少数几个大邦要承担全国基础教育的绝大部分重任，然而其经费却不能相应的匹配上去，出现"小车拉大马"的现象。

而且这 7 个大邦中，只有马哈拉施特拉、安德拉—普雷德仕这两个邦的基础教育预算内经费所占（全国总预算内经费的）比例是超过其学生所占（全国总学生数的）比例的，拉贾斯坦邦这两个比例还算比较匹配，而尤塔—普雷德仕、曼德亚—普雷德仕、比哈尔、西孟加拉 4 个邦其经费比例比其学生比例要低一半左右，尤其是尤塔—普雷德仕的学生占了全国的 18.26% 而其经费却只占了 11.80%。

可见，如果印度要从根本上发展好基础教育的话就要加大对这 7 个大邦的教育投入，把这 7 个邦的教育经费短缺问题解决了，也就基本上解决了全国的基础教育发展问题。

4.2.2.2 印度基础教育经费配置在区域间的不均衡状况——地区间差距明显

印度基础教育（1—8 年级）的生均预算内教育经费 2007 年为 3701 卢比，高于全国均值水平 3701 卢比的地区有 17 个，最大地区安达曼与尼扣巴岛 11088 卢比与最小地区曼德亚—普雷德仕 1507 卢比相差 9581 卢比，相差 7.36 倍。生均预算内教育经费的标准差在 2007 年达到 2293 卢比，其变异系数（离差程度）在 2007 年达 0.620，说明地区间差距还是相当明显的。

4.2.2.3 印度基础教育经费总量投入较低，中央、地方投入不匹配

印度基础教育经费的投入中邦/中央联盟区承担了绝大部分的责任，截至 2007 年邦政府承担了超过 70% 的投入责任，中央政府的投入比例有待进一步提高。

就生均经费而言，印度基础教育总的生均预算内教育经费中来自中央政府的贡献率从 2003 年的 14.31%（294 卢比）增加到 2007 年的 28.48%（1054 卢比），可见，中央政府对基础教育的投入力度在 5 年间增加了近 1 倍。

就总经费而言，印度基础教育总的预算内经费中来自中央政府的经费从 2003 年的 520.3449 亿卢比增加到 2007 年的 2031.04 亿卢比，其占全国总的基础教育预算内经费的比例从 2003 年的 14.31% 上升至 2007 年的 28.49%，5 年间增加了近 1 倍，即中央在基础教育经费的投入努力程度在逐年增加，且投入增幅比例较大，但印度基础教育所需的经费仍然是以邦/中央联盟区投入为主，但其承担的财政负担因中央投入的增加而呈下降趋势，但到 2007 年仍有 71.51% 的基础教育经费由地方（邦/中央联盟区）政府负责。

因此为了加快普及义务教育的进程，来自中央政府的经费应该进一步增加以确保有足够的经费为义务教育普及埋单。另外，就总的基础教育经费占全国总的教育经费的比例也应该进一步提高，2007 年印度基础教育总的预算内经费占总的预算内教育经费的比例为 54.61%，需要继续提高这一比例以达到与其他正在普及义务教育的且经济发展水平与印度相当的国家的水平。

4.2.2.4　印度基础教育资源配置在城乡间的不均衡状况——城市资源占有量明显优于农村地区

一方面，优质资源的配置是城市明显优于农村。截至 2007 年，印度所有开展基础教育的学校中拥有学前教育设施的学校的比例城市为 28.84%，农村则为 24.08%，城市比农村高出 4.76 个百分点；拥有寄宿设施的学校比例城市为 2.16%，农村则为 1.56%，城市比农村高出 0.60 个百分点；拥有饮水设施的学校比例城市为 91.76%，农村则为 86.12%，城市比农村高出 5.64 个百分点；通电的学校的比例城市为 71.63%，农村则为 27.85%，城市比农村高出 43.78 个百分点；有操场的学校的比例城市为 63.58%，农村则为 51.29%，城市比农村高出 12.29 个百分点；有图书室的学校的比例城市为 58.07%，农村则为 48.34%，城市比农村高出 9.73 个百分点；有计算机的学校的比例城市为 37.96%，农村则为 10.87%，城市比农村高出 27.09 个百分点；有厨房的学校的比例城市为 21.35%，农村则为 34.27%，农村比城市高出 12.92 个百分点；有男女共用卫生间的学校的比例城市为 70.93%，农村则为 61.56%，城市比农村高出 9.37 个百分点；有女卫生间的学校的比例城市为 69.19%，农村则为 47.94%，城市比农村高出 21.25 个百分点；在 2006 年学生体检过的学校的比例城市为 57.41%，农村则为 51.48%，城市比农村高出 5.93 个百分点。

另一方面，在不该缺乏或者不允许出现的资源短缺的现象是农村明显处于劣势地位，农村享受优质资源的机会远远不如城市。截至 2007 年，印度在所有开展基础教育的学校中无校舍的学校城市占 2.31%，农村占 5.12%，农村比城市高出 2.81 个百分点；有黑板的学校城市占 43.18%，农村占 45.81%，农村比城市高出 2.63 个百分点，虽然农村比城市高，但是农村的黑板的质量应该比城市要低劣，农村可以用简易的木板来做黑板使用，城市则不然，就黑板的质量而言应该仍然是农村要低于城市的；分布在农村的学校占全国所有学校总数的 87.39%，城市学生比例为 20.41%、农村学生比例则为 79.59%，农村学生比例是城市学生比例近 4 倍，可见有达城市学生数量的近 4 倍的学生要在各种基础设施条件远不如城市的农村完成义务教育，更多的人被排除在优质资源的使用中。

4.2.2.5 印度基础教育基础设施简陋、匮乏

印度基础教育的基本设施，无论是在硬件的基本办学条件，还是软件的教师资源的享有上均处于相当匮乏的状态。

截至2007年，印度在所有开展基础教育的学校中拥有寄宿设施的学校的比例仅为1.63%，拥有饮水设施的学校的比例仅达到86.30%，通电的学校的比例仅为33.31%，有操场的学校的比例仅为52.78%，有图书室的学校的比例仅为49.51%，有计算机的学校的比例低至14.25%，有厨房的学校的比例仅为36.06%，有男女共用卫生间的学校的比例仅达到62.67%，有女卫生间的学校的比例仅达到50.55%，无校舍的学校的比例城市达2.31%，农村高达5.12%，有黑板的学校的比例城市仅达到43.18%，农村也仅达到45.81%，只有1间教室的学校的比例竟达8.49%，只有1名教师的学校竟然占10.13%，在只有1名教师的学校中学习的学生占全部入学人数占4.05%，在生室比大于60的学校中学习的学生占全部学生的比例达到27.30%，印度初级小学的生师比高达57.8，高级小学的生师比也高达31.9。

可见，印度基础教育阶段的学生要么在基本办学条件极其简陋的条件下（如无校舍、不通电、不通水、无厕所、无电脑、无图书室、无操场、无黑板）学习，即使有学可上，还有不少学生只能在只有1间教室，或者只有1名教师的学校里学习，要么就是60人或者更多的人拥挤在1间教室里上课，每名教师服务/教学的学生高达近60人，这样硬件与软件水平在全世界也应该是比较落后的。

4.2.3 教育政策执行不力：尤其是经费保障不足，中央政府制订的普及时间表一拖再拖，对落后地区的补助性资源分配不足，地方、家庭负担过重

4.2.3.1 教育政策执行不力：尤其是经费保障不足，中央政府制订的普及时间表一拖再拖

尽管印度早在1950年开始实施的第一部宪法《印度宪法》第45条就规

定："为儿童提供免费义务教育——国家应该努力在本宪法实施后的十年内，为所有 14 岁及以下儿童提供免费义务教育。"早在《国家教育政策 1968》就已经规定了对教育领域的投资总量要逐步尽可能尽早增长到占国民生产总值的 6%，20 世纪 90 年代初也进一步提出教育经费应逐步增加以确保在"第八个五年计划"（1992—1997 年）以后将超过国民生产总值的 6% 的水平。

可是实际的教育投资却远远落后于上述目标，从 1947 年至 1980 年在提供教育尤其是提供基础教育方面被中央政府及邦政府摆在一个比较低级别的优先位置上，仅仅有不到 2% 的 GDP 被用于教育发展，这种状态一直持续到 1979 年。直到 1990 年代印度公共教育经费才占到 GDP 的 3.49% 至 4.25% 之间，到了 1999 年才首度达到 4.25%，可是这样高于 4% 的水平也近延续了 1 年，2000 年为 4.33%，2001 年之后又回落到 4% 以下，在 3.36% 至 3.82% 之间，至 2007 年仅为 3.74%。

另外，要普及基础教育就需要将教育经费的大部分用于基础教育领域，在整个 20 世纪 80 年代分配给基础教育的经费占整个教育经费的比例始终低于 50%，这也比其他一些与印度经济发展水平相当的、致力于普及基础教育的国家的支出水平要低，直到 2004 年才达到 51.52%，2007 年进一步上升至 54.61%。普及基础教育的经费才逐渐有了保障，但是就目前的投入水平也不能取得理想的普及基础教育效果，虽然初级小学的毛入学率是上去了，超过了 100%，但是基础教育（1—8 年级）的毛辍学率在 2007 年却高达 43.0%，如果要让这 43% 的人继续完成 8 年的义务教育的话，政府还要额外投入更多的资源才能进一步降低辍学率，从而提高整个普及义务教育的质量，使更多的学生顺利的完成 1—8 年级的免费义务教育。因此，就是到了 2007 年也没有实现印度普及基础教育计划要求的在 2007 年实现完全小学教育的目标，到 2010 年实现完全的高级小学教育的目标应该还是很难预期实现的，可想而知要在 3 年内将辍学率减少 43% 是何等的困难，需要额外投入多少资源，而这是印度政府短期内所不能承受之重。

4.2.3.2　教育政策执行不力：对落后地区的补助性资源分配不足

在印度28个邦和7个中央联盟区中，有8个在东北部的邦传统上属于民族地区，政治动荡、社会经济发展落后。东北部地区（North Eastern Region，NER）由阿鲁纳恰尔—普雷德仕、阿萨姆、曼尼普尔、麦格哈拉亚、米苏拉姆、那加兰、锡金、垂普拉邦组成，这些邦都比较特殊。通过制定地区详尽计划以及财政支持来特别强调国家层面对该地区的社会经济发展的重视和支持。

东北部邦在民族构成上与印度其他邦不同，就语系上讲这一地区主要以藏语—缅甸语系为主，东北部邦有着特殊的种族/部落文化，并得到官方的认可。在东北诸邦中锡金邦于1947年成为印度的受保护领地，并于1975年正式成为印度的一个邦，西孟加拉邦的平均宽为21—40公里的斯里古瑞走廊（Siliguri Corridor）连接着印度东北诸邦与印度其他地区，在东北地区有超过2000公里的边界是与尼泊尔、中国、不丹、缅甸和孟加拉接壤。自印度于1947年脱离英国独立后，英国殖民的印度东北部由阿萨姆邦和曼尼普尔和垂普拉亲王的领地组成，后来随着垂普拉自由党委员会的建立以反抗东北部在阿萨姆邦的统治，于是在1960—1970年代先后成立了那加兰邦、麦格哈拉亚邦、米苏拉姆邦。

东北部因其独特的文化、手工艺技术、武术以及美丽的风光而闻名于世，但也存在包括暴动、失业、吸毒以及缺乏基础设施等诸多问题。自从1990年代的经济自由主义的发展，研究表明这一地区（东北部）已在发展方面被其他地区甩在后面了。

印度东北部8个邦的选民只占全国的3.8%，因此在全国议会的543个席位中分配给了25个席位，占全部议会席位的4.6%。东北诸邦有很多民族群体，他们致力于民族的自我保卫，于近些年来这些自我保护抗争已演变得越来越激烈以至于促生了武装反抗组织，比如阿萨姆统一解放战线（United Liberation Front of Assam，ULFA）、波多兰全国民主战线（National Democratic Front of Bodoland，NDFB）、那加兰—卡普兰全国社会主义委员会（National Socialist Council of Nagaland-Khaplang，NSCN），对国家安全的影响在增加。最近当地的政治家及经济学家普遍认识到制约当地经济发展的主要障碍在于当地极其不便利的地理位置。随着经济一体化进程的推进，全球化也宣传要打造一个去领土化和无国界的世界的理念。

　　长期以来，印度就对东北诸邦社会经济的发展给予了高度重视，在1971 年成立了东北委员会（North Eastern Council，NEC），致力于东北部 8 个邦的社会与经济的发展，东北发展金融有限公司（the North Eastern Development Finance Corporation Ltd，NEDFi）于 1995 年 8 月 9 日成立，东北发展部（the Ministry of Development of Northeastern Region，DoNER）也于2001 年 9 月成立。

　　最近，在知识界及政界产生了一种新的共识，就是认为东北部的发展必须作为一个整体融入印度的整个社会经济发展当中来，也应该融入亚洲其他地区、融入东南亚中，以使印度在这种一体化的经济发展中取得更多的经济实惠。在这一政策的影响下，印度政府采取了"向东看"的政策以发展其东北部，这一政策在外交部发表的《年度回顾/评论 2004》（Year End Review，2004）中得以体现出来，"现在印度联邦政府对'向东看'政策给予了新的关注，印度政府现在正寻求与东南亚国家联盟（ASEAN）建立一种伙伴关系，在孟加拉湾地区多边技术与经济对话合作框架/协议（the Bay of Bengal Initiative for Multi-Sectoral Technical and Economic Cooperation，BIMSTEC）以及印度—东盟峰会对话下对印度东北部的经济与安全利益上都有着完整的联系。"①

　　表 4-35 反映了 2007 年印度东北部 8 邦基础教育经费及其比例情况。

　　由表 4-35 可知，这 8 个邦的学生规模及其比例分别为：阿鲁纳恰尔—普雷德仕 272507 人（占全国的 0.14%）、阿萨姆 5263285 人（占全国的 2.73%）、曼尼普尔 518971 人（占全国的 0.27%）、麦格哈拉亚 745179 人（占全国的 0.39%）、米苏拉姆 207574 人（占全国的 0.11%）、那加兰

---

① Northeast India［EB/OL］. 维基百科（Wikipedia），［2010-02-26］. http：//en. wikipedia. org/wiki/Northeast_ India.

310030 人（占全国的 0.16%）、锡金 114358 人（占全国的 0.06%）、垂普拉 691102 人（占全国的 0.36%）；东北部这 8 个邦其总的学生规模占了全国的 4.22%，其各地基础教育的预算内经费占了全国各地（不含中央经费）总预算内教育经费的 6.51%，就是把中央预算内教育经费按各地的学生权重数分配给各地后，各地总的预算内教育经费占全国总的预算内教育经费的比例这 8 个邦也就占了全国总预算内教育经费的 5.86%，比学生比例 4.22% 还是高出了 2.29 及 1.64 个百分点。说明东北部的教育经费投入比例与其学生比例还是比较匹配的，甚至高出其学生比例 2 个百分点左右。而且这 8 个邦中有 4 个邦的生均经费排名在全国排第 2、4、5、6 名，另外 4 个邦的排名也在第 20、22、28、30 名，说明这 8 个邦的教育投入努力程度还是蛮高的。

表 4-35　2007 年印度东北部 8 地区基础教育经费及其比例表

邦/中央联盟区	基础教育在校生数（人）	基础教育在校生数占全国总在校生的比例（%）	各地自筹预算内教育经费（千卢比）	总生均预算内经费及其排名	各地自筹预算内教育经费占全国的不含中央预算内经费在内的总的预算内教育经费比例（%）	各地含中央预算内经费按学生权重数分摊到各邦后的总的预算内教育经费（千卢比）	各地含中央预算内经费按学生权重数分摊到各邦后的总的预算内教育经费占全国总预算内经费的比例（%）
Arunachal Pradesh	272507	0.14	1971081	7233（4）	0.39	2258331	0.32
Assam	5263285	2.73	21093325	4008（30）	4.14	26641354	3.74
Manipur	518971	0.27	1507599	2905（22）	0.30	2054646	0.29
Meghalaya	745179	0.39	1866204	2504（28）	0.37	2651697	0.37
Mizoram	207574	0.11	1456006	7014（5）	0.29	1674810	0.23
Nagaland	310030	0.16	2069315	6675（6）	0.41	2396118	0.34
Sikkim	114358	0.06	1052613	9205（2）	0.21	1173158	0.16
Tripura	691102	0.36	2168835	3138（20）	0.43	2897326	0.41
东北8邦合计	8123006	4.22	33184978		6.51	41747440	5.86
全国合计	192675265		509887901			712991901	

注：2007 年来自中央政府的预算内教育经费为 2031.04 亿卢比，占全国基础教育总预算内经费 7129.91901 亿卢比的 28.49%。
资料来源：根据前述学生数、经费数数据的原始出处计算整理而得。

　　但是要解决这一地区民众对当地社会经济发展的不满，光看生均教育经费指标在全国还算不是很低的位置，但是这种基础性的教育并不能立刻就转化成当地民众的就业的好转以及收入的增加，更不能从根本上改变当地民众的宗教与民族信仰问题，改变不了他们对自己民族的特殊权益的维护。

　　为了加大对东北 8 邦的基础设施的财政投入，印度政府财政部在1998—1999 年的预算报告中宣布成立"稳定的中央资源库"（Non-Lapsable Central Pool of Resources），要求所有的中央各部委都要为东北部地区特殊项目的发展提供 10% 的预算，各个部门（除了豁免的部门）提供的预算资金使用剩余的部分，按照该规则会以名为"发展东北部的中央资源库"的政府账户的名义转移到新的储备金上，财政部长和东北发展部组成的一个跨部级委员来负责管理"中央资源库"（NLCPR），该委员会在 1998 年批准了 46.272 亿卢比的资金支持东北部地区教育基础设施的建设，2004 年 12 月31 日，又批准了投入总数为 38.634 亿卢比的资金，其中 2004—2005 年度投入了 1.275 亿卢比资金①，到 2008 年 11 月 30 日，为东北部各邦的教育批准了 88.296 亿卢比，已实际拨款 72.956 亿卢比②。

　　4.2.3.3　教育政策执行不力：地方和家庭教育负担过重

　　一方面，印度在普及基础教育的过程中，来自中央政府的经费投入不是很多，地方承担了最主要的责任。至 2007 年仅为 2031.04 亿卢比，其占全国总的基础教育预算内经费的比例为 28.49%，可见印度基础教育所需的经费仍然是以邦/中央联盟区投入为主，虽然其承担的财政负担因中央投入的增加而呈下降趋势，但到 2007 年仍有 71.51% 的基础教育经费由地方（邦/中央联盟区）政府负责，因此未来中央政府应进一步加大对基础教育的经费投入力度。

① Department of school education and literacy and department of higher education of Ministry of human resource development of Government of India. （2006）. *Annual report* 2004—05. New Delhi: Dolphin Printo Graphics, p. 44.
② Department of school education and literacy and department of higher education of Ministry of human resource development of Government of India. （2010）. *Annual report* 2008—09. New Delhi: Dolphin Printo Graphics, p. 224.

　　另一方面，印度家庭在接受基础教育时其私人成本也比较高，制约了部分落后地区、群体家庭子女上学的愿望。许多发展中国家都意识到了财政强制性的重要性并且都在积极资助教育，印度政府已经提供经费资助来实现对所有儿童的免费小学教育，然而很多研究显示在印度要实现免费的小学教育是个神话。虽然小学教育在所有政府以及地方实体学校都是免学费的，却没有很多家庭选择把他们的孩子送到学校上学，NSS 的数据显示在哈亚纳邦仅有 54.1% 孩子受到免费的小学教育。受到免费教育的最低比例的城市地区的比例仅为 13.6%。未被政府认可的学校每月向学生收费 30 到 60 卢比，很少一些学校收费相当高，每月达 1500—2500 卢比。而贫困家庭的其他私人开支仍然是非常大的①。

　　根据另外一项调查显示，1999—2000 年每个家庭每年用于孩子初等教育的开支是，农村地区为 626 卢比（14 美元）到 1188 卢比（26 美元），城市为 1245 卢比（28 美元）到 2292 卢比（51 美元）。家庭用于第一个出生的孩子的经费要明显多于其他孩子，因此年龄大的孩子就容易面临辍学的风险（Panchamukhi，2005）。机会成本比家庭的其他开支项目还要大。供一个孩子上小学要花掉整个家庭人均消费额的 11%—15%，其中该比例最大地区为西孟加拉邦为 11%，阿萨姆邦为 21%②。

　　另据世界银行 2004 年的报告结论显示：在 79 个国家中，实施缴学费的义务教育的国家有 30 个，占 38%，仅有 19 个国家的法律规定可以征收学费，有 11 个国家的教育征收学费是非法进行的——贝宁、埃塞俄比亚、印度尼西亚、越南、印度、尼泊尔、哥伦比亚、波斯尼亚、拉脱维亚、俄罗斯、埃及。教科书费用在四个国家是被强行征收的——印度、马尔代夫、尼泊尔、巴基斯坦——这些费用在除印度以外的这些国家是合法征收的。表

---

① YASH, A. (2000). *Public and private partnership in primary education in India: s study of unrecognized schools in Haryana*. New Delhi: Operations Research and Systems Management Unit, National Institute of Educational Planning and Administration, March, pp. 1 – 5.

② SANTOSH, M. (2006). Reforming elementary education in India: a menu of options. *International Journal of Educational Development*, (26), pp. 261 – 277.

4-36 反映了印度基础教育阶段家庭开支占总教育开支的比例情况。

表4-36　印度基础教育阶段家庭在教育方面的支出比例

国家	家庭支出占初等教育公共与私人教育支出总和的比例	家庭支出中各部分所占的比例						
		学费	教科书及学习资料	校服	私人辅导	学校收入	交通	其他
柬埔寨	80%		15%	29%	32%	3%	21%	
中国	21%							
加纳	30%							
印度	43%	13%	76%		8%		2%	1%

资料来源：ANNA，A.（2006）. How "free" is primary education in India［EB/OL］. MIT India reading group，［2007-03-27］. http：//scripts. mit. edu/~varun_ag/readinggroup/images/3/3a/Howfree. pdf.

由表4-36 可知，印度基础教育经费支出中家庭的支出比例占了43%，这一比例比中国要高出22 个百分点，而过高的家庭支出成本会影响家庭的入学决策，会造成较高的辍学率，从而降低了贫困家庭子女的入学率。有研究还证实了家庭的经济地位状况在决定其子女入学方面所起到的重要作用，研究发现在非实物开支的四分位组中，顶层（最高25%）家庭的子女的入学比例要比来自底层（最低25%）家庭子女的入学计划要高出11 个百分点。

私人上学费用（通过学费、考试费、其他费用、书费、文具费等来测量的）每增加190 卢比就会使学生的入学机会比例下降3 个百分点。这暗示了尽管政府的政策目标是资助小学教育的费用开支，然而私人教育成本的增加却阻止了积极的教育效果的产生。

研究还发现贫困家庭没有能力支付要求一次付清的每年数百卢比的教育费用，他们也没有能力提供现金来满足学校对孩子学习提出的要求。这些私人成本对前四分之一组家庭的男孩起到了约束作用，束缚了第一个与第二个四分之一组家庭的女孩，这暗示了进一步的资助要特别定位于女孩。政府也确实提供了免除学费的小学教育，但是其他重要的花费，如用于书本与文具上的开支，能阻止对入学的选择，特别是对女孩而言。此外，在少数民族社区，也存在不同的阻止力量[1]。

---

[1] ABHIROOP, M. , CHANDRASEKHAR, S. (2006). Does cost of primary education matter: evidence from rural India. *Economic and Political Weekly*, September, pp. 1 – 39.

5 印度致力于基础教育均衡发展的因应策略

5.1 照顾落后群体（SCs、STs 等）的"特别保留政策"

印度政府在《印度宪法》中对落后群体给予了在经济、社会、教育权益上的平等保护，甚至对其权益的提升给予了特别保护与照顾的条款。第14条"法律面前的平等"——在印度领土内政府不得拒绝每个公民在法律面前的平等或者受法律的平等保护。第15条"禁止宗教、种族、阶层、性别或出生地的歧视"——政府不能基于宗教、种族、阶层、性别或出生地给予公民歧视性对待；政府不得以宗教、种族、阶层、语言或者它们的任何其中之一的因素来阻止对在社会或教育上处于弱势/落后阶层的公民或对表列种姓和表列部落的公民给予提升性的特殊条款。第29条"少数民族利益的保护"——在印度领土内任何地区居住的任何公民或者其他有自己特殊的语言、文字或文化的民族都有权保持其独特性；不能基于宗教、种族、阶层、语言或者它们的任何其中之一的因素来拒绝其公民入学的权力。第46条"对表列种姓、表列部落和其他落后群体的教育与经济利益的保护"——政府应该通过特别关照的措施来保护弱势群体/地区的人们的教育与经济利益，尤其是要保护表列种姓和表列部落，阻止他们受到任何社会的不公正待遇以及任何形式的剥夺/剥削①。

在《国家教育政策1968》第16条"少数民族教育"规定"政府应该尽一切努力来保护少数民族的权益，而且应该提升他们的教育利益正如在1961年8月召开的邦政府与中央政府的首长会议所发表的公告要求的那样。"② 在《国家教育政策1992》第4章专门对表列种姓的教育、表列部落的教育、其他教育落后群体与地区的教育、少数民族的教育做了专门规定（印度人力资源发展部，1992）③：

表列种姓教育

4.4 对表列种姓的教育发展的核心关注在于使他们与其他非表列种姓人口一样在所有层级教育的不同阶段都享有平等的机会，在所有领域所有维度内的平等，即在农村男性、农村女性、城市男性与城市女性之间的平等。

4.5 实现这一目标所采取的措施包括：对贫困家庭子女提供激励措施使其将其孩子在到14岁前正常地送到学校就读；对那些从事拾荒、抢劫、流浪家庭的子女提供大学预科奖学金计划，可以申请1年级及以上年级的资助，该计划涵盖所有上述家庭的子女，同时也要对该计划设置阶段性（分期）要达到的目标；为了确保表列种姓子女在不同阶段教育上的入学、就学巩固以及成功地完成课程方面不被落下，需要制订连续的微观计划和定期监控确认，并为他们对进一步的（未来）教育与就业前景提供补习课程；从表列种姓人口中雇用新教师；通过阶段性的计划为在地区总部中的学生宿舍的表列种姓学生提供住宿条件；学校建筑、幼儿园及成人教育中心的选址要有助于所有的表列种姓人口都容易附近就学；贾哇哈—洛兹嘎—尤加纳

---

① Ministry of law and justice of Government of India. (2007). *The Constitution of India* (*as modified up to the 1ᵗʰ December*, 2007). New Delhi, p. 6, 7, 14, 23.

② Department of education of Ministry of human resource development of Government of India. National policy on education 1986 (as modified in 1992). (1992). New Delhi: the 7th May, p. 44.

③ Department of education of Ministry of human resource development of Government of India. National policy on education 1986 (as modified in 1992). (1992). New Delhi: the 7th May, pp. 8 - 10.

（Jawahar Rozgar Yojana，JRY）扶贫计划资源的使用要尽可能多地为表列种姓儿童上学提供便利；要为使表列种姓人口不断地参与到教育进程中来不断地找出新方法和思路。

表列部落教育

4.6 为了不使表列部落在教育进程中被落下需要优先采取下列紧急措施：在表列部落地区优先设立学校，无论是对教育的正常资助还是贾哇哈—洛兹嘎—尤加纳扶贫计划的资助抑或是其他福利计划等资助的新开设学校要优先建在表列部落地区；由于表列部落在语言等方面具有独特的特点，因此应该根据他们的社会文化环境的不同，在教育的开始阶段强调并开发与这种环境适应的用部落语言编写的课程与教学材料，转而以地方语言来教学；应该鼓励和培训受过良好教育和有前途的表列部落青年在部落地区从教；应该在大范围内建立家庭学校和教会学校（印度教徒修行处修建的学校）；应该采取考虑到表列部落的特殊需要和生活方式的激励计划，在高等教育的奖学金应重点资助技术的、专业的和泛职业的课程方面，消除他们在心理与社会方面的障碍，需要对他们提供补习课程，以提高他们在不同课程方面的表现；在表列部落集聚区优先设立幼儿园、非正规学校和成人教育中心；在不同层级的教育开设的课程应具有丰富的表列部落文化个性意识，同时也要开发他们在其他方面巨大的潜力。

其他教育落后群体与地区

4.7 对社会落后地区尤其是农村地区，要为教育落后群体采取适当的激励措施，对山区、沙漠地区、边远地区、不能到达的地区及岛屿地区要提供足够的教育基础设施。

少数民族

4.8 某些少数民族群体在教育上是受到剥夺和比较落后的，因此为了公平与社会正义利益的考量，必须对此类群体给予更多的关注，这自然就包括宪法所赋予的保证他们建立和管理自己的教育机构，以及保护他们的语言与文化，同时在教科书的准备及所有学校活动中都要体现出以上目标，采取与核心课程思想要求一致的必要措施来促进对全国共同目标与理念的整合力。

印度政府将把与第 46 条保护条款有关的所有法律条文综合起来，形成并通过《保留条款法案》。宪法第 330 条、332 条、335 条、338—342 条以及宪法的整个第五和第六部分都有特别条款，对宪法第 46 条中规定的目标的执行、实施提供保障。为了全国社会弱势群体的利益，必须充分利用这些条款，所有的保留条款，包括那些提升和促进的条款在内，将会按照规定在一定时间内完成，为了把所有的保留条款变成法典，将会通过《保留条款法案》。

依照《国家教育政策 1986》和《行动纲领 1992》，为特别种姓阶级和原住民族制定的以下特别条款，这些条款与人力资源发展部下属的学校教育与文化部、高等教育部的现存相关政策体系合为一体。

其中涉及基础教育部分的保留条款有：（1）开设小学/中学的标准放宽：在离居住地 1 千米以内的地方开设小学的条件由居民人数为 300 人调整为 200 人。（2）免除所有邦/中央联盟区的公立学校至少到高等小学教育阶段的学费。事实上，大多数邦都为特别种姓阶级和原住民族的学生免除了一直到高级中等教育阶段的学费。（3）免费提供教科书、校服、文具、书包等①。

5.2　增加教育经费投入的教育税费改革及积极争取国际援助

5.2.1　积极动员国内资源投入

5.2.1.1　印度国内普通民众对投资教育的价值的认识有待提高

由于印度基础教育比较拙劣的表现，使得很多家长对其失去了信心，再

---

① Department of school education and literacy and department of higher education of Ministry of human resource development of Government of India. （2006）. *Annual report* 2004—05. New Delhi: Dolphin Printo Graphics, pp. 36 - 37.

加上比较高昂的家庭支付成本，使得印度基础教育的辍学率始终处于较高的位置。而造成辍学的主要原因之一就是家长对教育投资价值的认识不足。在印度基础教育公共报告的一个访谈案例中陈述道（Philip Alston，Nehal Bhuta，2005）[1]：

"我们是贫穷，但是还不至于贫穷到不能送孩子上学……但是怎么可能让他们继续上学呢？他们在学校学不到任何东西，而我们却要在书本上花很多钱，而且教师坐得离学生很远，孩子们在这里绝对不可能学到任何东西。任何人对教师的想法都是这样的，唯一能做的就是打孩子。因此当拉贾（Raju）回家时，我每天不断的告诉他要去上学，但他只是把他的书烧掉。"

当然，一方面，所有研究的有关教育质量问题的解释都是因为缺乏充足的资源：在一个没有屋顶也没有教学辅助设备，并且塞满了50个或者更多孩子的一个班，对教师来说很难教，对孩子来说也难学。虽然充足的教育经费无论如何并不是普及具有公平标准的初等教育的充分条件，但无疑是一个必要条件。但是，孩子及家长对教育投资价值的认识有待提高和推广。

显然，普及基础教育对提高人们的公民意识，增强公民自信和生活能力，增加社会稳定，为社会发展提供后备人才有着极其重要的作用。阿马蒂亚·森（Amartya Sen）认为，人们广泛一致同意基础教育通过提高政治参与、经济机会以及个人能力最能促进人类安全。回顾历史，教育能产生自信、减少恐惧、能够承担风险、为导向未来提供支持。良好的教育能使人具备更好地处理危机的能力。阿马蒂亚·森描述了教育与人类安全之间的多种联系——不识字本身就是一种不安全；教育提供更安全的就业；教育使人们能实行其权力；教育能赋予弱者以权力，特别是赋予妇女权力；最后，教育能使儿童社会化以容忍及尊重民族的多样性。因此，教育能强化自由的多个方面，远离恐惧，增强需要的自由。阿马蒂亚·森意识到了政治意愿的重要

性，把教育举例（引证）为"一种政治及道德义务"①。

5.2.1.2　印度政府积极宣传推广教育的价值

要认清楚教育的价值，首先要搞懂教育到底能给人们带来什么。正如圣雄甘地认为（印度人力资源发展部，2006）②：

"教育真正的困难在于人们不知道教育到底是什么，我们评估教育的价值就如同我们评估土地的价值或股票市场中股票的价值一样。我们向往仅仅提供这样一种能使所有的学生能挣得更多的教育。我们几乎从来没有想到过受过教育的女孩的品质的提高，我们总是说，她们没有必要去挣钱，干吗要她们去上学受教育呢？只要这种观念存在，我们就没有希望能理解教育的真正价值在哪里。"

由于各种原因，不均等的教育资源获得机会仍然存在，在印度农村大致存在着这三种家庭：富有的家庭意识到教育孩子的重要性因此不惜任何代价来培养他们，把他们引向关键的人生舞台，因为他们的经济富有；有的家庭可能也意识到了孩子教育的重要性，但是不能及时知道获得教育的机会，或者不知道实现其孩子教育的程序及方法；第三种家庭是处于经济贫困地位的并且也不知道孩子教育的重要性，因此他们的孩子就被忽视了，继续生活在贫困中。

因此，在各阶层的人士中传播教育的重要性，特别是让那些处于乡村或城市贫穷地区的家庭知道教育的重要意义，政府需要采取技术手段来实现这个目标。非政府组织、其他社会慈善机构及媒体应该集中关注培养这种意识。政府也将动员必要的资源来为下层社会家庭的孩子提供教育。只有真正意义上的每个人都实现了教育，并且传承所有的人类活动，这个世界才能变

① LINCOLN, C. C. (2002). Education, equity and security: summary commentary revised [EB/OL]. 哈佛大学艺术与科学学院网站（Faculty of arts and sciences Harvard），[2007-03-27]. http://www.fas.harvard.edu/~acgei/Publications/Chen/LCC_Equity_education_Security1.4.02.pdf.

② Department of school education and literacy and department of higher education of Ministry of human resource development of Government of India. (2006). *Annual report* 2004—05. New Delhi: Dolphin Printo Graphics, p. 319.

成适合人们居住的好地方①。为此，印度人力资源发展部每年的初等教育预算中都为全国普及初等教育媒体公关与宣传计划提供经费支持。

5.2.1.3 印度政府积极动员、拓宽渠道，努力增加国内教育经费投入

1. 印度基础教育经费严重短缺

印度要在短期内普及基础教育，经费短缺比较明显。事实上，早在1999 年一个叫玛加姆达（Majumdar）的专家委员在其研究结论中写道"为了实现6—14 岁孩子的普及基础教育将需要连续10 年每年额外投入1400 亿卢比，即相当于假设保持 GDP 年均增长5% 的话，需要额外每年增加0.7 个百分点的 GDP 用于教育，将教育经费占 GDP 的比例提高到5%。"②

另外，再加上扫盲教育③的支出，整个印度基础教育所需的经费占 GDP 的比重还要增加，比5% 还要高。印度至今仍然有35% 的成人没有受过教育，政府用于教育上的经费刚超过国内生产总值的4% 多一点。如果政府要实现全体人都有读写能力，必须将教育经费占国内生产总值的比例提高到6%—7%。2%—3% 的增长需要持续几年，就能为将来全民实现较高程度的读写能力提供充足的保障。

很明显的是，这2%—3% 的经费增长不能完全靠中央政府提供，需要额外的资源来实现印度的教育目标。即，无论是中央和地方的教育经费都不能

---

① ABDUL, K. (2004). Address by the president to the nation on the eve of 58th independence day—2004: Education for dignity of human life [EB/OL]. 印度人力资源发展部学校教育与文化（识字）部门户网站（Department of school education and literacy of Ministry of human resource development fo Government of India），[2007 – 03 – 25]. http://education. nic. in/Elementary/Policyel/presidentspeech–14082004. asp.

② PHILIP, A., NEHAL, B. (2005). *Human rights and public goods: education as a fundamental right in India.* New York: Center for human rights and global justice working paper economic, social and cultural rights series number 5, School of law University of New York, p. 19.

③ 印度人力资源发展部下设两个部门，即高等教育部和学校教育与文化（识字）部，学校教育与文化部承担了扫盲的重任，其经费也被列入基础教育经费口中，扫盲教育也由承担基础教育的学校来进行，由于近年来印度扫盲教育的成效比较显著，使得基础教育的毛入学率有的地方接近200%，即除了适龄儿童都得以入学外，其他在小学阶段入学年龄以外的文盲也得以入学接受基础教育。

再仅靠人力资源发展部来提供，事实上，政府的每个部门都应该起到促进人力资源发展的重要作用，并为此提供资源及基础设施来实现全民的优质教育目标①。

2. 新增教育税解决部分经费短缺问题

为了解决基础教育经费短缺问题，印度政府积极动员社会资源，并征收2%的教育税。在经费严重短缺的情况下如果要求按 SSA 计划的要求在2007年实现普及小学教育，2010 年普及初等教育的目标前景是非常渺茫的，而且穷邦的财政赤字是如此严重。另一方面尽管在各邦之间实现教育资源的再次分配是合乎民意的，可是实行起来却可行性很小。此外，在教育领域内部从高等教育到初等教育的资源再分配也会受到限制，除非增加总的教育经费。2000—2001 年中央及邦政府的税收收入只占 GDP 的 17.2%，非税收收入只占5.2%，总国库收入也只占到 GDP 的 22.4%。如果要总的教育经费增加的话，只能在短期内提高中央及邦政府收入占 GDP 的比例，如此在10年内动员国民投入定能实现普及初等教育。实际上，在 2004 年的预算中，中央政府就开始对所有中央税收收入征收 2% 的教育税用于普及初等教育。这将每年增加 400 亿—500 亿卢比，占中央和邦政府每年用于基础教育总经费的 10% —12%。早在 90 年代后期，一个中央机构就估计了要在 10 年内普及基础教育的话，需要每年额外投入 13700 亿卢比，或者每年额外投入 GDP 0.7 个百分点的教育经费。因此，教育税对于增加教育投入有重要意义，但可能这点额外的投入还不够。提高教育经费的实用效率与效益将变得至关重要。此外，建议邦政府也加征一种类似的税来筹集资金。假设邦政府征收总税赋的 1/3，这个比例将在邦内增加额外的教育经费投入②。

---

① ABDUL, K. (2004). Address by the president to the nation on the eve of 58th independence day—2004: Education for dignity of human life [EB/OL]. 印度人力资源发展部学校教育与文化（识字）部门户网站（Department of school education and literacy of Ministry of human resource development of Government of India），[2007-03-25]. http://education. nic. in/Elementary/Policyel/presidentspeech-14082004. asp.

② SANTOSH, M. (2006). Reforming elementary education in India: a menu of options. *International Journal of Educational Development*, (26): 261-277.

3. 动员民间力量

除了增收教育税以外，还可以动员人民的力量。征收教育税后每年也就增加 500 亿卢比的经费，与理想经费差距还是很大，因此可以通过分权化改革调动民间的办学积极性，也能取得比较理想的效果。

一般的调查与访谈表明，如果村教育委员会的代表以及村务委员会（五人长老会）很少参与的话，其教育管理功能几乎得不到发挥。但事实并非如此，在好几个邦，如曼德亚—普雷德仕邦、喀拉拉邦、西玛恰尔—普雷德仕邦，村教育委员会及村务委员会的积极参与，已经分担了邦政府的教育与医疗责任，这种积极的参与主要是通过教育分权来实现的。过去50 多年的经验表明传统的、通过等级式的线性管理并没有在提供社会服务上很好地发挥其应有的功能，要提高传统体制的效率必须将权力从邦政府下放给被选举出来的地方委员会。自从曼德亚—普雷德仕邦于 1997 年实施基础教育分权计划后，3 年内新建了 3 万所新学校，使很多部落子女及女孩得以入学[1]。

5.2.2　积极争取国际援助

在印度对小学教育的外部援助是从 20 世纪 90 年代早期才出现的现象，国外大规模参与援助印度的 18 个大邦的地区小学教育计划的国家与组织主要是：世界银行、英联邦、欧盟、荷兰、联合国儿童基金会、联合国开发计划署、英国海外发展部、瑞典国际发展部的免费援助与低息贷款。外部援助资金从 1993—1994 年的 3.7 亿卢比增长到 2001—2002 年的 121 亿卢比（以现价计算），中央政府用于教育援助的计划同期从 5% 增长到 20%。作为中央政府基础教育计划经费的一部分，外部援助资金的份额从 10% 增长到30%。世界银行及其姊妹机构国际开发协会与美国国际开发署的资助经费在支持"地区小学教育发展计划（DPEP）"、"全国普及基础教育计划（SSA）"

---

[1] SANTOSH, M. (2006). Reforming elementary education in India: a menu of options. *International Journal of Educational Development*, (26): 261-277.

中发挥了重要作用。其中 SSA 计划中，也得到了大量的国际援助与低息贷款。世界银行、DfID 与欧盟联合评估 SSA 计划并为其提供资金支持，仅 2004 年，在总共 35 亿美元的项目边际成本中，印度政府提供 45%，捐助占 30%，邦政府提供 25%。国际发展援助作为世界银行的特许的贷款机构，为印度提供了期限为 35 年，外加 10 年宽限期，0.75% 的服务收费的 5 亿美元的项目贷款①。

5.3 加快普及基础教育及提高教育质量与均衡发展水平的旗舰行动——SSA 计划

5.3.1 SSA 计划目标、主要工程、使命、内容

5.3.1.1 SSA 计划是什么？

萨瓦—希克沙—阿布亥岩（Sarva Shiksha Abhiyan, SSA）计划是：（1）一项清楚地设定了普及基础教育时间表的计划；（2）是一项响应为全国所有公民对有质量的教育需求的一项应对计划；（3）是一项通过基础教育来实现提升社会公平的机会；（4）是一项包括村务委员会统治机构、学校管理委员会、农村及城镇水平/级别教育委员会、家长—教师协会、母亲—教师协会、部落自治委员会以及其他基层水平上的基础教育阶段学校的管理机构共同参与以实现普及基础教育的有效实施方案；（5）是一项在全国范围内实现普及基础教育的政治意愿的表达方式；（6）是一项通过中央联邦政府、邦政府及地方政府共同参与的一项计划；（7）是各邦政府发展它们自

---

① India：World Bank to support India's goal of achieving elementary education ［EB/OL］. 世界银行（World Bank）门户网站，［2007 - 03 - 28］. http：//web. worldbank. org/WBSITE/EXTERNAL/PROJECTS/0,, contentMDK：20193977 ~ menuPK：64282137 ~ pagePK：41367 ~ piPK：279616 ~ theSitePK：40941, 00. html.

己的基础教育愿景的一个机会①。

5.3.1.2 SSA 计划的目标

SSA 计划的目标：（1）在 2010 年前为所有 6—14 岁年龄段的儿童提供相应的、有用的基础教育，同时也通过学校的各类管理组织的共同有效的参与而致力于缩小社会的、地区间的、群体间的教育差距。（2）是一项为了不产生社会排斥而是增强社会凝聚力的教育制度所追求的相应的、有用的教育的计划，旨在允许所有儿童能通过对其自身精神上及物质上的人力发展潜能的完全驾驭而学会并掌握自身的自然环境的一种尝试，也是要求孩子们不仅纯粹为了追求自己的利益，更重要的是要让他们顾及其他每个人的利益，在这样的价值基础上来教育学生的一项计划。（3）SSA 计划也认识到早期儿童照顾与教育的重要性，并且认为 0—14 岁是一个连续体，并将为已经由妇女与儿童发展部提供资助的，在综合儿童发展服务（Integrated Child Development Services，ICDS）中心提供学前教育的，或者是在那些非综合儿童发展服务中心地区接收特殊的学前教育的机构提供额外的资助补偿。（4）在 2010 年以前确保所有学生的入学巩固率，使所有初级小学阶段的学生都能升入高级小学阶段就学；（5）缩小所有性别、社会阶层及地位等类别的学生在入学率、保持率（巩固率）、掌握知识上的差距；（6）确保所有初级小学及高级小学阶段的学生的教育教学质量都提升到一个显著的水平上。

SSA 计划的目标还致力于提升以下诸多方面：（1）使所有学生具有积极参与知识社会的权利；（2）在所有水平的学习表现与产出上都要实行具有结果导向的问责制度；（3）实行所有教育利益相关者都积极参与的全民参与执行机制，尤其是要强调教师、父母、社区、村务委员会（印度农村管理的一种五人长老会制度）以及其他一些志愿组织的参与；（4）建立一种考虑到要关注所有教育落后地区及具有特殊教育需求的弱势群体的需要的公平导向的制度；（5）建立全民共同努力参与的教育资源集中（投入）与

---

① AIDE, M., Government of India. (2008). *Sarva Shiksha Abhiyan* (*SSA*) 8th *Joint Review Mission of Sarva Shiksha Abhiyan*. New Delhi; 21st to 31st July, pp. 1－2.

创新机制来提高基础教育系统的效率；（6）建立确保普及基础教育的持续目标实现的改革与能力创建制度①。

5.3.1.3　SSA 计划的主要工程

SSA 计划在实施中的具体工程项目几乎主要是资助小学土建工程、新增教师的工资、人口稀少地区的学生择校（换校）费用、为辍学儿童提供返校就读费用、创新教育、教师培训、学校与教师拨款，以及社区组织提供的现场支持。为了应对性别与社会不平等，SSA 计划还为所有女生及表列种姓（印度的一种世袭社团/群体）与表列部落（印度的一种世袭部落）家庭的学生提供免费教科书，为女童特殊教育提供设施（如早期儿童教育中心的同胞照顾与女童的卫生间等），为地区拨款支持残障儿童入学，SSA 计划同时还资助一个全国的能力创建、技术支持、监管与评估、财务管理、分发实物以及媒体公关运动等普及基础教育活动部分②。

5.3.1.4　SSA 计划的使命

1. SSA 计划使命的基本原则

（1）优先考虑女童教育。SSA 计划通过提升女童教育来实现教育机会平等和消除性别不平等，在 SSA 计划下的所有项目都始终以性别平等作为其主流价值思想，采取了两条战略措施来提升女童教育，一是使教育系统对女童的需求有所回应，二是使社会上产生对女童教育的需求。在教育规划中已实现了战略转变，目标群体定位于低文化水平的妇女群体和降低性别不平等。也采取了特别措施来使辍学女童，尤其是那些来自落后地区的女童重返校园接受教育。SSA 计划采取了两条特别干预措施以使女童教育居于优先考虑地位，即全国女童基础教育计划（National Programme for Girls Education at Elementary Level，NPEGEL）和卡斯特尔巴—甘地—巴厘卡—维德亚拉亚（Kasturba Gandhi Balika Vidyalaya，KGBV）计划。

① AIDE, M., Government of India. (2008). *Sarva Shiksha Abhiyan (SSA) 8th Joint Review Mission of Sarva Shiksha Abhiyan*. New Delhi：21st to 31st July, pp. 3–5.
② KIN, B. W., VENITA, K. and DEEPA, S. (2005). The quiet revolution：how India is achieving universal elementary education. *Finance and development*, 42 (2)：57—68.

（2）确保机会与平等。SSA计划也始终关注着不利社会地位群体的教育，采取了一些激励措施来弥补/抵偿表列种姓、表列部落子女以及女童上学产生的成本，SSA计划将采取特别的干预措施来提升这类群体的教育机会，具有大量表列种姓、表列部落和少数民族（穆斯林）社区，以及有超过5万人辍学和高的性别差距的地区被定义为需要SSA计划干预的特别关注地区。

（3）将残疾人也纳入教育体系（全纳教育）。SSA计划确保每个小孩的需要，不论小孩患何种类型、何种程度的残疾，都要为其在适当的环境下提供教育。全纳教育的干预措施包括早期检查与确认、功能性的以及正式的评估、适当的教育安置、个性化的教育计划、提供资助与装置、教师培训、资源支持、建筑障碍物的去除、监管与评价和对女童的特别关注。

（4）提高巩固率与质量。提高巩固率与质量是SSA计划最重要的组成部分，为了确保获得适当的、有关的和有质量的教育，SSA计划提供了如下支持：教师招聘与培训、课程与教科书的更新、新建与配置教学设施、学校年度资助、学生评价系统、计算机辅助学习、建立分权化的学术资源支持中心、远程教育以及对质量问题的监控与研究活动。

（5）社区动员。SSA计划强调分权化改革以及学校的社区化管理，在居住地以及学校活动的监控上已经采纳了以社区为基础的规划，通过一系列的以学校为基础的活动来将学校作为一种社会机构向社区开放以实现社区的参与。对与当地社区为基础的机构的经费资助占了SSA计划经费的将近50%①。

2. SSA计划的具体使命声明

SSA计划的使命声明：SSA计划努力确保为所有6—14岁年龄组的儿童提供有品质的基础教育，其具体使命是：（1）在2005年以前提高在各类教育机构中的学生的入学率，包括学校、教育保障中心、预备学校、重返学校训练

---

① Department of school education and literacy and department of higher education of Ministry of human resource development of Government of India. (2011). *Annual report* 2009—10 . New Delhi：Dolphin Printo Graphics，pp. 22－23.

营；（2）在 2010 年以前确保所有学生的入学巩固率，使所有初级小学阶段的学生都能升入高级小学阶段就学；（3）缩小所有性别、社会阶层及地位类别的学生在入学率、保持率（巩固率）、掌握知识上的差距；（4）确保所有初级小学及高级小学阶段的学生的教育教学质量都提升到一个显著的水平上。

SSA 计划的使命致力于提升以下诸多方面：（1）使所有学生具有积极参与知识社会的权利；（2）在所有水平的学习表现与产出上都要实行具有结果导向的问责制度；（3）实行所有教育利益相关者都积极参与的全民参与执行机制，尤其是要强调教师、父母、社区、村务委员会（印度农村管理的一种五人长老会制度）以及其他一些志愿组织的参与；（4）建立一种考虑到要关注所有教育落后地区及具有特殊教育需求的弱势群体的需要的公平导向的制度；（5）建立全民共同努力参与的教育资源集中（投入）与创新机制来提高基础教育系统的效率；（6）建立确保普及基础教育的持续目标实现的改革与能力创建制度①。

5.3.2　SSA 计划的政策性投入与财政规范

5.3.2.1　SSA 计划中的政府政策性投入

印度中央联邦政府对 SSA 计划倾注了大量的政策性投入。

第一，制度上的改革——作为 SSA 计划的一部分，中央联邦政府及邦政府将采取改革措施，以提高教育资源分配制度的运行效率。邦政府将对那些当前实行的教育制度（方面）进行客观的评估，包括教育管理、学校的学业水平、财政问题、分权化及社区参与制度、对邦教育法案、合理化教师调配与招募、女孩的教育状况、表列种姓与表列部落（SC/ST）及其他弱势群体、对私立学校及早期儿童照顾与教育（ECCE）的政策等方面的现行制度进行全面客观的评估。许多邦已经对现行的基础教育资源配置制度进行了好几项改革。

---

① AIDE, M., Government of India. (2008). *Sarva Shiksha Abhiyan* (*SSA*) 8th *Joint Review Mission of Sarva Shiksha Abhiyan*. New Delhi: 21st to 31st July, pp. 3 - 5.

　　第二，持续足够的财政投入——SSA 计划的前提之一就是要求对基础教育的财政投入干预必须是持续且足够的。这要求中央联邦政府及邦政府的长期财政投入合作。

·　　第三，社区参与制度——SSA 计划要求通过积极的分权化措施建立以学校为基础的社区参与制度。这种制度干预在如妇女组织、乡村教育委员会成员及村务委员会成员的参与下得以彰显与扩大社区的参与力度。

　　第四，制度能力建设——SSA 计划开启了全国性的及邦内的制度上的能力建设，如国家教育规划与管理大学（NUEPA）、全国教育研究与培训委员会（NCERT）、全国技术教育中心（NCTE）、邦教育研究与培训委员会（SCERT）、邦教育管理与培训学院（SIEMAT）、地区教育与培训学院（DIET）。对品质能力的提高需要包括人力资源与制度资源的持续性投入来支持。

　　第五，提升主流的教育管理——这需要输入新的理念，采取既有效益又有效率的方式来改革提升主流的教育管理系统。

　　第六，建立完全透明的监督体系的社区共同体——SSA 计划将建立一个基于监督体系上的社区共同体。教育管理信息系统（EMIS）将与通过基层微观的规划与调查建立起来的学校水平上的数据库相联网。除此之外，还鼓励每一所学校与社区分享包括所获得的教育经费拨款等在内的所有信息，为此，每一所学校都要建立一个公告牌来公布这样的信息。

　　第七，居住地也作为规划的一个单元——SSA 计划从社区层面上考虑将居住地作为规划的一个单元。居住地规划将成为地区规划的基础。

　　第八，社区的责任——SSA 计划正视教师、父母、及村务委员会间的合作，并且将其视为社区的责任与透明度的一个重要方面。

　　第九，对女童的优先重视——对于女孩的教育，尤其是那些表列种姓与表列部落及少数民族的女童，她们的教育问题将成为 SSA 计划的优先解决事项之一。

　　第十，关注特殊群体——SSA 计划在教育过程中将特别关注那些来自世袭社团及表列部落儿童、少数民族儿童、城市贫困儿童、其他弱势群体儿童及有特殊需要的儿童的教育需求，将他们纳入到计划中，分享该计划的收益。

第十一，计划准备阶段——SSA 计划将从一个全国范围内计划良好的计划准备（预备项目）阶段开始，该预备项目将对能力发展提供大范围干预，以改进教育资源配置与监督系统。这些预备项目包括家庭调查、基于社会水平的微观规划与学校分布图、社区领导的培训、学校水平上的活动，以及为信息系统的建立、办公设备、诊断学习等提供支持。

第十二，对品质的信任——SSA 计划将通过改进课程、以儿童为中心的活动以及有效的教学与学习策略来使基础教育对儿童有用及相适应，对这一目标（品质）给予特别的强调。

第十三，教师角色——SSA 计划认识到了教师所起到的至关重要的作用，倡导关注他们的发展与需求。建立街区资源中心，招聘合格教师，通过参与课程建设给予教师发展的机会，关注课堂过程、公开教师参观访问，这些都用来发展所有教师的人力资源。

第十四，地区基础教育规划——作为 SSA 框架的预备阶段，每个区都要准备一项反映其基础教育部门所需要的所有投资的地区基础教育规划，这项规划要具有整体性和收敛性。同时也需要一个在较长时间内实现普及基础教育的远景规划行动方案。同时每年都要发布年度工作计划与预算，将这一年所有需要优先考虑的事项都列出来。远景规划同时也是一个动态的文件，需要随时根据项目实施过程中的情况变化而变化[1]。

5.3.2.2　SSA 计划中的主要财政性规范

第一，SSA 计划中中央联邦政府与邦（中央联盟区）政府间的财政投入安排比例在第九个五年计划中是 85∶15，在第十个五年计划中是 75∶25，第十一个五年计划中的头两年也就是 2007—2008 与 2008—2009 这两年是 65∶35，十一五的第三年也就是 2009—2010 年是 60∶40，十一五的第四年也就

---

① Department of school education and literacy of Ministry of human resource development of Government of India. Sarva Shiksha Abhiyan: a programme for universal elementary education framework for implementation [EB/OL]. 印度人力资源发展部学校教育与文化部门户网站（Department of school education and literacy of Ministry of human resource development of Government of India），[2007-03-25]. http://www. education. nic. in/ssa/ssa_ 1. asp.

是 2010—2011 年是 55：45，十一五的第五年也就是 2011—2012 年是 50：
50，除了东北部的几个邦例外。东北部的 8 个邦的中央与邦的投入比例安排
在第十一个五年计划中保持在 90：10 直到 SSA 计划结束。

第二，邦政府必须将其基础教育的投入水平保持在 1999—2000 年的投
资水平以上，邦政府的投入部分必须超过这个投入水平以上。

第三，印度政府将直接为邦内的执行机构拨付资金。进一步的分期拨款
将在邦政府将其相应的投资份额的经费比例的至少 50% 以上拨付给邦执行
机构以后再给予继续拨付。

第四，SSA 计划中对教师工资的支持水平按照上述第一种规定的资助方
式给予。

第五，对于所有有关外部（国外）资助的法律协议都遵从先前的相关
法律规定，除非根据与国外资助机构的协商有了新的调整规定。

第六，所有的现存的除玛亥拉—萨玛克亚（Mahila Samakhya）、全国波
布哈万（National Bal Bhawan）及全国技术教育中心以外的基础教育计划在
第九个五年计划后都将纳入 SSA 计划范围内。全国营养支持计划（免费午
餐计划）将保留其独立的财政支持地位。

第七，地区教育计划的资助来源渠道多，包括来自国外的资助、来自邦
政府的以及其他一些非政府组织提供的资助。

第八，所有用于学校升级、维护、维修以及教育教学设备和地方管理的
经费都要转移给村教育委员会或学校管理委员会。以村或学校为基础的这些
管理组织可以决定怎样来使用获得的经费。

第九，其他一些如奖学金及校服的分配之类的鼓励计划仍然由邦政府资
助，不由 SSA 计划提供资金支持①。

----

① Department of school education and literacy of Ministry of human resource development of Government of
India. Sarva Shiksha Abhiyan：a programme for universal elementary education framework for
implementation［EB/OL］. 印度人力资源发展部学校教育与文化部门户网站（Department of
school education and literacy of Ministry of human resource development of Government of India），
［2007-03-25］. http：//www. education. nic. in/ssa/ssa_ 1. asp.

5.3.3　SSA 计划取得的成绩

5.3.3.1　入学机会与公平方面

1. 使所有孩子都能在学校接受教育

（1）入学人数与入学率

表 5-1 反映了执行 SSA 计划后在 2005—2006 及 2006—2007 年度的入学人数与入学率情况。

表 5-1　SSA 计划后的入学人数与入学率

年度	2005—2006	2006—2007	2007—2008
初级小学入学人数	1.25 亿	1.32 亿	
高级小学入学人数	4370 万	4750 万	
基础教育入学人数	1.687 亿	1.795 亿	
初级小学毛入学率	104%	111%	114.61%
初级小学净入学率	84.5%	92.8%	
高级小学毛入学率	59%	64.7%	77.50%
高级小学净入学率	43%	48.4%	
辍学儿童人数	760 万	450 万	

资料来源：（1）AIDE, M., Government of India. (2008). *Sarva Shiksha Abhiyan (SSA) 8th Joint Review Mission of Sarva Shiksha Abhiyan*. New Delhi: 21st to 31st July, p. 7.

（2）2007—2008 年数据来自：Department of school education and literacy of Ministry of human resource development of Government of India. (2011). *Annual Report* 2009—10. New Delhi: Dolphin Printo Graphics, p. 23.

2007—2008 年度教育担保计划和选择与创新教育计划共吸纳了 360 万学生参与，该两项计划将继续致力于提高辍学儿童重返学校的就读率。教育担保中心和选择与创新教育中心由邦政府及邦内地区政府制订计划与管理，以灵活的方式主要致力于解决最难解决的目标群体的返校就读问题，尤其是特别关注女童、表列种姓、表列部落、少数民族、城市贫苦人口等的辍学儿童的重返校园问题。

通过全国调查发现 2006—2007 年度全国共有 240 万有特殊需要的儿童

（Children with Special Needs，CWSN），其中的 200 万已重返基础教育学校就读；全国 2007—2008 年的特殊需要儿童为 262 万，其中有 220 万已重返校园。2009—2010 年度有 295.7 万有特殊需要的儿童（占被认定的特殊需要儿童的 83.78%）重返校园[1]。

（2）辍学儿童

辍学儿童有显著的下降，从 2006—2007 年度的 760 万人骤然下降到 2007—2008 年度的 450 万人，一年间减少了超过 300 多万人，是个很了不起的成绩，目前 6—14 岁学龄儿童仍然不去上学的比例只有 2.2%。辍学儿童减少最多的邦是比哈尔邦，减少了 110 万人，其次是西孟加拉邦，减少了 90 万人，这两个邦（印度人口人数最多、也是最落后的邦，另外还有其他几个邦也如此）的辍学儿童的下降人数对总辍学儿童减少人数的贡献率超过了 65%。从 2007 年 3 月到 2008 年 3 月，6—10 岁学龄儿童的辍学儿童的比例从 3.2% 下降到 2007—2008 年度的 0.74%，11—13 岁学龄儿童的辍学儿童比例从 4.9% 下降到 3.1%。其中各特殊目标群体中辍学儿童人数所占比例最多的是，女童为 49.9%，表列种姓儿童为 22%、表列部落儿童为 20%，穆斯林儿童为 21%。6—14 岁年龄段的辍学儿童人数中女童的比例为 2.2%，表列种姓为 2.3%，表列部落为 3.7%，穆斯林为 3.4%。

为了进一步减少辍学儿童，应该让在教育担保计划中心及选择与创新教育计划中心学习的儿童转入正规学校，才有可能进一步巩固辍学儿童返校就读的成绩，对这些儿童也需要给予更多的努力关照以保证其就读的延续性与取得成绩的水平[2]。

2. 缩小性别与社会差距

（1）女童的参与状况

根据地区教育信息系统的数据显示，初级小学阶段女童的入学率从

---

[1] Department of school education and literacy of Ministry of human resource development of Government of India. (2011). *Annual Report* 2009—10. New Delhi：Dolphin Printo Graphics, p. 23.

[2] AIDE, M., Government of India. (2008). *Sarva Shiksha Abhiyan* (*SSA*) 8th *Joint Review Mission of Sarva Shiksha Abhiyan*. New Delhi：21st to 31st July, pp. 6-8.

2005—2006 年度的 47.8% 增加到 2006—2007 年度的 48%，高级小学阶段的女童入学率从 2005—2006 年度的 45.8% 增加到 2006—2007 年度的 46.5%。性别平等指数（gender parity index）从 2005—2006 年度的 0.92 增加到 2006—2007 年度的 0.93，高级小学阶段的性别公平指数从 2005—2006 年度的 0.84 增加到 2006—2007 年度的 0.87。2007—2008 年度初级小学阶段的 GPI 提高到 0.98，高级小学阶段提高到 0.92①。

性别差距在以下一些邦仍然很严重，如男女生间的入学率差距最大的邦拉贾斯坦邦（Rajasthan）为 23.6%，比哈尔邦为 22.3%，贾克汉德邦（Jharkhand）为 11.8%，曼德哈—普雷德仕邦（Madhya Pradesh）为 11.7%，尤塔—普雷德仕邦（Uttar Pradesh）为 9.4%。在年龄越大的学龄儿童间男女性别差距更大。在 2007—2008 年度有 65 个地区已被政府认定为需要加以特别关注解决性别差距的地区，其中拉贾斯坦邦有 20 个，比哈尔邦有 15 个。根据地区教育信息系统提供的 21 个邦的数据显示在 2007—2008 年度绝大多数邦的初级小学及高级小学阶段的女童入学率比先前都有所提高。

（2）促进提升支持环境

提高女性教师的比例。女性教师在促进提升女童的学校教育参与（入学）方面起着特别重要的作用。女教师的比例从 2006—2007 年度的 41.86% 增加到 2007—2008 年度的 44.80%。旨在提高女性教师比例到 50% 的努力（承诺）一直追溯到历年的年度工作计划与预算报告中的相关论述，SSA 使命之一就是持续特别重视提高女性教师的比例。

为女生修建更多的卫生间。根据 2007—2008 年度地区教育信息系统的临时数据显示，除了阿鲁纳恰尔—普雷德仕邦（因该邦女生卫生间的数量大量减少）以外的邦都为女生新修建了很多卫生间。一个非常明显的例子就是拉贾斯坦邦为女生新修建卫生间数量的增长比例从 2006—2007 年度的

---

① Department of school education and literacy of Ministry of human resource development of Government of India. (2011). *Annual Report* 2009—10. New Delhi：Dolphin Printo Graphics，p. 23.

41.3%骤然增加到2007—2008年度的79.3%，SSA计划资助经费的33%被用于修建教育基础设施。

表5-2反映了SSA计划执行后截至2009年12月31日新增的包括卫生间在内的基础设施情况。

表5-2 SSA计划截至2009年12月31日新增基础设施表

	已完成的工程	正在进行中的工程	合计
新增校舍	205558	37050	242608
新增教室	871044	162675	1033719
新增饮水设施	182376	5822	188198
新增卫生间	257221	31485	288706

资料来源：Department of school education and literacy of Ministry of human resource development of Government of India. (2011). *Annual Report* 2009—10. New Delhi：Dolphin Printo Graphics，p. 26.

促进女童教育的特别计划。全国女童基础教育计划（National Program for Education of Girls' at Elementary Level，NPEGEL）与卡斯特尔巴—甘地—巴厘卡—维德亚拉亚 Kasturba Gandhi Balika Vidyalaya，KGBV）计划仍然为提高初级小学及高级小学阶段的女童的入学率方面发挥了重要作用。上述计划的指导方针与范围都得到了扩展并增强其灵活性以应对新近出现的需要。

NPEGEL计划。该计划已实施到3280个教育落后社区，其中的574个在列表种姓地区，562个在列表部落中，231个在穆斯林地区。

KGBV计划。该计划为来自低于贫困线家庭的女童保留25%学位数量，为来自表列种姓、表列部落、其他落后种姓和少数民族社区的女童保留75%的学位数量。为了帮助高级小学阶段的弱势群体女童获得更好的教育，全国共批准了2578个KGBV，其中目前已经开始运作的有2016个。该计划涵盖了14.8万女童，入学学生中列表种姓女童占27%，列表部落女童占32%，其他落后种姓女童占26%，穆斯林女童占6%，其他落后群体女童占9%。KGBV计划在"十一五"期间与SSA计划一起出现，2008—2009年度全国共新批准了398个。2009—2010年度KGBV全国共批准了2673个，其

中有 427 个是具有 26% 的穆斯林人口的，已经开始运转的有 2465 个，入学
学生中表列种姓女童占 27%，表列部落女童占 29%，其他落后种姓女童占
27%，穆斯林女童占 8%，其他落后群体女童占 9%[①]。

在初级小学阶段性别平等指数超过 10%，在高级小学阶段超过 20% 的
地区被认定为需要特别关注的地区。表 5 - 3 反映了 2009—2010 年度在 SSA
计划及 NPEGEL 计划下对需要特别关注的性别差距过大的地区的经费拨款
情况。

表 5 - 3　2009—2010 年度在 SSA 计划及 NPEGEL 计划下
对需要特别关注地区的经费拨款情况

种类	地区数量	拨款经费（10 万卢比）			
在初小阶段性别平等指数大于 10% 的，在高级小学阶段性别平等指数大于 20% 的	44	SSA	NPEGEL	KGBV	合计
		238007. 50	2841. 37	8706. 64	249555. 52
		（9%）	（7%）	（9%）	（9%）

资料来源：Department of school education and literacy of Ministry of human resource development of Government of India. (2011). *Annual Report* 2009—10. New Delhi：Dolphin Printo Graphics, p. 30.

（3）缩小社会差距——提高列表种姓与列表部落子女的入学率。列表
种姓子女的初级小学入学率从 2005—2006 年度的 18. 6% 增加到 2006—2007
年度的 19. 9%，同期列表部落子女的初级小学入学率从 9% 增加到了
10. 7%。根据印度政府的观点来看，有 4 个邦（中央联盟区）在普通种姓
与列表种姓子女的初级小学毛入学率方面存在较大的差距，有 7 个邦（中央
联盟区）在普通种姓与列表部落子女的初级小学毛入学率方面存在较大的
差距。

穆斯林子女入学率得到了提高。根据地区教育信息系统提供的数据显
示，穆斯林子女在 2006—2007 年度的初级小学的入学率为 9. 39%，而其高

---

① Department of school education and literacy of Ministry of human resource development of Government of India. (2011). *Annual Report* 2009—10. New Delhi：Dolphin Printo Graphics, p. 30.

级小学阶段的入学率为 7.52%。全国有 88 个地区的穆斯林人口比例超过了 20%，这些地区绝大多数都在阿萨姆邦、比哈尔邦、查谟—克什米尔地区、卡纳塔克邦、尤塔—普雷德仕邦、喀拉拉邦以及西孟加拉邦①。

5.3.3.2 提高基础教育质量方面

1. 提高基础教育阶段学生的在校巩固率

数据显示在 1—5 年级的初级小学阶段学生的保持（巩固）率维持在 70% 左右。然而从 200 个地区（占全部地区数的 1/3）可获得的数据来看，各邦内的 1—8 年级的基础教育阶段的保持率从 2005—2006 年度的 32% 增加到 2006—2007 年度的 36%；而同期 1—7 年级的保持率从 46% 提高到 52%。

初级小学阶段 70% 的保持率意味着此阶段学生的辍学率仍高达 30% 左右，从地区教育信息系统的数据估计出目前的年平均辍学率从 9% 下降到大概在 8.6% 左右的水平上。数据还显示从 5 年级到 6 年级，也就是从初级小学到高级小学的升学率从 2005—2006 年度的 83% 微增至 2006—2007 年度的 83.72%。另外研究数据显示有 30% 的学生经常逃学（缺席）②。

2. 提供让人满意的高质量的教育

（1）教师方面。教师出勤率。据人力资源发展部 2006 年的调查数据显示，当年全国教师出勤率达到 80%（2005 年的出勤率估计在 75%），由于邦际间的不同，各邦的具体值与该平均值也有些差距。人力资源发展部的目标是在 2009—2010 年度将教师的出勤率提高到 90%。由于教师的缺勤直接影响着学生的巩固率，所以任何阻止提高教师出勤率的事情都是不允许的。

（2）教师委任与聘用。数据显示在 2007—2008 年度 SSA 计划新增雇佣 91 万名教师，而该年的计划目标是新增 112 万名教师。这提高了生师比，初级小学阶段的生师比提高到 36:1，而高级小学阶段则提高到 32:1。然而，仍然有 49 个地区的生师比超过了 60:1。初级小学阶段生师比超过 40:1 的邦有

---

① AIDE, M., Government of India. (2008). *Sarva Shiksha Abhiyan* (*SSA*) 8th *Joint Review Mission of Sarva Shiksha Abhiyan*. New Delhi: 21st to 31st July, pp. 8−11.

② AIDE, M., Government of India. (2008). *Sarva Shiksha Abhiyan* (*SSA*) 8th *Joint Review Mission of Sarva Shiksha Abhiyan*. New Delhi: 21st to 31st July, pp. 11−12.

比哈尔邦（64∶1）、尤塔—普雷德仕邦（53∶1）、贾克汉德邦（49∶1）、西孟加拉邦（45∶1）。比哈尔邦只新增雇佣了 62912 名教师，低于 SSA 计划对该邦的规划数；而西孟加拉邦、拉贾斯坦邦、尤塔—普雷德仕邦、奥里萨邦分别新增雇佣了 38719、35627、15865 及 15404 名教师。这暗示着这些邦对教师的需求还存在巨大的缺口，因此这些邦亟须加大新增雇佣教师的力度以确保为学生提供足够的教育培训以提高教育质量。

（3）教学质量。学习提升计划已将 SSA 计划的 2% 的费用用于所有地区的改善提升语言、数学、科学的学习水平上。此外，通过学区资源中心提供现场的教师培训、教师支持与监控，也对教育质量的测控提供工具。有 18 个邦在高级小学阶段也发动了提升学生的数学、科学的学习水平运动。每所高级小学每年获得 7000 卢比用于教师的培训，高级小学阶段学生获得的生均免费教科书补贴也增加到 250 卢比。电脑辅助学习也受到了关注，每个 SSA 项目执行区可以获得高达 500 万卢比用于电脑辅助学习，2008—2009 财政年度已批准了 26.69 亿卢比用于这类教学。在高级小学阶段也有 2% 的 SSA 经费专门用于数学、科学的学习提升计划，新批准聘用了 20254 名科学教师与 20254 名数学教师。用于购买教具（教室内设备）的费用在 2008—2009 年度提高到生均 500 卢比以使每个地区在基础设施上没有差距，同年全国有 97.4 万名学生受益于这项支出规定。这些投入是比较大的，期望能向着质量改进的方向前进。

（4）教学时间与品质。用于教科书配送方面的费用也呈增加趋势，每年每所初级小学能获得 5000 卢比，每所高级小学能获得 7000 卢比用于免费教科书的配送。在某些邦，用部落语言编写的初级读本也得到了使用。人力资源发展部与世界银行的两项调查都显示教师用于教学的时间（以学生为中心的教学法）在增加，这意味着教师教学过程与品质的提高。研究发现与国家规定的工作日相比，平均每个教师失去了 37 个工作日，这主要是由于个人请假以及从事一些部门的活动，其中这些缺失的工作日中的 23% 是用于部门培训的。这需要引起邦政府的注意，因为 SSA 计划的使命之一就是要教师将 78% 的工作时间用在学校教学、科研活动上，令人鼓舞的是教师已将 70%—80% 的工作时间都用于课堂教学。在教学实践中，有超过 50% 的教学时间是用于课堂上的那些传统的教学活动如听写、大声阅读等，而 2—6 年级的教师用于传统教学法的时间比这还要多。仅有 24% 的课堂教学时间是用于以学生为中心的活动的，如活动学习、讨论、项目或创造性活动等。

（5）学生出勤率。据人力资源发展部的调查研究发现，学生出勤率在绝大多数人口众多的邦都比较低，如在比哈尔邦只有 42%，在尤塔—普雷德仕邦只有 57%。在大多数邦学生出勤率都接近 90% 或更高，据 17 个邦的报告，其中 2 个邦要高于 90%，5 个邦介于 80%—90% 之间，6 个邦介于 70%—80% 之间，2 个邦介于 60%—70% 之间，另外 2 个邦介于 40%—60% 之间。总体上来说，高级小学阶段的学生出勤率各邦之间的差距不如初级小学阶段那样明显，尤其是在那些初级小学出勤率接近或超过 90% 的邦。SSA 计划反复重申要进一步提高学生的出勤率。

（6）学生学习。尽管已经取得了一些成绩，但是提高教学质量的挑战仍然存在。如果学校教育质量仍然低下，这不仅直接影响了学生的学习水平，也影响了以机会来衡量的指标，如出勤率、保持率以及升学率。因此很多邦发起了以质量为中心的干预活动来测度与监控学生的学习水平。据全国教育研究与培训委员会（NCERT）的报告显示，标准 3（3 年级的标准考试，以下类似）考试中的数学科目的平均成绩从 58.25 提高到 60，语言科目的平均成绩从 63.12 提高到 67；而在标准 5 考试中数学平均成绩从 46.5 提高到了 48.5，语言平均成绩从 58.9 提高到了 60.3；标准 7 考试中数学平均成绩从 30.50 提高到了 38.76，但是语言平均成绩却从 54.24 降低到了 51.95；标准 8 考试中数学平均成绩从 39.17 提高到了 41.50，语言平均成绩从 53.86 提高到了 56.13；在标准 7 与标准 8 考试中的科学与社会科学科目平均成绩也呈类似的增长情况，标准 5 考试中的环境科学成绩也类似。需要指出的是在邦内与邦间由于各自情况的不同，其学习成绩的改善情况也有较大的差异。尽管 2002—2006 年间取得了一定成绩，高级小学阶段的学习成绩却仍然处于较低水平。例如，2006 年据全国教育研究与培训委员会的期中标准 7 考试中的数学平均成绩仅为 38.8；另外，学习水平也有较大的可变性，如全国教育研究与培训委员会 2006 年的调查显示标准 5 考试中的数学平均成绩为 48.46，标准差却高达 20.06[①]。据全国教育研究与培训委员会的调查显示，在 2005、2008 年度进行了两轮考试，得出各年级的标准考试成绩如表 5－4 所示。

表 5－4　NCERT 两轮调查显示的印度基础教育各年级的标准考试成绩

年级	语言		数学		环境科学/科学		社会科学	
	第一轮考试（2005）	第二轮考试（2008）	第一轮考试（2005）	第二轮考试（2008）	第一轮考试（2005）	第二轮考试（2008）	第一轮考试（2005）	第二轮考试（2008）
3 年级	63.12	67.84	58.25	61.89				
5 年级	58.87	60.31	46.51	48.46	50.30	52.19		
7 年级	52.24	57.35	30.50	40.38	37.78	42.86	34.04	44.73
8 年级	53.86	56.49	39.17	42.57	41.30	42.71	46.19	47.89

资料来源：Department of school education and literacy of Ministry of human resource development of Government of India. (2011). *Annual Report* 2009—10. New Delhi: Dolphin Printo Graphics, p. 36.

（7）为学生免费提供教科书。印度政府对所有 1—8 年级的学生免费提供教科书，在 2009—2010 年度计划免费为全国 9790 万儿童提供了教科书，其中 9050 万儿童已获得免费教科书[②]。

（8）以教育发展指数（Educational Development Index，EDI）衡量的教育发展情况。

表 5－5 显示了 SSA 计划实行后在 2008—2009 年度的 EDI 中所包含的各子指标及其包括的下一级指标情况。

---

① AIDE, M., Government of India. (2008). *Sarva Shiksha Abhiyan (SSA) 8th Joint Review Mission of Sarva Shiksha Abhiyan*. New Delhi: 21st to 31st July, pp. 12－19.

② Department of school education and literacy of Ministry of human resource development of Government of India. (2011). *Annual Report* 2009—10. New Delhi: Dolphin Printo Graphics, p. 36.

表5-5 2008—2009 年度的 EDI 中所包含的各子指标及其包括的下一级指标

子指标	子指标的下一级指标
计算 EDI 所包含的各子指标	没有被服务到的居民比例； 每 1000 名儿童拥有的学校数； 人口； 初小升高小的升学率； 学校数（仅含高级小学）。
基础设施	生室比大于 40 的学校数； 拥有饮水设施的学校数； 有男女共用厕所的学校数； 有女厕所的学校。
教师	拥有 2 名及以上女教师的学校数比例； 生师比大于 40 的学校数； 拥有 2 名及以下教师的学校数（仅含初级小学且学生数要大于 15 人的学校）比例； 拥有少于 3 名教师的学校数（仅含高级小学）比例； 具有合格学历的教师比例。
结果（产出）	总的毛入学率； 表列种姓儿童的参与率； 表列种姓的比例； 人口数（2001 年全国人口普查数）——表列种姓子女入学比例； 表列部落儿童的参与率；表列部落的比例； 人口数（2001 年全国人口普查数）——表列部落子女入学比例； 入学人数的性别平等指数； 复读率； 辍学率； 1 年级及以上入学人数的流失率（仅含初级小学）； 从初小升入高小的升学率（仅含高级小学）； 考试成绩在 60 分及以上的学生数比例。

资料来源：Department of school education and literacy of Ministry of human resource development of Government of India. (2011). *Annual Report* 2009—10. New Delhi：Dolphin Printo Graphics, pp. 40-41.

表5-6 显示了在2008—2009 及 2006—2007 年度初小、高小及整个基础教育的教育发展指数及其排名情况。

由表5-6 可知，在 SSA 计划实行后，2008—2009 年度各邦整个基础教育阶段（1—8 年级）教育发展情况最好的为普达切瑞0.841、拉克歇德维普0.812、喀拉拉 0.756、哈亚拉 0.752、塔米尔—纳杜 0.750，基础教育发展

最落后的为麦格哈拉亚 0.510、西孟加拉 0.494、阿萨姆 0.483、比哈尔
0.463、贾克汉德 0.456；各邦在 2008—2009 年度的 EDI 显然比 2006—2007
年度增加了不少，2006—2007 年度排名最前的喀拉拉只有 0.772，排名最后
的比哈尔只有 0.321。可见各邦在 SSA 计划实施后，在短短的两年后就取得
了明显的进展。

表 5 - 6　印度 2008—2009 及 2006—2007 年度初小、高小及
整个基础教育的教育发展指数及其排名

邦/中央联盟区	初小		高小		基础教育			
	2008—2009		2008—2009		2008—2009		2006—2007	
A & N Islands	0.664	12	0.809	4	0.736	7	0.676	11
Andhra Pradesh	0.657	15	0.746	11	0.702	14	0.670	12
Arunachal Pradesh	0.512	29	0.519	31	0.516	30	0.458	32
Assam	0.446	35	0.519	32	0.483	33	0.477	31
Bihar	0.480	32	0.447	35	0.463	34	0.321	35
Chandigarh	0.688	10	0.756	9	0.722	10	0.731	5
Chhattisgarh	0.554	26	0.600	25	0.577	26	0.521	27
D & N Haveli	0.594	22	0.640	22	0.617	22	0.535	25
Daman & Diu	0.654	17	0.801	5	0.728	9	0.631	18
Delhi	0.701	6	0.762	7	0.732	8	0.757	3
Goa	0.658	14	0.697	17	0.678	17	0.645	16
Gujarat	0.698	7	0.706	16	0.702	13	0.677	9
Haryana	0.714	4	0.789	6	0.752	4	0.612	20
Himachal Pradesh	0.611	21	0.746	12	0.679	16	0.707	6
Jammu & Kashmir	0.586	24	0.661	21	0.623	21	0.633	17
Jharkhand	0.449	34	0.464	33	0.456	35	0.381	34
Karnataka	0.693	8	0.723	15	0.708	12	0.680	8
Kerala	0.689	9	0.822	3	0.756	3	0.772	1
Lakshadweep	0.773	2	0.851	2	0.812	2	0.692	7

续表

邦/中央联盟区	初小		高小		基础教育			
	2008—2009		2008—2009		2008—2009		2006—2007	
Madhya Pradesh	0.571	25	0.585	26	0.578	25	0.481	30
Maharashtra	0.660	13	0.740	14	0.700	15	0.677	10
Manipur	0.464	33	0.630	24	0.547	27	0.598	21
Meghalaya	0.498	31	0.522	30	0.510	31	0.517	28
Mizoram	0.686	11	0.741	13	0.714	11	0.661	14
Nagaland	0.633	20	0.675	20	0.654	20	0.581	23
Orissa	0.553	27	0.537	29	0.545	28	0.487	29
Puducherry	0.797	1	0.884	1	0.841	1	0.771	2
Punjab	0.714	5	0.760	8	0.737	6	0.654	15
Rajasthan	0.587	23	0.636	23	0.612	24	0.582	22
Sikkim	0.657	16	0.683	18	0.670	18	0.662	13
Tamil Nadu	0.747	3	0.753	10	0.750	5	0.741	4
Tripura	0.501	30	0.577	27	0.539	29	0.545	24
Uttar Pradesh	0.654	18	0.573	28	0.614	23	0.526	26
Uttarakhand	0.643	19	0.679	19	0.661	19	0.629	19
West Bengal	0.528	28	0.459	34	0.494	32	0.458	33

注：2006—2007 年度与 2008—2009 年度各邦的 EDI 指数值有的差距比较大，尤其是其排名，主
要是因为 2006—2007 年度在选取计算 EDI 时基础设施这一子指标下一级指标的选取标准不
同，因当年各地基础教育发展还比较落后，所有选择的下一级指标的值都偏大，2006—2007
年度选择了生师比大于 60 的学校数，生师比大于 60 的学校数，这些指标值显然大于 2008—
2009 年度的。

资料来源：2008—2009 年度数据来自（1）Department of school education and literacy of Ministryof
human resource development of Government of India.（2011）. *Annual Report* 2009—10.
New Delhi：Dolphin Printo Graphics, pp. 41－42. 2006—2007 年度数据来自（2）De-
partment of school education and literacy of Ministry of human resource development of Gov-
ernment of India.（2009）. *Annual Report* 2007—2008. New Delhi：Dolphin Printo Graph-
ics, p. 54.

5.3.3.3 资金保障方面

1. 总量分析

在"十一五计划"期间改变了 SSA 的资助规范。"十一五计划"期间

印度中央政府需要总共为 SSA 计划投入 7100 亿卢比，其中在 2007—2008 年度投入 1067.1 亿卢比，2008—2009 年度投入 1317.1 亿卢比。邦政府需要配套相应的资金，联邦政府与邦政府的资金投入比例为 2007—2009 年为 65：35，2009—2010 年度为 60：40，2010—2011 年度为 55：45，2011—2012 年度为 50：50。"十一五计划"期间东北部的 8 个邦的中央与邦的投入比例为 90：10①。

2007—2008 年度工作计划与预算的具体拨款情况见表 5－7。

表 5－7　2007—2008 年度工作计划与预算　(单位：10 万卢比)

	2007—2008 年度工作计划与预算	预算报告讨论稿中的数据	由印度政府批准的数据	邦政府批准的数据	报告的支出数据	总的可用资金量	关于可用资金的比例	关于年度工作计划与预算的比例
邦/联盟区	2135956.34	241342.19	1137267.76	573718.29	1575058.66	1952328.24	80.68	73.74
全国构成	2360.55	210.94	734.41	0	1071.01	945.35	113.29	45.37
总计	2138316.89	241553.13	1138002.17	573718.29	1576129.67	1953273.59	80.69	73.71

资料来源：AIDE, M., Government of India. (2008). *Sarva Shiksha Abhiyan* (SSA) 8th *Joint Review Mission of Sarva Shiksha Abhiyan*. New Delhi：21st to 31st July, p. 22.

总的来说，SSA 计划的支出经费一年比一年都有所增加，尽管每年的增长比例有所下降，就全国的支出比例结构来看，用于土木工程（基建）的经费呈下降趋势，而用于其他保证教育品质的经费支出比例则呈上升趋势。

2. 经费支出结构分析

总的来说，总经费支出的比例从 2006—2007 年度的 70% 增加到 2007—2008 年度的 74%，同期总经费增加了 2.3%，而支出增加了 6.6%。邦政府承担的经费支出比例从 2006—2007 年度的 26% 增加到 2007—2008 年度的 33.5%，大体上反应了一种遵守向着既定的中央与邦政府支出的 65：35 的比例方向努力的趋势，同时也呈现出一种明智的经

① AIDE, M., Government of India. (2008). *Sarva Shiksha Abhiyan* (SSA) 8th *Joint Review Mission of Sarva Shiksha Abhiyan*. New Delhi：21st to 31st July, pp. 21－22.

费分配方式结构的变化趋势。在 2007—2008 年度，土木工程与教师工资分别占支出的35% 和30%，合起来，这些构成部分占了全部经费的68%。然而所有构成部分的总支出都呈增加的趋势，只有某些相对固定的构成部分的支出在下降，然而某些构成成分却在增加。如土木工程部分总的经费支出比例从 2003—2004 年度的 39% 下降到 2007—2008 年度的 35%；另一方面，教师工资部分总的经费支出比例却从 2003—2004 年度的 8% 急速增长到 2007—2008 年度的 30%。

各年度的 SSA 计划的各构成部分的经费支出比例变化很大，2007—2008年度也是如此。该年度尽管在绝大多数的构成项目部分都有经费支出，但是在某些支出项目上仍有很大比例的资金未支出。如在教育担保计划/选择与创新教育计划、教育维修及大修这些项目构成部分的经费就较少得到利用，在很多邦仅有项目经费的 78% 是得到了利用（支出去了）的。类似的教师工资占了总经费的 30%，总支出的 31%。教育担保计划/选择与创新教育计划干预经费部分只有 54% 的经费得到了使用。有趣的是，在这一项目上经费使用比例低于 50% 的邦，包括像比哈尔和西孟加拉邦这些拥有极大的辍学儿童数量，同时辍学儿童的下降数量也极大的邦；另外一些在该项目上的使用比例也低于 50% 的邦还有果阿邦、哈亚纳邦、贾克汉德邦、尤塔—普雷德仕邦、曼德亚—普雷德仕邦等；而德里仅支出了其总经费 7700 万卢比的 2.5%。在其他一些构成项目上各邦的经费使用（支出）比例低于 50% 的项目还有 IED（包括安德哈垃—普雷德仕邦、比哈尔邦、曼地亚—普雷德仕邦等）；而像安德拉—普雷德仕邦、庞贾布邦、果阿邦、曼地亚—普雷德仕邦以及东北部的几个邦如阿鲁纳恰尔—普雷德仕邦、曼尼普尔邦、锡金邦、垂普拉邦在教师培训项目方面的经费使用比例要低于 50%[1]。

在执行完成经费比例方面各邦数量的详情见表 5-8。

① AIDE, M., Government of India. (2008). *Sarva Shiksha Abhiyan (SSA) 8th Joint Review Mission of Sarva Shiksha Abhiyan*. New Delhi: 21st to 31st July, pp. 61-62.

表 5 - 8 以不同类别来划分的 2007—2008 年度的各邦表现情况的数量

类别	关于可用资金的比例 （邦的数量）	关于年度工作计划与预算的比例 （邦的数量）
80%—99.62%	15	13
60%—80%	16	13
低于60%	4	9

资料来源：AIDE，M.，Government of India.（2008）. *Sarva Shiksha Abhiyan（SSA）8th Joint Review Mission of Sarva Shiksha Abhiyan*. New Delhi：21st to 31st July，p. 62.

可见，总的来说，有一半以上的邦在经费的执行方面的表现都欠佳，没有完成年度工作计划与预算报告中的预期规定。

5.3.4 SSA 计划的经验总结

从印度普及基础教育的旗舰行动——SSA 计划中可得出如下经验。

5.3.4.1 历届政府都起到了很强的领导作用，在订立全国目标以及设定时间限制的目标方面

SSA 在消除性别不平等、所有残障儿童的受教育权利保障、普遍实现完全的基础教育以及在全国以及邦内设立最低标准。

SSA 计划享有超党派的政治支持，并显示了前届及现届政府的财政预算增长支持的证据。印度中央联邦政府总理是 SSA 计划全国委员会的主席，这也保证了该项目得到最高水平的关照，从国家最高领导的倾力关注保证了该项目得以较高质量的执行。另外，财政部也成立一个稳定的叫做"Prarambhik Shiksha Kosh"基金会来管理 SSA 计划的资金使用。此外，在计划执行初期，要求各邦对现有的基础教育状况进行一次详细的摸底调查。该计划强调参与、透明性以及公共责任，要求每个邦都要进行一次家庭普查，以摸清各家庭孩子的年龄、性别以及社会与教育地位等情况。执行 SSA 计划前的预备项目还包括基于社会水平的微观规划与学校分布图、社区领导的培训、学校水平上的活动等。一旦计划批准委员会同意了邦与地区的年度工作计划，资金就拨给邦政府实施其工作计划，资金绝大部分是用于社区级水

平的地方，并且要运用到学校级水平上并加以公示①。

5.3.4.2　提高这些全国目标，有外部资助参与的印度联合政府资助不仅保障了大规模的资源转移，并且要求邦政府尽其责任通过配套资助机制来投入资源实现教育目标

在增加政府教育经费方面，教育税对于增加教育投入有重要意义。实际上，所有中央税收收入征收 2% 的教育税用于普及基础教育的费用每年增加500 亿卢比，这远远不能弥补普及基础教育的经费需求缺口。于是积极争取外部援助和低息贷款，也是筹措资金的一种有效手段。在 20 世纪 90 年代，外部资金对基础教育的援助急剧地增长，外部援助资金的份额从 10% 增长到 30%②。仅在 2004 年，世界银行、DfID 就为 SSA 计划提供了为期 45 年的35 亿美元的低息贷款③。

5.3.4.3　SSA 计划在计划与实施上都结合了中央领导与地方共同参与

这为地方制定具体的策略提供的巨大的灵活性，鼓励了非政府组织参与的积极性，要求社会参与监督保证计划的透明性与可持续性。总的来说，印度政府用于公共部门的政府开支，中央经费只占 20% 的比例，其余 80% 来自于地方政府④。在中央与邦政府的经费投入比例方面也是逐步按各自的财政能力的变化给予合理安排。SSA 计划中中央联邦政府与邦（中央联盟区）

---

① Department of school education and literacy of Ministry of human resource development of Government of India. Budget 2005—06 Speech of P. Chidambaram Minister of Finance February 28, 2005 [EB/OL]. 印度人力资源发展部学校教育与文化部门户网站（Department of school education and literacy of Ministry of human resource development of Government of India），[2007 – 03 – 25]. http://education. nic. in/Elementary/Policyel/FMspeech2005—06. asp.

② RANI, P. G. (2004). Growth and Financing of Elementary Education in Uttar Pradesh: A Province in India. *Education Policy Analysis Archives*, 12 (25): 1 – 30.

③ India: World Bank to support India's goal of achieving elementary education [EB/OL]. 世界银行（World Bank）门户网站，[2007 – 03 – 28]. http://web. worldbank. org/WBSITE/EXTERNAL/PROJECTS/0,, contentMDK: 20193977 ~ menuPK: 64282137 ~ pagePK: 41367 ~ piPK: 279616 ~ theSitePK: 40941, 00. html.

④ JOS, M., MAHENDRA, D. (2004). Social sector priorities: an analysis of budgets and expenditures in India in the 1990s. *Development policy review*, 22 (1): 97 – 120.

政府间的财政投入安排比例在第九个五年计划中是 85∶15，在第十个五年计划中是 75∶25，第十一个五年计划的末期要达到 50∶50。

5.3.4.4　SSA 计划开创了公共与私人的良好合作关系

SSA 计划意识到基础教育的供给绝大部分是由政府及政府资助的学校来提供。同时在全国很多地方还有未得到政府资助的私立学校在提供基础教育服务，而全国很多地方的很多贫穷家庭却支付不起私立学校的收费。也有一些收费比较合理、贫困家庭也能支付得起的私立学校，他们的孩子在这类私立学校中就读。而这类学校一般的显著特征是基础设施非常糟糕，并且教师工资很低。为此，将努力开创公共与私人合作的领域。政府、地方组织以及政府资助的学校都将被 SSA 计划所涵盖，正如在全国免费午餐计划与地区基础教育计划中所实施的那样。另外私人部门希望改进政府、地方组织及私立学校的运作功能，在这方面将根据广泛的邦政府政策框架下致力于发展公共与私人部门间的合作。在邦政策的支持下，地区教育与培训学院以及其他一些教师培训机构可以用于对私立的未获得政府资助的学校提供资源上的帮助，如果额外的成本能被这些私立机构补足的话。

SSA 计划在地方还积极动员人民的力量。通过积极的分权化措施建立以学校为基础的社区参与制度，实行所有教育利益相关者都积极参与的全民参与执行机制，尤其是要强调教师、父母、社区、村务委员会（印度农村管理的一种五人长老会制度）以及其他一些志愿组织的参与①。

5.3.4.5　对学校免费午餐的投入提高了入学率与完成学业的巩固率，并为贫困家庭孩子提供了较多的营养，刺激其返校就读

在 2004—2005 财政年度补助达 167.5 亿卢比，1.1 亿学生享受午餐补助计划，每天每人补助 1 卢比；在 2005—2006 财政年度达到 301 亿卢比。很

---

① Department of school education and literacy of Ministry of human resource development of Government of India. Sarva Shiksha Abhiyan: a programme for universal elementary education framework for implementation [EB/OL]. 印度人力资源发展部学校教育与文化部门户网站（Department of school education and literacy of Ministry of human resource development of Government of India），[2007-03-25]. http://www.education.nic.in/ssa/ssa_1.asp.

多贫困家庭子女由于在学校可以得到更好的营养午餐，从而增加了他们的入学人数，至今已有数百万的学生因免费午餐计划而重返校园①。

5.3.4.6 随着教育项目的快速扩展，在教育的制度发展以及能力创建上也投入了大量的努力

具体通过对专业的培训机构和教育与研究委员会的资助，让这些机构参与到对品质能力的提高需要包括人力资源与制度资源的持续性投入支持中来。这一步骤为创新提供了广阔空间（如择校机会的提供以及学区教师的使用给刚性的教育体系带来了的灵活性），这使得这些成功的实验模式可以大规模的在全国范围内推广②。

5.3.4.7 对女童与弱势群体/民族的优先照顾

如通过全国女孩基础教育计划（NPEGEL）对女童的优先重视——对于女孩的教育，尤其是那些表列种姓与表列部落及少数民族的女童，她们的教育问题将成为 SSA 计划的优先解决事项之一。此外，还通过全国小学营养支持计划（NP-NSPE）（免费午餐计划），为所有小学生提供免费午餐，以此来吸引贫困儿童重返校园完成学业。中央政府的经费优先考虑落后地区与群体，邦政府经费也优先照顾邦内落后地区与有特殊教育需要的少数民族等落后群体。

5.3.4.8 教育的连贯性与各阶段内学生的巩固率

SSA 计划认识到早期儿童照顾与教育的重要性，并且认为 0—14 岁是一个连续体，并通过政府资助在早期儿童教育中心、综合儿童发展服务中心提供学前教育服务。在初级小学及高级小学阶段也重视从初级到高级的升学率，同时也通过各种措施减少辍学率，保障每个阶段的入学学生的巩

---

① Department of school education and literacy of Ministry of human resource development of Government of India. Budget 2005—06 Speech of P. Chidambaram Minister of Finance February 28, 2005 [EB/OL]. 印度人力资源发展部学校教育与文化部门户网站（Department of school education and literacy of Ministry of human resource development of Government of India）， [2007 – 03 – 25]. http: //education. nic. in/Elementary/Policyel/FMspeech2005—06. asp.

② KIN, B. W. , VENITA, K. and DEEPA, S. (2005). The quiet revolution: how India is achieving u-niversal elementary education. *Finance and development*, 42 (2): 57 – 68.

固率。

5.3.4.9　项目的执行都有严格的财政规范制度，注重经费的使用效率

　　SSA 计划从项目实施中的 22 个方面都设定了严格的财政规范制度，以确保各个子项目的财政保障，从而实现项目的顺利实施。这 22 个方面包括：(1) 教师。SSA 经费在使用中关于教师方面的规定也极为严格，如：为初级小学及高级小学阶段每 40 个学生应该享有（配备）1 名教师；每所初级小学至少拥有 2 名教师；高级小学阶段每个班级配备 1 名教师；新成立的高级小学至少要配备 3 名教师，且他们每个都具有数学、科学及其他具体的教育背景知识，新教师按照邦政府的相关政策规定招录；无论是哪一所高级小学有额外的教师需求计划，都要保持生师比在 40：1 的水平上，且 SSA 计划批准的额外新增的教师必须从具备数学、科学教育背景的人员中招录；邦政府必需（必须）重新分配现有的合格的科学/数学教师以尽可能的照顾到每一所高级小学的需要。(2) 学校/其他教育机构。(3) 高级小学/小学高年级；(4) 教室。(5) 免费教科书。如：初级小学水平的学生，每人至多支付 150 卢比；高级小学水平的学生，每人至多支付 250 卢比。适用于一二年级学生，以部落语言编写（for tribal language）的初级读本/教材应带有语言转换材料（bridge materials）来促进部落语言到邦教学语言和英语的转换。这些材料共同组成这一学科、班级或年级的学习材料。邦政府应继续为当前邦计划的免费教科书补助提供经费支持。邦政府应继续提供当前邦计划（2007—2008 年度）的免费教科书补助，为公立或政府资助的小学和高级小学中非表列种姓/表列部落的男生提供免费教材。用于这项支出的财政补助只用于没有免费教科书计划的邦，为目前尚无任何邦政府计划支持的非表列种姓/表列部落的男生提供免费教材。如果邦政府对小学生的教材费用已经提供了部分补助，应严格限制在 SSA 计划下的补助只能用学生承担的那部分教材费用。(6) 基础设施建设。(7) 学校维护经费、学校建设的修复。(8) 初级小学/高级小学的教学设备。(9) 学校补助。(10) 教师补助。(11) 教师培训。(12) 邦教育管理与培训学院。(13) 社区领导者的培训。

（14）对残疾儿童的补助。如：根据特定提案，每个残疾儿童每年可获得最多 1200 卢比的补助用于帮助他们融入校园；为有特殊需要儿童制订的地区计划应包括在每个残疾儿童 1200 卢比的补助标准之内；鼓励人力资源机构（resource institutions）的参与。（15）SSA 计划的研究、评估、监督和监控。（16）管理费用及学习强化计划。如：总的管理费用不超过一个地区预算的 6%；在东北部和中央联盟区，地区财政支出规模非常小，用于管理支出的财政预算可达 20 万卢比（1lakh = 10 万卢比），在整个计划期间，不超过邦设定的 6% 的上限；包括办公费用，评估各个层次现有人力资源的专家聘请费用以及 POL 等方面的花费；根据每一个地区的实际容量（capacity available），优先选择信息管理系统，社区规划进程，基础设施建设工程，性别领域等方面的专家；管理费用用于建设邦/地区/区域/小组级别的有效团队；在项目的起始阶段应优先考虑区域资源中心/小组资源中心的人事安排（Identification of personnel），使得进行深入进程规划（intensive process based planning）时可以发挥团队的作用。（17）女童教育创新项目，早期幼儿保健及教育，对非表列种姓与表列部落儿童的干预措施，少数民族社区、城市贫困学生及高级小学的计算机教育。（18）区域资源中心/城市资源中心/集群资源中心。（19）失学儿童的干预措施。如：根据教育保障计划与替代性和创新性教育计划中通过的修订版规范，应采取以下干预措施：①在欠发达居民区建立教育保障中心。尽管单个中心的花费取决于入学人数，然而地区作为一个整体的总花费应控制在修订后的标准内：对于小学一级的中心，为 1535 卢比每个学生每年；对于高小一级的中心，为 2960 卢比每个学生每年。支教教师志愿者的薪酬应控制在每月 2500 卢比。②建立其他非传统教学模式。对于替代性和创新性教育中心/干预措施，非住宿性质的干预措施，包括侧重于引导辍学儿童返校学习的补习课程、辅导课程和返校训练营，其支出限额为每个学生每年 3000 卢比。每项的花费应用于替代性和创新性教育的各种战略，保持足够的灵活性来满足不同儿童的需要。尽管支出限额为每个学生每年 3000 卢比，单个战略在每项上的花费应由 SSA 计划的邦实施机构批准，使之控制在总的限额内。③对于住宿性质的干预措施，例如侧重于引导辍学儿童返校学习的补习课程、辅导课程和返校训练营，支出限额为每个学生每年 10000 卢比。④辅导教学。这一方案包括以下两种干预措施：通过补习课程/校园/返校战略引导辍学儿童回归正规学校；为正规学校的儿童开展辅导教学。对这一规范的说明：提案只适用于 2001 年人口普查时妇女识字率低于全国平均水平的地区；应优先考虑部落地区，表列种姓和表列部落人群聚居地区和少数民族社区内的学校；地区可制订计划，为该地区不超过 5% 的学校提供经费支持（非城市贫民区的学校）；除此之外，城市贫民区 10% 的学校也可包括在内；应确保所有这项战略涉及的学校有符合规定的适当数量的教师，在各方面运转良好。(20) 女童初等教育国家计划。(21) KGBV 计划。(22) 各级别在微观规划、家庭调查、学习研究、社区动员、学校活动、办公设备、培训和学校迎新等方面所做的准备工作①。

5.3.4.10 提高经费的使用效率

SSA 计划从改革目前的公共开支方式方面来提高教育经费的使用效率。教育经费支出效率的主要决定因素就是经费在教师工资与非教师投入之间的分配问题。在印度，教师工资在邦政府的教育开支中所占的比例超过了一般发展中国家的平均水平：非洲及其他地方只占 90%—95%，而印度却占到 97%。更糟糕的是，教师工资支出完全挤占了非教师工资的其他经费支出，这也解释了教师较差的工作环境。虽然 SSA 计划重视教师角色，倡导关注他们的发展与需要，建立街区资源中心，招聘合格教师，通过参与课程建设给予教师发展的机会，提高教师出勤率，但是用于教师的经费不能挤占其他项目的费用，而且要压低教师费用在整个项目使用经费中的比例来提高经费的使用效率。因此，SSA 计划在提高经费的使用效率方面的有效措施就是增

---

① Department of school education and literacy of Ministry of human resource development of Government of India. Sarva Shiksha Abhiyan: a programme for universal elementary education framework for implementation [EB/OL]. 印度人力资源发展部学校教育与文化部门户网站（Department of school education and literacy of Ministry of human resource development of Government of India），[2007-03-25]. http://www. education. nic. in/ssa/ssa_1. asp.

加具有成本效益的非教师经费投入①。

5.4　印度小学免费午餐（Mid-day Meal，MDM）计划

5.4.1　MDM 出台的重要背景——印度儿童存在普遍营养不良的状况

印度儿童长期以来存在普遍营养不良的情况，主要缺乏的营养成分包括：（1）蛋白质—热量营养不足；（2）缺铁性贫血；（3）维生素 A 缺乏；（4）碘缺乏（IDD）。这个在适龄入学儿童中主要是通过体重这个重要指标来判断"蛋白质—热量营养不良"的情况。基础教育阶段适龄入学儿童（6—13 岁）低于标准体重的百分比见表 5-9。

表5-9　各年龄段适龄入学儿童低于正常体重的儿童的百分比

年龄	营养不良/体重不足的儿童比例		
	轻度	中度	严重
6—9 岁	31.9%	54.0%	8.6%
10—13 岁	18.2%	47.8%	30.1%

资料来源：Department of school education and literacy of Ministry of human resource development of Government of India. (2006). *National programme of nutritional support to primary education*, 2006 (*mid-day meal scheme*) *guidelines*. New Delhi：p. 35.

由于缺铁和缺乏叶酸（维生素 B）造成的营养性贫血较为普遍的影响了儿童和青少年，5 岁以下 67.5% 的儿童和 69% 的青少年女孩有贫血症（据 2003 年 NNMB）。在印度生长发育期的儿童由于维生素 A 缺乏导致的健康问

---

① PHILIP, A., NEHAL, B. (2005). *Human rights and public goods：education as a fundamental right in India*. New York：Center for human rights and global justice working paper economic, social and cultural rights series number 5, School of law University of New York, pp. 14-15.

题是个普遍的现象。维生素 A 对于孩子的成长是非常重要的，它能够提高免疫力及对疾病的抵抗力。维生素 A 缺乏会导致腹泻、呼吸道感染和麻疹等疾病。儿童生长期，碘缺乏会降低智商，影响身心成长。虽然，平均来说，6—12 岁儿童患甲状腺肿的比例为 4%，但是在马哈拉施特拉邦比例达到了 12.2%，在北孟加拉达到了 9%，这都远远高于世界卫生组织公布的 5% 的平均标准。印度所有地区都有碘缺乏症。据调查，321 个地区中的 260 个地区碘缺乏的比例超过 10%[①]。营养不良尤其是生长发育期儿童的营养不良会直接导致高发病率和致死率。缺铁会影响儿童的学习能力和集中力。即使是轻微的营养不良（维生素 A、铁、叶酸、锌，等等）都会影响孩子的生长、发育和免疫功能。营养不良的孩子智商会下降、认知能力会受损，这都将影响到他们在学校的表现及将来的发展。

据卫生部 2005 年举行的一项调查显示，印度学校儿童中有 21% 的学生处于营养不良状态，甚至有超过 30% 的学生不吃早餐就去上学了，在艰苦地区的小规模学校更是存在普遍严重的营养不良现象。印度小学各年龄段营养不良状态学生的比例见表 5-10。

表 5-10　学校中不同性别营养不良的学生的比例情况

年龄	5	6	7	8	9	10	11	12	13	14	15
男孩	17.3%	17.4%	19%	19.3%	18.2%	59%	56.2%	58.7%	66.5%	52.7%	15%
女孩	15.1%	13.3%	17.9%	13.9%	13.8%	51.7%	39.4%	31.8%	26.4%	30.7%	19.8%

资料来源：School health & nutrition unit Ministry of Education. School mid-day meal program 2006 [EB/OL]. 斯里兰卡学校网（School Net Sri Lanka），[2007-03-25]. http：//www. schoolnet. lk/pdf/principals/2006_ mid_ day_ meal_ programme_ english_ version_ . pdf.

可见，在印度基础教育阶段男生的营养不良状况要普遍高于女生的，而且越是高年级营养不良状况越严重，到 13 岁达到最高值，之后才呈下降趋

[①] Department of school education and literacy of Ministry of human resource development of Government of India. （2006）. *National programme of nutritional support to primary education*, 2006（*mid-day meal scheme*）*guidelines*. New Delhi：p. 35.

势。如此高的营养状况不良的学生比例，影响了儿童的入学率及学生的出勤率，这也是印度基础教育阶段学生辍学率较高的一个重要原因。

5.4.2　MDM 简介

5.4.2.1　早期的 MDM

免费午餐计划在印度有着悠久的历史。1925 年，马德拉斯市（Madras）地方机构对贫困儿童实施了免费午餐计划。20 世纪 80 年代中期，古贾拉特、喀拉拉、塔米尔—纳杜和普达切瑞这 4 个邦（中央联盟区）利用自身的资源对于初等教育阶段的学龄儿童普遍的推广免费午餐计划。在曼地亚—普雷德仕邦和奥里萨邦的部分部落区域，免费午餐计划也得到了推广。1990—1991 年，利用自身资源大范围的普及实施免费午餐计划的邦的数目增加到 12 个，分别是：果阿、古贾拉特、喀拉拉、曼德亚—普雷德仕、马哈拉施特拉、麦格哈拉亚、米苏拉姆、那加兰、锡金、塔米尔—纳杜、垂普拉和尤塔—普雷德仕。卡纳塔卡、奥里萨和西孟加拉这三个邦在自身的基础上借助国际援助实施免费午餐计划，安德拉—普雷德仕和拉贾斯坦这两个邦则是完全借助国际援助实施免费午餐计划[①]。

5.4.2.2　全国性的 MDM——印度最高法院对 MDM 的宪法干预

2001 年 11 月 28 日，印度最高法院通过了一项关于免费午餐计划的具有划时代（里程碑）意义的过渡性法令，这项法令以请愿书的形式出现，也通常被称为"食物权利法案"，最高法院要求邦政府及中央联盟区"为所有在公立小学及政府资助的小学阶段的学生提供一顿至少含有 300 卡路里热量和最少 8—12 克蛋白质的午餐，每年最少提供 200 天。"这项过渡性法令使得印度的公立小学及政府资助的小学的学生都被赋予享有免费午餐的法定权

---

① Department of school education and literacy of Ministry of human resource development of Government of India. (2006). *National programme of nutritional support to primary education*, 2006 (*mid-day meal scheme*) *guidelines*. New Delhi：p. 1.

利。随后印度最高法院又通过了一系列的关于免费午餐计划的过渡性法令，作了如下规定[1]：

基本权利："为所有在公立小学及政府资助的小学阶段的学生提供一顿至少含有 300 卡路里热量和最少 8—12 克蛋白质的午餐，每年最少提供 200 天（2001 年 11 月 28 日颁布）。"

免收费用："加工成本在任何情况下都不能从学生及家长那里收取任何费用（2004 年 4 月 20 日颁布）。"

中央资助："中央联邦政府必须为免费午餐的谷物及蛋白质以及午餐的加工成本提供资金资助（2004 年 4 月 20 日颁布）。"

厨房："中央政府应该为学生修建烹饪免费午餐的厨房（2004 年 4 月 20 日颁布）。"

优先录用达里特人（Dalits，印度的一种少数民族）为厨师："在指派厨师及其助手时，优先考虑录用那些来自达里特、表列部落、表列种姓的人（2004 年 4 月 20 日颁布）。"

质量安全："应努力修建更好的基础设施，提高设施（如安全饮用水等）水平，更进一步的监督（定期检查等），以及其他质量安全，同时要改善小学生午餐的营养成分（2004 年 4 月 20 日颁布）。"

暑假："受干旱影响的地区暑假也要提供免费午餐（2004 年 4 月 20 日颁布）。"

多方质量监测："最高法院要求印度中央联邦政府及印度粮食公司（FCI）确保准时按计划为学生提供良好平均品质的谷物，邦及中央联盟区以及印度粮食公司要联合检查午餐谷物的安全性，如果在联合检查中发现午餐食物没有达到良好平均品质的水平，将撤销印度粮食公司在提供粮食方面的优先权（2001 年 5 月 28 日颁布）。"

---

[1] Poorest Areas Civil Society（PACS）.（2007）. *Implementation of government food and livelihood schemes in India's poorest districts: report of a rapid survey*. London: Poorest areas civil society of Department for international development, pp. 26 – 27.

5.4.2.3 MDM 计划的项目成本标准及其修订轨迹

1. 目前的标准

目前所有小学阶段的学生每天都能享有一顿免费的热午餐，对于该午餐标准的规定是，学生每天被配给 100 克谷物，包括其他营养成分及加工成本在内每份午餐要达到不能低于 2 卢比的标准。这 2 卢比的成本中印度中央政府承担 1.5 卢比，地方邦政府分担另外的 0.5 卢比。免费午餐在所有的学校教学工作日（学生在校学习的时间）都提供，在某些干旱的邦暑假也提供免费午餐①。中央规定的初级小学及高级小学阶段的免费午餐营养成分及成本标准见表 5-11。

表 5-11　中央规定的免费午餐营养成分及成本标准

净含量	初级小学（1—5 年级）	高级小学（6—8 年级）
卡路里	450	700
蛋白质	12 克	20 克
粮食（面粉/大米）	每校每生每天 100 克	每校每生每天 150 克
东北部各邦的烹饪成本	每校每生每天 2 卢比（中央承担 1.8 卢比，邦政府分担另外 0.2 卢比）	每校每生每天 2.5 卢比（中央承担 2.3 卢比，邦政府分担另外 0.2 卢比）
非东北部地区的各邦/中央联盟区的烹饪成本	每校每生每天 2 卢比（中央承担 1.5 卢比，邦政府分担另外 0.5 卢比）	每校每生每天 2.5 卢比（中央承担 2.0 卢比，邦政府分担另外 0.5 卢比）

资料来源：National advisory council of Department of school education and literacy of Ministry of human resource development of Government of India. (2008). *Mid day meal*. New Delhi：24th January, p. 2.

2. 全国小学营养支持计划在 2006 年的修改

由于一系列的原因，如 1 卢比的烹饪成本不足以满足营养需要，以及学校缺乏厨房设施导致学校将教室用于储藏粮食及用做厨房，现存的营养标准

① Poorest Areas Civil Society (PACS). (2007). *Implementation of government food and livelihood schemes in India's poorest districts：report of a rapid survey*. London：Poorest areas civil society of Department for international development, p. 26.

被认为是不足以满足儿童成长的营养需要的，因此全国小学营养计划于 2006 年 6 月得以修改。

目标：（1）提高公立学校、地方机构及政府资助的学校以及教育保证计划和选择与创新教育计划的教学中心/点的 1—5 年级的学生的营养状况；（2）鼓励贫穷儿童，尤其是那些属于落后地区的儿童提高出勤率，并帮助他们更多地从事课堂活动；（3）对干旱地区的学生在暑假期间也提供营养支持。

为了实现上述目标，需要：（A）提供一份免费午餐应该包含 450 卡路里的热量和 12 克蛋白质，同时要含有如铁、维生素 B（叶酸）、维生素 A 等在内的微量元素，为所有在公立学校及政府资助的学校和教育保证计划和选择与创新教育计划的教学中心/点的 1—5 年级的学生提供一份免费午餐。（B）免费为每所学校的每个学生每天提供 100 克谷物，从印度国家粮食公司（FCI）在离当地最近的仓库调运粮食。（C）退还从离当地最近的国家粮食公司仓库运粮食到学校发生的运输成本。（D）东北部各邦的学生的标准是每校每生每天 1.8 卢比的，其他邦是 1.5 卢比的标准，邦政府至少另外拿出每校每生每天 0.5 卢比来配套。（E）为那些声称在暑假期间遭受干旱的邦的学生提供食物帮助。（F）同时应为学校提供资金用以修建带炉子的厨房。（G）同时应该为学校提供资金用以修建储藏室，购买盛饭的盘子，以及购买其他用于烹饪和服务的一些原材料。（H）为邦/中央联盟区政府提供经费用于项目管理、监测与评价。（I）与其他发展项目结合起来，加强实施效果，如加快农村饮用水供给等以保证学校卫生目标的实现①。

3. 全国小学营养支持计划在 2009 年的修改

2009 年 11 月 24 日印度政府制定了免费午餐新的标准，并从 2009 年 12 月 1 日开始实施。具体的食物标准见表 5 - 12。

---

① UJJWALA, S., TIRKEY, T. Proposals for strenthening mid day meal scheme with science & technology inputs［EB/OL］. 印度科学与技术部门户网站（Department of science and technology of Government of India），［2007 - 03 - 25］. http：//dst. gov. in/whats_new/whats_new07/middaymeal. pdf.

表 5-12　MDM 计划 2009 年修订的食物成分标准

项目	每天的数量	
	初级小学	高级小学
粮食	100 克	150 克
蛋白质	20 克	30 克
蔬菜	50 克	75 克
油脂	5 克	7.5 克
食盐及调味品	满足基本必需	满足基本必需

资料来源：ANANT, K. S. F., MDM division of Department of school education and literacy of Ministry of human resource of Government of India. (2009). No. 1-1/2009-Desk (MDM). New Delhi：24th November, p. 1.

　　将烹饪成本（包括劳工及管理成本）从初级小学的每校每生每天提高到 2.5 卢比，高级小学提高到 3.75 卢比。现在烹饪成本包括蛋白质、蔬菜、油脂、食盐及调味品和柴火费用。

　　烹饪成本在中央联邦政府和邦/中央联盟区政府之间的分担比例为，东北部各邦为 90：10，其他非东北部的邦为 75：25，具体的每餐标准的分担情况见表 5-13。

表 5-13　MDM 计划 2009 年修订的每餐成本分担比例情况

（单位：卢比）

阶段	每餐总成本	中央—邦的分担比例			
		非东北部的邦（75：25）		东北部各邦（90：10）	
		中央	邦	中央	邦
初级小学	2.50	1.88	0.62	2.25	0.25
高级小学	3.75	2.81	0.94	3.38	0.37

资料来源：ANANT, K. S. F., MDM division of Department of school education and literacy of Ministry of human resource of Government of India. (2009). No. 1-1/2009-Desk (MDM). New Delhi：24th November, p. 2.

　　现在很多邦/中央联盟区在执行上述中央—邦的分担比例时，分担的比例更多，各邦可以继续保持这样的分担比例以确保目前的午餐质量。

目前这个烹饪成本标准到 2010 年 4 月 1 日将上调 7.5%，到 2011 年 4 月 1 日将再次上调 7.5%。

每个厨师每月给予 1000 卢比的报酬，每个学校有 25 个学生就需要配备 1 名厨师，有 26—100 人就要配备 2 名厨师，在此基础上以后每增加 100 学生就增加配备 1 名厨师。

厨师的报酬也应由中央与邦政府共同分担，其分担比例也是在东北部邦按 90∶10，非东北部邦按 75∶25[①]。

5.4.2.4　MDM 计划的目标

免费午餐计划主要致力于实现如下目标：

（1）改善公立学校、地方学校、政府资助学校、教育担保计划学校（EGS）和选择与创新教育计划教学中心／点（AIE）的 1—8 年级儿童的营养状况。

（2）鼓励表列种姓与表列部落儿童、穆斯林儿童及贫困地区尤其是东北部诸邦的贫困儿童入学，帮助他们更好地致力于学习活动，减少缺勤率及辍学率。

（3）暑假期间为受干旱影响地区的初级小学（1—5 年级）及高级小学（6—8 年级）阶段的儿童提供营养支持。

（4）通过一顿富含谷物和蛋白质的热午餐，减少学生饥饿状况。由于许多儿童空着肚子就上学去了，即使儿童在去学校之前吃过饭了，他们在下午也会饿，这样就不能集中精力学习，特别是那些来自不自带午餐的儿童以及家离学校较远的儿童，免费午餐计划通过预防"教室里的饥饿"来帮助他们克服这个问题。

（5）养成如保持良好卫生习惯一类的内在教育价值。一份精心组织的

---

① ANANT, K. S. F., MDM division of Department of school education and literacy of Ministry of human resource of Government of India. (2009). No. 1 – 1/2009 – *Desk* (*MDM*). New Delhi: 24th November, pp. 1 – 2.

午餐会告诉学生养成良好的如饭前饭后要洗手的习惯，会教育他们使用干净的水、养成良好的卫生习惯以及其他相关卫生事项的重要性。

（6）促进社会公平。免费午餐能传播平等主义的价值观，例如规定在午餐时来自不同社会背景的儿童应坐在一起就餐，更重要的是，免费午餐有助于打破学校里种姓和阶级之间的障碍。另外通过任命来自达利特团体（Dalits）（印度下等阶级之一）的厨师也教育着儿童克服种姓偏见。

（7）促进男女平等。免费午餐计划削弱了阻止女童入学的障碍从而缩小了小学入学的性别差距。另外免费午餐计划还为妇女提供工作机会，并把她们从为子女做饭的负担中解放出来。从这些角度来看，妇女和女童是免费午餐计划的特殊受益群体[1]。

（8）使学生感到自己受到了尊重，增强了爱国情感。由于为所有公立及政府资助学校的小学生提供比较干净的、有质量保障的热午餐能使学生的自尊及心理上也受益颇丰。因为生理的如营养状况不佳会导致学生自尊低下，缺乏安全感，焦虑和压力大，而免费午餐计划有助于解决这些问题，并能促进认知、情感和交际能力发展，真正地体现了以人为本，让学生活得有尊严，感受到了自己被国家所尊重，从而增强了其爱国情感[2]。

5.4.2.5 MDM 计划的受益人数

全国小学营养支持计划在 1997—1998 年已被引入到全国所有社区，到 2002 年该计划的实施对象得以扩展，不仅涵盖了公立学校 1—5 年级的所有学生，也涵盖了政府资助的地方机构办的学校，以及那些在"教育保证计划"及"选择与创新教育计划"所举办的教学点（中心）上学的孩子。今天全国小学营养支持计划是世界上最大的学校食物计划，受益学校（教育保证计划下的教学中心/点）超过 95 万所。目前免费午餐计划覆盖了全国近 1.174 亿儿童，其中初级小学阶段覆盖了 8240 万儿童，高级小学阶段覆盖

---

① 沈有禄、吴卓平：《印度小学免费午餐——MDM 计划简述》，《外国教育研究》2010 年第 9 期，第 65—70 页。

② Mid day meal schemen［EB/OL］. 印度新闻信息局（Press information bureau of Government of India），［2010-10-10］. http：//pib. nic. in/archieve/flagship/bkg_ mdm1. pdf.

了 3500 万儿童。于 2007 年 10 月 1 日扩展的免费午餐计划将全国教育落后的 3479 个地区的 6—8 年级的高级小学阶段的学生也纳入计划实施范围，到 2008—2009 年度将涵盖全国所有地区的学生①。

　　MDM 计划就是在落后邦也得到了很好的执行，其受益学生也不少。在调查中发现在不同的邦免费午餐计划得到了很好的实施。其中勘提斯嘎邦及尤塔—普雷德仕邦 100% 的儿童都被免费午餐计划所涵盖，曼德亚—普雷德仕邦是 85%，贾克汉德邦是 69.2%，而在比哈尔邦这一数据是 76.9%。尽管在贾克汉德邦及比哈尔邦该比例还是比较低的，但是与在这些邦的其他项目相比这个执行情况还是好得多了，几个落后邦的具体执行情况见表 5－14。

表 5－14　2006—2007 年度部分邦受益免费午餐计划学生数

邦/中央联盟区	在校生数	受益学生数	受益学生比例
Chhattisgarh *	3104573	3104573	100%
Uttar Pradesh *	18644467	18644467	100%
Madhya Pradesh	8914634	7611372	85.4%
Maharashtra *	9440846	8054552	85.3%
Jharkhand	5200283	3597579	69.2%
Bihar	12638427	8581264	67.9%

注：学生数包括公立学校（含私立学校及"教育保证计划"及"选择与创新教育计划"举办的教学中心/点）的学生；"＊"数据来自邦政府提交的 2006—2007 年度工作与预算计划中提供的 2005—2006 年度的数据。
资料来源：Poorest Areas Civil Society (PACS). (2007). *Implementation of government food and livelihood schemes in India's poorest districts: report of a rapid survey*. London: Poorest areas civil society of Department for international development, p. 28.

5.4.2.6　MDM 计划的经费执行情况

　　MDM 计划在"十五计划"（2002—2006）及"十一五计划"（2007—2011）期间批准及实际执行经费情况见表 5－15。

---

① Poorest Areas Civil Society (PACS). (2007). *Implementation of government food and livelihood schemes in India's poorest districts: report of a rapid survey*. London: Poorest areas civil society of Department for international development, pp. 26－28.

表 5 - 15　MDM "十五、十一五计划" 期间经费情况

（单位：亿卢比）

年度	批准经费	实际执行经费及其比例	年度	估计的经费支出		合计
2002—2003	110.150	109.903（100%）		经常性的	非经常性的	
2003—2004	137.50	137.50（100%）	2007—2008	560.891	171.600	732.491
2004—2005	290.70	282.055（97%）	2008—2009	938.181	208.544	1146.725
2005—2006	334.526	318.633（95%）	2009—2010	930.400	93.852	1024.252
2006—2007	534.80	523.347（98%）	2010—2011	953.238		953.238
总计	1407.60	1371.40（97%）	2011—2012	943.293		943.293

资料来源：National advisory council of Department of school education and literacy of Ministry of human resource development of Government of India. (2008). *Mid day meal*. New Delhi：24th January, pp. 11 - 12.

　　MDM 计划在执行时各邦由于经济状况不同而对计划涵盖学生的比例及每餐的具体执行成本标准也不一样，表 5 - 16 显示了 2004 年度各邦的 MDM 每餐成本及 2007—2008 年度各邦对 MDM 经费的拨款情况。

表 5 - 16　免费午餐计划 2004 年的生均成本及 2007—2008 年度的经费拨款情况

截至 2004 年 8 月 27 日公布的免费午餐计划的执行情况			中央政府对高级小学 2007—2008 年度免费午餐拨款		
邦/中央联盟区	午餐计划含盖的儿童比例	每餐的烹饪成本（单位：卢比）	邦/中央联盟区	粮食（公吨）	烹饪成本+免费午餐的管理、监测与评价成本（10 万卢比）
Arunachal Pradesh	100%	1.5—2	Andhra Pradesh	27649.93	3780.66
Chhatisgarh	100%	1	Bihar	36238.83	4955.84
Delhi	100%	1.5—2	Chhattisgarh	8728.69	1193.83
Gujarat	100%	>2	Goa	0	0
Haryana	100%	1.5—2	Gujarat	8028.29	1097.44
Karnataka	100%	1	Haryana	3259.08	445.54
Kerala	100%	1.5—2	Himachal Pradesh	853.23	116.76
Madhya Pradesh	100%	1.5—2	Jammu & Kashmir	4622.75	632.37
Maharashtra	100%	<1	Jharkhand	16348.69	2235.83
Meghalaya	100%	未知	Karnataka	20246.94	2768.59
Mizoram	100%	未知	Kerala	95.4	12.72

续表

截至 2004 年 8 月 27 日公布的免费午餐计划的执行情况			中央政府对高级小学 2007—2008 年度免费午餐拨款		
邦/中央联盟区	午餐计划含盖的儿童比例	每餐的烹饪成本（单位：卢比）	邦/中央联盟区	粮食（公吨）	烹饪成本+免费午餐的管理、监测与评价成本（10 万卢比）
Nagaland	100%	未知	Madhya Pradesh	35191.57	4812.21
Rajasthan	100%	<1	Maharashtra	8016.84	1095.91
Sikkim	100%	>2	Orissa	10339.16	1413.55
Tamil Nadu	100%	>2	Punjab	2364.77	323.3
Tripura	100%	>2	Rajasthan	32004.18	4376.22
Uttaranchal	100%	1	Tamilnadu	1983.35	271.45
Union Territories	100%	未知	Uttarakhand	2269.52	310.6
Orissa	41%	<1	Uttar Pradesh	75453.93	10318.52
Goa	20%	>2	West Bengal	14327.33	1959.27
Jharkhand	13%	>2	总计 1	308022.48	42120.61
Punjab	12%	1.5—2	Delhi	0	0
West Bengal	10%	1	Pondicherry	0	0
Bihar	5%	1	总计 2	0	0
Himachal Pradesh	3%	1.5—2	A&N islands	0	0
Arunachal Pradesh	0	0	Chandigarh	0	0
Assam	0	0	D&N Haveli	213.14	29.42
Jammu & Kashmir	0	0	Daman & Diu	0	0
Manipur	0	0	Lakshadweep	0	0
Uttar Pradesh	0	0	总计 3	213.14	29.42
全国	55%	1.17	Arunachal Pradesh	725.33	114.22
			Assam	12740.07	2001.6
资料来源（左三列）：基于国家咨询委员会在 2004 年 8 月 28 日向人力资源发展部提交的《关于免费午餐计划的建议》报告的数据整理而得。资料来源（右三列）：2007 年 10 月 1 日至 2008 年 3 月 31 日的资助配置情况，http://pib.nic.in/archieve/others/2007/dec07/Annexure2.xls，总计 1 为非东北部邦，总计 2 为有立法机关的中央联盟区，总计 3 为没有立法机关的中央联盟区，总计 4 为东北部各邦。			Manipur	56	8.59
			Meghalaya	625.3	97.88
			Mizoram	21.01	3.22
			Nagaland	28.9	3.85
			Sikkim	0	0
			Tripura	353.08	55.14
			总计 4	14549.69	2284.5
			全国总计	322785.31	44434.53

资料来源：National advisory council of Department of school education and literacy of Ministry of human resource development of Government of India. (2008). *Mid day meal.* New Delhi: 24th January, p. 12.

根据2008—2009年的年度工作计划与预算报告的数据显示，全国实施免费午餐的35个邦/中央联盟区，中央联邦政府对邦政府对 MDM 计划的各项项目的经费资助如表5-17所示，其中第一批占资助经费的25%已经下拨到各邦/中央联盟区。

表5-17 2008—2009年度中央资助 MDM 经费情况

（单位：亿卢比）

	初级小学（1—5年级）	高级小学（6—8/9年级）
受益学生数	82390147	35042987
Foodgrain allocated	1747923.53 公吨	1112504.26 公吨
返还为印度粮食公司的成本（退税额）	96.136	61.188
烹饪成本	278.553	157.305
交通补贴	13.726	8.879
管理、监测与评价	6.991	4.093
对包括烹饪成本、交通补贴、管理监测与评价成本在内的第一期拨款	74.817	42.568
对 MP 邦干旱地区暑假期间午餐的补贴费用	4.473	无

资料来源：National advisory council of Department of school education and literacy of Ministry of human resource development of Government of India. (2008). *Mid day meal.* New Delhi：24th January, p. 12.

5.4.2.7 MDM 计划的管理

免费午餐计划作为一个规模如此之大，作用如此重要的项目，需要一个强健且充满活力的管理机构，当务之急是建立权责界限明确的各级管理机构。免费午餐计划需要各实施区域的管理机构之间的协调和密切配合。2006年"国家基础教育营养支持工程"设想将对国家、邦、区/街道和地方各级以下实施如下管理。

国家层面

1. 国家级指导监督委员会：参见2004年12月20日和2004年12月31日的通知，国家教育部和扫盲部成立了国家级指导监督委员会（NSMC）负责监督项目的执行情况。国家指导监督委员会的任务是：（1）指导各执行机构。（2）监督项目执行情况，评估其影响，并采取纠正措施。（3）对独立监督和评价机构的报告付诸行动。（4）注重对各有关部门和机构（如印度粮食公司）之间的配合和协调。（5）动员社会各界对项目支持，提倡公私合营的伙伴关系。2006年，依据"国家基础教育营养支持工程"（即MDM）的要求，国家指导监督委员会可望履行下列职能：（6）对中央和邦政府提供政策建议。（7）对志愿者组织和其他相关组织开展国家级的培训、能力培养、监督和评价及相关的研究。

2. 项目核准委员会：参见2006年3月9日通知，国家教育部和扫盲部成立了项目核准委员会，由秘书长、教育和营养专家代表、扫盲部、妇女和儿童发展机构、农村发展部、村务委员会、计划委员会和印度粮食公司等机构派出代表组成。在每个财政年度之前，项目核准委员会组织开会，以便审议批准邦/中央联盟区政府的年度工作安排和预算。

3. Sarva Shaksha Abhiyan（SSA）国家代表团：SSA总理事会和执行理事会表示，除了监管SSA外，也会不时监管免费午餐项目。

邦/中央联盟区层面

1. 诸邦和中央联盟区还需要在邦、区和街道不同层级设立指导监督委员会来监管项目的实施情况，如是否行使职责、对于中央级指导监督委员会提出的指导意见是否做出必要的修正。此外，也应该在所有市级建立监督委员会。作为学校教育和扫盲行动的政府代表，印度政府应该参与邦/中央联盟区的指导监督会议。

2. 每一个邦/中央联盟区政府需指定一个政府分支代表机构，该机构将对项目的执行情况负责。邦/联盟区可设立邦/中央联盟区在支出方面的具体规范。

考虑到中央在"国家基础教育营养支持工程"之下给予支援的资金，2006年，诸邦/中央联盟区在国家下拨专项资金的基础上，制定并公布了他们自己在项目上的支出安排，这些标准被称为"邦的规范"。

这些邦的规范尤其阐明了确保长期不间断的提供免费午餐的形式，确保长期不间断的为数以千计的在分散区域的小学提供午餐是一项富有挑战性的任务。邦/中央联盟区政府必须充分考虑到免费午餐计划实施过程中出现的不同困难，并提供详细的指导方针，例如：（1）从中央到各个邦的援助若是出现现金流中断（如，未用完款额的延期下拨或使用资格权授予中出现的延期或其他问题所致）。邦政府在年度预算中，对于中央援助的实际现金流需做出预估方案，以便对于免费午餐计划根据自身情况，提供足够的援助。必须认识到，中央援助作为一个普遍的规范性标准是确定的，但在适当的时候还是会有变动的。但是，如果因某种原因，在实际操作中出现了援助延迟，一定不能出现中断供应免费午餐给孩子的情况。（2）由于从国家政府到国家财政部调拨资金使用方案必须经过一定的程序和途径，这就可能造成资金下拨的延迟。在这种情况下，地方分支部门必须尽快确保免费午餐项目的资金。（3）国家—地区—世袭地—村务委员会—学校，在这种分层级的情况下，就会出现资金到位的延误。无论何地，邦/中央联盟区可以考虑通过银行的渠道转移资金。（4）印度粮食公司仓储不及时或者提供了不合规定的粮食给学校。在这种情况下，各邦政府需确保印度粮食公司优先提供足够供给给免费午餐项目，并同时保证每所学校有至少一个月的粮食和烹饪费用的调节性库存准备。（5）地方执行机构在采购和存储充足的烹饪材料时出现的问题。（6）厨师在任何方面的失职，等等。

国家相关政府部门的职责

1. 教育部、扫盲部和人力资源开发部将对由国家行政机构和印度粮食公司批准的免费午餐计划供应商转达合理的地区性分配计划，内容为：粮食、烹饪费用、带储藏室的厨房的建造和厨房设备。此外，教育部、扫盲部和人力资源部还要转达物资分配过程中有关的制裁方案。地方分支部门将向区域性分支机构转达下一个财政年度分配安排。

2. 在有些邦，小学的职能下放给村务行政委员会，地方分支部门向区域村务委员会转达分配安排。地方分支机构要确保区域性分支机构已经给下一级各区分拨资金，从而进一步分配给每所学校。

地区级相关政府部门的职责

1. 每一个邦政府/中央联盟区政府在各行政地区指定一个区域主管专员或者区域性代理机构，这个专员或者代理机构将承担起该区域免费午餐计划实施过程中出现的所有问题。

2. 在通过立法或行政命令对基础教育阶段的职能进行下放的邦，村务委员会或村务执行委员会对管辖区内免费午餐项目的有效执行情况全面负责。在这些邦，承担管辖区域范围内项目实施的职责需是建立在村务委员会和市地方有关机构已转让职责的基础上。

3. 区域性分支机构要确保每所学校每月在粮食、烹饪费用、带储藏室的厨房的建造和厨房设备费用分配上的规范性。从最近的印度粮食公司仓库运输粮食到学校的运输商也需确定，每月完成一次粮食运输。

4. 地方机构具有对于针对当地传统开发文化上可接受的食谱的责任。

地方级的管理

1. 在通过立法或行政命令对管理基础教育的职能进行下放的邦，村务委员会或村务执行委员会对管辖区内免费午餐项目的有效执行情况和日常监督全面负责，这种监督职责也可以分配到下一级委员会。下一级村务委员会可以设立常务委员会来监督项目的日常执行情况。此外，目前已经设立的并已分配有监督教育其他方面任务的常务委员会，可以委托其担当起监督、审查和确保免费午餐计划顺利实施的其他必要步骤的任务。

2. 负责免费午餐的烹饪和供应。免费午餐的烹饪和供应的任务尽可能由下列组织之一承担：（1）地方妇女/母亲自助团体；（2）当地青年俱乐部；（3）符合相关规定的志愿者组织；（4）下一级村务委员会的直接工作人员。

3. 在对多所学校的厨房设备可以进行集中的城市地区，可以在一个集中的厨房将午餐烹饪好后，通过一条可靠的卫生渠道将热饭派发到各所学校。在一个城市地区可以有数个这种集中厨房，这种类型的厨房的数量取决于它们提供服务的学校的数量。

印度粮食公司的职责（FCI）

印度粮食公司有责任确保能够持续充足的供应粮食（主要集中分布在

东北地区）。为了确保粮食供应链不中断，要为每个月/季度提前准备至少一个月的储备。根据 2006 年"国家基础教育营养支持工程"，印度粮食公司要确保供应现有最优质的粮食，在任何情况下都不应该低于平均质量标准。印度粮食公司同时在各区任命一个专员负责处理在免费午餐项目中粮食供应方面出现的各种问题。区域信息收集员/村务委员会首席执行官要确保由印度粮食公司和村务委员会提名任命的工作人员在对粮食质量进行监督时，印度粮食公司供应的粮食至少要符合平均质量的规范。印度粮食公司要保留其供应的出现争议的粮食的样本，以便今后的核查和分析，这同样适用于关于供应粮食的质量方面出现的任何投诉案件。

粮食运输的地方代理经销处

一个主要的后勤任务是将粮食从最近的印度粮食公司仓库运输到每一个小学。国家政府将在以下方面做出部署：（1）只要条件允许，一个或部分拥有广泛的管辖权和分布网络的政府机构，如，国家公务员用品联合公司，可以安排作为国家分支运输部门。该部门负责将粮食从最近的印度粮食公司仓库运输分发到各地区。国家政府同时要确保粮食及时从各地区运输分发到每个学校，等等。（2）此外，村务委员总会负责将任务下派给各地区村务委员会。

项目中的志愿者组织

与免费午餐项目有关的各志愿者组织有如下的责任：供应免费午餐；对项目的执行提供资源支持，如，培训和能力塑造；监测和评估；研究等职责。

1. 志愿者组织分配供应的职责：根据 2006 年"国家基础教育营养支持工程"项目，能够参与分配粮食到各个学校的志愿者组织的资格，须由邦政府授权。一旦志愿者组织的身份确定了，这些组织就有权利决定给各个学校分配多少粮食。所以邦政府在确定志愿者组织的身份时，谨遵如下条款：（1）志愿组织应不存在歧视任何宗教、种姓和信仰。不能利用免费午餐计划进行宗教的传播活动。（2）志愿组织应是根据社团登记法和公共信任法登记在册 2 年以上的机构。（3）承诺义务承担免费午餐计划粮食的供应任务。（4）财务和后勤方面有足够的能力供应一定规模的午餐。（5）承诺遵守2006年"国家基础教育营养支持工程"要求的各项参数指标，特别是儿童营养配方的成分，等等。（6）愿意遵从国家政府的有关准则，协同地方政府工作。（7）承诺提供由注册会计师鉴定的有关工作与财务审计账目报表方面的年度报告，核算内容包括来自国家政府的所有的现金和实物。（8）志愿者组织不得将委托承包合同中的任何一部分（粮食/钱）转移给其他任何组织。（9）一旦志愿组织不再承担免费午餐项目下的粮食供应工作，承诺将之前从国家政府获得的项目补贴金返还给国家政府。（10）所有的账户、股票和登记册，在邦政府任命的官员进行检查时需公开。（11）除了上述条款，邦政府可以增订其他条款。

2. 从事提供资助资源的志愿者机构：邦/中央联盟区级别的指导监督委员会对提供资源给2006年"国家基础教育营养支持工程"的志愿者组织进行审核，通过培训、能力塑造、监督、评价和研究的形式，项目指导方案随后公布。

信息、教育和沟通活动（IEC）

虽然，2006年"国家基础教育营养支持工程"并没有预见会提供信息、教育和沟通活动方面的支持，但是很有必要将如下的信息传达给孩子们的父母及与项目有关的其他人：（1）需要向属于劣势群体的家长解释，免费午餐计划只是一种补充，而不是代替，家长有必要在家里给孩子准备膳食。（2）平衡和营养餐的重要性，如何经济、安全、健康和卫生的提供饮食。（3）社区参与及贡献，以及免费午餐计划的监督方案。（4）规范的粮食储存、烹饪、服务及饮食习惯。邦政府/中央联盟区政府、市级机构和村务委员会将有望通过媒体的组织动员，用慈善机构和社会捐助作为"信息、教育和沟通活动"的经常性预算资金。

活动计划表格

邦/中央联盟区政府有必要通过制订活动计划表格，来确保职责没有任何重叠。活动计划表格的制订是建立在"辅助性原则"的基础上，即"尽量在一个层级上将工作很好的完成，而不是在更高层级上去完成"，例如，假如调味品能在较低层级（学校/村庄）采购，就没必要集中在较高层级采购。活动计划表格的制订工作由邦政府/中央联盟区政府下设的主管部门开展，在确定各级机构所具有的职责时，制订表格的工作人员必须与对应的行政和财政部门的代表人员进行协商①。

5.4.2.8 MDM 计划的监督与评价

1. 管理信息系统

根据2004年"国家基础教育营养支持工程"，会计报表和项目报告是由人工完成，这需要大量人力且耗时容易出差错。这种人工完成的报告和报表是很难进行系统分析的。因此，迫切需要为免费午餐计划设计一个功能强大且可靠的管理信息系统，以此来健全和完善会计报表生成系统。教育部和扫盲部正在建设一个基于 Web 的管理信息系统，以确保：（1）以相关有用的数据为基础，高效分散的制订规划过程；（2）粮食和烹饪费用及时顺畅的流动；（3）提供关于粮食/资金使用情况的翔实信息；（4）更好的库存管理；（5）报告及时自动生成；（6）免费午餐计划执行情况方面的信息广泛透明的公布。

在此期间，各邦可以采取下述方式：（1）审查目前的会计程序方法和报表生成系统，以便对业务流程进行重新设计。为确保及时交货，若有必要，可逐步建立一个简单高效的制度。（2）制订综合全面且易于操作遵循的格式，以便进行日常考勤登记。登记册需记录：提供免费午餐援助的学生数、粮食数量、烹饪材料的数量、烹饪费用的现金账簿以及其他相关信息。（3）明确责任指派专业人员对上述文件进行保存管理。建立管理信息系统和互联网设备的分支，以便及时和各级供应商联系，在各级地区生成会计报表和报告。（4）为了对免费午餐项目的实施进行有效的监督，可在各地区管理信息系统间进行链接。

2. 项目执行情况和影响的定期监督

免费午餐项目需要进行监测评价：（1）项目参数，即本项目是为了给所有儿童提供满意的优质午餐。（2）影响参数，即效果，若有的话，是指

---

① Department of school education and literacy of Ministry of human resource development of Government of India. (2006). *National programme of nutritional support to primary education*, 2006 (*mid-day meal scheme*) *guidelines*. New Delhi: pp. 12 – 21.

对改善儿童的营养状况、出勤率及完成小学教育的影响。具体的项目监测和
影响参数的监督方及其监督频率见表5－18。

表5－18　项目监督和影响参数

项目参数	监督方	监督频率
提供给孩子有益健康的有规律的午餐	村务委员会代表；母亲和妇女组织的代表；教师	每天
推动社会公平和性别平等	村务委员会代表；母亲和妇女组织的代表；教师	每天
烹饪、提供服务及消费午餐时的清洁度	村务委员会代表；母亲和妇女组织的代表；教师	每天
适时获得优质的作料，燃料	村务委员会代表；母亲和妇女组织的代表	每周
菜谱多样性	村务委员会代表；地方级学校董事会	每两周一次/每月一次
免费午餐的总体质量	政府税务、农村发展、教育等其他相关部门的官员；食品与营养委员会工作人员；营养专家/社会公共机构	一些计划由邦政府同食品与营养委员会协商按月完成
影响参数		
营养状况——适龄入学儿童体重不足的比例	家庭教师协会、营养协会、学校董事会	一年两次
出勤状况	进行中	每季一次
保留/完成学业情况	进行中	每年一次
关于上述1—3条款的样本分析。营养状况的调查包括对指导方针中各种营养缺乏的研究，特别是针对低于正常体重标准及贫血症	由地方政府指定的其他组织机构	每年一次

资料来源：Department of school education and literacy of Ministry of human resource development of Government of India.（2006）. *National programme of nutritional support to primary education*, 2006（*mid-day meal scheme*）*guidelines*. New Delhi：pp. 45－46.

上述相关情况的更进一步的内容需由国家政府制定，国家政府的目标是
每月对提供免费午餐服务的各级地区的学校进行检查，检查内容包括，农村
发展水平、学校教育情况、妇女儿童发展、卫生和家庭福利、食物及生活用品

的供给。每季度平均 25 所学校应被访问到，所有学校每年应至少被访问到一次。

　　邦政府可以采取问卷调查的方式收集数据，由实地调查的人员填写完成。调查问卷设计应该形式简单，但能有效获取各地区免费午餐项目执行情况的重要信息参数。实地问卷调查，尽可能的采取突击的形式。实地调查访问不能泛泛的肤浅的进行，而应该广泛用于听取批评意见及个人深度访问。数据的采集方式有明确的规定，信息的反馈应该来自：校长、厨师、组织者、参与免费午餐计划的学生及家长、贫困阶层的孩子和社区负责人等。调查报告是相当重要的文件，应该进行深度分析研究，并将其与之前的报告进行比较分析。

　　报告的调查分析结果应记录在案，并在各级学校董事会上报告。发现问题时，应及时果断的采取纠正措施。对于实地调查，学校当局在不影响教学和烹饪工作的前提下可提供必要的帮助，例如提供参与计划的家长名单等。

　　目前监督 SSA 项目的制度也同时用于监督免费午餐计划，用于监督 SSA 项目的服务在相同的监督内容方面同样适用于免费午餐项目。

　　3. **知情权法案下的信息公布情况**

　　在信息权利法的规定下，学校需每周/月公布如下的信息变动情况：(1) 收到粮食的日期及数量；(2) 消耗的粮食数量；(3) 其他原料的采购和使用情况；(4) 参与免费午餐项目的学生数量；(5) 每日食谱；(6) 参与免费午餐项目的社区成员名册；(7) 邦/中央联盟区应该制定专业、公开、便捷的机制来处理申诉案件（如免费热线电话等）。

　　4. **管理、监督和评价**（MME）

　　按早先的规定，管理、监督和评价的费用占粮食、交通补贴和烹饪补贴总费用的 2%。此费用在中央和邦/中央联盟区的分配比例是：中央政府承担 0.2%，邦/中央联盟区政府承担 1.8%。邦政府层级上的管理、监督和评价的费用具体分配如下：用于学校层面上如用于文具、测量仪器及烹饪设备的购置及更换与维修的费用占 50%；用于管理、监督、培训及内外部监测评审的费用占 50%；用于外部监测评价的费用占 15%。各邦/中央联盟区的管理、监督和评价的费用分配结构视每年提交的年度工作及预算安排报告的情况而定，各邦每年至少要提交一份由独立机构使用"管理、监督和评价"的经费开展的调研报告①。

5.4.2.9 MDM 计划的评价

全国各地不同机构就免费午餐计划尤其是在提高学生出勤率及入学率上进行了独立评估研究。

1. 免费午餐计划对减少学生辍学率，增加学生入学率，提高学生及教师的出勤率方面的影响

（1）阿马蒂亚·森（Amartya Sen）教授的普拉提奇（Pratichi）研究小组（2005）对西孟加拉邦比尔哈姆（Birbhum）地区的免费午餐计划的研究发现，免费午餐对提高小学入学率、出勤率，减少老师旷课率方面起到了积极作用。

（2）普雷嘎啼—萨尤嘎（Pragati Sahyog）研究小组（2005）对曼德亚—普雷德仕邦 70 个最落后村庄进行了调查，结果表明入学率提高了15%，在表列部落地区更显著地提高了43%。

（3）克莱尔—诺诺哈（Claire Noronha）和米拉—萨姆森（Meera Samson）（2005）在对德里的 12 所学校的调查发现，为所有学生都提供免费午餐，更有可能提高经常不吃早餐来学校的女童的出勤率。

（4）多瓦德（Dharwad）大学的拉玛—耐克（Rama Naik）博士在"关于卡纳塔克邦（Karnataka）的阿克莎拉—达叟哈（Akshara Dasoha）地区的报告"（2005）中发现，实行免费午餐地区的小学生入学率急剧上升，特别是农村地区；该计划对老师的旷课情况也有影响：64%的学校表示老师的旷课率已经降低。

（5）有研究表明免费午餐计划在普达切瑞中央联盟区的执行情况显示，入学率在逐渐增加，尤其对低级女生入学率的影响更是显著的增加，

---

① Department of school education and literacy of Ministry of human resource development of Government of India. (2006). *National programme of nutritional support to primary education*, 2006 (*mid-day meal scheme*) *guidelines*. New Delhi: pp. 31–34.

一年级女生的入学率由于免费午餐计划的实施而提高了 10 个百分点，对一年级男生的入学率也有增加的趋势，但是不是很明显。免费午餐计划也使小学生的辍学率在下降，其中高级小学阶段儿童的辍学率由 2004—2005 年的 7.16% 下降至 2007—2008 年的 3%[①]。法扎纳—阿弗雷蒂（Farzana Afridi）（2010）的研究表明，免费午餐计划实施后一年级女生的出勤率上升了 12.4%[②]。

（6）另外，德瑞泽（Dreze）和金盾（Kingdon）（2000）、德瑞泽和果亚（Goyal）（2003）的研究也得出了类似的结论，他们的研究结论显示午餐计划对一年级学生及女生入学率的提高有显著的影响，定性研究表明校长及家长也有同样的感觉，儿童愿意更经常去学校，由于午餐计划能确保他们更容易地去上学。这些研究有两个重要的政策含义，首先是学校资助计划对那些贫困家庭的儿童来说是使他们更愿意上学的一种重要政策手段/工具；其次学校资助计划由于对某些目标女童的入学率的入学意愿的提高有利于减小教育中的性别不平等[③]。

2. 提高成绩方面的影响

（1）全国教育研究与培训委员会的报告（2005）发现，从五年级期末学生的考试成绩来看，受免费午餐资助的学生成绩比没有接受免费午餐的学生成绩要高。

（2）国家公共合作与儿童发展研究所关于曼德亚—普雷德仕中央联盟区的研究（2007）发现，家长们认为免费午餐减轻了他们为孩子准备一顿饭的负担，并且把免费午餐看成是对他们家庭的伟大支持。老师们认为免费午餐有助于提高孩子们的学习积极性，从而间接地提高了学生们的学习

---

① SUJATA, S. (2009). *Visit of adviser to review the implementation of the flagship programmes of Pondicherry*. New Delhi: 14 December, pp. 11－12.

② FARZANA, A. (2010). *T he impact of school meals on school participation evidence from rural India* ［R］. New Delhi: India statistical institute Delhi planning unit discussion papers in economics discussion paper 10—02, p. 16.

③ FARZANA, A. (2007). *The impact of school meals on school participation: evidence from rural Inida*. New Delhi: pp. 28－29.

成绩。

3. 促进社会平等方面的影响

（1）拉贾斯坦邦大学和儿童基金会（2005）的研究表明：不分性别和阶层的孩子坐在一起，共享相同的饭，它促进了社会的公平。向妇女提供就业机会，它进一步促进了两性平等。

（2）国家公共合作与儿童发展研究所对卡纳塔克邦的研究（2005）发现，免费午餐除了提高了大部分学校的入学率，减少了缺席人数外，它树立了一种共享和博爱的意识，为社会的公平铺平了道路。

（3）有研究表明普达切瑞中央联盟区在全国 2007—2008 年的教育发展指数（EDI）排名中初级小学及高级小学都排名第一，性别平等指数在 2007—2008 年为 0.98，而全国平均水平为 0.93，同年高级小学阶段入学率中的性别平等指数达到 0.96，而全国平均水平为 0.89。据悉正是由于普达切瑞中央联盟区免费午餐计划高质量地执行效果，用现代化的中央厨房来做饭，吸引了很多如喀拉拉邦、果阿邦和邻国如尼泊尔等地区和国家的代表都前来普达切瑞中央联盟区参观考查免费午餐情况①。

4. 对 MDM 影响的批评意见

尽管免费午餐计划取得了显著成绩，但是在印度儿童饥饿仍然是一个持续存在的问题，据目前的统计数据可知，印度 5 岁以下的儿童有 42.5% 的儿童体重都低于正常值。印度国家饥饿指数显示，"印度拥有世界上最大的食品不安全人口，有超过 2 亿人遭受饥饿之苦。"而据全球饥饿指数显示，印度在 88 个国家中处于第 66 位，超过 2 亿人遭受饥饿之苦，这比世界上任何其他国家的遭受饥饿的人口都要多，因此，"改善儿童营养在印度的绝大多数邦都是亟待解决的头等大事。"②

由于厨师及其助手的雇用不足，很多学校要由如语言教师、数学教师等

---

① SUJATA, S.（2009）. *Visit of adviser to review the implementation of the flagship programmes of Pondicherry.* New Delhi: 14 December, pp. 11 - 12.

② Mid-day Meal Scheme［EB/OL］. 维基百科（Wikipedia），［2010 - 03 - 10］. http: //en. wikipedia. org/wiki/Mid-day_ Meal_ Scheme.

全日制教师来为学生做饭，这无疑增加了教师的工作负担；减少了教学时间；缺少教学质量控制机制。同时，因为准备午餐而需要占用部分教师的时间，需要储藏室存放粮食，需要对灶及柴火和燃料等的安全使用加以注意，所以教师们应清醒地意识到自己的教学职责，学校及社区也要注意偷盗与防范腐败的发生，对卫生与用火安全都需要加以额外的关注。

而且过多的烹饪成本未能随通货膨胀的增加而提高；由于学校虚报入学人数而获得粮食的增加配额而产生的腐败；很少讨论厨师及助手的工资，全国只有塔米尔—纳杜、卡纳塔卡、古贾拉特这三个邦制定了厨师报酬标准，其他邦没有；很多学校仍然没有独立的厨房，仍然是在某个地方架个简易的灶用口大铁锅来做饭。

另外，调查也发现在免费午餐计划中的有关数量与质量方面的一些问题，从调查中可发现免费午餐计划提供的食物还是不足以使孩子们填饱肚子，而且有的孩子还得回家去取餐具（餐盘）来盛午餐，也发现孩子们存在因种族/种姓的不同而得以不同区别对待的问题，如对不同种姓儿童给予不同分量的午餐以及按不同种姓而分开就座就餐的情况，以及为儿童提供不同的餐盘等。

5. 对 MDM 计划的改进建议

现在免费午餐计划已经在全国所有地区得以实施，而且在最落后的地区得以突飞猛进的展开，因此政府必须更应该集中精力来提高免费午餐的质量，来满足那些更加饥饿儿童的需要，来解决营养失调问题，以及营造社会公平及取得更高的效率。为此建议如下：

第一，应将目前的免费午餐的烹饪成本（不包括粮食成本）标准从每个学生每天 2 卢比提高到 3 卢比，这样才能为学生提供更有营养的午餐，此外，这个标准应该随着物价（通货膨胀）指数的变化而调整，也就是要持续地以物价水平指数作为基础来调整成本标准。

第二，免费午餐计划应该与营养教育及其他相关教育联系起来，应该鼓励邦政府为此而调整其教科书内容，全国教育与研究培训中心（NCERT）在此方面已经做了一些工作，编写了一些新的教材。

第三，必须强制性地为免费午餐计划提供一些相关的基础设施，包括厨房、储藏室、饮用水、通风、用餐等的器具。

第四，对免费午餐计划中的任何歧视性事件（如对达里特儿童或达里特厨师的歧视等）都应该给予严肃的处理。

第五，对诸如达里特及其他落后群体的社区在指派厨师及助手方面应该给予优先权，所有厨师及助手都不应被给予低于最低法定工资标准的待遇。

第六，对免费午餐计划的监督方面，应加强社区的参与程度，尤其要防止腐败现象并确保免费午餐的品质[①]。

5.4.3　MDM 计划的启示

通过对印度小学免费午餐计划的管理及执行情况的研究可得出以下启示。

第一，印度政府正视全国小学普遍存在的学生营养不良状况，并通过宪法干预，将学生获得一顿富含一定谷物及蛋白质标准的热午餐作为学生的一项基本权利。在发展中国家小学生存在营养不良的状况比较普遍，包括缺乏各种维生素、碘、铁等微量元素可能引起的学生身高不足、体重不足及免疫力低下等营养不良状况，这将不利于学生的正常生长发育，也不利于学生保持足够的精力投入学习。如果对学生尤其是贫困学生提供一定最低营养成分标准的热午餐定能改善学生的营养状况。我国中小学生也存在营养不良的情况，尤其是在农村及落后地区，为此我国也可以考虑引入小学免费午餐计划来改善学生营养状况。经济发展水平及财政实力远不如我国的邻国印度都能做到，而且在 10 年前就开始做了，中国为什么不可以尝试着从某些地区展开试点再逐步推广到全国。

第二，印度免费午餐计划的执行有强大的中央及邦政府的财政投入保障

---

① Poorest Areas Civil Society （PACS）. （2007）. *Implementation of government food and livelihood schemes in India's poorest districts：report of a rapid survey*. London：Poorest areas civil society of Department for international development, pp. 35 – 36.

项目的进行，并对中央和邦政府的投入比例做了严格规定，而且中央政府的分担比例在落后邦要高些。如烹饪成本及厨师的报酬在中央联邦政府和邦/中央联盟区政府之间的分担比例为，东北部各邦为 90：10，其他非东北部的邦为 75：25。

第三，免费午餐的食物标准随着经济的发展而不断修正，向着食物更多、营养更丰富、成本标准更高的方向发展，并且食物成本及烹饪成本标准会随着物价指数的上升而不断调高。如每顿热午餐所含的热量标准从 2001 年的 300 卡路里提高到 2006 年的 450 卡路里；每餐的成本标准也从 1.5 卢比提高到 2.5 卢比（非东北部邦）；2009 年新修订的烹饪成本标准到 2010 年 4 月 1 日将上调 7.5%，到 2011 年 4 月 1 日将再次上调 7.5%；从每年至少提供 200 天到在暑假中为受干旱影响的地区也要提供免费午餐。

第四，免费午餐几乎为所有的初级小学及高级小学阶段的学生提供。不仅包括公立小学，也包括政府资助的（私立）小学，各种教育担保学校及选择与创新教育计划中心校及教学点。只要是个印度的小学生都受到尊重，都给予免费午餐，使每个学生的自尊得以体现，增强了其爱国情感。

第五，养成重视卫生习惯的内在教育价值。比如在就餐前及饭后告诉学生应该洗手，学校必须使用干净安全的饮用水，保持良好的厨房、厨具卫生状况等，都能教育学生养成良好的卫生习惯，这种内在的教育价值对学生的影响是持续性的。

第六，免费午餐计划中对特殊群体如表列种姓、表列部落、穆斯林及其他少数民族给予特别的照顾，如在厨师的雇用中优先考虑达里特人及女性。

第七，免费午餐计划有完善的、立体的、交互联系的管理系统。在计划的执行中既有中央联邦层面的管理委员会，各邦/中央联盟区也有邦内的专门负责机构指导项目的执行，各地方层级政府直到村务管理委员会都有专门人员负责各个层级的免费午餐项目的执行。印度粮食公司负责优质粮食的提供与运送，各层级的管理机构都对粮食质量及午餐质量进行检查和监督，定期整改和处理投诉个案。在整个项目的管理中各志愿者组织也发挥了积极的作用，全国也建立了一个完善的涵盖所有层级管理机构的全国管理信息系统，该系统中各类表格完善，项目任何阶段进展的信息都有记载。另外也有一套严格的监督与评价机制，包括谁是监督与评价主体，何时进行监督评价，监督评价的频率以及监督评价的经费来源及其分担比例都有完整的严格的规定。

第八，免费午餐计划的执行中始终贯彻着平等的思想。项目的引入是为了减少辍学率及学生和教师的缺勤率，增加入学率，尤其是增加少数民族和落后地区儿童的入学率，这体现了种族的平等。在就餐时让不同种族的学生坐在一起，避免将不同种族的学生分开就餐，这也体现了同学间的融合和平等。项目对女童及女性厨师的优先照顾也体现了性别平等。项目的根本目的是改善学生的营养状况，这是一种最大的身体营养及健康状况的平等，在此基础上才有可能取得在成绩上的差距的缩小，这也是一种平等①。

5.5 印度致力于基础教育普及与均衡发展的其他计划

5.5.1 地区初等教育计划（DPEP）

地区初等教育计划（District Primary Education Programme，DPEP）的重点是弱势群体，比如说：女童、特别种姓阶级和原住民族、童工、农村贫困儿童、残疾儿童等。根据印度国家教育规划与行政学院（NIEPA）的研究，地区初等教育规划区域内74811所学校中多于60%的学生属于特别种姓阶级和原住民族团体。

5.5.2 坚沙拉计划（Janshala）

坚沙拉计划的目标是通过给特别种姓阶级、少数民族、童工以及有特殊

---

① 沈有禄：《印度小学免费午餐计划及其启示》，《比较教育研究》2011年第6期，第32—36页。

需要的儿童提供基础教育来支持普及基础教育（UEE）。坚沙拉计划强调积极参与基础教育的规划以及对教师的培训。坚沙拉计划在9个邦的139个区开展，这9个邦是：卡纳塔卡邦、安德拉—普雷德仕邦、勘提斯嘎邦、曼德亚—普雷德仕邦、贾克汉德邦、奥里萨邦、马哈拉施特拉邦、拉贾斯坦邦和尤塔—普雷德仕邦。该规划也包括以下城市：海得拉巴（Hyderabad）、布巴内什瓦（Bhubaneshwar）、普里（Puri）、卡塔卡（Cuttack）、杰普尔（Jaipur）、拉克瑙（Lucknow）、阿杰米尔（Ajmer）、布哈拉特普尔（Bharatpur,）、久德普尔（Jodhpur）和比莱（Bhilai）。

5.5.3 玛亥拉—萨玛克亚计划（MS）

玛亥拉—萨玛克亚计划（Mahila Samakhya，MS）致力于解决在接受教育机会和取得教育成效方面的传统的性别不平衡问题。它包括鼓励女性（特别是来自社会和经济上的弱势群体和边缘群体）去解决和处理孤独、自信心缺乏、残酷的社会传统以及生存斗争等问题，所有的这些问题都阻碍女性获得应有的权利[①]。

5.5.4 全国女童基础教育计划（NPEGEL）

全国女童基础教育计划（National Programme for Girls Education at Elementary Level，NPGEEL）为初等教育阶段的穷困/弱势女童提供附加的额外教育。该计划在教育落后的区（EBBs）实施，在这些区，农村女性文化水平低于国家平均值，但是性别差距却高于国家的平均值，该计划还在特别种姓阶级/原住民族人口占至少5%的区，以及特别种姓阶级/原住民族中有读写能力的女性低于10%（以1991年人口普查为基础）的区实施。

---

① Department of school education and literacy and department of higher education of Ministry of human resource development of Government of India. (2006). *Annual report* 2004—05 . New Delhi: Dolphin Printo Graphics, p. 37.

5.5.5　希克沙—卡米计划（SKP）

希克沙—卡米计划（Shiksha Karmi Project，SKP）的目标是在拉贾斯坦邦偏远、贫瘠以及社会经济落后的村庄普及初等教育以及提高初等教育质量，并给予女童以特别关注。值得注意的是，在 SKP 学校，74% 的学生来自特别种姓阶级，原住民族和哥伦比亚的原住民族。

5.5.6　卡斯特尔巴—甘地—巴厘卡—维德亚拉亚计划（KGBV）

按照卡斯特尔巴—甘地—巴厘卡—维德亚拉亚计划（Kasturba Ghandhi Balika Vidyalayas，KGBV），在不同地区为处于初等教育阶段且绝大部分属于特殊种姓阶级、原住民族、哥伦比亚的原住民族以及宗教上的少数派的女童建立了 750 所配有寄宿设施的寄宿学校。该计划只适用于那些得到认证的教育落后区（EBBs），根据 2001 年的人口调查数据，农村女性文化水平低于国家平均值而性别差距却高于国家平均水平。在这些区中，可能会在部落人口较集中、女性文化水平较低以及有大批辍学女童的区域设立学校[1]。

---

① Department of school education and literacy and department of higher education of Ministry of human resource development of Government of India. (2006). *Annual report* 2004—05 . New Delhi：Dolphin Printo Graphics，p. 42.

6 中国、印度基础教育均衡
发展改革的启示

6.1 中国基础教育均衡发展对印度的启示

6.1.1 加快落后地区的经济发展水平

区域均衡发展是基础教育区域均衡发展的经济基础。党的十六届六中全会《决定》提出："继续推进西部大开发，振兴东北地区等老工业基地，促进中部地区崛起，鼓励东部地区率先发展……推动各地区共同发展。"党的十七大报告中再次强调"推动区域协调发展，优化国土开发格局，缩小区域发展差距，必须注重实现基本公共服务均等化。"各地在社会经济发展上协调发展了，各地间的经济及收入差距处于比较合理的范围内，人们才有能力为教育买单，在基础教育这种公共产品的供给上，各地方政府的公共支出能力差距也不过于悬殊，基础教育具备了公共及私人支付能力的比较公平的环境，也能得以比较均衡的发展。另外，中央及地方政府要明确划分各自权限（事权与财权），在教育制度及政策供给上对落后地区有所倾斜，加快落后地区的基础教育发展，才有利于促进基础教育的均衡发展。中国政府也正致力于促进全国范围内的区域均衡发展，推出了很多区域社会经济发展的国家战略，如西部大开发、振兴东北老工业基地，以及各种致力于缩小各地经济发展差距的区域经济发展规划。

农村受教育群体与城市受教育群体相比始终处于落后和弱势的地位，因此城乡均衡发展是基础教育城乡均衡发展的前提。为了增加农民收入，发展农村社会经济，中国政府在2000年后就开始推进解决"三农"问题，把解决"三农"问题放在优先位置，更多地关注农村、关心农民、支持农业，实现城乡协调发展，政府每年的一号文件都是涉农文件。近些年来政府又通过各种综合实验改革区的形式来统筹城乡发展，把城乡作为一个整体，实行城乡统一筹划，推进城乡一体化发展。另外，统筹城乡国民教育经费投入，为城乡教育均衡发展提供经费保证。2006年开始的"农村义务教育经费保障机制改革"为农村提供了大量经费，在一定程度上缩小了城乡差距。

6.1.2　重点解决农村、流动儿童子女的受教育问题

中国的基础教育发展当前主要是农村教育问题，在今后相当长一段时间内也主要是解决农村教育问题。随着"农村义务教育经费保障机制改革"的推进，将会进一步有力缩小城乡差距。

但是随着中国城市化进程的加快，也产生了大量的流动儿童和农村留守儿童，对他们教育困难的解决也是促进中国基础教育均衡发展的重要环节。流动人口子女入学存在"入学难"和"学费贵"的问题。中国政府于2010年公布的《国家中长期教育改革和发展规划纲要（2010—2020年）》中指出"坚持以输入地政府管理为主、以全日制公办中小学为主，确保进城务工人员随迁子女平等接受义务教育，研究制定进城务工人员随迁子女接受义务教育后在当地参加升学考试的办法。建立健全政府主导、社会参与的农村留守儿童关爱服务体系和动态监测机制。加快农村寄宿制学校建设，优先满足留守儿童住宿需求。采取必要措施，确保适龄儿童少年不因家庭经济困难、就学困难、学习困难等原因而失学，努力消除辍学现象。"今后中国流动儿童及留守儿童平等接受义务教育将得到进一步的保障。

6.1.3 普及是基础，发展是硬道理，均衡发展才是终极目标

中国虽然通过"两基攻坚"计划实现了义务教育的全面普及，入学率是上去了，解决了"有学上"的问题，但是"有好学上"和"上好学"问题还比较突出。目前很多落后地方以及农村地区，与发达地区和城市相比，其学校基础设施、教师及校长资源还很不均衡，不是所有人都"有好学上"。因此中国义务教育今后发展的方向应该是进一步通过基本办学条件/标准的制订，让绝大多数学校都达到全国最低的办学标准，在此基础上实现教师、校长等软资源的均衡配置，从而提高落后地区和农村地区的教育质量，真正实现有质量的"上好学"。最后，最高境界是正如《教育发展规划纲要》的教育发展战略目标里所说的那样，"形成惠及全民的公平教育……努力办好每一所学校，教好每一个学生……"这才是真正的"坚持以人为本、推进素质教育……"每个人不论其出生地、民族、性别、身体状况，都享有大致均等的入学机会，在基本办学条件及师资条件均等配置的前提下，实现如考试从成绩及升入中学机会一类的教育质量的大致均等，最终实现个人的全面发展。

6.1.4 从"一费制"到"两免一补"有效减轻了学生家庭负担

中国在义务教育阶段长时间向学生征收各种名目的费用，在很长时间内成了家长一大负担，曾出现"人民教育人民办"和"上学贵"的问题，自从2004年的"一费制"改革后，有效地规范了收费，要求在严格核定杂费、课本费（包括教科书、作业本费）的基础上，一次性统一向学生收取费用，收费项目包括杂费、课本费和作业本费，除这些名目的费用外不允许学校再向学生家长收取任何名目的费用，这在一定程度上减轻了学生家长的经济负担。2006年开始的"新机制改革"，对农村地区及贫困家庭子女实行"两免一补"政策，这又进一步减轻了学生家长每生每年300—600元的负担。现在中国义务教育可以说正在迈向"真正免费"的"义务教育"。

6.1.5 中央转移支付的重要促进作用

义务教育财政转移支付数额在 21 世纪初还很小，中央对地方主要有
"贫困地区义务教育工程"专款、"义务教育危房改造工程"专款等，仅为
义务教育总支出的 1% 左右①。到 2005 年，中央政府负担的义务教育经费占
总量的 5% 左右，到 2008 年后，大概能提高到 8% 以上，而且按照目前中央
和地方财政收入的比例（2006 年中央财政收入占全国财政收入的 52.18%），
中央财政负担义务教育财政性经费的比例是否合适，以及能否发挥平衡地区
差距的作用仍存有疑问②。

但是通过"贫困地区义务教育工程"专款、"义务教育危房改造工程"、
"两基攻坚"、"农村义务教育经费保障机制改革"等项目为贫困地区、西部
地区、农村地区转移支付了上千亿的费用，对缩小区域差距、城乡差距起到
了一定的促进作用。2010 年出台的《教育发展规划纲要》又指出"进一步
加大农村、边远贫困地区、民族地区教育投入。中央财政通过加大转移支
付，支持农村欠发达地区和民族地区教育事业发展，加强关键领域和薄弱环
节，解决突出问题。"

6.2 印度基础教育均衡发展对中国的启示

6.2.1 修改宪法，从宪法层次保障接受基础教育是每个公民的
基本权利

印度于 1976 年修订的宪法规定中央联邦政府和邦政府都有责任来共同

---

① 王善迈：《中国义务教育财政制度改革构想》，《中国教育报》2002 年 3 月 12 日。
② 孙志军、杜育红：《中国义务教育财政制度改革：进展、问题与建议》，《华中师范大学学报
（人文社会科学版）》2010 年第 1 期，第 113—119 页。

努力办好教育，现在邦政府的教育责任基本上没有太大变化，中央联邦政府承担的责任却越来越大了。印度中央政府重视基础教育，最直接和最高级地体现就是从修改宪法做起，把接受基础教育作为儿童的基本权力，"修改宪法并规定把6—14岁孩子接受免费的强制性教育作为他们的一项基本权力"的《基础教育作为基本权力法案》于2002年12月得以通过；随后又于2005年11月14日颁布了《教育权利法案2005》，于2009年8月27日颁布了《儿童免费义务教育权利法案2009》，旨在强化宪法第86修正案的规定，除了继承以前制定的政府应该提供免费义务教育的规定外，还进一步明确了政府对未入学儿童的责任，尤其是明确中央政府的责任。

把教育作为基本权利的概念，能产生许多不同水平上的创新：

首先，"权利意识"的传播能对以社团与性别为基础的歧视提供政治组织与之作斗争，而这是产生对具有公平机会接受有质量基础教育的"社会一致意见（社会舆论）"的工具。

其次，诉讼及诉讼的威胁能极大地提高地方社区对抗邦政府及全国的官僚机构以及其他权力中心的讨价还价的能力。

第三，成功的诉讼能改变政府的预算优先权，开启朝向教育的更可信的制度承诺。例如，这种承诺在西玛恰尔—普雷德仕邦的教育成就中起了决定性作用①。

6.2.2 提高教师水平与数量是满足高质量基础教育的重要先决条件

印度教师缺编严重，为了满足普及义务教育需要，雇用了大量兼职教师。2007年印度所有开展基础教育的学校中兼职教师所占比例高达10.4%，高于2008年中国普通中学（含普通高中）代课及兼任教师占所有教师的

---

① PHILIP, A., NEHAL, B. (2005). *Human rights and public goods: education as a fundamental right in India*. New York: Center for human rights and global justice working paper economic, social and cultural rights series number 5, School of law University of New York, pp. 28–30.

2.11%、小学代课及兼任教师占所有教师的 4.19%。为了解决教师短缺问题，《儿童免费义务教育权利法案 2009》第 25 条规定，"在该法案实施后的6 个月内各级政府应确保每所学校的生师比达到国家规定的标准。为了保证达到规定的生师比，各学校在岗教师不得再调到其他学校或转换到其他非教育目的的岗位。"第 26 条规定，"那些直接或间接由各级政府认证的学校要确保控制其学校的教师空缺数不能超过国家规定的额定编制数的 10%。"第27 条规定，"任何教师不许被配置到非教育目的的岗位上去，除非是被用于每十年一度的人口普查、赈灾工作、地方政府或邦议会的选举工作。[①]"

除了不允许教师转行和控制编制空缺额，印度中央政府还规定教师一旦入职后由政府统一调配，分配到具体的地区和学校，并且保证同工同酬。《国家教育政策 1992》中第 9 章第 2 条规定，"在全国范围内应努力在教师的相同的工资、工作条件以及争端解决机制方面达到一个比较可观/合理的目标。在为达至教师的任命和转行或调动方面的目标要建立全国性的指导纲领。"[②] 另外印度基础教育阶段教师的工资也是比较高的，在 21 世纪初就达到起薪 150 美元，相比同期中国义务教育阶段教师工资来说还是比较高的。这种高起薪也有利于吸引优秀人才进入教师队伍，提高教育质量。

6.2.3　免费午餐计划对提高入学率与巩固率的重要促进作用

印度政府通过免费午餐计划一方面不仅大幅度提高了入学率，另一方面也降低了辍学率，提高了教师和学生的出勤率。

全国小学营养支持计划（MDM）在 1997—1998 年已被引入到全国所有社区，到 2002 年该计划的实施对象得以扩展，不仅涵盖了公立学校 1—5 年级的所有学生，也涵盖了政府资助的地方机构办的学校，以及那些在"教

---

① Legislative department of Ministry of law and justice of Government of India. (2009). The right of children to free and compulsory education act, 2009 (No. 35of 2009). New Delhi: the 27th August, p. 8.

② Department of education of Ministry of human resource development of Government of India. (1992). *National policy on education 1986 (as modified in* 1992). New Delhi: the 7th May, p. 32.

育保证计划"及"选择与创新教育计划"所举办的教学点（中心）上学的孩子。MDM 是当今世界上最大的学校食物计划，受益学校（教育保证计划下的教学中心/点）超过 95 万所。截至 2007 年 10 月免费午餐计划覆盖了全国近 1.174 亿儿童，其中初级小学阶段覆盖了 8240 万儿童，高级小学阶段覆盖了 3500 万儿童，扩展的免费午餐计划将全国教育落后的 3479 个地区的6—8 年级的高级小学阶段的学生也纳入计划实施范围，到 2008—2009 年度将涵盖全国所有地区的学生。

据普雷嘎啼—萨尤嘎（Pragati Sahyog）研究小组（2005）对曼德亚—普雷德仕邦 70 个最落后村庄进行了调查，结果表明入学率提高了 15%，在表列部落地区更显著地提高了 43%。另据多瓦德（Dharwad）大学的拉玛—耐克（Rama Naik）博士在"关于卡纳塔克邦（Karnataka）的阿克莎拉—达叟哈（Akshara Dasoha）地区的报告"（2005）中发现，实行免费午餐地区的小学生入学率急剧上升，特别是农村地区；该计划对老师的旷课情况也有影响：64% 的学校表示老师的旷课率已经降低。有研究表明免费午餐计划在普达切瑞中央联盟区的执行情况显示，高级小学阶段儿童的辍学率由2004—2005 年的 7.16% 下降至 2007—2008 年的 3%[1]。法扎纳—阿弗雷蒂（Farzana Afridi）（2010）的研究表明，免费午餐计划实施后一年级女生的出勤率上升了 12.4%[2]。

6.2.4 自力更生与争取外援两不误

如果政府要实现全体居民都有读写能力（普及基础教育），必须将教育经费占国内生产总值的比例提高到 6%—7%，2%—3% 的增长需要持续几年，才能为将来全民实现较高程度的读写能力提供充足的保障。但是这

---

[1] SUJATA, S. (2009). *Visit of adviser to review the implementation of the flagship programmes of Pondicherry.* New Delhi: 14 December, pp. 11 - 12.

[2] FARZANA, A. (2010). *T he impact of school meals on school participation evidence from rural India* [R]. New Delhi: India statistical institute Delhi planning unit discussion papers in economics discussion paper 10—02, p. 16.

2%—3%的经费增长不能完全靠中央政府提供，需要额外的资源来实现印度的教育目标。为了解决基础教育经费短缺问题，印度政府积极动员社会资源，并征收2%的教育税，这将每年增加400亿—500亿卢比，占中央和邦政府每年用于基础教育总经费的10%—12%。

另外，可以通过分权化改革调动民间的办学积极性，也能取得比较理想的效果，村教育委员会及村务委员会的积极参与，已经分担了邦政府的教育与医疗责任。以曼德亚—普雷德仕邦为例，自从该邦于1997年实施基础教育分权计划后，3年内新建了3万所新学校，使很多部落子女及女孩得以入学①。

另一方面，印度政府也积极争取世界银行、英联邦、欧盟、荷兰、联合国儿童基金会、联合国开发计划署、英国海外发展部、瑞典国际发展部的国际援助与低息贷款。外部援助资金从1993—1994年的3.7亿卢比增长到2001—2002年的121亿卢比（以现价计算），中央政府用于教育援助的计划同期从5%增长到20%。作为中央政府基础教育计划经费的一部分，外部援助资金的份额从10%增长到30%。世界银行及其姊妹机构国际开发协会与美国国际开发署的资助经费在支持"地区小学教育发展计划（DPEP）"、"全国普及基础教育计划（SSA）"中发挥了重要作用。

6.2.5 印度政府最高层领导的角色参与和各类全国委员会的建立保障普及与均衡基础教育发展

印度政府非常重视对普及与均衡基础教育发展的领导，中央联邦政府总理经常是各个全国教育委员会的主席，保证了委员会从国家最高层的领导和参与，从而保障了项目的有效进行。如印度中央联邦政府总理是SSA计划全国委员会的主席，这也保证了该项目得到最高水平的关照，从国家最高领导的倾力关注保证了该项目得以较高质量的执行。中央联邦政府于2004年

---

① SANTOSH, M. (2006). Reforming elementary education in India: a menu of options. *International Journal of Educational Development*, (26): 261‐277.

11 月 11 日成立了全国少数民族教育委员会，为中央及邦政府提供关于少数民族教育的政策建议，并发布了少数民族教育委员会 2004 年行动计划①。在《教育权利法案 2005》的第 33 条规定"中央政府应该成立全国义务教育委员会以不断地监控该法案的执行，推荐必要的地方需要的修改措施，并行使该项法案规定的权利或执行该法案规定的其他功能。全国义务教育委员会的主席及各个专家委员须由总理、洛克—沙布哈（Lok Sabha）发言人、部长、人力资源部、议会两院的反对党领导人组成的委员会的推荐并由总统任命。"

　　总之，印度基础教育的发展与中国相比，虽然在普及水平上（尤其是还存在较高的辍学率）以及基本办学条件上还存在明显的差距，但是印度政府在普及的过程中不断地采取各种有效措施推动基础教育在区域间、群体间、性别间的均衡发展，而且印度基础教育在生均预算内经费的离差程度要低于中国，而且其中央政府对基础教育投入的贡献率要远大于中国。如中国初等教育（1—9 年级）预算内生均教育经费各地区间的离差程度 2008 年为 0. 866，而印度初等教育（1—8 年级）预算内生均教育经费的离差程度 2007 年仅为 0. 620（而且呈下降趋势）。印度中央政府对基础预算内教育经费的贡献达到将近 30%，而中国的仅达到 10% 左右，就全国总教育经费而言，印度公共教育经费占 GDP 的比例一直高于中国 1 个百分点左右。

　　因此，印度政府的很多做法还是值得基础教育发展中存在明显的区域差距和中央投入不足的中国学习和借鉴的。

---

① Department of school education and literacy and department of higher education of Ministry of human resource development of Government of India. （2006）. *Annual report* 2004—05 . New Delhi：Dolphin Printo Graphics，p. 42.

参 考 文 献

中文论著及年鉴文献：

1. ［法］卢梭：《论人类不平等的起源和基础》，李常山译，商务印书馆1982年版。

2. ［美］罗伯特·诺齐克：《无政府、国家与乌托邦》，何怀宏等译，中国社会科学出版社1991年版。

3. ［美］迈克尔·谢若登：《资产与穷人——一项新的美国福利政策》，高鉴国译，商务印书馆2005年版。

4. ［美］西奥多·W.舒尔茨：《论人力资本投资》，吴珠华等译，北京经济学院出版社1990年版。

5. ［印度］阿马蒂亚·森：《以自由看待发展》，任赜等译，中国人民大学出版社2002年版。

6. ［印度］莫昆丹·M.V.、马克·贝磊：《印度喀拉拉邦的教育分权计划理想与现实》，沈有禄等译，《教育研究》2005年第3期。

7. 包金玲：《"以县为主"教育管理体制与教育均衡发展——对全国地县教育局长的专题调查分析》，《河北师范大学学报（教育科学版）》2007年第3期。

8. 鲍传友：《中国城乡义务教育差距的政策审视》，《北京师范大学学报（社会科学版）》2005年第3期。

9. 陈东生：《区域基础教育均衡发展研究——政府教育经营理论创建与实

践机制选择》，山东科学技术出版社 2007 年版。

10. 陈栋生：《构建协调发展的区域经济新格局》，《西南民族大学学报（人文社科版）》2008 年第 1 期。

11. 成刚：《省内义务教育财政公平研究——基于西部某省小学数据的经验分析》，《清华大学教育研究》2008 年第 5 期。

12. 崔瑛、刘颂：《义务教育财政分权与我国城乡义务教育发展差异》，《吉林省教育学院学报》2007 年第 2 期。

13. 杜育红：《教育发展不平衡研究》，北京师范大学出版社 2000 年版。

14. 范先佐等：《中国中西部地区农村中小学合理布局结构研究——基于对中西部地区 6 省区 38 个县市 177 个乡镇的调查与分析》，中国社会科学出版社 2009 年版。

15. 顾明远、石中英主编：《国家中长期教育改革和发展纲要规划（2010—2020 年）解读》，北京师范大学出版社 2010 年版。

16. 胡俊超：《区域经济协调发展的路径依赖》，《特区经济》2006 年第 6 期。

17. 黄平：《重释教育的不平等性与社会分层问题》，《当代教育论坛》2006 年第 6 期。

18. 蔡闯：《教育收费政策解读》，《中国教育报》2006 年 5 月 23 日至 6 月 2 日。

19. 井明：《基础教育资源配置问题研究》，中国人民大学 2006 年博士学位论文。

20. 雷万鹏、张婧梅：《学校布局调整应回归教育本位——对学校撤并标准的实证分析》，中国教育经济学会年会论文集 2010 年。

21. 李波：《城乡经济协调发展中的教育均衡问题》，《齐鲁学刊》2005 年第 4 期。

22. 厉以宁：《关于教育产品的性质和对教育的经营》，《教育发展研究》1999 年第 10 期。

23. 刘立峰：《统筹城乡义务教育的财政转移支付研究》，《中国投资》2008

年第 11 期。

24. 刘颂：《义务教育财政体制变迁的经济学分析——从城乡义务教育发展不平衡角度》，《云南社会科学》2006 年第 5 期。

25. 刘贤伟：《印度以地区办学为主的基础教育政策之得与失》，《外国中小学教育》2007 年第 9 期。

26. 曲恒昌：《印度普及义务教育的目标期限为何一再推延》，《比较教育研究》1994 年第 4 期。

27. 上海财经大学课题组：《公共支出评价》，经济科学出版社 2006 年版。

28. 沈百福、俞诗秋：《中国省级地方教育投资的区域比较研究》，《教育与经济》1994 年第 4 期。

29. 沈有禄：《基础教育资源配置公平研究》，北京师范大学博士学位论文 2008 年。

30. 沈有禄：《教师资源配置不均衡的实证研究——湖北、甘肃、北京小学教师队伍状况比较研究》，《教育科学》2007 年第 1 期。

31. 沈有禄：《教育政策的执行过程分析与价值分析——兼论"两免一补"政策及其改进》，《教育科学研究》2008 年第 1 期。

32. 沈有禄、谯欣怡：《印度基础教育发展的困境与出路》，《外国中小学教育》2009 年第 5 期。

33. 沈有禄：《印度小学免费午餐计划及其启示》，《比较教育研究》2011 年第 6 期。

34. 宋家乐：《农村义务教育经费财政保障机制研究》，东北师范大学 2006 年硕士学位论文。

35. 宋秀琚：《印度农村基础教育服务及其启示》，《外国教育研究》2008 年第 5 期。

36. 孙霄兵等：《教育的公正与利益——中外教育经济政策研究》，华东师范大学出版社 2005 年版。

37. 陶应虎等：《统筹城乡的国际经验及启示》，《农村经济》2006 年第 10 期。

38. 万广华：《经济发展与收入不均等：方法和证据》，上海三联书店 2006 年版。

39. 王蓉：《我国义务教育经费的地区差异研究》，闵维方等主编《为教育提供充足的资源——教育经济学国际研讨会论文集》，人民教育出版社 2002 年版。

40. 王善迈等：《重构我国公共财政体制下的义务教育财政体制》，《北京大学教育评论》2005 年第 4 期。

41. 王善迈、袁连生：《建立规范的义务教育财政转移支付制度》，《教育研究》2002 年第 6 期。

42. 王善迈：《优先发展亟须投入保障——关于财政性教育经费占 GDP 4% 目标的若干思考》，《中国教育报》2009 年 1 月 13 日。

43. 王善迈：《教育公平的分析框架和评价指标》，《北京师范大学学报（社会科学版）》2008 年第 3 期。

44. 王小和、张艳：《城乡义务教育差距的经济影响分析》，《农业经济》2007 年第 9 期。

45. 吴庆：《公平述求与贫困治理——中国城市贫困大学生群体现状与社会救助政策》，社会科学文献出版社 2005 年版。

46. 徐加明：《区域经济协调发展与构建和谐社会》，《理论学刊》2007 年第 4 期。

47. 许建美：《论影响印度基础教育政策的因素》，《比较教育研究》2005 年第 10 期。

48. 薛海平：《我国义务教育质量与资源配置公平研究》，中国教育经济学会年会论文集 2008 年。

49. 杨东平：《中国教育公平的理想与现实》，北京大学出版社 2006 年版。

50. 杨仁毅：《协调城乡教育资源优化配置——农村教育发展战略探讨》，《职教论坛》2004 年第 4 期。

51. 叶平、张传萍：《基础教育生均预算内公用经费基尼系数的再考查——兼与杨颖秀教授商榷》，《教育研究》2007 年第 2 期。

52. 余秀兰：《中国教育的城乡差异：一种文化再生产现象的分析》，教育科学出版社 2004 年版。

53. 袁连生、王善迈：《义务教育财政转移支付制度研究》，见中央教育科学研究所主编《2001 中国基础教育发展研究报告》，教育科学出版社 2002 年版。

54. 袁振国：《建立教育发展均衡系数切实推进教育均衡发展》，《人民教育》2003 年第 6 期。

55. 翟博：《教育均衡论：中国基础教育均衡发展实证分析》，人民教育出版社 2008 年版。

56. 张茂聪、褚金光：《教育组团：区域教育均衡发展的新途径——山东省广饶县教育均衡发展的实践探索》，《教育研究》2008 年第 4 期。

57. 张民选：《理想与抉择——大学生资助政策的国际比较》，人民教育出版社 1999 年版。

58. 张瑞英：《发展中国家基础教育发展政策的比较研究——以中国、印度、巴西为例》，《牡丹江师范学院学报（哲社版)》2008 年第 5 期。

59. 张素蓉：《中国西部农村基础教育经济政策研究——以四川省为例》，北京师范大学 2007 年博士学位论文。

60. 赵振华：《运用非均衡政策实现区域经济协调发展》，《中国党政干部论坛》2004 年第 7 期。

61. 赵中建：《印度的初等教育普及化目标》，《比较教育研究》1995 年第 1 期。

62. 中华人民共和国教育部财务司、国家统计局社会和科技统计司主编：《中国教育经费统计年鉴 2004》，中国统计出版社 2005 年版。

63. 中华人民共和国教育部财务司、国家统计局社会和科技统计司主编：《中国教育经费统计年鉴 2005》，中国统计出版社 2006 年版。

64. 中华人民共和国教育部财务司、国家统计局社会和科技统计司主编：《中国教育经费统计年鉴 2006》，中国统计出版社 2007 年版。

65. 中华人民共和国教育部财务司、国家统计局社会和科技统计司主编：

《中国教育经费统计年鉴 2007》，中国统计出版社 2008 年版。

66. 中华人民共和国教育部财务司、国家统计局社会和科技统计司主编：《中国教育经费统计年鉴 2008》，中国统计出版社 2009 年版。

67. 中华人民共和国教育部财务司、国家统计局社会和科技统计司主编：《中国教育经费统计年鉴 2009》，中国统计出版社 2010 年版。

68. 中华人民共和国教育部发展规划司主编：《中国教育统计年鉴 2003》，人民教育出版社 2004 年版。

69. 中华人民共和国教育部发展规划司主编：《中国教育统计年鉴 2004》，人民教育出版社 2005 年版。

70. 中华人民共和国教育部发展规划司主编：《中国教育统计年鉴 2005》，人民教育出版社 2006 年版。

71. 中华人民共和国教育部发展规划司主编：《中国教育统计年鉴 2006》，人民教育出版社 2007 年版。

72. 中华人民共和国教育部发展规划司主编：《中国教育统计年鉴 2007》，人民教育出版社 2008 年版。

73. 中华人民共和国教育部发展规划司主编：《中国教育统计年鉴 2008》，人民教育出版社 2009 年版。

74. 中央教育科学研究所教育政策分析中心：《义务教育均衡发展是实现教育公平的基石》，《教育研究》2007 年第 2 期。

75. 朱家存：《教育均衡发展政策研究》，中国社会科学出版社 2003 年版。

中文网络文献：

1. ［一丹两会信箱］《教育部长谈农村义务教育》，中央电视台新闻网，［2007－03－05］。http：//news. cctv. com/china/20070305/105442. shtml。

2. 《百姓·民生——共享基本公共服务 100 题》之 10。《改革开放以来中国居民的受教育程度发生了怎样变化?》，中国共产党新闻网，［2010－12－22］。http：//theory. people. com. cn/GB/68294/117763/6976266. html。

3. 《关于对全国农村义务教育阶段学生免收学杂费的实施管理办法》财教

[2006] 4 号，全国农村义务教育经费保障机制改革网，[2006 - 08 - 01]。http：//www. qgbzb. cee. edu. cn/article_ show. asp? articleid = 192。

4. 《关于认真做好农村义务教育免除学杂费政策宣传材料发放和张贴工作的通知》教财司函 [2006] 7 号，全国农村义务教育经费保障机制改革网，[2006 - 08 - 01]。http：//www. qgbzb. cee. edu. cn/article_ show. asp? articleid = 200。

5. 《国务院关于深化农村义务教育经费保障机制改革的通知》国发 [2005] 43 号，全国农村义务教育经费保障机制改革网，[2006 - 08 - 01]。http：//www. qgbzb. cee. edu. cn/article_ show. asp? articleid = 196。

6. 百度百科：《购买力平价》，百度网，[2010 - 12 - 20]。http：//baike. baidu. com/view/301057. htm。

7. 财政部新闻办公室：《2007—2009 年全国财政将新增 470 亿元完善农村义务教育经费保障机制》，中华人民共和国财政部教科文司网站，[2007 - 11 - 28]。http：//jkw. mof. gov. cn/zhengwuxinxi/tourudongtai/200807/t20080725_ 58875. html。

8. 陈小娅（国家"两基"攻坚办）：《国家西部地区"两基"攻坚计划（2004—2007 年）完成情况（的汇报）》，中华人民共和国中央政府门户网站，[2010 - 03 - 25]。http：//www. gov. cn/wszb/zhibo177/content_ 818059. htm。

9. 陈至立：《巩固"两基"攻坚成果，不断提高农村义务教育水平——在国家西部地区"两基"攻坚总结表彰大会上的讲话》，中国人民共和国教育部门户网站，[2010 - 03 - 25]。http：//www. moe. gov. cn/publicfiles/business/html-files/moe/moe_ 176/200802/31838. html。

10. 高文书：《留守和流动儿童教育现状》，中国网，[2011 - 02 - 11]。http：//www. china. com. cn/news/zhuanti/09rkld/2009 - 12/21/content_ 19106126. htm。

11. 中华人民共和国国家统计数据库，http：//219. 235. 129. 58/clicksortall. do。

12. 《国务院总理温家宝作 2011 年政府工作报告》，中国网，[2011 - 03 - 10]。http：//www. china. com. cn/policy/txt/2011 - 03/05/content_ 22061667. htm。

13. 《寄宿学生倍增"一补"范围亟待提高》，凤凰网，[2010 - 03 - 29]。

http：//v. ifeng. com/news/society/201103/d0ce4137 – ad6d – 4a9a – a79f – d4c92d57d175. shtml。

14. 马扬：《农村中小学布局调整"后遗症"辍学率出现反弹》，中国新闻网，［2010 – 12 – 22］。http：//www. chinanews. com/edu/edu-jygg/news/2009/10–06/1898666. shtml。

15. 《农村义务教育经费保障机制改革工作简报》第9期（总第18期），全国农村义务教育经费保障机制改革网站，［2007 – 09 – 12］。http：//www. qgbzb. cee. edu. cn/show_ news. jsp？id＝1328。

16. 《全国230万中小学生辍学》，华夏网，［2006 – 12 – 08］。http：//www. chinatimes. cc/Article/ZGXW/2006 – 12 – 08/43222. html。

17. 全国政协委员（驻广东省）视察团：《关于新疆维吾尔自治区义务教育情况的视察报告摘要》，人民网，［2011 – 02 – 11］。http：//www. people. com. cn/GB/34948/34951/34956/2988719. html。

18. 王一鸣等：《城乡二元结构：体制性因素和改革对策》，中国城市发展网，［2007–08–25］。http：//www. chinacity. org. cn/csll/20574. html。

19. 温家宝：《推进财政改革 让人民的钱为人民谋利益》，腾讯新闻网，［2008–03–18］。http：//news. qq. com/a/20080318/004827. htm。

20. 于泽远：《人大代表和学者：实际收入远高于公布数字，财政实入9万亿干什么了?》，联合早报网，［2008 – 03 – 06］。http：//www. zaobao. com/special/ npc/pages3/npc080306. shtml。

21. 张莺：《广西都安县部分农村小学生"顿顿吃黄豆蒸饭"调查》，新华网，［2011–03–29］。http：//news. xinhuanet. com/politics/2011–03–29/c_ 121245095. htm。

22. 中共中央，国务院：《中国教育改革和发展纲要》（中发［1993］3号），中华人民共和国教育部门户网站，［2010 – 03 – 25］。http：//www. moe. gov. cn/publicfiles/business/htmlfiles/moe/moe_ 177/200407/2484. html。

23. 中国地方统计公报数据中心，http：//database. cc. cn/district/tjgb/nf/03/index. shtml。

24. 《中国概况》，中华人民共和国中央人民政府门户网站，［2011–01–22］。

http：//www. gov. cn/test/2005−08/11/content_ 27116. htm。

25. 中华人民共和国国家统计局网站国际统计数据 http：//www. stats. gov. cn/tjsj/qtsj/gjsj。

26. 《中国民族》，中华人民共和国中央人民政府门户网站，[2011−01−22]。http：//www. gov. cn/test/2005−07/26/content_ 17366. htm。

27. 中华人民共和国国家统计局网站，http：//www. stats. gov. cn/tjsj/ndsj/。

· 28. 中华人民共和国国务院：《国家西部地区"两基"攻坚计划（2004—2007年)》(国办发［2004］020 号），人民网，[2010−03−25]。http：//www. people. com. cn/GB/jiaoyu/8216/42366/42375/3099489. html。

29. 专刊：《透视新义务教育法三项特征六大亮点》，新华网，[2010−12−22]。http：//news. xinhuanet. com/edu/2006−06/30/content_ 4769537. htm。

英文论著及年鉴文献：

1. ABHIJEET, S. (2007). *Promoting business environment in south Asia public sector education in India：challenges ahead*. Colombo：Paper prepared for presentation at the 4th South Asian Economics Students' Meet in the session "Promoting Business Environment in South Asia" organized by the University of Colombo, Sri Lanka in February.

2. ABHIROOP, M., CHANDRASEKHAR, S. (2006). Does cost of primary education matter：evidence from rural India. *Economic and Political Weekly*, September.

3. AIDE, M., Government of India. (2008). *Sarva Shiksha Abhiyan (SSA) 8th Joint Review Mission of Sarva Shiksha Abhiyan*. New Delhi：21st to 31st July.

4. ANANT, K. S. F., MDM division of Department of school education and literacy of Ministry of human resource of Government of India. (2009). No. 1−1/2009−Desk (MDM). New Delhi：24th November.

5. ANUGURAL, N. R. (2007). *Elementary education in India：reflections on the changing public policy in the era of liberalization*. New Delhi：National university of ed-

ucational planning and administration.

6. ARUN, C. M. (2010). *Elementary Education in India: Progress Towards UEE (Analytical Tables* 2007—08). New Delhi: International Print-o-Pac Limited.

7. Bureau of planning, monitoring and statistics of Ministry of human resource development of Government of Inida. (2009) . *Statistics of School Education* 2006—07. New Delhi.

8. Bureau of planning, monitoring and statistics of Ministry of human resource development of Government of Inida. (2010) . *Statistics of School Education* 2007—08. New Delhi.

9. DEEPA, R. , CHAUHAN, S. S. S. (2007). *The relationship between public expenditure and status of education in India: an input-output approach.* Istanbul: Paper to be presented at special session on "Modeling micro-macro interdependencies in input output framework" sixteenth international input output conference at Istanbul technical university, Turkey.

10. Department of education of ministry of human resource development of Government of India. (1992). *National policy on education* 1986 (*as modified in* 1992). New Delhi, the 7th May.

11. Department of school education and literacy and department of higher education of Ministry of human resource development of Government of India. (2006). *Annual report* 2004—2005. New Delhi: Educational Consultants India Limited.

12. Department of school education and literacy and department of higher education of Ministry of human resource development of Government of India. (2007). *Annual report* 2005—06 . New Delhi: Dolphin Printo Graphics.

13. Department of school education and literacy and department of higher education of Ministry of human resource development of Government of India. (2008). *Annual report* 2006—07 . New Delhi: Dolphin Printo Graphics.

14. Department of school education and literacy and department of higher education of Ministry of human resource development of Government of India. (2009).

Annual report 2007—08 . New Delhi: Dolphin Printo Graphics.

15. Department of school education and literacy and department of higher education of Ministry of human resource development of Government of India. (2011). *Annual report* 2009—10 . New Delhi: Dolphin Printo Graphics.

16. Department of school education and literacy of Ministry of human resource development of Government of India. (2006). *National programme of nutritional support to primary education*, 2006 (*mid-day meal scheme*) *guidelines*. New Delhi.

17. FARZANA, A. (2007). *The impact of school meals on school participation: evidence from rural Inida*. New Delhi.

18. FARZANA, A. (2010). *T he impact of school meals on school participation evidence from rural India*. New Delhi: India statistical institute Delhi planning unit discussion papers in economics discussion paper 10—02.

19. JOS, M. , MAHENDRA, D. (2004). Social sector priorities: an analysis of budgets and expenditures in India in the 1990s. *Development policy review*, 22 (1).

20. KIN, B. W. , VENITA, K. and DEEPA, S. (2005). The quiet revolution: how India is achieving universal elementary education. *Finance and development*, 42 (2).

21. LALIT, K. (2009). Mid-day meal scheme: How is it faring in India?. *Merinews*, Tue, Apr 14.

22. Legislative department of Ministry of law and justice of Government of India. (2009). *The right of children to free and compulsory education act*, 2009 (*No. 35of* 2009). New Delhi: the 27th August.

23. MARIE, L. (2005). *The challenges for India's education system*. London: Chatham House Asia Programme ASP BP 05/03.

24. Ministry of law and justice of Government of India. (2005). *Right to education bill* 2005. New Delhi, the 14th November.

25. Ministry of law and justice of Government of India. (2007). *The Constitution o f India* (*as modified up to the* 1st *December*, 2007). New Delhi.

26. National advisory council of Department of school education and literacy of Ministry of human resource development of Government of India. (2008). *Mid day meal*. New Delhi: 24th January.

27. NIRMALA, R., KAI, M. C., and KIRTI, N. (2003). Primary school in China and India: understanding how socio-contextual factors moderate the role of the state. Netherlands: *International Review of Education*, 49 (1–2).

28. PHILIP, A., NEHAL, B. (2005). *Human rights and public goods: education as a fundamental right in India.* New York: Center for human rights and global justice working paper economic, social and cultural rights series number 5, School of law University of New York.

29. Planning and monitoring unit of Department of higher education of Ministry of human resource development of Government of India. (2006). *Analysis of Budgeted Expenditure on Education* 2003—04 *to* 2005—06. New Delhi.

30. Planning and monitoring unit of Department of higher education of Ministry of human resource development of Government of India. (2007). *Analysis of Budgeted Expenditure on Education* 2004—05 *to* 2006—07. New Delhi.

31. Planning and monitoring unit of Department of higher education of Ministry of human resource development of Government of India. (2008). *Analysis of Budgeted Expenditure on Education* 2005—06 *to* 2007—08. New Delhi.

32. Planning and monitoring unit of Department of higher education of Ministry of human resource development of Government of India. (2009). *Analysis of Budgeted Expenditure on Education* 2006—07 *to* 2008—09. New Delhi.

33. Poorest areas civil society (PACS). (2007). *Implementation of government food and livelihood schemes in India's poorest districts: report of a rapid survey.* London: Poorest areas civil society of Department for international development.

34. RANI, P. G.. (2004). Growth and financing of elementary education in Uttar Pradesh: a province in India. *Education policy analysis archives*, 12 (25).

35. Reserve Bank of India. (2011). *Handbook of Statistics on Indian Economy*

2009—10. New Delhi.

36. SANTOSH, M. (2006). Reforming elementary education in India: a menu of options. *International Journal of Educational Development*, (26).

37. SHRI, K. S., Minister of human resource development. (2010). *The right of children to free and compulsory education (amendment) bill*, 2010 (*Bill No. XIX of 2010*). New Delhi: the 12th March.

38. Statistics division of Department of higher education of Ministry of human resource development of Government of India. (2007). *Selected Educational Statistics 2004—05*. New Delhi.

39. SUJATA, S. (2009). *Visit of adviser to review the implementation of the flagship programmes of Pondicherry*. New Delhi: 14 December.

40. VIRENDRA, P. S. (2004). General school education in India and development thereof. *Journal of Indian education*, (5).

41. YASH, A. (2000). *Public and private partnership in primary education in India: s study of unrecognized schools in Haryana*. New Delhi: Operations Research and Systems Management Unit, National Institute of Educational Planning and Administration, March.

英文网络文献：

1. ABDUL, K. (2004). Address by the president to the nation on the eve of 58th independence day—2004: Education for dignity of human life [EB/OL]. 印度人力资源发展部学校教育与文化（识字）部门户网站（Department of school education and literacy of Ministry of human resource development of Government of India），[2007 - 03 - 25]. http://education. nic. in/Elementary/Policyel/presidentspeech-14082004. asp.

2. ANNA, A. (2006). How "free" is primary education in India [EB/OL]. MIT India reading group, [2007 - 03 - 27]. http://scripts. mit. edu/~varun_ag/readinggroup/images/3/3a/Howfree. pdf.

3. Department of school education and literacy of Ministry of human resource development of Government of India. Sarva Shiksha Abhiyan：a programme for universal elementary education framework for implementation［EB/OL］. 印度人力资源发展部学校教育与文化部门户网站（Department of school education and literacy of Ministry of human resource development of Government of India），［2007-03-25］. http：//www. education. nic. in/ssa/ssa_ 1. asp.

4. Department of school education and literacy of Ministry of human resource development of Government of India. Budget 2005—06 Speech of P. Chidambaram Minister of Finance February 28，2005［EB/OL］. 印度人力资源发展部学校教育与文化部门户网站（Department of school education and literacy of Ministry of human resource development of Government of India），［2007 - 03 - 25］. http：//education. nic. in/Elementary/Policyel/FMspeech2005—06. asp.

5. India at a Glance［EB/OL］. 印度中央政府门户网站（the central government of India），［2007-03-25］.

http：//india. gov. in/knowindia/india_ at_ a_ glance. php.

6. India Political Map［D/OL］. 印度地图网（MapsofIndia. com），［2010 - 02-10］. http：//www. mapsofindia. com/maps/india/india-political-map. htm.

7. India：World Bank to support India's goal of achieving elementary education［EB/OL］. 世界银行（World Bank）门户网站，［2007-03-28］.

http：//web. worldbank. org/WBSITE/EXTERNAL/PROJECTS/0，contentMDK：20193977 ~ menuPK：64282137 ~ pagePK：41367 ~ piPK：279616 ~ theSitePK：40941，00. html.

8. LINCOLN，C. C. （2002）. Education，equity and security：summary commentary revised［EB/OL］. 哈佛大学艺术与科学学院网站（Faculty of arts and sciences Harvard），［2007-03-27］.

http：//www. fas. harvard. edu/ ~ acgei/Publications/Chen/LCC_ Equity_ education_ Security1. 4. 02. pdf.

9. Literacy in India［EB/OL］. 维基百科（Wikipedia），［2011-03-31］.

http：//en. wikipedia. org/wiki/Literacy_ in_ India#cite_ note-21.

10. Mid day meal schemen［EB/OL］. 印度新闻信息局（Press information bureau of Government of India），［2010-10-10］. http：//pib. nic. in/archieve/flagship/bkg_ mdm1. pdf.

11. Mid-day Meal Scheme［EB/OL］. 维基百科（Wikipedia），［2010-03-10］. http：//en. wikipedia. org/wiki/Mid-day_ Meal_ Scheme.

12. Northeast India［EB/OL］. 维基百科（Wikipedia），［2010-02-26］. http：//en. wikipedia. org/wiki/Northeast_ India.

13. PRAKASH, B. (2006). Equity and quality in education［EB/OL］. 印度学习网（Learning Network India），［2011-01-20］. http：//www. learningnetindia. org/articles/EquityandQualityinEducation-byPrakash. pdf.

14. School health and nutrition unit Ministry of Education. School mid-day meal program 2006［EB/OL］. 斯里兰卡学校网（School Net Sri Lanka），［2007-03-25］. http：//www. schoolnet. lk/pdf/principals/2006_ mid_ day_ meal_ programme_ english_ version_ . pdf.

15. YUKO, T. (2008). An overview of the inequity in primary education in Bihar［EB/OL］. 日本对外贸易组织发展中经济体/国家研究院（Institute for Developing Economies Japan External Trade Organization, IDE-JETRO），［2011-02-10］. http：//www. ide. go. jp/Japanese/Publish/Download/Report/pdf/2008_ 0106_ ch3. pdf.

16. UJJWALA, S., TIRKEY, T. Proposals for strenthening mid day meal scheme with science and technology inputs［EB/OL］. 印度科学与技术部门户网站（Department of science and technology of Government of India），［2007-03-25］. http：//dst. gov. in/whats_ new/whats_ new07/middaymeal. pdf.

印度基础教育相关数据常用数据库网址

1. 印度人力资源发展部（Ministry of Human Resource Development）：http：//education. nic. in/

2. 印度人力资源发展部学校教育与文化（识字）部（Department of School Education and Literacy of Ministry of Human Resource Development）：http：// education. nic. in/Elementary/elementary. asp

3. 印度全民教育（Education for All in India）：http：//www. educationforal- linindia. com/

4. 印度全国普及基础教育计划（Sarva Shiksha Abhiyan）：http：//ssa. nic. in/

5. 印度人力资源发展部高等教育部统计（Statistics of Department of Higher Education of Ministry of Human Resource Development）：http：//www. education. nic. in/stats/statpub. asp

6. 印度教育地区信息系统（District Information System for Education）：http：// dis- ein/

7. 印度统计与项目执行部（Ministry of Statistics and Programme Implementation）： http：//mospi. nic. in/Mospi_ New/site/home. aspx

8. 印度联邦储备银行（Reserve Bank of India）：http：//rbi. org. in/

9. 印度联邦政府内务部全民注册与人口普查委员会委员长办公室（Office of the Registrar General and Census Commissioner of Ministry of Home Affairs of Government of India）：http：//www. censusindia. gov. in/

10. 印度国家教育规划与行政学院（National University of Educational Planning and Administration）：http：//www. nuepa. org/

11. 印度联邦政府（Government of India）：http：//www. gov. in/

12. 印度地图网（MapsofIndia. com）：http：//www. mapsofindia. com/

13. 联合国教科文组织（United Nations Educational，Scientific and Cultural Organization）：http：//www. unesco. org/new/en/unesco/

14. 世界银行（The World Band）：http：//www. worldbank. org/

15. 亚洲开发银行（Asian Development Bank）：http：//www. adb. org/

16. 印度统计数据网站（收费查询数据）（indiastat. com）：http：//www. indiastat. com/default. aspx

致　　谢

　　本书是在我的博士后出站报告《中国、印度基础教育发展与均衡政策比较研究》的基础上修改而成。感谢人民出版社总编室主任陈鹏鸣博士的协助和支持，才使得该专著能尽早与读者见面。

　　要特别感谢我的博士后导师范先佐先生。与先生结缘算起来应该是近10年前的事情了，那时（2002年）刚上硕士，先生的教育经济学教材是必修科目，先生的名字对每一个教育经济学的学生来说如雷贯耳，是再熟悉不过的了。于2009年3月开始联系先生，说我准备跟先生作博士后研究，先生很乐意地接受了我的申请，还特别照顾我给了公费名额，对一个刚毕业出来没多少收入的穷博士来说真的是雪中送炭，非常感谢先生给机会让我师从真正的教育经济学大家，感受大师的智慧，领略大师的宽广和仁爱的情怀，更为重要的是在大师的慈爱中沐浴成长，在大师的指引下攀登一个又一个的学术高峰。

　　在先生的鼓励和引导下选择了《中国、印度基础教育公平政策比较研究》作为我的博士后研究专题，也是在先生的鼓励下积极申报了这个专题并获得了第46批中国博士后科学基金面上资助，随后又进一步修改和完善这一专题，以《中国、印度基础教育发展与均衡政策比较研究》作为题目申报了第三批中国博士后科学基金特别资助项目并顺利获得立项，没有先生的鼓励、引导和支持很难想象我能取得上述成绩，是先生的精神和对学生的信任在后面推动着我不断地前进，不断地攀登学术高峰。

在与先生结识的这两年中，总的感觉就是先生除了对学术前沿的敏锐把握和扎实的基本理论外，在生活中就像父亲一样随时关爱自己的学生，先生总是不给学生添麻烦，总是考虑着学生的便利，每次我说要请先生吃饭，先生总是说你们年轻人正需要钱，等我吃不起饭的时候你再请我。这种慈父情怀更折射出大师伟大的人格魅力，即真正的大师是学术魅力与人格魅力的完美结合，而先生就是实现了这两种魅力完美融合的大师，教育经济学的研究需要先生这样的大师，教育学的研究也需要先生这样的大师，庆幸我们还拥有着这样的大师，是我们这个时代和领域的灵魂，也是我们的福分和宝贵财富。

这份几乎等同于另一部博士论文的博士后出站报告凝聚着先生无数的心血，我只能更加努力地完善好本报告才能对得起大师对我们晚辈的期盼，路漫漫其修远兮，吾将上下而求索。

要特别感谢先生能给予我机会跟随先生作博士后研究，先生对我学术和生活的引导与关爱将激励着晚辈的成长，请先生相信晚辈将一定会传承您的大爱，在您的学术和人格魅力的影响下继续去影响着其他有志于教育经济学研究的同仁们。

还要感谢我的妻子谯欣怡，上博士后期间她承担了照看儿子和家庭的绝大部分重任，对我的博士后生活很给力。感谢吾儿沈青缘，在爸爸忙的时候他一个人能安静地在床上或客厅玩着玩具。感谢我指导的硕士生于小淋、李薇薇、刘琼、刘亚琼，以及广西大学教育学院和公共管理学院的研究生何丽坤、赵静、徐磊、万红渠、张振、花其珍、蒋蕙璠、吴卓平等，分担了部分照看小孩和资料的整理工作。

感谢华中师范大学教育学院的雷红卫老师、戴伟芬博士和人事处的王坤老师，谢谢你们为我提供了学习和生活上的便利。感谢同门 2011 年毕业的纪春梅博士、赵丹博士帮我提供了很多有用的资讯。

感谢广西大学教育学院院长曾冬梅研究员对我学习和工作的支持，才能抽身出繁杂的行政事务而专心致力于博士后报告的撰写。感谢广西大学教育学院谭运阳副书记、周永红副院长以及张姝玥博士、王恩界博士、杨新国博士、宋凤宁教授、张璐老师在工作上给予大力协助和支持，感谢广西大学教育学院培训部主任谭贤政博士、黄宗芬老师、王音老师在培训工作上的辛苦付出。

感谢在生活中给予我关爱、鼓励、信任和支持的每一个热心人，正是有你们的信任和支持才铸就了今天的我。

感谢生活，感谢命运，感谢所有美好的事情。

沈有禄

2011 年 5 月 25 日于华大